# 日本の歴史　十五
# 戦争と戦後を生きる

大門正克
Okado Masakatsu

小学館

日本の歴史

# 戦争と戦後を生きる

第十五巻

アートディレクション　原研哉
デザイン　竹尾香世子
美馬英二

## 凡例

- 年代表示は原則として西暦を用い、適宜、和暦を補いました。
- 本文は原則として常用漢字および現代仮名遣いを用いました。また、人名および固有名詞は、原則として慣用の呼称で統一しました。なお、敬称は略させていただきました。
- 歴史地名は、適宜、（　）内に現在地名を補いました。
- 引用文については、短歌・俳句なども含めて、読みやすさ、わかりやすさを考えて、句読点を補ったり、漢字を仮名にあらためたりした場合があります。
- 中国の地名・人名については、原則として漢音の読みに従いました。ただし慣習の表記に従ったものもあります。
- 朝鮮・韓国の地名・人名は、原則的に現地音をカタカナ表記しました。ただし、歴史的事柄にかかわる地名・人名などは漢音読みにした場合があります。
- 国の機関・省庁名などは、原則的に当時の呼称を用いました。
- この巻が扱っている時代の年表を巻末に掲載しました。
- 図版には章ごとに通し番号をつけ、それぞれの掲載図版所蔵者、提供先は巻末にまとめて記しました。
- おもな参考文献は巻末に掲げました。
- 五十音順による索引を巻末につけました。
- 本書のなかには、現代の人権意識からみて不適切な表現を用いた場合がありますが、歴史的事実をそのまま伝えるために当時の表記どおりに掲載しています。

1

# 生存のかたち

## 世界の片隅で

**●満州からの引き揚げ**

一九四六年五月、満州からの引き揚げが始まった。博多や佐世保に上陸した日本人は一〇五万人にのぼる。逃げまどうなか、親を失った子ども、子を失った親が多かった。↓233ページ

2

3

4

5

●**ある家族の肖像**
写真家・影山《かげやま》光洋《こうよう》の家族写真。右ページ上から、戦時中のしばしの平穏と防空訓練、敗戦直後（八月一八日）の疎開先を経て、戦後九年めにようやく落ち着きを得る。

6

7

香月泰男のシベリヤ・シリーズ

香月は、敗戦とともにソ連軍に連行されて、極寒のシベリアの収容所で一年半あまりの抑留生活を強《し》いられる。帰郷後、死んでいった仲間や凍てついた大地を描いた。一連の絵からは強烈な望郷の思いが感じられる。(香月泰男『北へ西へ』(右)、『ホロンバイル』)

8

●東京の下町の住民たち

戦地の出征軍人のために撮った留守家族の写真。女性と子ども、老人が多い。戦後に再訪すると、消息不明の家族が三分の二を占めた。三枚の写真の家族はいずれも消息不明。↓210ページ

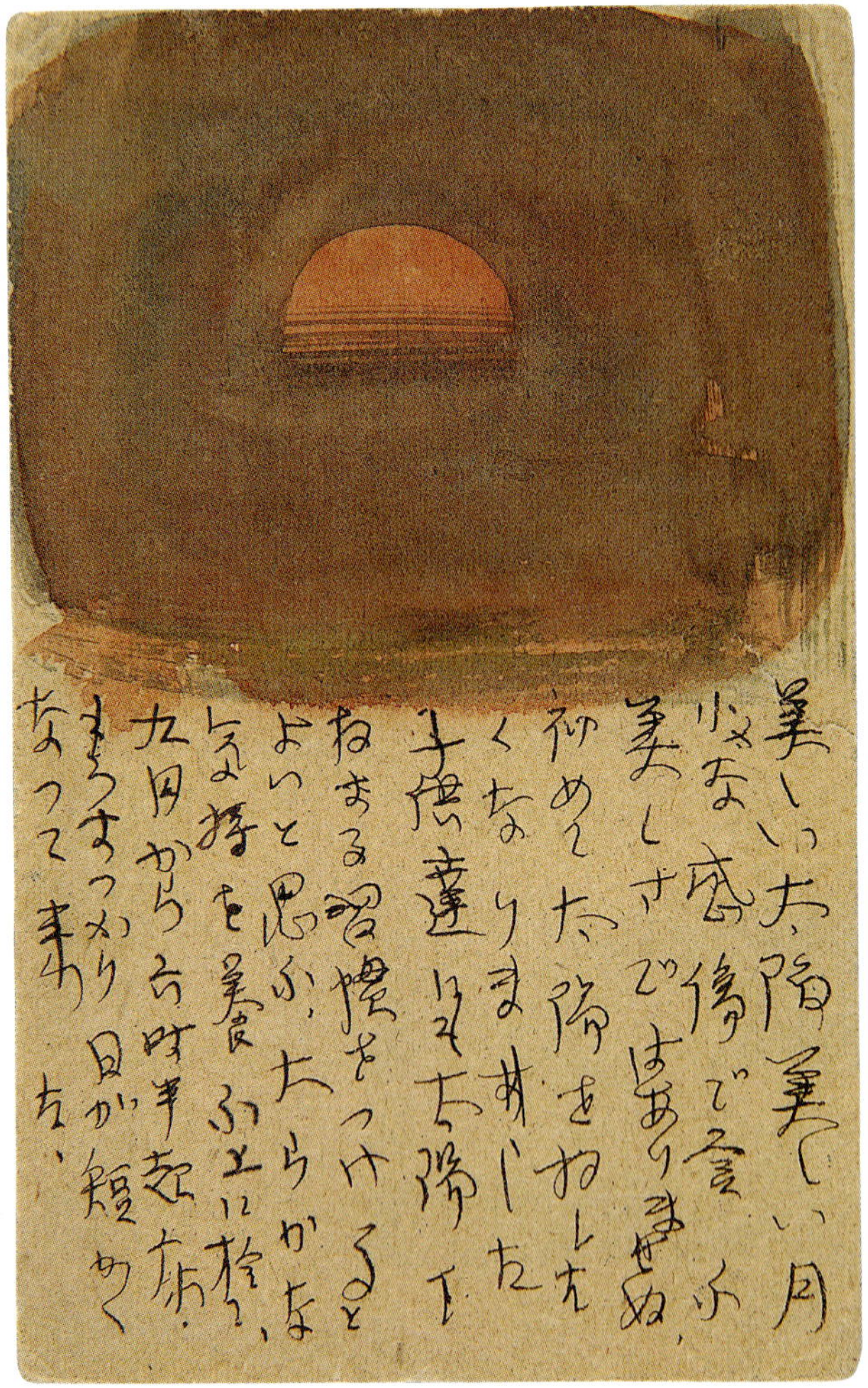

9

美しい太陽美しい月、小さな感傷で言ふ美しさではありませぬ。初めて太陽を拝したくなりました。子供達にも太陽を拝する習慣をつけるとよいと思ふ。大らかな気持を養ふ上に於て。九月から六時半起床。もうすっかり日が短かくなって来た。

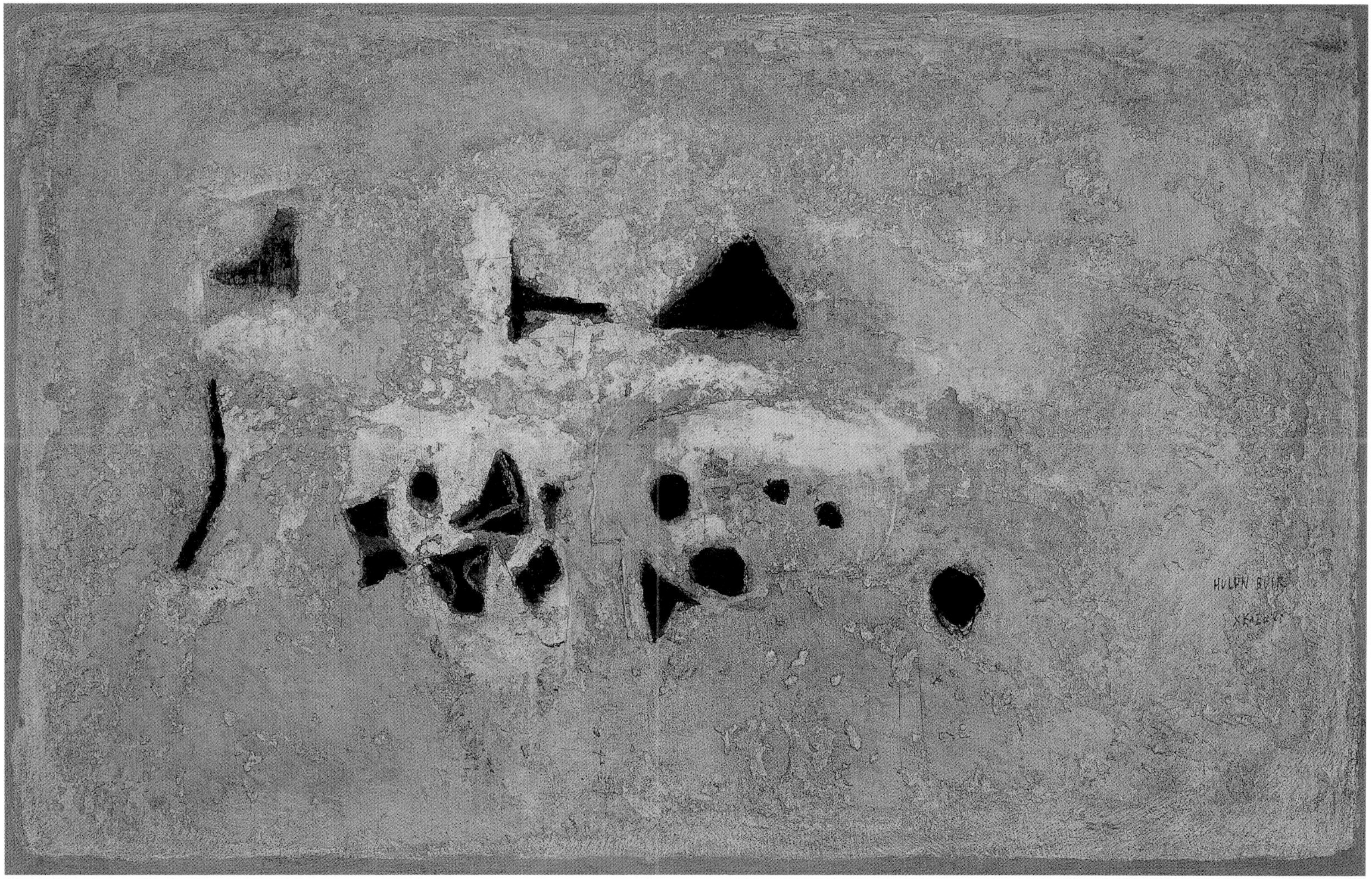


11

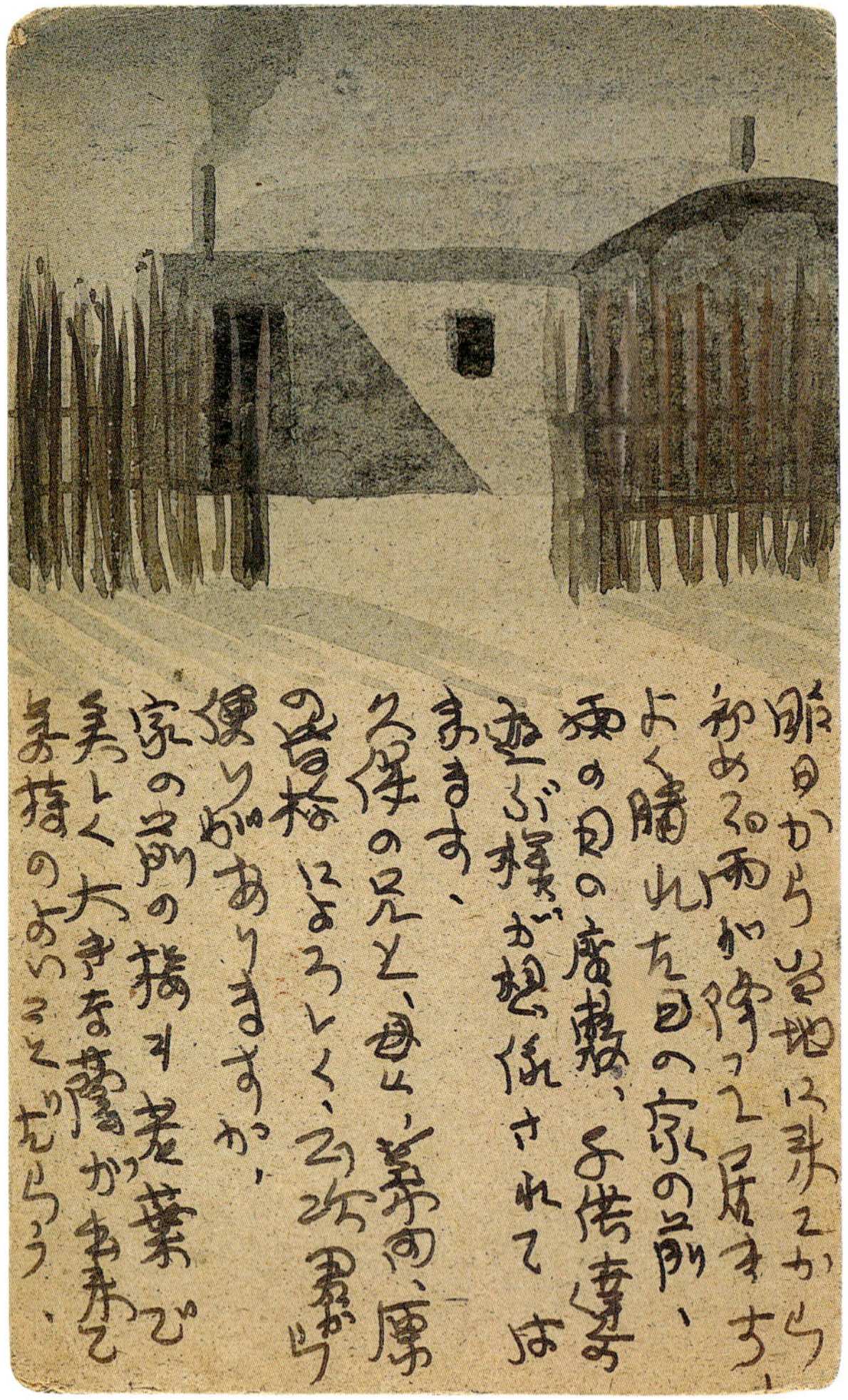


12

昨日から当地に来てから初めての雨が降って居ます。よく晴れた日の家の前、雨の日の座敷、子供達の遊ぶ様が想像されては来ます。久保の兄上、母上、柴田、原の皆様によろしく。正次君から便りがありますか。家の前の桜も若葉で美しく大きな蔭が出来て気持のよいことだらう。

**●香月泰男《かづきやすお》の『海拉爾《ハイラル》通信』**

郷里山口で美術教師をしていた香月は、一九四三年に召集され満州・ホロンバイルのハイラル駐屯部隊配属となる。満州での日々を描く色鮮やかな葉書を、家族宛に送った。

↓223ページ

13

**●博多港で帰国を待つ朝鮮人たち**

戦前に働きにきたり、戦時中の動員や連行で連れてこられた彼らにとって、日本の敗戦は解放であった。一九四五年秋、故郷に戻れるときを迎え、ひと息つく様子が伝わる。

↓235ページ

# 目次

日本の歴史　第十五巻　戦争と戦後を生きる

## 第二章

## 第三章

## 第六章 占領と戦後の出発 249

戦争と戦後を生きる

# はじめに

人と人のつながり

1

## 声に耳を傾ける

その日私は、小《お》原《ばら》昭《てる》さんに話を聞くために、昭さんの自宅を訪ねていた（以下、敬称略）。昭の自宅は岩手県北上《きたかみ》市和賀《わが》町の後藤野《ごとうの》にある。後藤野は戦前に陸軍の飛行場があったところ。戦後、後藤野は開拓地に転用され、昭は開拓農民として生活を切り開いてきた。

昭に話を聞くのはこれで四度めである。昭は心臓が弱い。この日は元気そうなので、まだ詳しく聞いていない戦後の開拓について聞こうと思い、幾度《いくど》となく戦後に話題を向けてみた。だが、そのたびに話は戦前に戻ってしまった。満州《まんしゅう》（中国東北部）の開拓組合と引き揚げの話である。

昭の自宅の机の上には、『岩手日報』の新聞切り抜きが置いてあった。二〇〇五年（平成一七）八月の、戦後六〇年のシリーズとして掲載された昭のインタビュー記事と写真である。記事は満州時代と引き揚げに関するもの。自宅で撮ったと思われる写真には、昭のいつもの笑顔が写っていた。「いい写真ですね、記者やカメラマンの人が来たのですか」、私の問いかけに昭は、「でもね、そんときはあんまり話さなかったんだよ」。それから少し思案しているような表情を浮かべたのち、昭は堰《せき》を切ったように、満州での中国人との関係や満州からの引き揚げについて

◉東京下町、氏名不詳
おそらく戦地の父に送った記念写真。記念写真は、生存の証明、戦地と家族を結ぶ役割など、時代と生存のありさまを映し出す。
前ページ図版

2

◉ホロンバイル開拓組合
「五族協和」を夢見た人びとは、満州奥地のホロンバイルで軍人と開拓組合をつくる。後列で笑う少女が小原昭、右端が父の久五郎。

話しはじめた。引き揚げについては以前にも聞いたことがあった。だがこのときの昭は、何かにとりつかれたように、いままで聞いたことのない苦難の体験について話しつづけた。

声は、話をする人と話を聞く人の関係のなかで聞こえてくる。昭が満州時代について話しはじめたとき、私にはその話は以前にも聞いたのに、という思いがあった。だが、話を聞いているうちに、昭は新聞のインタビューで話せなかったことが心残りであり、いま、いちばん重要だと思っている満州時代と引き揚げについて伝えようとしているのではないかと思うようになった。私が昭のところに通い、話を聞きつづけてきたことも関係しているに違いない。昭は、時に沈黙し、言いよどんだ。私は間合いをとりながら、昭の声にずっと耳を傾けた。

小原昭は一九二七年（昭和二）に岩手県和賀郡藤根《ふじね》村の開拓農家に、次女として生まれた。祖父は北海道開拓の経験をもち、父親久五郎《きゅうごろう》も満州開拓の指導者になる希望を抱いていた。開拓一家に生まれた昭は、一九三六年に父母や藤根村の四人と一緒に満州のホロンバイル開拓組合へ移住した。

だがホロンバイルでの生活は予想以上に厳しく、父と妹が相次いで亡くなった。敗戦による引き揚げのなかでさらに母と弟を失い、昭と姉だけが和賀町にたどり着いた。昭は戦後の和賀町で農業開拓を始め、そこで結婚して生計を立てた。

3

◉小原昭の近影
小原昭の自宅などで、私は繰り返し昭の話に耳を傾けた。話は幾度となく、満州の開拓組合と引き揚げの体験に戻った。

## 五人の人びとの経験をたどる

私はこの時代を生きてきた人から話を聞いてきた。話のなかからは、時代と人びとのかかわりや、その人の生き方、時代の振り返り方が伝わってくる。この時代についてはさまざまな証言も残されている。小原昭《おばらてる》のほかに、本書が対象とする時代を生きた四人を選び、その人たちの経験を紹介してみたい。

高橋千三《たかはしせんぞう》。一九一九年（大正八）に岩手県和賀郡《わがぐん》鬼柳村《おにやなぎむら》（同北上市《きたかみし》）で農家の長男に生まれた。父の病死により、母は千三を連れて実家（藤根村《ふじねむら》（同北上市））に戻り、小屋を借りて二人で暮らした。千三は高等小学校を卒業後、近くの鉱山で働く。一九四二年（昭和一七）に召集され、一九四四年、ニューギニアで戦病死した。

黄永祚《ファンヨンジョ》。一九一二年に韓国慶尚北道《キョンサンプクド》の小作農家の長男に生まれた。九歳のときに一家で満州に移住して開墾。帰郷後、黄は書堂《しょどう》（庶民教育）・私立小学校・普通学校を卒業した。希望する中学進学を果たせず、結婚後の一九三四年に単身来阪した。上京して深川《ふかがわ》（江東区《こうとうく》）に住みながら古物商などで身を立て、一九四〇年に妻を呼び寄せたが、東京大空襲で身重の妻と妻の妹を失う。終戦を迎え、戦後は再婚して枝川《えだがわ》（同）で暮らした。

後藤貞子《さだこ》。一九二五年、父の仕事先の大連《だいれん》で誕生した。関東大震災後の復興による父の転勤で、昭和初期に東京の蒲田《かまた》へ移った。高等女学校卒業後、父を病気で失い、銀行に就職。一九四五年四月の空襲にあい、家族で奈良《なら》、神戸の親戚を転々とする。五月には神戸大空襲に遭遇し、叔父の徴用先を頼って京都・大江山《おおえやま》の日本冶金《やきん》で働く。通信士の次兄は、徴用船で死亡。敗戦後、上京して親戚の家に寄寓《きぐう》し、働きながら家族を呼び寄せる。結婚して千葉、東京で暮らす。

陳真《ちんしん》。一九三二年、東京で台湾出身の父母の次女として生まれた。父は上海《シャンハイ》の復旦《ふくたん》大学に学んだ言語学者で、政治的な弾圧を逃れるために来日した。陳真は日本の小学校に通い、一九四四年夏には学童集団疎開に出た。終戦後、一九四六年二月に両親と台湾に帰り、一九四七年の二・二八事件に巻き込まれる。身に危険が及ぶ寸前で中国大陸に脱出。陳真はその後紆余曲折《うよきょくせつ》を経て、北京《ペキン》で日本語放送のアナウンサーになった。

小原昭を含めて、ここに紹介した五人の家族のなかには、満州開拓に思いを馳《は》せた人や、満州経営や震災復興にかかわった仕事をした人がいた。他方で、植民地支配のもとで日本に職を求めてきたり、弾圧を逃れて来日したりした人もいた。五人の出生地は、日本本土三人、韓国ひとり、満州ひとりであり、国籍は日本籍三人、朝鮮籍ひとり、中国籍ひとりである。このなかには、大連で生まれた日本籍の人、東京で生まれた台湾出身の中国籍の人が含まれている。五人はいずれも一九三四年からの三年間を日本本土で暮らしている。その後、ひとりはニューギニアで終戦前に戦病死し、残り四人のうちの三人は終戦を日本本土で迎え、もうひとりは満州で迎えた。戦後になると三人が日本本土で暮らし、ひとりは台湾から中国へ移っている。

15ページに五人の足跡を示した。五人の行動範囲が存外に広いことがわかるであろう。いまと比べればはるかに交通の便の悪い時代である。そのなかで人びとは、みずから仕事や暮らす場所を求めて移動している。あるいは、空襲や弾圧を逃れるために、また戦争による動員によって移動を余儀なくされている。

五人の足跡に刻まれているのは、大日本帝国の膨張・崩壊から戦後へ至る時代の変化だといっていいだろう。この時代は人びとにどのような影響を与え、人びとは時代にどのようにかかわったのか。この時代を生きた人びとの経験に即しながら、また私の聞き取りによる声も交えながら、時代と人びとの双方向のなかで歴史を書くこと、これがこれから試みたいことである。

## 生存の仕組みが大きく変わった時代

大日本帝国の膨張・崩壊から戦後に至る時代を生きた五人は、いずれも病気や死と隣り合わせにあった。死や病気をつくりだすもっとも大きな原因は戦争であった。小原昭《おばらてる》の父母妹弟、高橋千三《たかはしせんぞう》、黄永祚《ファンヨンジョ》の妻と義妹、後藤貞子《ごとうさだこ》の次兄が亡くなったように、戦闘や空襲、動員、開拓、引き揚げ、弾圧のなかで、多くの人が命を落としている。大日本帝国のなかで内外の人びとが前線や工場、鉱山、慰安所などに動員され、捕虜の人たちは強制労働をさせられた。

後藤貞子の父のように、この時代には、医療や保健の水準の低さによって死や病気に至る人が少なくなかった。死や病気がいまよりも頻繁《ひんぱん》に生じていた時代であった。凶作と重なった昭和恐慌《きょうこう》は、人びとの生存を成り立たせてきた仕組みを危機に陥れた。人びととの厳しい生活条件が映し出され、主として家や村に依拠した生存の仕組みが困難をきたした。医療・保健対策が浮上し、日中戦争以降の総力戦になると、兵力と労働力の大量動員が行なわれて大量の命が奪われるとともに、戦争目的のために福利厚生が進められた。総力戦を通じて国家は生存の仕組みを転換しようとしたのである。農地改革や労働改革、教育改革など、占領期の改革は、日本社会の非軍事化と民主化を目的としたものであるとともに、土地所有や労働条件の平準化と公教育を通じて、人びとの生活保障を安定化させようとするものであった。

一九三〇年代から五〇年代なかばの時代は、人びとの生存が危機に瀕《ひん》し、生存の仕組みが大きく変わった時代であった。ここでいう生存は、生命から生活、労働までを含む。生存の仕組みとは、家や村や社会的諸関係、国家の政策など、保護と依存、共同のつながりで生存を成り立たせるものである。生存の仕組みには、歴史性、時代性が張りついている。生存の仕組みに映し出された時代性を読み解きながら、この時代の特質を考えること、それが本書の二つめの目的である。

5人の移動範囲

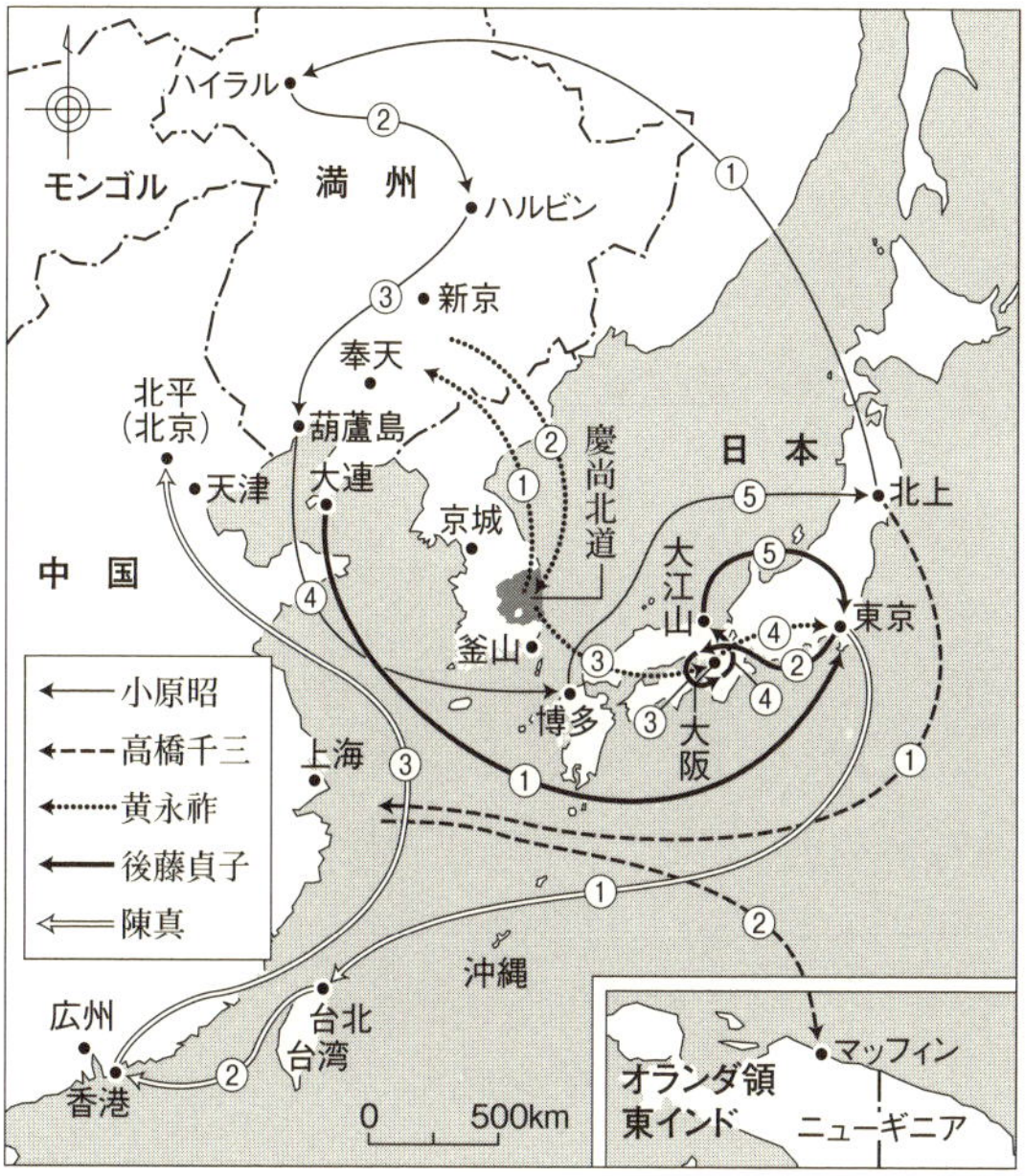

## 大日本帝国の膨張・崩壊から戦後へ

五人の足跡に刻まれた、大日本帝国の膨張・崩壊から戦争の終結・占領・戦後に至る時期は、どんな時代だったのだろうか。

政治の面からみれば、政党政治の崩壊から軍部・官僚の台頭、新体制運動、大政翼賛会《たいせいよくさんかい》の成立を経て開戦・敗戦に至り、戦後の占領からサンフランシスコ講和、五五年体制成立までの時代であった。あるいは、経済からみれば、世界大恐慌（昭和恐慌）と凶作の重なった不況を出発点にして、戦時統制経済が進展・崩壊し、占領下の戦後経済復興へ至る時代だった。さらに移動からみると、大日本帝国における大量の動員から、敗戦・終戦による引き揚げが行なわれた時代であった。国際関係からみると、大日本帝国の膨張と崩壊から日本の敗戦と占領・冷戦・朝鮮戦争を経て、東アジアの冷戦に移行した時代だった。こうした時代のなかで、政治家は、人びとの生存（生活）のためには国家の生存圏が必要だと叫び、戦後には戦後復興による国家再建が生活安定化の道だととなえた。人びとの生存（生活）と国家の生存を結びつける主張がなされたのであり、政治の根拠として国民生活の再建が強調されたのである。

人びとの経験、生存の仕組み、国家の対応――この三つを貫き、核になるものは「生存」である。人びとの経験に寄り添いながら、生存の仕組みと国家の対応に映し出された時代性を読み解き、二〇世紀なかばの四半世紀における生存の歴史的特質を読み解くこと、その検証を通して、大日本帝国の膨張・崩壊から戦後日本へ至る歴史のグランドデザインを描いてみたい。これが本書の三つめの目的である。

歴史の検証に際して、二つのことに気をつけたい。ひとつは、本全集の時期区分にかかわる。本全集では、日本の敗戦・終戦で時期区分をせず、戦前・戦時・戦後をまたいだ一九三〇年代から五〇年代なかばまでを一冊とした。敗戦・終戦が大きな画期であったことに疑いはない。だが、本全集では、大日本帝国の膨張・崩壊から戦後へ至る歴史の大きな流れの変化をつかむことを重視した。戦後は戦前・戦時との深い関連のなかにある。戦前・戦時と戦後の継続と断絶の両面に注意して歴史の流れを把握したい。

二つめに、以上のことは東アジアのなかの日本という視点の要請につながる。アジア太平洋戦争という表現にみられるように、近年の戦時期研究は、対象を狭く日本・日本人に限定せずに、アジア太平洋の広がりのなかで考察するようになってきた。それに対して戦後史では、日米関係や日本の経済成長を中心にした研究がまだ多くみられる。大日本帝国崩壊後の東アジアは、米ソの冷戦の渦中にあった。大日本帝国の崩壊から東アジアの冷戦へという視点をもつこと、これが二つめの留意点だ。

**生存の仕組みのありように目を凝らす**

人と人のつながりにはしがらみや制約があるが、その制約は人と人の

4

◉**サンフランシスコ講和会議**
一九五一年九月、戦後日本の命運に大きな影響を与えた会議。アメリカとの単独講和、日米安保締結により、緊密な関係が築かれる。

つながりのなかでしか変えられない。それは歴史のなかにあっても現在でも同様である。人はひとりだけで生存することはできない。生存することは人と人のつながりのなかにあるのであり、生存すること自体のなかに他者に働きかけるきっかけが含まれている。生存の仕組みは、日々を生きる人びとが他者に働きかける側面と国家の対応のかかわりのなかでつくられる。しがらみや制約にも時代性があるように、国家の対応にも時代の特徴がある。人びとが他者に働きかけ、国家が対応するなかでつくられるこの時代の生存の仕組みには、どのような時代の特徴が刻印されているのだろうか。

人びとの経験をふまえる際に、私は、経験の記録を読み解くとともに、経験を語る声に耳を傾けたいと思う。前者については、とくに女性と子どもに多くの焦点を合わせた。二〇世紀なかばにおける生存の矛盾の結節点からは、女性と子どもの姿が浮かび上がってくる。当事者である女性と子どもの記録・証言を読み解くことで、この時代における矛盾の結節点の意味を考えたいと思う。後者は聞き取りであり、聞き取りとはいまを生きる人が過去の経験について語ることである。いまを生きる人に聞くという特性をふまえつつ、人びとの声に反映された過去の経験を受け止めたいと思う。記録と聞き取りを重ね合わせることで、そこに照らし出された時代の特質を考えつづけること、それがこの本で私が心がけることである。

# 第一章

# 大恐慌と満州事変

1

# 不況のなかで

### 山の民の尊い顔

一九三四年（昭和九）一一月四日、北海道八雲町《やくもちょう》の太田《おおた》正治《しょうじ》ら三名の農村青年は、東北の凶作の実態をみるために旅立った。選んだのは岩手県の遠野《とおの》近辺の山村。あの柳田国男《やなぎたくにお》が明治末に『遠野物語《とおのものがたり》』を書いた遠野である。彼らは、函館からはじめて本土に渡り、鉄道で盛岡《もりおか》に着いたのち、定期バスを乗り継いで遠野に入った。

一九三〇年代前半は世界大恐慌《だいきょうこう》（昭和恐慌）の時代であった。東北では一九三一年と三四年の凶作が重なり、新聞には凶作関係の記事が頻繁《ひんぱん》に掲載された。太田たちが遠野近辺を選んだのは、岩手県の山村の凶作がひどいと報じられたからであった。東北には新聞記者や文化人など多くの人が視察に訪れた。だが太田たちのような農民が直接訪ねて報告書をまとめた例はまずない。農村青年の目に映った岩手の山村と凶作の実際は、すこぶる興味深いものであった。

報告書で印象的なことは、太田らが遠野の農民のなかに「尊いものを発見」することである。

悠然と座したにこやかな老翁（多分A氏の父だろう）と言葉を交すに及んで、其処《そこ》に岩手の山村でなければ見られない或《あ》る尊い、も、の、を、発、見、した。…負債の話や今年の凶作の話をボツボツと

◉インテリルンペン
昭和恐慌は「知識階級」にも直撃し、「大学は出たけれど」就職できない状況が出現する。街中でひとり仕事を求めるインテリが現われた。
前ページ図版

して呉《く》れるA氏の顔には、セッパつまった焦燥感や、重圧に喘《あえ》いでいるものの苦悩の色は見出《みいだ》せなかった。ほほえみながら永い苦難と闘って来たことを物語っている様なA氏の顔は、岩手山間の農民の顔なのだ。

遠野の人びとは、長いこと地域の条件を生かした自給的な経済と「相互扶助」、名子《なご》制度を組み合わせて生きながらえてきた。村のなかには相互扶助による共同の水車などがあった。名子制度とは、地主と名子による保護と依存の関係であり、名子は地主から小作地を借りるとともに、地主に労力をただで提供して地主に生活の面倒を見てもらうものであった。

「尊いもの」とはなんなのだろう。農民たちの〈文化は彼らの先祖と彼等《ら》自身の創ったもの〉であり、そのなかで農民たちは〈貧しさに慣れて〉〈豊かな原始的生活を楽しんでいた〉。貧しさも含め、地域の条件のなかで自分たちの「文化」をつくり、生きてきた人びとに気づいたとき、山の民の顔に「尊いもの」が見えたのである。

東京から視察に来た新聞記者や文化人は、都市との比較のなかで、凶作を必要以上にセンセーショナルに報じることがあった。たとえば、

2

**◉昭和初期の遠野の人びと**
冷害対策の土塀をつくる様子を撮った写真。遠野には冷たい山背《やませ》が吹きつける。北海道の太田正治ら農村青年は、この遠野で「尊い顔」を発見する。

〈雪だ！　凶作地獄に絶望の呻《うめ》き　今からは何を食う？・〉（『東京朝日新聞』一九三四年一一月一二日）といった具合である。太田たちの報告にも「原始的」「土民」といった言葉が登場するが、岩手の山村の「文化」に固有性を認める視点があり、それが「尊いもの」の発見につながる。私は東北の農民のなかに「尊いもの」を見いだした凶作関連の文献をはじめて知った。

「尊いもの」の発見とともに、太田たちは、一〇数年来、山村の生活が急速に「没落」してきたことも見抜いていた。〈空虚な家の中、この色彩のない娘の服装、この余りにも貧しい食物、こうしたドン底生活〉は、今年の凶作だけでできたのではない。一〇数年来の〈資本主義経済の大波濤〉によって、いままでの農業経営や生活条件ではやっていけない状況が出現したこと、ここに大凶作の〈根本的な問題〉があった。

　太田らは相互扶助や名子制度にも鋭い観察を投げかけた。いままでの相互扶助では厳しい生活を支えることができず、名子制度は地主が恐慌に直撃されて成り立たなくなった。一〇数年前からの〈資本主義経済の大波濤〉は生存の仕組みを危機に陥れたのである。「尊い顔」をした農民が抱えた〈根本的な問題〉とは、資本主義経済による生活維持の破綻《はたん》であった。

3

●救世軍に救助された少女たち
山形から東京に身売りされる途中で救世軍に救助された山形の少女たち。恐慌・凶作の東北農村では、娘の身売りが取りざたされた。

凶作のなかで、欠食児童や乳幼児死亡問題、娘の身売り、非衛生的な住環境など、生存にかかわる事態がしきりに取り上げられた。娘の身売り先には南洋や満州もあった。東北大凶作を詳しく検証した河西英通《かわにしひでみち》は、最近、政府の米穀需給の失敗という注目すべき視点を出している。それに加えて、資本主義経済のもとで従来の生存の仕組みが危機に瀕《ひん》したことが、凶作の影響をいっそう強めた。生存の仕組みが大きく崩れて生存自体が問われたこと、ここに昭和恐慌期の特徴があった。

### 親子心中と高い乳幼児死亡率

昭和恐慌《きょうこうき》期には、親子心中が多かったこともさかんに報じられた。内務省の発表によれば、一九三〇年（昭和五）からの二年間に四二九件の親子心中が記録されている。平均して三日に一回の割合であり、親子心中は流行の感さえあった。子ども八二一人、父母五九八人が亡くなり、手段は、投身、絞殺、刃物、轢死《れきし》と続く。父母よりも子どもの人数が多い。子どもを一人、二人と連れた心中が多かったものと思われる。

親子心中はなぜ恐慌期に多く起きたのだろう。昭和恐慌期の親子心中については、沢山美果子《さわやまみかこ》の「産育の研究」が参考になる。沢山によれば、貧窮で子どもを手放さなくてはならなくなったとき、江戸時代後半から明治期にかけては捨て子が選ばれたのに対して、昭和恐慌期には親子心中と捨て子の両方がみられたという。沢山は、両者の背後に、共同体と貧しい人びとの存在をみている。江戸時代の捨て子を丹念に調べると、名主《なぬし》や有力商人などの気づく場所・時間帯に捨てられていることが多い。ここから沢山は、捨て子は拾ってくれた人が育ててくれることを期待した行為であり、子どもは地域社会が育てるという観念があったので、捨て子が選ばれたと指摘した。それに対して昭和恐慌期になると、地域社会の機能が衰退して、親は子どもを捨てにくくなり、貧窮を抱えた人びとのなかには、捨て子とともに親子心中を選ぶ人が増えたのではないか、というのである。

　生存が大きく問われた時代、それが昭和恐慌期だった。遠野《とおの》で北海道の青年たちが見たものや親子心中の流行は、一九三〇年代が、長い間続いていた、村や名望家が人びとの生存を維持する仕組みが、最終的に解体する時期にさしかかっていたことを教えてくれる。

　もうひとつ問題になったのは乳幼児死亡率の高さであった。戦前日本の乳幼児死亡率は、欧米と比べて高い水準にあった。一九二〇年代以降、漸減《ぜんげん》に向かった乳幼児死亡率は、一九三〇年代に入ると足踏み状態になり、恐慌のもとで乳幼児死亡率の高さが問題になった。

　乳幼児死亡率が高いのは農村であった。その背景には貧困があったが、貧困だけが理由ではなかった。むしろ注目すべきは、村のなかで生活水準が高く、経営規模の大きな農家ほど乳幼児死亡率が高いことであった。

**岩手県と全国平均の乳児(5歳未満)死亡率の推移**

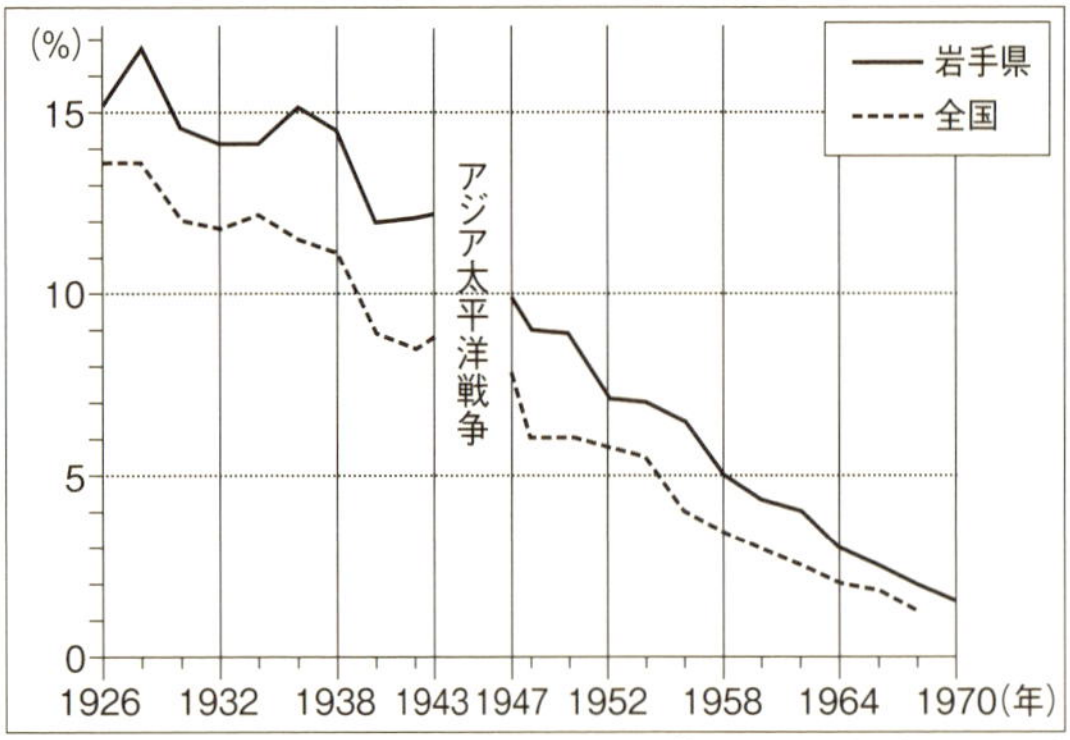


岩手医科大学小児科教室『岩手小児保健の歩み』より作成

昭和恐慌期から戦時期にかけて、農村女性の労働負担や生活環境について光が当てられるようになった。岡山県倉敷《くらしき》市に開設された労働科学研究所の所長・暉峻義等《てるおかぎとう》は、一九三三年（昭和八）に岡山県下の農村（高月村《たかつき》）に農業労働調査所を設けた。一九三七年に『日本農村婦人問題』を著わした丸岡秀子《まるおかひでこ》、東北農村を調査した板谷英生《いたやえいせい》、岩手県下の一農村（紫波郡志和村《しわしわ》）について調査した医師の高橋実《たかはしみのる》、これらの人たちはいずれも農村女性の労働環境と乳幼児死亡率の関係について関心をもった人たちだ。

農業労働調査所の報告と板谷英生の調査を使い、農村女性の労働と出産の関係を詳しく調べた。すると乳幼児死亡率が高いのは、経営規模が大きいか、夫が兼業で外に働きに出ている農家の女性の産んだ子どもであった。農業経営に熱心で、稲作の経営規模を拡大したり、養蚕《ようさん》や果樹、蔬菜《そさい》などの商品生産に取り組んだりしている農家の女性ほど農業労働負担が大きく、それが乳幼児死亡の原因になっていた。農業機械化以前の農業経営の拡大は、農家の女性に労働過重を招いたのである。保護と依存の人間関係が衰退するとともに、生活水準を向上させようとする農業労働の過重が乳幼児死亡率を高めていた時代、それが昭和恐慌期であった。

**帝劇・三越と寒ねずみ**

第一次世界大戦期から一九三〇年代前半に至る時代は、階級の時代であった。「階級」「無産階級」は当時よく使われた言葉だ。無産階級とは土地や家屋や財産を所有していない人びとのこと。それに対して、土地や工場などの資産をもつ人を有産階級と呼んだ。二つの階級の違いがはっきりしていた時代、階級間の格差が実感された時代、それがこの時代だった。

帝劇、ラジオ、三越、丸ビル、都会は日に贅沢《ぜいたく》に赴くに引きかえ、農村は相かわらず、かびた塩魚と棚ざらしの染絣《そめがすり》、それさえも、もぐらのように土にまみれ、寒鼠《かんねずみ》のように貧苦に咽《むせ》ぶ無産農民の手には容易にはいらない。

ある農民団体は都市の代表に帝劇、三越、丸ビル（丸の内ビルヂング）などをあげ、貧しさにあえぐ農民を寒ねずみにたとえて、農村は都市に収奪されていると訴えた（農民自治会創立趣意、一九二五年〔大正一四〕）。帝劇（帝国劇場）や百貨店の三越は東京の代名詞であった。

戦前の日本では、階級と並んでもうひとつの格差が実感されていた。地域間の格差である。経済・文化・情報の発達した都市と遅れた農村という二重構造を指摘する文献が現われたのは日露《にちろ》戦争後のことであり、それ以降、この議論は一九五〇年代ごろまで続いた。都市に憧《あこが》れる農村の青少年の都会熱が報じられる一方で、農村の困窮は都市に搾取《さくしゅ》されているからだとする

4

◉三越のポスター
日本初の百貨店・三越呉服店は、明治末に広告コピー「今日は帝劇　明日は三越」をつくる。その後、このコピーは東京の象徴になる。

反都市主義・反資本主義も主張された。

農村の厳しい不況が長引いた昭和恐慌期には、都市と農村の格差があらためてクローズアップされた。農村対策を求める声が日増しに大きくなるなかで、一九三二年（昭和七）夏には農村対策を講じる第六三回臨時帝国議会が開かれ、時局匡救議会《きょうきゅうぎかい》（時局を救う議会）と呼ばれた。

太平洋側を「表日本」、日本海側を「裏日本」と呼び、「裏日本」からのヒト・モノ（米）の流出や停滞を議論する声もあった。「表日本」と「裏日本」という言葉は、日清《にっしん》戦争後から一九七〇年代ごろまでよく使われた。一九三一年に満州事変《まんしゅうじへん》が起き、翌年に満州国の設立が宣言されると、北海道や京阪神に流出していた日本海側の人の流れが、朝鮮・満州と京阪神に転換するようになった。

満州事変後、満州への移民が本格化し、敦賀《つるが》市や新潟市が送出の母港になった。日本海側の視線が満州に向くと、「裏日本」といういい方に変化が現われた。日本全体を「表アジア」と呼んで「裏日本」を「表アジア」の玄関に位置づけ、日本海の対岸＝「裏アジア」に進出して「裏日本」から脱却する議論が登場したのである。

昭和恐慌期に強く実感された階級と地域間の二つの格差、その底流で進行していた生存維持の仕組みの破綻《はたん》。これらの格差をどう乗り越えるのか、生存維持の問題をどうするのか、これが恐慌とつぎの満州事変期の差し迫った課題になっていたのである。

# 世界大恐慌と満州事変

### 「生活」の再建を呼びかける政治家

民政党《みんせいとう》の浜口雄幸《はまぐちおさち》が組閣した一九二九年（昭和四）七月、大蔵大臣に選ばれた井上準之助《いのうえじゅんのすけ》は消費節約における女性の役割を説く談話を新聞に載せた。浜口内閣では消費節約を実現するために公私経済緊縮運動を展開した。政治家が「生活」について語り出すのは、おそらくこのころからのことである。

政治史研究者の有馬学《ありままなぶ》によれば、一九三〇年代以降の政治家の主張には「政治と生活」の関連を説くものが少なくなかったという。たとえば民政党の代議士であった永井柳太郎《ながいりゅうたろう》は一九三二年につぎのように述べる。「現下の非常重大の国難を救う」ものは、「内に統制経済の新機構を確立し、全国民生活の再建を目標とし、外に日本国民の全世界における生活権確立をその外交理想として戦い得る政党でなければならぬ」。「国民生活」を日本の内外にわたって確立するために、民政党は「国家主義

●浜口首相の政策放送を収録する様子
浜口雄幸はラジオによる政治活動を重視したはじめての首相だった。ラジオは国民に直接呼びかける新しい政治の手法を導いた。

大衆党」として再スタートを切らなくてはならない。これが永井の主張であった。永井のみならず、一九三〇年代の既成政党の政治家は、生活問題を解決するために国内政治と満州問題を解決しなくてはならないと強調した。

「生活権」の確立を主張したのは既成政党の政治家だけでなかった。たとえば、一九三二年の臨時帝国議会を前にして、和合恒男《わごうつねお》率いる日本農民協会は、「生活権」を確保するために強制執行法の改正要求を含んだ五か条請願運動に立ち上がった。強制執行法改正とは、地主による小作地引き上げを防ぐものであり、この点について日本農民協会は、「生命の安全を保障するという憲法」の主旨にそって「生活の最低線を確保」するものだと説明した。

無産政党の政治家も「国民生活」の安定を強く訴えた。のちに紹介する一九三六年二月の総選挙では、労農無産団体協議会から立候補した加藤勘十《かとうかんじゅう》が、「帝国主義戦争反対」「軍事予算反対」と「国民生活」の安定を結びつけて訴え、全国最高得票で当選を果たした。既成政党と無産政党という政治的立場の相違にもかかわらず、双方ともに国民生活の確立を主張し、そこに政治の正当性を求めていたことに注目したい。生活が政治の重要な課題となり、そこに政治の根拠を求める時代になったのである。

## 浜口雄幸内閣の政策

不況に直面した浜口雄幸《はまぐちおさち》内閣は、緊縮政策を通じて金解禁（金本位制復帰）を実施し、不良企業を整理したうえで産業合理化によって産業振興を図る方針を発表する。緊縮政策のために力を入れたのは、軍縮と消費節約であった。一九三〇年（昭和五）一月のロンドン海軍軍縮会議を前にして、浜口は海軍軍縮に応じる方針を示した。外交を担当したのは幣原喜重郎《しではらきじゅうろう》外務大臣であった。軍縮は緊縮財政に寄与するだけでなく、外交面でも欧米との協調、中国との親善を進めることができた。

消費節約は物価低下を導いて景気回復を図るためであり、ここに消費の担い手とされた女性に関する婦人公民権法案が浮上する理由があった。戦前の歴史のなかで女性参政権を認める法案は、このときだけ議会に上程された。緊縮政策はそれまで政治の外に置かれていた生活を、はじめて政治の対象に据え、そこから生活の担い手である女性の動員がめざされた。佐治恵美子《さじえみこ》の研究では、婦人公民権法案上程の理由を右のように説明する。くわえて一九二五年（大正一四）における男子普通選挙権の実現が、選挙権を付与されていない女性との差異を明瞭にし、女性参政権を議論する機運をつくったといえるだろう。不況と男子普通選挙の接点に婦人公民権が浮上したのである。これ以降、「台所と経済」や「生活と政治」のかかわりが、さかんに議論されるようになった。

経済・外交政策や婦人公民権に加えて、労働者・小作農民・青年の政治的、社会的権利を認めようとしたことも、浜口内閣の政策の特徴であった。労働組合法を実現して不景気と産業合理化に対する労働者の了解をとりつけ、小作法を制定して小作農民の支持を確かなものとし、衆議院議員選挙法を改正して選挙権年齢を引き下げて青年層の政治的参加の枠を拡大しようとした。これらの法案提出の背後には、第一次世界大戦以来の労働運動や農民運動、婦人参政権を求める婦選獲得同盟などの運動があった。

金本位制復帰による緊縮財政を基本にしているのだから、財政規模は大きくしない。そのうえで、軍縮と社会法・婦人公民権にみられるように国際協調と人びとの権利を拡充する政治を政党が実行する。これが不況や格差が実感され、国際関係への対応が求められた浜口内閣の対応策であった。

浜口は、ラジオ演説で直接、国民に訴えたはじめての政治家である。一九二九年八月、金解禁と緊縮財政に対する理解を得るために、浜口はラジオ放送と一三〇〇万枚のビラで国民に呼びかけた。

だが浜口内閣の前には三つの暗礁があった。ひとつは軍縮への抵抗であり、海軍の反対や政友会《せいゆうかい》による統帥権干犯《とうすいけんかんぱん》問題、枢密院《すうみついん》の抵抗などで、ロンドン海軍軍縮条約が批准《ひじゅん》されたのは軍縮会議開始から一〇か月が過ぎた一九三〇年一〇月のことであった。条約が批准できたのは、軍縮を認める世論の後押しがあったからであった。政治的、社会的権利につい

◉婦人公民権の獲得をめざして
一八歳以上の男女選挙権と普通選挙の即時実施を求める集会が各地で開かれた。壇上の近藤（堺）真柄《まがら》は、日本最初の社会主義婦人団体赤瀾会《せきらん》を立ち上げたメンバーのひとり。

ても、それらを望む声は大きかったが、労働組合法案は資本家が、小作法案は地主が、婦人公民権案は家族制度を擁護する議員や枢密院が、衆議院議員選挙法改正案は保守的な閣僚や枢密院が、それぞれ反対したので実現に至らなかった。貴族院の議員や枢密院がこれらの法案の暗礁になったのである。これが二つめである。三つめの暗礁は金解禁の実施のタイミングにあった。のちに「台風が来るのに窓を開け放っていた」といわれたように、一九三〇年一月の金解禁実施は、恐慌の到来と重なる最悪のタイミングだったために、みすみす正貨を流出させることになった。

**「満蒙はわが国の生命線」**

「満蒙《まんもう》はわが国の生命線である」。一九三一年(昭和六)一月の帝国議会において、前満鉄《まんてつ》(南満州鉄道株式会社)副総裁で政友会《せいゆうかい》代議士の松岡洋右《まつおかようすけ》がこう述べて満蒙の重要性を強調した。松岡は、満蒙に日本が勢力を張るようになったのは、中国が朝鮮の独立に脅威を与え、ソビエト社会主義共和国連邦(ソ連)が日本の存立を脅かしたからであり、その結果、日清《にっしん》戦争・日露《にちろ》戦争を通じて日本は満蒙の権益を認められるようになったと述べる。しかるに現在の満蒙は、日本の国防の危機にさらされており、国民の経済的存立にとっても欠かせない地域になっているとして、松岡は国際協調路線をとる幣原喜重郎《しではらきじゅうろう》外務大臣の「軟弱外交」を批判し、武力による強硬な解決を主張した。

松岡の言葉の背後には、ナチスの「生存圏」があった。ヒトラーは、国家の生存(自給自足)のために必要な地域を生存圏と名付け、人口増大などで国力が充実すると国家は生存圏を拡張できるとした。松岡の言葉は、人びとの生存が問われ、生活が議論された時期に国家の生命線（生存圏）を強調したものだった。人びとの生存と国家の生命線、焦点としての生活、いずれも生にかかわる事柄が問われて結びつけられようとした時代、それが昭和恐慌期《きょうこうき》にほかならなかった。松岡の言葉は満州侵略の必要性を訴える合い言葉になり、「生命線」は「お肌の生命線レートクレーム」「農民の生命線」などのように流行語にもなった。

　松岡がいうように、満蒙問題の発端は朝鮮と満蒙が接しており、ソ連・中国に対する国防上の最前線と目されたことにあった。山室信一《やまむろしんいち》が詳述しているように、満蒙問題の導火線は在満朝鮮人問題にあった。韓国併合後、朝鮮総督府《そうとくふ》の土地調査事業や産米増殖計画によって困窮化した朝鮮の農民は、日本や満州に流入した。朝鮮総督府は、過剰人口の圧力が日本本土にかかることを避けるために、日本への渡航を厳重に取り締まる一方で、満州への移住はそのままにした。一九三〇年における在満朝鮮人は八〇万人ともいわれている。在満朝鮮人は、中国人の土地を借りたり雇われたりしたのだが、両者の間では紛争が絶えなかった。在満朝鮮人のなかには、日本の植民地支配に抵抗する人びともいた。

　先に紹介した黄永祚《ファンヨンジョ》の生家は朝鮮の慶尚北道慶州《キョンサンプクドキョンジュ》郡にあり、永祚が幼いころにわずかな所有地を失って小作農家になった。永祚が九歳のころ

6

◉万宝山事件の現場周辺
在満朝鮮人の多い万宝山で一九三一年に起きた事件は、日中間の緊張を高め、柳条湖《りゅうじょうこ》事件の導火線のひとつになった。写真は、現場近くの朝鮮人の集落。

（一九二〇年頃）、黄一家は親戚とともに満州へ移住した。慶州郡から満州までは直線距離で一〇〇〇キロメートルもある。荷車に家財を積んで凍《い》てついた鴨緑江《おうりよっこう》を渡り、吹雪のなかを黙々と歩いたときの心細さを、永祚はよく覚えているという。黄一家の例は、まさにこの時期の在満朝鮮人にほかならない。朝鮮総督府の農村政策と移動対策が、黄一家のような人びとをつくりだしたのである。黄一家は満州で焼き畑農業を営んだ。収穫はよく生活に困らなかったが、先祖が眠る土地で暮らしたいと思い、故郷に戻ったという。

黄一家が焼き畑をした土地がどこの誰の土地であったのか、詳細は不明である。だが、土地や農業経営をめぐる在満朝鮮人と中国人の関係は紛争の種となり、一九二八年から三〇年にかけて、表面化しただけでも一〇〇件の紛争が起きた。そしてその紛争の頂点に万宝山《まんぽうざん》事件（一九三一年五月〜七月）が発生した。

長春《ちょうしゅん》近郊の万宝山に入植していた朝鮮人は、中国人の制止を無視して水田の用水路工事を強行したため、日中間で武力衝突が起きた。その後、満州の日本領事館が事件を誇大に見せる虚偽報道を流し、これが朝鮮全域に流されたため、朝鮮各地の朝鮮人が中国人に報復する暴動が起こり、一〇〇名以上の中国人が朝鮮で殺害されて日中間の緊張を高めた。

一九三一年六月、中国興安嶺《こうあんれい》方面に軍用地誌《ちし》調査のために潜入していた参謀本部の中村震太郎《なかむらしんたろう》大尉が中国軍に殺害される事件が起きた。中村大尉の目的は軍事スパイ活動にあったが、その目的は伏せて事件が発表されると、対中強硬論が一挙に強まった。

## 綴方にみる柳条湖事件と軍国熱

一九三一年（昭和六）九月一八日、満州方面を管轄する関東軍《かんとうぐん》は奉天《ほうてん》近郊の柳条湖《りゅうじょうこ》で爆薬を仕掛け、驚いて飛び出した中国軍に攻撃をした。柳条湖事件である。東京府豊多摩《とよたま》郡中野《なかの》町（中野区）の桃園《ももぞの》第二尋常小学校四年生長井《ながい》良枝《よしえ》の綴方《つづりかた》（作文）には、事件をはじめて知ったときの雰囲気がよく書かれている。その一部を引用しておきたい。

みんなで大掃除をしている真最中、おともだちが「日本の兵隊が支那の城の門を破った」と息をはあはあしながら言って来た。みんな大喜び、よその組でもわあわあと騒いでいる。中には万歳万歳という者もあり、喜こんでとび上る者もあった。私たちはお当番をすませて学校を出たが、なんだか心がおちつかなかった。（桃園第二尋常小学校後援会『ももぞの』一八号）

「大喜び」や「万歳」の声とともに、「心がおちつかなかった」長井良枝。軍国熱は不安があることで強まり、熱狂が強まるほどに不安が醸成される。熱狂と不安が入り混じるなかで拝外熱が高まったことを、尋常小学校四年生の長井良枝はよく受け止めている。

これに対して、奉天に住んでいたと思われる伊藤《いとう》千鶴子《ちづこ》は、〈ふとさめし夜ふけの街を何事ぞあわただしくも往《ゆ》きかふ自動車〉〈我《わが》立てる土につづきてほど近くまこと戦《たたかひ》はじまりしとふ〉という歌を残している。現地奉天の不安と緊張が伝わってくる。

満州事変の発端になる柳条湖事件は、関東軍の作戦主任参謀石原莞爾《いしはらかんじ》中佐や板垣征四郎《いたがきせいしろう》大佐らが引き起こした軍事行動であった。日米戦争を世界最終戦争とする独特の戦争論をとなえた石原は、東洋を代表する国としての資格を獲得するために、国防上の拠点であり、朝鮮統治、中国指導の根拠、不況打開にとって重要な意味をもつ満蒙《まんもう》問題の解決が必要だと力説した。中国には近代国家をつくる力が乏しいので、日本の「指導」のもとで中国の発展と東洋の平和を期すべきである。日本が満蒙を領土とすることは「正義」であり、日本にはこれを決行する「実力」がある、これが石原の主張であった。とくに満州奥地のホロンバイル、興安嶺《こうあんれい》はソ連との対抗上戦略的に重要であり、北満州を日本の勢力下に置く必要がある、朝鮮統治は満蒙問題の解決ではじめて安定する、満蒙の農産物・鉄・石炭・企業は重要な経済的価値をもつ。

石原の主張は関東軍の幕僚層に大きな影響を与えた。石原・板垣らは、万宝山《まんぽうざん》事件や中村大尉事件などを背景にして、一九三一年六月末ごろから、九月下旬に奉天近郊の満鉄沿線にある柳条湖付近で軍事行動を起こす計画を立てた。この間、幣原喜重郎《しではらきじゅうろう》外務大臣は中国との外交交渉の道を模索していた。

柳条湖事件後、政府は不拡大方針をとったのに対して、軍中央は積極的に呼応しようとしたが、閣議で幣原外相が事件と関東軍のかかわりを示したので、関東軍増援の提起をとりやめた。その後、林銑十郎《はやしせんじゅうろう》朝鮮軍司令官は、関東軍に通じた朝鮮軍参謀の神田正種《かんだまさたね》中佐から策を受け、九月二一日、朝鮮軍を越境させて関東軍を増援する体制をとった。朝鮮軍の独断越境は天皇の大権を干犯《かんぱん》する重大事態であったが、政府は朝鮮軍の行動を追認し、天皇も出動後に出動を命じる手続きを裁可した。

この間、政府は満州での事件を事変（宣戦布告を伴わないが戦争に準ずべき状態）と見なす決定を行ない、関東軍の主張を鵜呑《うのみ》にして、「中国軍隊の一部は南満州鉄道の線路を破壊し我《わが》守備隊を襲撃」

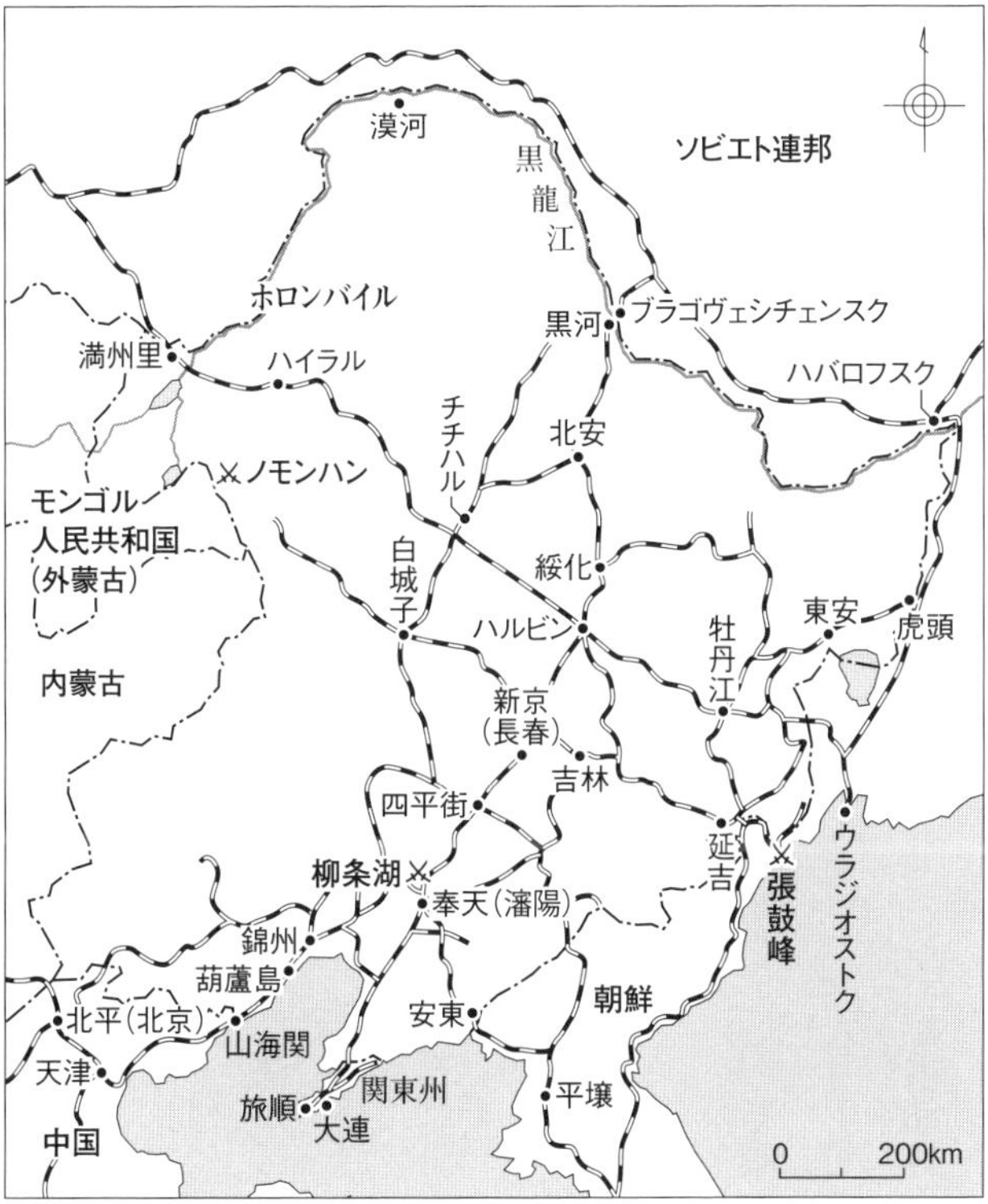


●一九四五年頃の満州国

満州国は、中国東北地方の満州および内蒙古《うちもうこ》の東北部にまたがる地域（満蒙地域）に、事実上日本の傀儡《かいらい》政権による国家として成立した。日本はソビエト社会主義共和国連邦の南下阻止、豊富な天然資源の確保、日本本土の過剰人口解消のために、満州を影響下に置くことを意図し、大量の移民（植民）を行なう。

し、「我軍隊」は「抵抗を排除」したという声明を発表した。実際に関東軍が爆破したのは満鉄線路ではなく、線路付近だったが、発表では中国軍が満鉄線路を爆破したと述べた。関東軍の謀略は自衛のための満州事変となり、以後の戦争拡大に大きく道を開くことになった。

**軍国熱はどう伝わり、どう受け止められたか**

満州事変後の新聞、ラジオなどマスコミの報道や軍部による国防思想普及運動は、軍国熱や排外熱をさかんにあおった。新聞各社は、号外や特派員派遣、ニュース映画作成、慰問金・慰問品募集、写真展など、あらゆる手段を講じて事変を報じた。満州事変以前には軍縮・国際協調の路線を支持し、軍に批判的であった『東京朝日新聞』『大阪朝日新聞』なども、事変の報道では軍の行動を支持する方向へ転換し、軍人を招いた講演会も開催した。ラジオからは頻繁《ひんぱん》に臨時ニュースが流れた。マスコミを通じて、満州事変は自衛戦争であり、「生命線」である満蒙《まんもう》を守るために「暴戻《ぼうれい》」中国を懲らしめる必要があると、繰り返し叫ばれた。

桃園《ももぞの》二小では、ほかの小学校同様に慰問金や慰問文、慰問画に取り組み、神社参拝や兵士の見送り、式典の際の国旗掲揚や宮城遙拝《ようはい》を行なった。先生や父親を通じて繰り返し語られた中国や中国人の印象、繰り返し行なわれた見送りや遙拝などの儀礼。こうしたなかで子どもたちは、よく勉強して身体を鍛え、やがては自分が「立派な人」になるのだという自覚をもたされるようになった。

満州事変期の軍国熱・排外熱は、波のようにいったん引いたあと、上海《シャンハイ》事変(一九三二年〔昭和七〕

一月）でふたたび大きく高まる。「満州国」樹立工作から列強の目をそらすために、関東軍の板垣征四郎《いたがきせいしろう》の内意を受けた上海駐在の陸軍武官補佐官田中隆吉《たなかりゅうきち》少佐は、買収した中国人に日本人僧侶を襲撃させる謀略を行なった。上海市長は日本軍に突きつけられた要求を全面受諾したが、日本軍はこれを無視して戦闘を開始し、市民の密集地域に無差別の空襲を行なった。中国軍の応戦に対して、陸軍の応援を受けた日本軍は二月末に猛反撃を行ない、五月に停戦協定が結ばれた。

満州事変・上海事変を報じるマスコミのなかには、少数ではあったが批判的な論陣を張ったものがあった。石橋湛山《いしばしたんざん》主幹の『東洋経済新報』はその代表例であり、石橋は満州事変直後に、中国の国民意識の覚醒《かくせい》と統一国家建設の要求はやみがたく、力で屈服させることはできないと述べた。ただし、その石橋も上海事変のときには日本軍を支持する態度に変わる。

上海事変を間近で見ていた新聞記者がいた。当時、『東京朝日新聞』上海支局にいた尾崎秀実《おざきほつみ》である。尾崎は、バリケードをくぐり抜け、日中両軍が戦闘を行なっている最前線までたどり着き、そこで三人の中国人捕虜の銃殺を見る。銃殺の際の中国人に不屈の意志を感じた尾崎は、日本軍の攻撃に対する中国人の抗戦意識はやみがたい

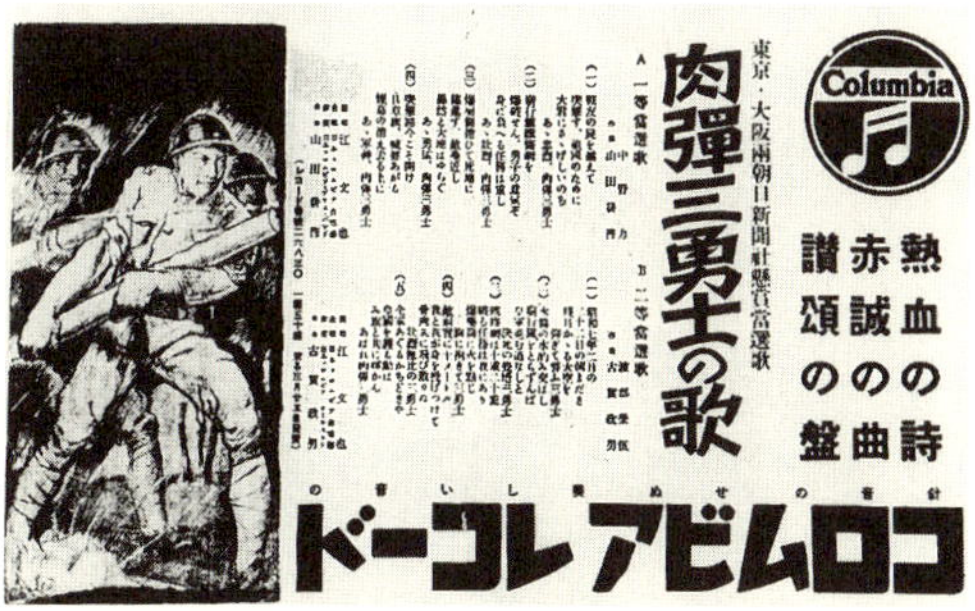


◉『肉弾三勇士の歌』上海事変のさなか、敵陣に突入して爆死した三兵士は新聞で「肉弾（爆弾）三勇士」といわれ、軍国美談として称えられ、歌までつくられた。

ことを受け止め、のちにふれるが、帰国後も戦争を阻止するための論陣を張り、さらに政府の内部から変革を企てた。

### テロとクーデター

一九三〇年（昭和五）一一月一四日、浜口雄幸《はまぐちおさち》首相が東京駅ホームで狙撃《そげき》された。犯人は大陸積極政策の遂行、共産主義の排撃を主張する愛国社《あいこくしゃ》社員の佐郷屋留《さごやとめ》雄《お》であり、愛国社はロンドン海軍軍縮条約に反対する軍縮国民同志会にも加入していた。浜口は一命をとりとめたものの、さらに翌三一年三月と六月には、桜会《さくらかい》将校によるクーデター未遂事件が起きた（三月事件と六月事件）。桜会は、ロンドン軍縮条約が枢密院《すうみついん》で可決された日につくられた陸軍将校急進派のグループだった。

一九三一年一二月、第二次若槻礼次郎《わかつきれいじろう》内閣にかわって政友会《せいゆうかい》犬養毅《いぬかいつよし》内閣が成立した。大蔵大臣になった高橋是清《たかはしこれきよ》は、金輸出再禁止（金本位制離脱、管理通貨制移行）を実施し、金の流出を防いだ。

一九三二年に入ると、一人一殺を標榜して国家改造をめざす

8

◉マイクに向かう犬養首相
護憲派を代表する犬養は、農村救済を叫ぶ青年将校や農本主義団体のクーデターにより暗殺された。首謀者の判決に対して、在郷軍人会を中心に減刑嘆願運動が起きた。

血盟団《けつめいだん》が、二月に前蔵相の井上準之助《いのうえじゅんのすけ》を、三月には三井《みつい》財閥の最高責任者であり三井合名会社理事長の団琢磨《だんたくま》を相次いで射殺した（血盟団事件）。

同年五月一五日、海軍の青年将校らが中心になり、愛郷塾《あいきょうじゅく》の農民決死隊も加わったクーデター事件が起きた（五・一五事件）。これにより、原敬《はらたかし》内閣以来続いた政党内閣にピリオドが打たれた。青年将校らは荒木貞夫《あらきさだお》陸軍大臣の政権樹立をめざし、首相官邸や牧野伸顕《まきののぶあき》内大臣を襲撃し、変電所を破壊して首都に戒厳令《かいげんれい》をしかせようとしたが、犬養首相の射殺以外は失敗した。愛郷塾は一九三一年に茨城県の水戸郊外で農業経営をする橘孝三郎《たちばなこうざぶろう》が設立した農本主義団体であり、農村救済・勤労主義を掲げていた。

テロやクーデターの背後には、ロンドン海軍軍縮条約や大陸政策に対する不満があり、さらに恐慌の影響が深刻化するなかで農村対策を講じない政府への反感があった。五・一五事件に加わった青年将校や橘孝三郎は、一様に農村問題に対する政府の無為無策を厳しく批判した。橘によれば、農村窮乏の元凶《げんきょう》は地主制ではなく資本主義にあった。恐慌を引き起こして農村を窮乏の淵《ふち》に追い込んでいる資本主義を批判し、さらに政党内閣を暴力で打倒する、恐慌期にはこうした国家改造運動が台頭した。

**高橋財政**

五・一五事件後、斎藤実《さいとうまこと》挙国一致内閣が誕生する。斎藤内閣は軍部・官僚・貴族院・既成政党

（政友会《せいゆうかい》・民政党《みんせいとう》）のバランスの上に成り立っており、大蔵大臣は引き続き高橋是清《たかはしこれきよ》がつとめた。

　高橋蔵相の課題は恐慌対策と軍部の軍事費要求の両方にこたえることにあった。高橋は、管理通貨制のもとで公債を発行して財政規模を大きくし、二つの課題に対応しようとした。緊縮政策を柱にした井上準之助《いのうえじゅんのすけ》と対照的な方法を高橋はとったのである。現在にまで続く管理通貨制を採用し、政府・官僚の裁量を拡大して対策を講じたこと、ここに斎藤内閣・高橋財政の第一の特徴があった。

　高橋は、深井英五《ふかいえいご》日本銀行副総裁をして「一石三鳥の妙手」といわせた日銀引受公債発行《にちぎんひきうけこうさいはっこう》制度という卓抜な方法を採用する。一石三鳥とは、公債発行による民間経済への刺激と景気浮揚、それにインフレ防止である。この政策はかなり功を奏し、一九三二年（昭和七）頃から日本経済は景気回復を遂げた。高橋財政の恐慌対策は工業化と農村対策を柱にしていた。このうち、工業化については軍需産業と植民地への依存が強いところに特徴があった。これについてはのちに述べる。

　斎藤内閣と高橋財政の特徴の二つめは、政党政治の後退と軍部・官僚の台頭を導いたことである。一九三三年、軍部は〝一九三五・三六年の危機〟を言い立てた。国際連盟《こくさいれんめい》脱退の発効、ワシント

◉軍縮会議に反対する右翼団体の集会
軍縮交渉に圧力をかけるため、頭山満《とうやまみつる》ら右翼は軍縮問題有志大会を開催し、軍備の平等権確立、ワシントン条約廃棄などを決議した。

ン・ロンドン両条約の期限満了と第二次軍縮会議の開催、ソ連の第二次五か年計画完成などが重なり、日本は国際的な難関にぶつかるというのである。そこから斎藤内閣の荒木貞夫《あらきさだお》陸軍大臣が要求して、一九三三年一〇月に首相・外務・陸軍・海軍・大蔵の五相会議が、さらに同年末には荒木陸相が後藤文夫《ごとうふみお》農林大臣と組み、農村救済を目的にした内政会議が、首相・陸軍・農林・大蔵・内務・鉄道・拓務・商工の八相をメンバーとして開催された。両会議ともに具体的成果はなかったが、両会議の開催は政党政治の凋落《ちょうらく》と軍部・官僚の台頭を見せつけることになった。

一九三四年七月、斎藤内閣にかわって元海軍大臣の岡田啓介《おかだけいすけ》が組閣をした。岡田内閣で重要な位置を占めたのが後藤文夫内務大臣であった。内務官僚出身の後藤は、吉田茂《よしだしげる》（内務省）、河田烈《かわだいさお》（大蔵省）、松本学《まつもとがく》（内務省）とともに新官僚といわれた。新官僚の多くは、安岡正篤《やすおかまさひろ》が主宰した国維会《こくいかい》のメンバーであり、一九三五年に設置された内閣調査局を拠点に政策立案にあたった。国維会は一九三二年一月に創設された国家主義団体であり、内務官僚の後藤・吉田らや、近衛文麿《このえふみまろ》、酒井忠正《さかいただまさ》らの革新的貴族が参加した。会の目的は、後藤らが国家や重要産業の重要な地位を占め、合法的に国家改造を実現することであった。岡田内閣には、国維会から後藤内務大臣、広田弘毅《ひろたこうき》外務大臣らが入閣した。

管理通貨制による財政裁量の拡大や五相会議・内政会議の開催は、政党にかわって官僚が政策のイニシアティブをとる契機になったのである。

## 救農二面相

一九三三年（昭和八）一月一七日、『信濃《しなの》毎日新聞』に「救農二面相」と題するスクープ記事が載った。長野県南安曇郡《みなみあずみ》温村《ゆたかむら》（安曇野市《あずみの》）の救農土木事業を報じたこの記事では、料亭前に居並ぶ自動車と、その一方に「厳寒酷風と戦う労働者たち」の写真を掲げている。料亭では、町村長や土木請負師らが長野県土木課長を接待していた。

恐慌対策のもうひとつの柱は農村対策であり、応急的対策として救農土木事業が、恒久的対策として農山漁村経済更生運動がそれぞれ実施された。救農土木事業は、一九三二年から三年間の時限的対策であり、河川や道路の改修に大規模な政府資金を投入して、恐慌で困窮した人びとに働く機会を提供しようとした。アメリカでは、同じ時期に、不況で働き口を失った人びとをダム建設工事などで雇うＴＶＡ計画が実施されていた。財政を投入した政府の救農土木事業は恐慌下の人びとを救済したのかどうか、救農土木事業については、所得効果を認める中村隆英《なかむらたかふさ》・三和良一《みわりょういち》・大栗行昭《おおぐりゆきてる》の見解に対して、所得効果は小さいとする加瀬《かせ》和俊《かずとし》の研究がある。

私はスクープ記事が報じられた温村の例について、役場資料を用いて詳しく調べてみた。結論をいえば、この村の救農土木事業でもっとも多かったのは、冬季に一か月前後、村内下層の農民に働く機会を与えることであった。彼らはひと冬に一四円から三一円稼ぐことになる。当時の温村の下層農家の年間所得に対して、一割から四割に相当する高い所得だった。

ただし、これはあくまでも規定の日当がそのまま支払われればという仮定に基づく。新聞記事では、インフレ景気で高騰した蛇籠《じやかご》の鉄針代と、蛇籠詰めの丸石《まるいし》不足のあおりを受けて、日当が五〇銭弱まで下げられる、とある。これによれば、実際の賃金はひと冬で一〇円から二二円五〇銭程度にとどまったことになる。温村の場合、追加所得の効果は限定的であり、事業費は材料代や請負師、利権屋に流れたように思われる。

救農土木事業の効果が限定的だったとすれば、農村対策の成否は農山漁村経済更生運動にかかることになる。経済更生運動は、「隣保共助の美風」がゆらぐ、つまり生存を成り立たせている地域社会の仕組みや関係がゆらぐという認識のもとに、財政的措置ではなく、産業組合（農業協同組合の戦前版）の経済的組織化と農民の自力更生によって恐慌脱出をめざすものだった。更生運動では村の協同一致を求め、小作争議や政争など意見の対立のある村を指定村から除外した。産業組合の信用（貯金）、販売（農産物）、購買（肥料）、利用（農機具など）の事業に村民の経済を集中し、自力更生（自発性）と協同一致によって生存の仕組みを再建する、これが経済更生運動にほかならなかった。

第一万八千九百三十三號

救農二面相

◇…料亭に殺到する利權自動車と

◇…厳寒酷風と戦ふ勞働者たち

9

◉救農二面相

『信濃毎日新聞』には、救農土木事業の記事が多数掲載され、利権やインフレ景気で事業が予定どおりに進まない状況を伝える。恐慌期に各地の農村を訪ねた、猪俣津南雄《いのまたつなお》『踏査《とうさ》報告 窮乏の農村』（改造社、一九三四年）と同じ評価だ。

更生運動では、村長や産業組合長、小学校校長といった中心人物に加えて、農業経営に熱心な中農層の中堅人物（中堅青年）、中堅婦人、子どもたちの自発性を糾合《きゅうごう》しようとした。このなかでとくに青年と女性の参加が求められたことに注目したい。青年は農家の後継者であり、女性は産業組合の貯金に協力し、衣類や栄養などの生活改善を進めるためであった。家のなかで姑《しゅうとめ》―嫁の関係にある女性たちに、家の外の役割を設定し、自発性を引き出そうとしたのである。協同一致は村内の対立や意見の相違を否定する。長引く不況と政府の政策を通じて、違った意見をいいにくい雰囲気が醸成されたのである。

**満州国樹立と満州ブーム**

満州事変後、朝鮮軍の応援を受けた関東軍《かんとうぐん》は、四か月半の間に満州全域を軍事占領した。第一次世界大戦後の国際協調のなかで結ばれた九か国条約・不戦条約のもとでは、武力で他国を領有することは許されなかったので、満州の領有を考えていた関東軍は親日政権を樹立する方針に転換した。当初、不拡大方針をとっていた日本政府は、既成事実として軍事占領を承認し、一九三二年（昭和七）三月には、清《しん》朝の廃帝溥儀《ふぎ》を執政とする満州国を発足させ、同年九月に日満議定書を結んで満州国を承認した。五族協和（日・満・漢・朝・蒙）をうたったものの、満州国は日本人官僚が政治の実権を握った傀儡《かいらい》国家であった。

アメリカをはじめとした列国は、満州国を九か国条約・不戦条約違反だとして非難した。満州に調査に入った国際連盟のリットン調査団は、当初、柳条湖《りゅうじょうこ》事件以前の状態への回復を勧告し、その後、それを現実的でないとする日本側の主張を取り入れて、日本の満州における特殊権益は認め、日中間の新条約締結を勧告した。一九三三年二月、国際連盟総会では、リットン報告書に基づく報告・勧告案が賛成四二、反対一（日本）で票決された。同年三月、日本は国際連盟を脱退し、以後、国際的孤立の道を歩むことになった。

満州事変以後の満州は「東洋の西部《ウエスタン》」と呼ばれ、働き場所やアジール（逃げ場所）として、朝鮮や日本から、あるいは東アジア全域から人びとが流入してきた。大連《だいれん》近郊の星ヶ浦《ほしがうら》は「東洋のニース」と呼ばれ、ハルビンのキタイスカヤ街は「東洋の小巴里《パリ》」といわれて人びとを誘った。「満州ブーム」「満州熱」が起きたのである。

日本の満州侵略と満州国出現は、東アジアおよび大日本帝国の経済の仕組みを大きく転換するきっかけになった。このテーマについて精力的に研究している堀和生《ほりかずお》によれば、一九二〇年代までアジア最大の貿易関係は、日中間にあった。日本の満州侵略と満州国出現は、それを切断し、日本のアジア貿易は満州と植民地・占領地に集中し、中国の貿易も満州に集中するようになった。日本と朝鮮・台湾・満州との貿易は、世界大恐慌の影響で収縮したのち、一九三三年以降に反転して急増した。

10

◉溥儀を訪問したリットン調査団
報告書は、日本にも一定の理解を示したものとして連盟各国から和解の期待を集めた。中央が溥儀。

日本の植民地相互の貿易が緊密になり、逆にそれらの地域と中国やほかのアジア各国との貿易は希薄になった。

堀によれば、一九三〇年代の日本資本主義は、世界でもっとも強く植民地経済に依存しており、東アジアにおける自立的工業化を破壊して、帝国内の分業と植民地の工業化を進めた。植民地は日本に大量の穀物・食料品を提供し、逆に日本から多くの生産財・資本財を導入した。植民地では日本資本主義の展開に見合うかたちで工業化が進められた。東アジアの一郭で日本が引き起こした満州事変と満州国出現は、「東アジアの国際関係を決定的なまでに転換させ」、日本は「植民地依存型の経済発展の道を選択」することになった。大日本帝国の内部で「日本帝国経済圏」とでもいうべきものがつくられたのである。

原朗《はらあきら》の評価をふまえれば、満州事変以後の日本資本主義は、高橋財政と円為替《えんかわせ》低下を梃子《てこ》とし、軍需産業と貿易関連産業を中心にして恐慌から脱出することに成功する。その際に植民地経済との結びつきが不況脱出と重化学工業化を進めるもうひとつの回路になった。この間、満州や中国への資本輸出が急増し、植民地の低賃金労働力・低価格農産物の利用が増大する。要するに、満州・植民地・中国との一体性を強めてブロック経済化を図り、その方向で恐慌脱出をねらったのである。

# 三人の選択

## 小原久五郎の決断

世界大恐慌と満州事変が重なった一九三〇年代初頭は、時代の大きな転換点《ターニングポイント》であった。この時代は、日本や中国、朝鮮や台湾など、東アジアの人びとにどのような影響を与えたのか、ここでは三人の例を紹介する。

岩手県和賀《わが》郡藤根《ふじね》村の小原久五郎《おばらきゆうごろう》は開拓農家に育った。父は、北海道開拓農業の経験をもち、長兄は藤根村後藤野《ごとうの》の原野を切り開いて農場を営んだ。いずれも政府の開拓政策にそった選択であった。

小原久五郎は、高等小学校を卒業後、苦学をして東京の國士舘《こくしかん》中学校を卒業した。同校で五族協和の精神を身につけた久五郎は、一九三三年（昭和八）に満州へ渡った。満州の錦泊湖《きんぱくこ》に創設された錦泊学園で農業を指導するためである。錦泊学園は、満蒙《まんもう》開拓移民の歴史の初期に、開拓移民の指導者を養成する目的で設立された國士舘系列の私立高等専門学校であった。

久五郎の故郷、藤根村の小学校教師・高橋峯次郎《たかはしみねじろう》は、故郷の様子を伝える『真友《しんゆう》』という通信をみずから発行して、兵士や移民に送付していた。高橋のもとには戦地・移民地から送られた手紙が膨大に残されており、そのなかに、一九三四年一月、小原久五郎が送った年賀状も残されている。

若き同胞は張りつめた心の中に、酷寒満州の広野に同じ日章旗を拝しおり候《そうろう》、御旦《おんたん》に日の丸の旗のもと清新の建設的意志を培い、国民的信念を強化させられたく存《ぞんじ》候。

挨拶文に「日章旗」「日の丸」と二度も出てくるように、久五郎が大日本帝国の建設の意識を強くもって満州に渡ったことは想像にかたくない。だが錦泊学園は、民有地買収に対する反発や錦泊湖周辺の治安悪化により、関東軍の支援を受けなくてはならなかった。一九三四年五月、職員や学生、関東軍守備隊など一四名が「匪賊《ひぞく》」に襲われて錦泊学園の運営が行き詰まる。一九三五年一二月、久五郎は錦泊学園の生徒とともに満州奥地のホロンバイルに渡り、新たな地で農耕と放牧を試みた。石《いし》原莞爾《はらかんじ》が重視したホロンバイルである。

一年間の入植で確信を得た久五郎は一度帰国、一九三七年二月、郷里からふたたび満州に旅立った。ホロンバイル開拓組合をスタートさせるためである。ホロンバイル開拓組合は、ハイラルに駐屯していた笠井《かさい》平《へい》十郎《じゅうろう》中将が現地除隊兵に日本からの移住者を含め、錦泊学園関係者を指導の中心に置いて設立したものであった。

久五郎は妻と次女、三女を連れ（長女は遅れて参加）、村民を誘って満

11

◉ホロンバイルの開拓地
満州事変後、広大なホロンバイル地方は満州国に編入され、それまでの遊牧生活にかわり、移民による定住農耕が試みられた。

州に向かった。「はじめに」で紹介した小原昭《てる》は久五郎の次女であり、藤根駅で万歳の声に送られたことをよく覚えているという。ホロンバイル開拓組合への入植は、開拓の家の歴史を背負い、満州事変後の満蒙開拓の機運のなかで五族協和による開拓にかけた久五郎の決断によるものであった。

### 黄永祚の場合

小原久五郎がはじめて満州に渡ったころ、入れ替わるように黄永祚《ファンヨンジョ》が朝鮮から大阪にやってきた。「はじめに」などで紹介した黄永祚である。

永祚は、朝鮮の慶尚北道慶州郡《キヨンサンプクドキヨンジユ》の農家の長男に生まれた。生家は永祚が幼いころにわずかな所有地を失って小作農家になった。一七歳で公立の小学校を卒業した永祚は、大邱《テグ》にあった中学への進学を希望したが、貧しい小作農家ではあきらめるほかなかった。当時の慶州郡には決まった仕事が乏しく、時に日当三〇銭程度の土木人夫がある程度だった。釜山《プサン》の工場で日当四〇銭の工員募集があることを聞いた永祚は、母に交通費を工面してもらい釜山に向かったが、結局工員にはなれなかった。その後、永祚は、一九三四年、二二歳のときに大阪で荷揚げの仕事をしていた親戚を頼って日本に渡った。永祚は長男で結婚もしていたが、収入の道がなかったので父親も許してくれた。

永祚が日本に渡った背景には、植民地政策と大恐慌があったといっていい。一九一〇年に朝鮮総《そう》督府《とくふ》が実施した土地調査事業と、一九二〇年以降に実施した産米増殖計画は、朝鮮の農民を小作農民と窮乏に追いやった。朝鮮の農民たちは日本や満州に働き場所を求めた。ここに大恐慌が加わったとき、朝鮮での生活はいっそう困難になり、労働力を海外に流出させる圧力がさらに強まることになった。永祚の来日の背景には、以上のような事情があったといっていいだろう。

**新津隆の選択**

山梨県中巨摩《なかこま》郡落合《おちあい》村は農民運動の村として知られる。小作料引き下げを地主に求めた小作農民の運動を前提に、昭和恐慌期には、恐慌の打撃を村の経済・政治・社会・文化の改革で乗り越えようとする特徴的な農民運動が行なわれた。小作農民は不況のもとでもよく連帯し、親の世代に小作青年や娘も加わって、一九三〇年（昭和五）に田小作料五割引きという画期的内容を勝ちとる。さらに落合館を建設し、村の政治（村税である戸数割の改革）や社会（青年団改革）、文化（文芸雑誌発刊）などを改革する新しいプランが提起された。落合館は農民の出資による製糸業の協同組合で、小作農家の娘たちが働いた。経営と雇用を協同で担うもので、現在のワーカーズコレクティブに近い。社会や文化の改革は、村内の地主と小作の格差を縮小して都市に負けない農村をつくるものだった。

不況の影響で隣村の小学校代用教員を辞めざるをえなかった落合村の新津隆《にいつたかし》は、父親も参加する農民運動にとびこんだ。隆が選んだのは、小作農民の共同と連帯で恐慌下の困難を克服する途《みち》だった。農民運動の転機は一九三二年にやってきた。『山梨日日新聞』による落合村青年団への非難、山梨共産党事件、落合館をめぐり経営優先の父親たちと娘の賃金を優先する青年たちとの間で世代間対立が生じた。小作農民の間に亀裂が生じ、長い間続いた農民運動は終息する。一九三五年に更生祭を開催した落合村は、農林省の経済更生村に指定された。

新津隆は、一九三三年末に書いた農民運動の総括文のなかで、〈ファッショ的気運の勃興《ぼっこう》〉と〈窮乏〉〈警察の弾圧〉が世代間の関心の差や権力・軍国主義への同調圧力をつくりだし、〈家庭、近隣、権力――やっかいな絆《きずな》が私を圧《お》し殺してしまうかも知れないのだ!〉と書きとめた。先述のような、経済更生運動のなかで異なった意見を避ける機運が起こり、同調圧力と〈やっかいな絆〉が強まったのではないか。

一九三二年一月、収入を得るために落合村役場の雇いになった新津隆は、やがて有能な役場吏員へと姿を変えた。地主派と小作派に分裂した青年団の統一に取り組み、日中戦争以降、さらに満蒙《まんもう》開拓青少年義勇軍の送出役を担うまでになった。経済更生運動のなかの、異なった意見や対立を忌避する協同一致の傾向は、その後、地域の人びとが国策を受け入れていく素地になった。

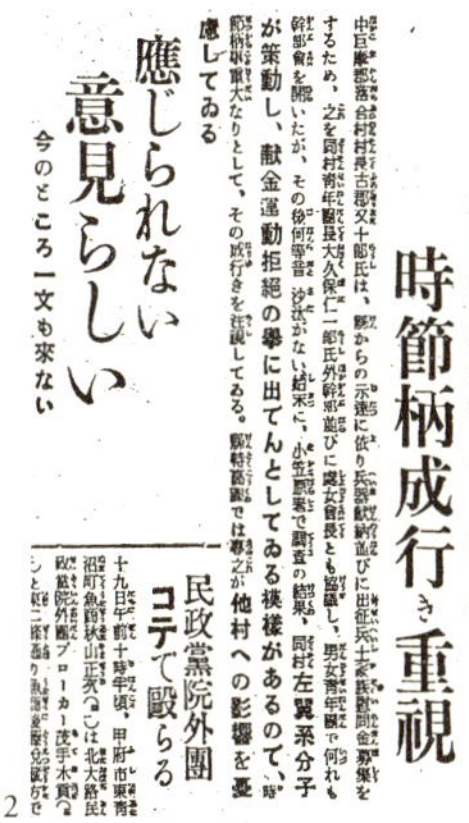
# 愛國的献金を
## 落合村男女青年團は拒否
## 全農左翼分子の策動か
## 時節柄成行き重視

中巨摩郡落合村村長古郡又十郎氏は、縣からの示達に依り兵器献納並びに出征兵士家族慰問金募集をするため、之を同村青年團長大久保仁一郎氏外幹部並びに處女會長とも協議し、男女青年團で何れも幹部會を開いたが、その後何等音沙汰がない結果に、小笠原署で調査の結果、同村左翼系分子が策動し、献金運動拒絶の擧に出てんとしてゐる模様があるので、時節柄事重大なりとして、その成行きを注視してゐる。縣特高課では專ら之が他村への影響を憂慮してゐる

## 應じられない意見らしい
今のところ一文も來ない

## 民政黨院外團 コテで毆らる

十九日午前十時半頃、甲府市東青沼町……

12

◉「愛国的献金」への同調を強く求める新聞

『山梨日日新聞』(一九三二年三月二〇日)は落合村青年団が満州事変・上海事変後の献金運動に協力しないとする非難記事を大きく掲載した。この記事が落合村農民運動後退の一因になった。マスコミが戦争への同調圧力を強める一例である。

# 生存と生活と

## 医療・衛生問題と生活改善

従来の生存の仕組みが危機に陥るもとで、恐慌期には医療・衛生問題への取り組みが始まった。全国各地で、公費補助医（町村）、医療公営（市町村）、補助診療組合（道府県）、医療利用組合、無産者実費診療所、無産者医療同盟、無医村診療所（道府県・国の補助）、救療医療（恩賜《おんし》財団済生会《さいせいかい》など）など、さまざまな補助医療制度が試みられた。

このなかで注目すべきは、農家の収入に応じて米などを持ち寄って医療費に充当した村の経験（福岡《ふくおか》の「定礼《じようれい》」、熊本《くまもと》・岩手《いわて》でも）をふまえ、医療組織をつくった地域があることである。また医療利用組合は、産業組合の利用事業を活用したものであり、地域の人びとが資力に応じて出資金を払い、それをもとに診療所を開いた。一九三二年（昭和七）、賀川豊彦《かがわとよひこ》らが東京医療利用組合を創設して新宿《しんじゆく》・中野《なかの》に診療所・病院をつくった。医師会の強い反対にもかかわらず、東京医療利用組合は患者の治療に加えて、家庭訪問看護や巡回診療、臨海学校、家庭医学講座などを行ない、医療利用組合運動の中心になった。医療利用組合は、秋田・青森・新潟・岩手・群馬・静岡・愛知などで相次いでつくられた。

農民運動の伝統のうえに医療組織がつくられた例もあった。新潟県北蒲原《きたかんばら》郡葛塚《くずつか》町では、一九三三年の洪水を機に保革一体の治《ち》水同盟《すいどうめい》がつくられ、救農土木事業に取り組んだ。農民運動家らは治水同盟を基盤にして、地域に医療を普及させる医療の社会化運動を起こし、出資金を募って翌年に葛塚医療同盟をつくった。医療同盟は、一般開業医より安い診療費を実現し、診療のほかにも助産活動に力を入れて、出血の危険のある座《ざ》産《さん》の改良や産床《さんどこ》の改善、乳児検診などに取り組んだ。医療同盟は一九四一年に警察によって解散させられるまで活動を続けた。

地域の歴史的な経験や社会運動の伝統などを生かし、恐慌と凶作による疲弊を乗り越えて生存の仕組みが再建されようとした。医療利用組合は、一九三二年に全国医療利用組合協会（全医協）を結成して取り組みを強めた。

東北凶作に対して政府や県、医師、産業組合などの取り組みが始まった。一九三五年に半官半民の東北更新会がつくられ、各県で乳幼児・妊産婦の保健や栄養改善、トラコーマの予防、住宅の生活改善などが取り組まれた。だが山間部を多く抱えた岩手での医療衛生活動は容易に進まない。岩手県で長いこと地域医療に携わった畠山富而《はたけやまとみじ》は、その背景に山村の女性の厳しい労働と栄養不足をあげる。夫が炭焼きで不在がちな山村では、妻が馬の飼料を得るための草刈りから食事の用意、やせた斜面での畑仕事と休む間もなく働いた。子育ての時間はなく、乳幼児死亡率がなかなか下がらなかった。本章の冒頭に掲げた乳児死亡率（24ページのグラフ）を振り返ると、岩手の比率は全国平均を一貫して上まわり、昭和恐慌期には若干上昇して足踏みしている。こうした状況を打開するために、岩手や秋田・青森では、乳幼児死亡対策への取り組みが熱心に行なわれた。

### 「ガール」と「婦人」の間

文芸評論家の斎藤美奈子《さいとうみなこ》は、一九一一年（明治四四）に平塚《ひらつか》らいてうたちによって創刊された『青鞜《せいとう》』がもたらしたものとして、「我慢しない女＝モダンガールの誕生を準備したこと」をあげる。斎藤のいう「モダンガール」はいわゆる「モガ」に限定されず、文字どおり「近代女性」のこと。『青鞜』の女性たちや職業婦人、モガなどのガールたちの思想はそれぞれだが、いずれも「我慢しない女」の代表であり、その点で共通性をもっていた。モダンガールは、間違いなく新しい時代の象徴であった。

「ガール」が多用される一方で、一九三〇年頃には、名流婦人や職業婦人にかわり、新しい「婦人」が登場した。その代表例は「労働婦人」と「農村婦人」である。二つの婦人を冠した雑誌がそれぞれ発刊されている。日本労働総同盟婦人部機関誌『労働婦人』（一九二七年〔昭和二〕一〇月～三四年二月）と『農村婦人』（冨民協会、一九三二年三月～三六年一〇月まで確認）である。二つの婦人が使われるまで、労働者や農民の妻に固有の呼び方はなかった。固有の呼び方の登場は何を意味するのか。

　一九三〇年代の労働婦人には三つの側面があった。ひとつは労働運動に登場した労働婦人であり、一九三〇年頃の東洋モス

13

◉銀座の街のモガ
先端的な西洋文化と風俗を体現したモダンガール（モガ）が一九二〇年代なかばに出現し、銀座や日本橋の街をさっそうと歩いた。モガは、朝鮮や中国、台湾など、東アジアの同時代に現われて、文化と風俗に影響を与えた。

リン争議や岸和田《きしわだ》紡績争議などに若い労働婦人が多数登場した。階級としての労働婦人である。二つめは、働きながら家事をする既婚の労働婦人である。工場は日給の世界であり、結婚しても生活は楽でなかった。当時、内職や共稼ぎで家計を補う既婚の労働婦人が少なくなかった。子どものいる既婚女性が外で働くことは難しかったように思えるが、たとえば、一九三〇年に東京製綱川崎工場で働く女性労働者約三〇〇名のうち半数は既婚者であった。彼女たちは子守を雇ったり、近所の人に子どもを見てもらったりしながら共稼ぎを続けた。三つめは、新中間層の主婦に憧れる労働婦人である。加藤千香子《かとうちかこ》の研究によれば、当時の労働運動でも結婚した女性は、俸給生活者（サラリーマン）や役所に勤めた新中間層の主婦をめざしていたという。

「ガール」と比べれば、労働婦人には生活が張りついていて、日々の暮らしのやりくりが優先された。「ガール」、つまり「新しい女」になることができた女性は限られていた。だが、労働者の妻が労働婦人と呼ばれ、共稼ぎにせよ専業主婦にせよ、生活を担う存在に光が当てられたことはそれまでにないことであった。労働者の妻にも性別役割分担として生活に責任をもつことが求められたのである。こうしたなかで国防婦人会のように、生活を担う役割を街頭で演じてみせた女性たちも登場した。

## 台所から街頭へ

満州事変の翌年、大阪の商家の主婦たちが出征兵士の見送りをする女性団体をつくった。国防婦人会の誕生である。出征に際して、盛大な見送りを受ける兵士がいる一方で、ひっそりと旅立つ兵士がいた。それを哀れに思った女性たちが見送りをする団体をつくり、陸軍のお墨付《すみつ》きを得た。

国防婦人会に先立って一九〇一年（明治三四）に組織されていた愛国婦人会が名望家の妻を幹部にしていたのに対して、国防婦人会は会費が安く門戸が開放されていたため、都市や農家の主婦、職業婦人、労働婦人、芸娼妓、さらには植民地や満州の女性も参加した。婦選《ふせん》獲得同盟や浜口雄幸《はまぐちおさち》内閣期の公私経済緊縮運動に登場した女性たちが、おもに新中間層に属したのに対して、国防婦人会の女性たちはもう一段下の階層に属していた。国防婦人会は大日本帝国に広がり、一〇〇〇万人の会員を抱えた帝国有数の団体に成長した。

会員たちはトレードマークの割烹着《かっぽうぎ》と襷《たすき》を身につけて、駅や港で出征兵士の見送りと茶菓などの世話をした。割烹着は家事に専念する主婦のシンボルであり、とくに働きづめの労働婦人にとっては憧れの衣装だ。日ごろは割烹着を着て家事をする余裕などない労働婦人たちも、「台所から街頭へ」飛び出し、割烹着を身につけて家庭内の女性の役割を家庭

14

◉台湾の大日本国防婦人会
国防婦人会は、大日本帝国の膨張にそって朝鮮や台湾などの植民地や満州でも組織され、現地の兵士や派遣された兵士に対して接待や見送りを行なった。

外（街頭）で演じてみせた。国防婦人会の活動を通じて、家事＝生活と軍事・政治が明瞭に結びつけられたのである。

国防婦人会は陸軍からお墨付きをもらったが、両者の間には女性の役割をめぐる認識の相違があった。街頭での活動こそ重要だと考えていた国防婦人会に対して、陸軍は家庭内の役割を優先し、女性が街頭ばかりで活動することには批判的だった。このような認識の相違はあったものの、国防婦人会は家庭内の女性の家事を外で実践することで、家事＝生活を実践する女性は政治的な役割を担っていることを示してみせたのであった。

昭和恐慌から戦時期は女性の大衆化の時代であった。軍国主義に呼応して「政治と台所」の関連の必要性を訴えた国防婦人会は、女性の大衆化をリードする存在であり、ガールとはまた別の、新しいタイプの女性であった。

### 厳しく迫る弾圧と転向

「非常時」は、五・一五事件後に斎藤実《さいとうまこと》挙国一致内閣が成立すると、内外の危機的状況をとらえてジャーナリズムが使い、流行した言葉であった。斎藤内閣は時局匡救《きょうきゅう》事業を実施する一方で、満州侵略のもとで軍の発言力が高まるなか、非常時の名による反体制運動への弾圧と思想統制を強めた。治安維持法《ちあんいじほう》による左翼の検挙数は一九三〇年代に急増し、政治家や労農運動家に加えて、演劇や美術・映画・音楽・写真など、広範な分野のプロレタリア運動家・学者・教育者・エスペランチストなど、日本共産党やそのシンパ、マルクス主義者と目される人びとに徹底した弾圧が加えられた。

政府は左翼思想に続いて自由主義的思想の統制に乗り出した。一九三三年五月の滝川《たきがわ》事件がそれである。一九三二年一一月に司法官赤化事件が起こると、右翼の蓑田《みのだ》胸喜《むねき》らはその原因が東京帝国大学の美濃部達吉《みのべたつきち》、末広厳太郎《すえひろいずたろう》、京都帝国大学の滝川幸辰《ゆきとき》教授らの法学にあるとして攻撃した。それを受けた鳩山一郎《はとやまいちろう》文部大臣は、翌年三月、帝国議会で「赤化教授」の処分を発表し、五月に滝川を休職処分にした。京大では法学部の全教官三九名が辞表を提出して全学に抗議運動が起こり、支援の輪は東大・東北大・九州大など全国に広がった。滝川事件は、昭和恐慌期にあって大学・学問の自由が問われた事件であった。

滝川幸辰を休職に追い込んだ蓑田胸喜らは、次いで美濃部達吉の天皇機関説に照準を定めた。一九三五年二月、軍部出身の貴族院議員菊池《きくち》武夫《たけお》らは、美濃部達吉の憲法学説を反逆的思想であると攻撃した。軍部・右翼はいっせいに天皇機関説撲滅《ぼくめつ》に乗り出し、政友会《せいゆうかい》も同調した。一九三四年七月、斎藤内閣にかわって就任した岡田《おかだ》啓介《けいすけ》内閣は、これに屈して二回にわたり国体明徴声明《こくたいめいちょうせいめい》を発表し、美濃部は貴族院議員辞任に追い

15

◉文相に抗議する教授たち
トルストイの思想を説いた滝川は、無政府主義的として問題にされた。支援する京大文学部に中井《なかい》正一《まさかず》、久野《くの》収《おさむ》、花田《はなだ》清輝《きよてる》らがいた。彼らは、『土曜日』『世界文化』など反ファシズムを標榜する雑誌を創刊した。写真左三人が京大の学部長、右が鳩山一郎文相。

込まれた。天皇機関説は、大正期以来、政党政治に理論的基礎を与えてきたものであり、天皇機関説撲滅に政友会が同調したことは、政党がみずからの首を締める行為にほかならなかった。これ以降、政党と議会の機能が著しく弱まり、「国体」という言葉が猛威をふるう。

一方で弾圧は共産主義者の転向をつくりだした。一九三三年六月、日本共産党の最高幹部だった佐野学《さのまなぶ》と鍋山貞親《なべやまさだちか》は、獄中から転向声明を出した。コミンテルンの指導と共産党の政策を批判して天皇制を擁護し、中国軍閥とアメリカ資本主義への戦争は進歩的であるとした。これを機に獄中で大量転向が現われ、共産主義運動は大打撃を受けた。転向の直接的な背景には弾圧による拷問《ごうもん》があり、さらに人びとの意識から遊離した共産主義運動のスタイルやコミンテルンの絶対的影響力も転向を導いた。

転向後には国家社会主義をとなえる者が多かった。統制経済や国家官僚を通じた計画経済に新たな期待を寄せたからである。満州に新たな理想を求めた転向者も多く、満鉄《まんてつ》には多くの左翼転向者がいた。

弾圧は当事者だけを対象にするのではない。弾圧を行なう側は、その影響を当事者の周辺や社会の隅々にまで及ぼそうとする。一九三〇年代における男子普通選挙と治安維持法の政治システムは、男子に選挙権を認める一方で、治安維持法を通じて政治活動領域の縮小と社会の萎縮《いしゅく》を図ろうとしたのである。

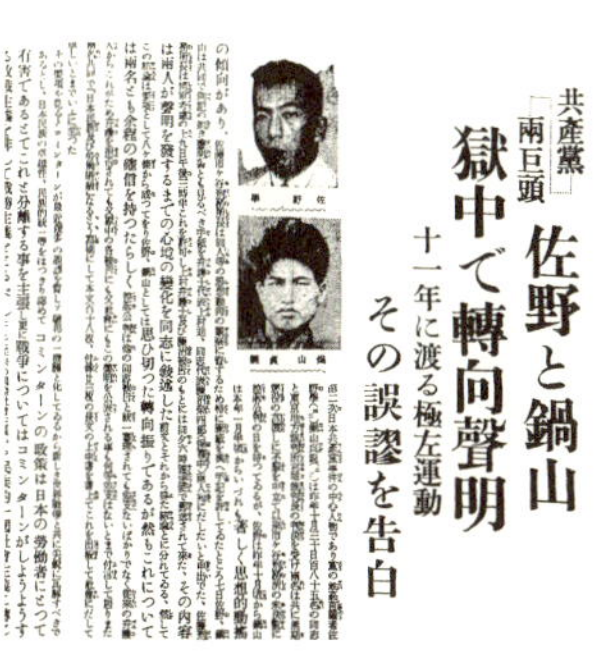
共産黨兩巨頭
佐野と鍋山
獄中で轉向聲明
十一年に渡る極左運動
その誤謬を告白

16

◉獄中転向を伝える新聞
弾圧により共産主義の立場を放棄させる「転向」は、戦後では、思想上の広い現象としてとらえられるようになった。（『東京朝日新聞』一九三三年六月一〇日）

## 軍部・新官僚の台頭と底流としての「生活問題」

満州事変、非常時日本、弾圧と転向のなかで、社会運動は左翼中心から右翼主導へと大きく旋回した。労働運動では国家社会主義を標榜し、資本主義・共産主義・ファシズム反対の三反主義をとなえた日本労働組合会議が、国家の強力な統制経済を求めた。一九三五年（昭和一〇）頃になると労働運動はさらに日本主義へ転回、一君万民のもとで産業立国、労資一体などを主張する運動を行なった。日本主義労働運動は、のちの産業報国運動に道を開くものであった。他方で、左翼農民運動も恐慌や弾圧によって影響力を失い、右翼農民運動の台頭から国家社会主義、日本主義へ転回した。

一九三四年、陸軍省新聞班はパンフレット『国防の本義と其《その》強化の提唱』（いわゆる陸軍パンフレット）を発行する。陸軍パンフレットは、いままで、陸軍統制派の考えを示したものであり、個人主義・自由主義・階級対立観を批判して国家の統制力を強化し、国防国家の実現を主張する面が注目されてきた。

これに対して米谷匡史《よねたにまさふみ》は、陸軍パンフレットが「国民生活の安定」を提起したことに注目すべきだとする。人的要素を培養して国防力を強化するためには、「勤労民の生活保障」「農山漁村の疲弊の救済」を行なって「国民生活の安定」を図る必要があり、その実現には、社会政策の充実と経済機構の変革が不可

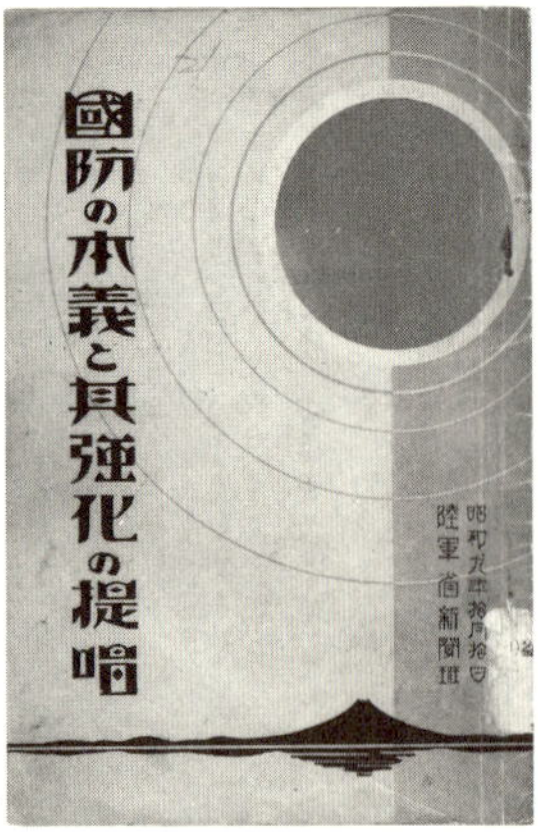


17

◉陸軍パンフレット
陸軍は、各新聞社に大々的な宣伝を要請、大反響を生む。パンフレットには葉書が添付され、陸軍に意見を伝えることができた。

欠である。これが米谷のいう陸軍パンフレットの要点であった。

国家社会主義に足場を置きつつあった社会大衆党は陸軍パンフレットを歓迎し、軍隊と無産階級の結合、資本主義打倒の社会変革を主張した。労働争議や小作争議が継続するもとで、軍部と無産政党はヘゲモニー（主導権）を争いながら、民衆のなかで高まる革新政策への要望を国家革新に結びつけようとした。国民生活の安定は、軍部の台頭したこの時期の政治史でも重要な課題であり、政治と社会運動の接点に位置していた。

一九三五年から三六年にかけて、内務省を中心にして新官僚が主導する選挙粛正運動が行なわれた。選挙の買収防止、政治の悪弊打破、棄権防止などを掲げた選挙粛正運動について、従来は、選挙干渉などを通じて既成政党の地盤を弱め、政党政治から官僚主導の政治システムへ転換を図ろうとしたものだったが、選挙結果としては、たとえば一九三六年二月の総選挙で厭戦《えんせん》気分を反映して野党民政党《みんせいとう》の議席増加と社会民主主義政党の躍進が実現したように、内務官僚の思惑《おもわく》どおりにならなかったことが指摘されてきた。前述のように、この総選挙で労農無産団体協議会の加藤勘十《かとうかんじゅう》が、全国最高得票で当選した。一九三七年二月、広田《ひろた》弘毅《こうき》内閣にかわって組閣した林銑十郎《はやしせんじゅうろう》は、議会で予算が成立した直後に抜き打ち解散をした。内務省は軍部の要求を受け入れて、反戦・反軍的な言論を弾圧する方針で総選挙に臨んだが、社会大衆党は三七議席に躍進し、政友会《せいゆうかい》・民政党も林内閣に反対の態度を鮮明にした。その結果、林内閣は総辞職せざるをえなくなった。

一九三〇年代なかばの選挙結果は、戦前の「民主化の頂点」（坂野《ばんの》潤治《じゅんじ》）であり、選挙粛正運動とその後の愛市運動は、「女性の事実上の政治参加」（源川真希《みながわまさき》）と評価されている。それに対してここでは、経済更生運動や愛市運動など、軍部と官僚の主導による自発性の動員が広範に行なわれたことに注目したい。権利から阻害された人びとや社会運動家のなかから、生活の安定や権利の拡張をめざし、国家社会主義や軍部・官僚に期待を寄せて、そういった運動に積極的に参加する人が出てくる。そこには、婦選獲得同盟をはじめとした各種の女性団体も大きな存在感を見せた。軍部や官僚の提起する運動は、階級や地域、性差による格差を縮小するまたとない機会と映ったのである。ただし、弾圧や協同一致（経済更生運動）によって政治領域がせばめられているもとでの参加であり、参加は官僚による動員・統制と表裏一体だった。日中戦争前のこの時期には、選挙結果の一方で社会の統制が進み、そのもとで格差縮小をめざす参加＝動員が進行したことを見逃してはならない。

政治の課題としては引き続き国民生活の安定が追求されていた。経済更生運動や選挙粛正運動に国防婦人会の運動を加えてみれば、女性の参加＝動員が目立つ。女性たちは家庭内の女性の役割を家庭外に持ち出し、生活が政治と結びつくことを示してみせたのである。

18
◉林銑十郎内閣解散
林首相の解散に対して、民政党代議士が万歳でこたえる。任期中に特段の活動がなかったことから、「何もせんじゅうろう内閣」などと揶揄《やゆ》されたりした。

## 二・二六事件

一九三六年（昭和一一）二月二六日、大雪の朝、東京の陸軍第一師団の青年将校らに率いられた約一四〇〇名の兵隊が決起する事件が起きた。彼らは首相官邸などを襲撃し、斎藤実《さいとうまこと》内大臣、高橋是《たかはしこれ》清《きよ》大蔵大臣、渡辺錠太郎《わたなべじょうたろう》教育総監らを殺害し、永田町《ながたちょう》一帯を占拠した。翌二七日、東京に戒厳令《かいげんれい》がしかれ、政治経済の中枢が麻痺《まひ》し、新聞・ラジオなどの報道機関が戒厳司令部の管制下に置かれた。人びとは詳細が不明なために、不安をつのらせた。

陸軍は一時的に混乱したが、側近を殺害された天皇の怒りを買い、反乱軍の討伐《とうばつ》が決まった。二九日、ラジオから「兵ニ告グ」が流れ、「勅命下る軍旗に手向ふな」のアドバルーンも上がった。反乱軍の間に動揺が広がり、兵・下士官は全員部隊に戻って事件は終わった。反乱軍の幹部一七名と青年将校らの理論的指導者と目された北一輝《きたいっき》、西田税《にしだみつぎ》はのちに処刑された。

二・二六事件については、いままで、陸軍の皇道派と統制派の対立のなかで、北一輝の影響を受けた皇道派の青年将校らが農村の窮乏を憂えて起こしたと説明されてきた。しかし、東京地検記録課で公開されている「二・二六事件裁判記録」などに基づく最新研究は、従来の通説が神

19

◉警視庁中庭に集結した反乱軍
まかれたビラ「下士官兵ニ告グ」には、「原隊へ帰れ」「抵抗する者は全部逆賊であるから射殺する」「父母兄弟は国賊となるので皆泣いておるぞ」とあった。

話であったことをつぎつぎに明らかにしている。北一輝の影響を受けた青年将校は少なく、皇道派と統制派の対立も明瞭でなく、農村の窮乏を憂えたというのも誇大にすぎる。

それではなぜ、青年将校らは決起したのか。須崎慎一《すざきしんいち》の研究によれば、一九三五年秋に第一師団の満州派遣が内定し、満州の軍隊の腐敗を嫌っていた青年将校らが満州行きを避けたこと、絶対的な軍事力の構築を求める青年将校らにとって、インフレの懸念から軍備増強に反対する高橋是清蔵相の存在が邪魔になったことなどがあげられている。なぜ神話が流布したのか。須崎は陸軍中央が責任逃れのために、北一輝らに責任を押しつける情報操作が行なわれたと指摘している。

それにしても二・二六事件は、皇道派将官・軍事参議官や参謀本部の動きを抑え込んだ昭和天皇の力を見せつけることになった。陸軍の統制派は、天皇の力を借りつつ、「粛軍」を口実にほかの政治勢力を押さえ込みながら、軍部大臣現役武官制復活と公債発行による軍事費増大によって軍部の影響力を強めていった。とくに軍部大臣現役武官制復活は、軍部の政治的地位を高め、その後の戦時体制における軍部の力の源泉となった。

ただし、ここから一気に日中戦争に向かったと理解するのは早計である。加藤陽子《かとうようこ》や古川隆久《ふるかわたかひさ》が指摘するように、二・二六事件後、はじめて開かれた一九三六年五月の臨時帝国議会では、民政党の斎藤隆夫《さいとうたかお》と無所属の尾崎行雄《おざきゆきお》が激しい陸軍批判を行なったし、一九三七年四月の総選挙では社会大衆党の躍進がみられた。その意味でも日中戦争前までは、戦争と軍部を遠ざける雰囲気がまだ残されていたのである。

# 第二章

# 大日本帝国としての日本

1

# 植民地のある時代

## 大連の後藤兼松

一八八一年（明治一四）に奈良で生まれた後藤兼松《ごとうかねまつ》は、二〇歳のころに朝鮮に渡り、京城（一九一〇年の「韓国併合」時に日本政府が首都地域につけた呼称）で清水《しみず》建設の人に器用さを見込まれて土木技師の見習いになった。その後は、清水建設の土木技師として満州に渡り、新京《しんきょう》（長《ちょう》春《しゅん》）、ハルビンなどに転じ、大連《だいれん》で比較的長い居を構えた。「はじめに」で紹介した後藤貞子《さだこ》は、兼松とその妻きよの六番めの子どもとして生まれた人である。

幼いころ、下の子が年子で生まれたために里子に出された兼松は、尋常小学校を三年生程度で中退して（当時は四年制）、里親の車曳《ひ》きを手伝った。里親の娘との結婚を迫られた兼松は反発し、里親先の戸籍を抜いてひとりで朝鮮に渡った。

教育機会に恵まれなかった兼松が、器用さを見込まれたのは幸運な例であろう。誰もがみな兼松のように転身できたわけではない。だが、当時の日本には、ひと旗揚げるために朝鮮や台湾に移動した人がたくさんいた。人びとの意識のなかに植民地が入り込んでいたのである。

兼松は京城で知り合った女性との間に長男をもうける。病弱のその女性が亡くなり、その後、親

◉**南満州鉄道の特急「あじあ」号**
満州の表玄関の大連とハルビンを世界第一級の時速七〇㎞で結んだ。「流線型」という流行語を生み、実験国満州の象徴的存在。
前ページ図版

戚筋の後藤きよが親戚に説得され、ひとり京城に渡って兼松と再婚した。一九一六年（大正五）のことである。その後、満州に渡った兼松夫妻は、一九二〇年までに四人の子どもをもうけたが、いずれも一歳未満で失う。寒冷の地で赤ん坊を育てるのは難しく、五男の兼祐《かねすけ》が一九二一年に新京で生まれたときには、夫婦ともに大事に育てたという。

大連の開発と建築ブームのなかで、兼松は土木技師として忙しく働いた。家族は大連能登町《のとまち》の社宅に住み、中国人の少年と少女を雑用に雇う。きよは白系ロシア人に西洋料理を教わったり、社宅の奥さんたちと一緒に長唄《ながうた》を習ったりした。休日には家族でマーチョ（馬車）に乗って三越《みつこし》百貨店に出かけ、クリスマスはヤマトホテルでディナーをとった。長男は大連一中に通い、きよは雇った中国の少年少女から奥さんと呼ばれる。里親の家にはない、植民地の新中間層家族の暮らしがそこにはあった。

娘の貞子によれば、一九二六年に帰国後、きよは大連で覚えたシチューをよくつくってくれた。子どもたちは小さいころ、当時めずらしいパジャマを着ていた。出張先の満州で父兼松が買ってきたものだ。植民地帝国に支えられた生活世界が、日本にも持ち込まれたのである。

アメリカの歴史学者、ルイーズ・ヤングによれば、満州事変

2

◉後藤兼松一家
新京での記念写真。満州で生活が安定した様子がうかがえる。右から兼松、長男、きよと五男兼祐。

前後の中国東北部の日本人は、圧倒的に中産階級が多かった。官僚、経営者、会社役員、都市計画家、技術者、サラリーマンであり、労働者の場合も賃金は日本本土よりかなり高かった。日本内地からみれば満州の都市は機会にあふれた場所に映った。この傾向は満州事変後、いっそう加速される。満州に渡った日本人のなかには、後藤兼松のように、植民地を経て日本に戻り、新たに新中間層の生活を得た人びとがいたように思われる。

**大日本帝国内の生活圏**

近現代の時代の人びとは、定着と移動を繰り返しながら生の拠点を定めようとしてきた。海外や植民地への移民、国内での出稼ぎなど、働く機会や場所を求めて日本の多くの人が国内外へ移動した。植民地や占領地から日本本土やほかの植民地へ移動する場合もあった。観光・ツーリズムによる移動もあった。

本書が対象とする以前の明治期から一九二〇年代までは、日本人の移民・植民地移動の時代であり、北アメリカ・中南米・東南アジアや朝鮮・台湾へ多くの日本人が移動した。次ページの表にあるように、韓国併合後の日朝関係をみると、朝鮮から日本にやってくる人よりも日本から朝鮮へ向かう人のほうがはるかに多かった。台湾・朝鮮の植民地化は、植民地経営や商売を目的とした日本人の移動を増加させたのである。後藤兼松《ごとうかねまつ》が朝鮮、満州へ渡ったのはこの時期のことであった。

本書が対象とする時期における人びとの移動は、満州国が設置された一九三〇年代から敗戦・終戦までと、戦後に二分される。アメリカ移民が制限され、さらに、満州建国以降になると、日本人移民は中南米と満州に集中した。満州移民は国策であった。満州事変以降は兵力増強により兵士の移動が増大する。一九三〇年代以降の日本人の海外進出は、占領地や南洋の委任統治地域を含めた大日本帝国の勢力圏内に集中している。

一方で、この時期に朝鮮から日本に来る人々が激増する。表に示すように、一九三五年（昭和一〇）以降、在日朝鮮人は在朝日本人を上まわるようになった。とくに戦時期の国家総動員法のもとで、朝鮮・台湾・中国から日本本土や大日本帝国の内外に向けて動員や連行が行なわれた。日本本土では戦時中に徴用が増大し、学童集団疎開《そかい》や空襲で移動を余儀なくされた人びともいた。「はじめに」や本章で紹介した小原久五郎《おばらきゅうごろう》一家が満州に渡り、陳真《ちんしん》の父母と黄永祚《ファンヨンジョ》が来日し、高橋千三《たかはしせんぞう》がニューギニアで戦病死したのはこの時期のことである。

後藤兼松が日本→朝鮮→満州へと移動し、黄永祚が朝鮮→満州→朝鮮→日本と移ったことを思い起こせば、人びとが日本と

**在日朝鮮人数と在外日本人数の推移（1900〜44年）**

| 年 | 在日朝鮮人 | 在外日本人 | | | |
|---|---|---|---|---|---|
| | | 在朝鮮日本人 | 在台湾日本人 | 在外邦人 | 計 |
| 1900年 | 196人 | 15,829人 | — | — | — |
| 1905年 | 303人 | 42,460人 | 59,618人 | 138,591人 | 240,669人 |
| 1910年 | 790人 | 171,543人 | 98,048人 | 275,745人 | 545,336人 |
| 1915年 | 3,917人 | 303,659人 | 137,229人 | 362,033人 | 802,921人 |
| 1920年 | 30,189人 | 347,850人 | 166,621人 | 541,784人 | 1,056,255人 |
| 1925年 | 129,870人 | 443,402人 | 139,630人 | 618,429人 | 1,201,461人 |
| 1930年 | 298,091人 | 527,016人 | 232,299人 | 740,774人 | 1,500,089人 |
| 1935年 | 625,678人 | 619,005人 | 269,798人 | 1,146,462人 | 2,035,265人 |
| 1940年 | 1,190,444人 | 707,742人 | 346,663人 | 1,421,156人 | 2,475,561人 |
| 1944年 | 1,936,843人 | 712,583人 | 397,090人 | — | — |

田中宏『在日外国人 新版』より作成

植民地や満州を往来するだけでなく、大日本帝国の膨張に乗りながら、あるいは膨張に押し出されて帝国の内外を移動したといっていいだろう。日本に渡った朝鮮人が出身地朝鮮での地縁・血縁を頼りに生活していたことを表現した、梶村秀樹《かじむらひでき》の「国境をまたぐ生活圏」に倣《なら》えば、在日朝鮮人だけでなく、戦前に大日本帝国の影響下にあった人びとは、「国境をまたぐ生活圏」「大日本帝国内の生活圏」で暮らしていたのである。

この時代の移動を決める要因は三つあった。ひとつは経済的要因。窮迫や就業機会、賃金水準などに促されて移動が行なわれた。二つめは政治的要因であり、大日本帝国と戦争、冷戦と占領、そのもとでの移民政策や出入国管理政策などによって、移動の仕方や移動先は大きく規定された。

三つめは家族の意向である。家族のうちの誰が移動するかということは、家族の意向に大きくかかわっていた。この時代では移動先でも子どもの教育が重要だった。「はじめに」で紹介した小原昭《てる》は、高等小学校を卒業して看護婦養成所に進み、黄永祚は植民地下でも中学校進学を実現しようとした。空襲で転々とした後藤貞子《さだこ》の家族が移動先で気にしたのは、中学生の弟の転校先であった。陳真が学童集団疎開に出かけたとき、家族の悩みの種は女学校受験であった。

教育は言語と結びつく。日本語を習得していた陳真は、のちに中国で日本語放送の職を得た。植民地や日本本土での日本語教育（皇民化教育）は、自国の言語を身につけていない植民地出身の人びとを多数つくりだした。

## 植民地の都市

日本の植民地は日本列島の周辺に近く、自然条件や文化・社会構造などが本土と同質的であったので、日本からは植民地建設のための官吏や軍人だけでなく、商工業者や無職の人、女性なども数多く植民地に渡った。橋谷《はしや》弘《ひろし》は、植民地に渡るのが官吏・軍人などに限られていた欧米のアジア支配に対して、日本の植民地支配は、民間人も含めて本土人が多かったところに特徴を認めている。たしかに戦前の日本には、民間まで含めて植民地体験をもつ人びとが多かった。そのこと自体が日本の特徴だったのである。

植民地に流入した日本人は都市に居住し、さらに農村にも入った。植民地都市の特徴を明解にとらえた橋谷弘の研究によれば、都市への入植者には民間の日本人が多かった。しかし、はじめから文化や生活様式の面で圧倒的優位に立っていたわけではなく、植民地支配の進行とともに社会資本や都市計画が進み、日本人居住者の優位性が高まっていったという。その過程で、都市には農村の人びとが流入する。その結果、旧市街地における日本人と植民地の人びとの二重構造、あるいは旧市街地

3

◉大連市の大広場
ロシアの都市計画を継承した日本は、大連を実験的な植民地都市につくりあげた。大広場の正面は横浜正金銀行大連支店。

と周辺地域（流入農民）の二重構造が形成され、日本人社会と植民地の人びとの社会が分離した都市社会が形成された。大連の後藤兼松は、日本人社会で生活水準を上げた人だった。

橋谷は植民地都市を三つのタイプに分けている。第一が、日本の植民地支配とともにまったく新しい都市が形成されたタイプであり、釜山《プサン》・仁川《インチョン》・元山《ウォンサン》（朝鮮）、高雄《たかお》・基隆《キールン》（台湾）などの港湾都市、撫順《ぶじゅん》・鞍山《あんざん》（満州）などの鉱山・工業都市が代表的だ。後藤兼松《ごとうかねまつ》がいた大連《だいれん》はこのタイプである。このタイプの都市の中心には日本人街があり、日本人の比重が高かった。

第二は、在来の伝統的都市のうえに植民地都市が重なって形成されたタイプであり、京城・平壌《ピョンヤン》（朝鮮）、台北《タイペイ》・台南《タイナン》（台湾）など、朝鮮・台湾における伝統的城壁都市がこれにあたる。これらの都市では、伝統的都市の景観や経済活動が残り、これに日本人街が並行して発達する場合があった。

第三は、奉天《ほうてん》・新京《しんきょう》（長春）、ハルビンなど、既存の大都市近郊に日本が新市街を建設するタイプである。満州に多く、日中戦争後の華北《かほく》にも同様の例がみられる。ここでは、中国人街と日本人街がまったく別個に存在し、両者の間に連携や対抗がみられた。

4

◉郊外に広がる新京
満州国建国にあたり、長春が新京に改称されて首都になった。都市計画により、日本の投資による住宅や道路の社会基盤が整備された。

台湾や朝鮮などの都市に出かけると、都市計画による整然とした交通ネットワークや地域制（ゾーニング）に出会うことがある。植民地では、官庁間の調整や議会対策、住民対策などを考慮する必要が少なかったので、総督府《そうとくふ》などがヒト・モノ・カネを思うように使って都市計画を実行することができた。その結果、たとえば初代台湾総督府民政長官だった後藤新平《ごとうしんぺい》が台湾で上下水道や建造物の不燃化・共同化を進めていたとき、日本の首都東京では水道普及率も五割以下で、伝染病の蔓延《まんえん》するスラムが多く残っていたというように、植民地都市と本土の都市の逆転現象が起こることが少なくなかった。そして、そこから植民地都市の先進性が指摘されてきた。

この点について橋谷弘は、欧米と日本の帝国主義化の時期の相違から説明している。つまり、欧米では一七世紀から一八世紀にかけて近代化への歩みを開始し、その後の一九世紀から二〇世紀にかけて帝国主義化が進行したのに対し、日本の場合には、近代化への歩みと帝国主義への転化が同時に進行したために、本土よりも植民地で先んじた政策が実施される場合もあったのである。

モガといえば、従来、一九二〇年代から三〇年代にかけて、都市の大衆消費社会の出現を象徴する存在と考えられてきたが、近年では、世界各地でほぼ同時期に登場した社会現象として注目を集めている。東アジアでは、日本、中国、台湾、朝鮮で時を同じくしてモダンガールが出現し、ファッションや文化、政治にも影響を与えた。モガの比較による植民地都市史研究の発展が待たれる。

# 帝国のなかの移動

**「海を渡れば、わしも準社員ぞ」**

一九三〇年代は、大日本帝国内での移動が盛んになった時代だった。帝国のなかの移動として、日本本国から朝鮮と満州へ、朝鮮から日本本国へ移動した例をそれぞれ検討したい。

　私の家はこんど朝鮮の興南《フンナム》に行くことになりました。むこうに会社の大きな工場があるのです。水俣《みなまた》工場のカーバイト係で働いている父が、てんきんになったのです。朝鮮には関釜《かんぷ》れんらく船で行くそうです。玄海《げんかい》なだは、波がとっても荒いそうです。でも、友だちのみっちゃんも茂ちゃんもいっしょに行くので平気です。

一九三五年（昭和一〇）、熊本《くまもと》県水俣町の化学工場で働いていた山下富美子《やましたとみこ》の父は、朝鮮の興南に進出した同じ化学工場に

5

◉興南に広がる窒素工場
窒素は、興南に世界屈指の化学コンビナートをつくる。従業員四万五〇〇〇人、家族を含めた総人口一八万人を擁した。

転勤する。〈朝鮮てどんな所かなぁ〉と尋ねる富美子に、酔っぱらった父は、〈海を渡れば、わしもじゅん社員ぞ。おまえたちにもよかくらしをさせてやるばい〉と答えた。出発に際して富美子は、〈きっと新しいズックを買ってもらえる〉と書きとめている。

明治時代末に水俣に化学工場をつくった日本窒素《ちっそ》は、一九二〇年代に朝鮮への進出を決め、赴戦江《プチョンカン》に出力二〇万キロワットの大発電所をつくり、興南に硫安《りゅうあん》（硫酸アンモニウム）年産五〇万トン（当時生産量世界第三位）の巨大化学工場とコンビナートを建設した。水俣工場からは、富美子の父親をはじめ、多くの労働者が興南工場に移った。

興南の日本人は社宅か商店街に住み、周囲の朝鮮人の集落とは隔絶された生活を送った。社宅は社内の地位によって部屋数・炊事場・便所・暖房設備などが異なり、子どもは日本本土と変わらない日本人小学校に通った。水俣の工場労働者は、興南で、日本では絶対につくことのできない準社員や社員になることができた。富美子の父が望んだ「じゅん社員」である。物

水俣から興南（フンナム）へ

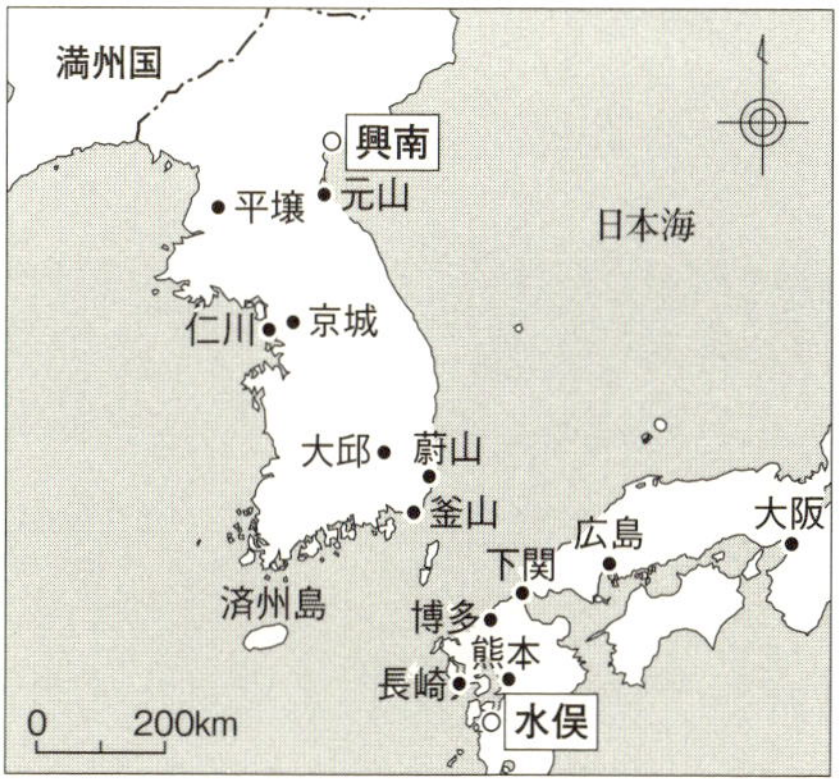

6

◉水俣での山下富美子一家
興南に旅立つ際の記念写真。富美子は尋常小学校四年生。富美子の下の兄も父とともに興南工場に入った。

価は安く、手当などで収入が増えて、ラジオ・カメラ・蓄音機・ミシンなどを備えたぜいたくな生活を送った。かわりに水俣で富美子の父たちがしていた苛酷《かこく》な工場労働は朝鮮人が担った。日本人の生活は朝鮮人の厳しい労働に支えられていたのである。

二枚の写真のなかの富美子はずいぶんと変わった。朝鮮に出発する前に家族で撮った写真のなかの富美子は、ややくたびれたセーラー服にズック靴を身につけていたのに対し、興南高等小学校を卒業した富美子はきれいな着物を身にまとっている。

7

◉興南での富美子と友人たち
興南高等小学校の卒業記念写真。アルバムのなかの富美子は、ズックどころかきれいな服を何着も着ている。

**朝鮮まで来て汚れた生活はできない**

興南《フンナム》における水俣《みなまた》の人びとの声を書きとめた『聞書水俣民衆史五』を読むと、興南での生活は、日本の生活から脱出したいという願望の現われだったことがよくわかる。〈みんな、内地で哀れな生活をしとればしとるほど、朝鮮で飛び跳ねて、ぜいたくな暮らしをしたいわけな。逃げてきたばかりの貧乏生活を、あざけり笑いたいわけな〉、という声が残されている。

と同時に、ぜいたくな生活は、興南の日本人社会のなかでつくりだされたものでもあった。農作業や商いなどで働きづめだった日本の女性たちは、興南ではじめて家事だけの生活を送り、「奥さん」と呼ばれた。水俣で奥さんといえば社長か地主、大きな店の妻だけ。たとえば「オキク」と名前で呼ばれていた人が、いきなり「奥さん」と呼ばれる世界に変わったのである。社宅では「着競争」があり、奥さん同士で市場に行くときも白足袋《しろたび》に桐下駄《きりげた》を使った。興南には日本全国から人が集まっていたので、地方や農家の出身者は肩身が狭く、つとめて標準語を使ったという。家族で記念写真を撮るときに、農作業をしてきた手を恥ずかしがり、ハンカチで隠した女性の話が紹介されている。〈朝鮮まで来て汚れ〉た生活はできなかったのである。

一五歳で興南に渡った福山兵市《ふくやまへいいち》は、工場の鉛工《なまりこう》係でいきなり朝鮮人六人の人夫の監督になった。福山を馬鹿にして仕事をしない朝鮮人に対して、彼は暴力で威圧して仕事をさせた。〈自分より下ができたと思わなければ、朝鮮人を使うことができない。そして、朝鮮人を使わなければ、朝鮮じゃ生活していけなかったんです〉、と福山は語っている。独身の日本人は、興南での酒や喧嘩《けんか》、「女買い」について語っている。遊《ゆう》廓《かく》の松ヶ野《まつの》町について、〈入口は朝鮮ピーで安い、その先は日本人の女が居《お》って高い。朝鮮人共《ども》女買いに行くときは、ピシャッと背広着て行きよったなぁ〉という聞き取りがある。

聞き取りのなかで多くの日本人は、「私は別に朝鮮人にひどいことし

8

◉興南の朝鮮人と日本人
朝鮮人と日本人が一緒の写真はめずらしいという。職場は同じでも個人的関係は絶対なかったと、水俣から興南に渡った三浦誠《みうらまこと》はいう。右から二人めが三浦、ほかは朝鮮人。慰安会で朝鮮人はみなよそ行き格好をしてきた。

たことないですよ」と語ったという。しかし植民地の興南は、下層からの脱出願望をかなえ、上層＝日本人、下層＝朝鮮人という民族的格差を歴然とつくりだした場所であった。そのなかで朝鮮人と一緒に酒を飲み、朝鮮語を覚え、朝鮮人の女性と結婚した日本人もいたが、それらはまれであり、多くの日本人は朝鮮人を一段下の人間として扱った。日本人は彼らを「ヨボ」と呼ぶことが多かった。「ヨボ」とは「余補」（余った残り）。「ヨボ」という言葉に、興南における日本人の朝鮮人観がよく現われている。

### ホロンバイルの小原久五郎と家族

一九三〇年代に入ると、満州移民が国策として取り組まれた。第一章で紹介した小原久五郎《おばらきゅうごろう》と家族の足どりをたどってみたい。

一九三七年（昭和一二）二月、小原久五郎らは満州北部のメントカ近郊に設けられた入植地のホロンバイル開拓組合に着いた。久五郎の「呼倫貝爾《ホロンバイル》牧客移民を語る」（『拓《ひら》け満蒙《まんもう》』第四号、一九三七年）によれば、馬と緬羊《めんよう》、牛などの牧畜と、機械化大農法による小麦、飼料の大麦、燕麦《えんばく》などの耕作を兼ねる開拓組合を立ち上げるうえで、久五郎は中心的役割を果たしている。

9

◉看護婦姿の小原昭
ハルビン市青年義勇隊中央病院看護婦養成所前にて。昭は父の念願の看護婦養成所に入って、日々励んだ。

初年度入植者は五一名、共同経営から個人経営への移行がめざされた。

久五郎は機械係と馬の飼育を、妻は炊事係をつとめた。開拓にかけた久五郎は大きな望みを三人の娘に託した。姉には開拓組合で必要な羊毛加工技術を身につけさせ、昭《てる》には病院の設立に備えて看護婦と産婆に、妹には学校の教員にと、それぞれ望んだ。いずれも開拓に役立つ職業だ。

久五郎とともにホロンバイル開拓組合に渡った折居次郎《おりいじろう》が、二年めの春の一九三八年三月に故郷の教師・高橋峯次郎《たかはしみねじろう》に送った手紙が残されている。折居は、小原久五郎ら四つの家族で子どもが誕生する〈繁昌《はんじょう》ぶり〉で、〈今年は雪も少く暖く〉、まもなく〈百姓仕事が始まります〉と、元気な様子を伝えている。

だが、ホロンバイルでの開拓は苦難の連続であった。岩手よりもはるかに寒い地域の機械化大農法や、砂漠に連なる砂ばかりの草原での牧畜はいずれも困難をきわめ、一九三九年春までに三分の一の組合員が辞めた。もと軍人と農民が同じ組合をつくることも難しく、昭の母親はもと軍人の妻とのつきあいに苦労した。

入植地の近くに小学校がなかったため、昭はハイラルの尋常小学校に転校して母と一緒にハイラルに移る。入植地にもハイラルの小学校にも、軍人の子どもがたくさんいた。軍人の子どもは農民の子どもを見下しており、昭はおのずと周囲の中国人の子どもたちと遊ぶようになったという。軍人の子は自動車や単車で通学しており、徒歩で通学するのは昭くらいであった。ハイラルの通りでは日本人よりも白系ロシア人や中国人のほうが親切で、昭に饅頭《マントウ》やケーキをくれた。中国人の馬車に乗った軍人が料金を払わずに居直ったり、日本兵が通りの飲み屋の裏で性の相手をする店に並んだりしているのを昭は見ている。

昭が中国の人たちと交わることができたのは、開拓組合のなかで弱い立場に置かれていて、ひとりになることもあったからだ。そのことが昭と中国人・白系ロシア人の垣根を低くした。母親が出産や自宅療養で不在のときは、週に一回届く母親の手紙と、中国人・白系ロシア人の人たちの厚意が昭を守ってくれた。昭がいまでも中国人に対する軍人の理不尽な仕打ちをしっかり覚えているのは、軍人に見下されたからであり、中国の人たちが支えてくれたからであった。

昭たち家族は満州でみな病気になった。昭は急性肋膜炎《ろくまくえん》、妹は肋骨《ろっこつ》カリエス、母は強度のリューマチである。開拓を軌道に乗せるべく奮闘した久五郎は、一九四二年一二月に脳溢血《のういっけつ》で亡くなった。久五郎四七歳、残された家族は母三八歳に二一歳の長女を筆頭に昭一六歳、妹一三歳、弟四歳であり、母はそのとき身重であった。

大連《だいれん》での後藤兼松《ごとうかねまつ》と興南《フンナム》での山下富美子一家とは別に、満州移民には多大な困難がつきまとった。久五郎一家が抱えた困難は、何よりも満州奥地で行なう開拓にあり、慣れない地域での営農や厳しい自然条件、軍人との人間関係が家族に負担を強《し》いた。久五郎が志した五族協和の実現どころではなかった。

## 折居ミツの見た「従軍慰安婦」

ホロンバイル開拓組合の折居《おりい》次郎《じろう》は、一九四一年（昭和一六）、岩手県岩手郡田頭《たんどう》村のミツと結婚をした。ミツは満州に渡ることをみずから望んだ女性だった。

一九三六年、高等小学校に通っていたとき、ミツは放課後に図画の教師から満州の話を聞くのを楽しみにしていた。ミツのなかに満州が広がった。農業後継者の養成所である県立六原《ろくはら》青年道場で訓練を受けたミツは、百姓をするなら満州に行こうと決心を固めた。

ミツは六人兄弟の長子だった。父親も祖父母も親戚もみな反対のなか、ひとり母親だけが、〈おなごずの、いつかは人の嫁にならなきゃならないのだから〉と賛成してくれた。母親は、「気の強いおなごよな」と非難された。戦後にミツは『満州に幼な子を残して　折居ミツ詩集』を出版する。「解説」を書いた詩人の小原麗子《おばられいこ》は、女は生まれた家を出て嫁に行かねばならないという現実に向き合って、母親は娘の選択を支持したのだと書きとめている。

内地から満州移民の男性と結婚する「大陸の花嫁」として、あるいは単身で満州移民として渡った女性の例は少なくない。満州には姑《しゅうとめ》や舅《しゅうと》がいなかったため、いきいきと生活できたからである。

10

◉開拓組合と折居ミツ
ホロンバイル開拓組合の集合写真。両端が折居夫妻。ミツは、一九四二年一一月に生まれた長男をおぶっている。

ミツもまたそのひとりであった。満州移民には当時の家族関係が映し出されている。

ミツの詩集は、満州への決意をうたった「六原農場」から、戦後三〇年の一九七五年（昭和五〇）に「八月十五日」を振り返った最後の詩まで、時間の流れにそって配列されている。読み進むうちに、「兵舎」という詩の一節にハッとさせられた。開拓団のあるメントカには兵舎があり、将校は奥さんを連れてきた。近くに兵舎があるのは心強いと綴《つづ》ったあとを、ミツはつぎのように続けている。

ある日ハゲ山にパッと花が咲いたように
白いものが散らばった
百人ぐらいも
主人に聞いても教えてくれない
となりの旦那に聞いた
朝鮮ピーだという

〈朝鮮の女の人たちが／召集をかけてつれて来られた〉。兵士は一七歳の少女ばかりを相手に選んだので、〈その子は死んだという〉。この詩はつぎのように結ばれていた。

戦地にまで

女がつれてゆかれる
内地ではカゲ膳をして
武運長久を祈っているのに

決意をもって満州に渡ったミツは、そこで「内地」と「戦地」の相違を知る。陰膳《かげぜん》をして祈る「内地」、しかしその「戦地」で兵士たちは朝鮮の女の人たちを相手にしていた。銃後の内地からはみえない戦地の様相。ミツの詩集の発刊は一九八〇年。ミツが新聞の帯封《おびふう》や家畜の餌袋《えさぶくろ》の裏に満州移民の詩を書きためたのは、戦後の一九六〇年代から七〇年代なかばのことだった。「従軍慰安婦」をめぐる議論が出るよりもずっと以前のことである。

第七章で触れるように、ミツは勧められてそれ以前より詩を書きはじめていた。その後、詩のなかで満州と自分とのかかわりを問い直すようになる。敗戦の前後、ホロンバイルの男性たちは現地召集やシベリア抑留でいなくなった。一九四六年秋に帰国するまでの間、女性たちは暴力と妊娠、病気、飢餓の恐怖にさらされ、子どもには病気や死が待っていた。ミツが二人めの子どもを出産して一か月たらずの一九四五年七月末、夫に召集令状がきた。それから四か月後、逃げまどうなかでミツの母乳が出なくなり、二人の子どもが息をひきとる。餓死である。〈あの時から／ビッシリとなにかはりつけられた／ように頭からはなれない〉。

そのミツが、帰国後、シベリアから帰った夫に軽い言葉で、「オレは子どもを亡くした経験がない」といわれたことがある。「それだけは言わないでけろ」と言ったものの、ミツの頭から夫の言葉がこびりついて離れない。家族の反対を押し切って移民の妻になったものの、夫とミツの間の思いの落差は容易に埋まらない。夫の言葉は、無神経ゆえに、いっそう言葉の暴力としてミツに突き刺さった。〈あの子たちを／ほんとうにわたしばかりして／殺してしまったのだろうか〉、〈泣いても泣ききれない／主人にいわれたからといって／どうすればいいのだ〉。

ミツはたくさんの子どもと女性の死を見てきた。亡くなってすぐ体温も冷めないうちに毛布にくるまれ、走行中の無蓋《むがい》車から掛け声とともに投げ落とされた勝田ヨシ子。仲のよかった吉田栄子が亡くなり、孤児になった娘の玲子をミツは日本の実家へ送り届けた。満州を逃げまどう過程で孤児が多くなる。ミツも発疹《はっしん》チフスで生死をさまよった。夫たちが不在の恐怖と飢餓のなかで命を落とした子どもと女性を前にして、それでも夫は「オレは子どもを亡くした経験がない」というのか。

ミツは詩のなかで墓碑銘を刻む。朝鮮の「従軍慰安婦」の人たちや女性、子どもなど、墓碑を建てることもできずに命を落とした人びとの墓碑銘であり、生存と性を脅かされた人の固有名詞や痕《こん》跡《せき》を刻んでいる。それは、〈自分たちばかり生きのこ〉って申し訳ないという思いからであり、自分が産んだ子を餓死させた体験がどのようなものなのかを夫や男性にわかってほしいからであった。満州移民への熱意と現実、破綻《はたん》の推移を示すなかで、人びとの生存を蹂躙《じゅうりん》した植民地における戦争と引き揚げの断面を浮き彫りにし、さらに家族をめぐる女性の葛藤《かっとう》を映し出したもの、これがミツの詩集だ。

## 「満キチ」と満州移民に反対した村長

日本の満州移民は満州事変を画期に取り組まれ、とくに二・二六事件後の一九三六年（昭和一一）八月、広田弘毅《ひろたこうき》内閣が「二〇ヵ年百万戸計画」を閣議決定してから急増した。満蒙《まんもう》開拓青少年義勇軍も含めて二七万の人たちが満州に送出され、うち八万人が死亡、約一万人が中国に残留した。送出人数がもっとも多いのは長野県であり（三万三〇〇〇人）、なかでも泰阜《やすおか》村など四つの分村移民を出した下伊那《しもいな》郡は、多くの満州移民を送り出した地域として知られる。

満州移民を中央で推進したのは、石原莞爾《いしはらかんじ》や東宮鉄男《とうみやかねお》らの関東軍将校、農本主義者の加藤完治《かとうかんじ》、石原忠篤《いしはらただあつ》、那須皓《なすしろし》らの農林官僚であった。丹念な資料収集と聞き取りによる齊藤俊江《さいとうとしえ》の研究では、下伊那郡の場合、国・県・郡・町村と下りてきた満州移民の割当人数を集めるために、町村の指導者や小学校の教師が大きな役割を果たしたことが、あらためて浮き彫りにされている。満州視察に参加した町村長や教師が帰国後、体験談をもとに熱心に勧誘をした。教師は「満キチ」と呼ばれるほど熱心だった。一九四一年の資料によれば、青少年義勇軍の応募動機の四分の三は教師による勧誘だった。

齊藤は満州移民の推進者だけでなく、反対した人びとも探し出してい

11

◉訓練中の青少年義勇軍女子隊員
満蒙開拓青少年義勇軍を訓練するために、茨城県内原《うちはら》に訓練所が設置された。所長は加藤完治。

る。同じく下伊那郡大下条村《おおしもじょう》の佐々木忠綱《ささきただつな》村長と平岡《ひらおか》村の熊谷長三郎《くまがいちょうざぶろう》村長は、いずれも下伊那町村会主催の満州視察に出かけた。帰国後、佐々木は、在郷軍人会や衆議院・県会の議員から非難を浴びながらも、「五族協和といっても日本人が威張りすぎている、現地人の土地を略奪して進めているではないか」と主張して、分村移民に応じなかった。熊谷は、「勧められたって、あんなところへ行くもんじゃねえぞ」と村民に繰り返し話して移民を実行しなかった。

齊藤がこれらの村長の存在を発掘した意味は大きい。満州移民、青少年義勇軍と聞けば、誰も国策に反対できなかったように思えるからだ。二人の村長が、満州視察を機に移民に反対したことに注目したい。大日本帝国の膨張は支配の拡大をもたらすだけでなく、支配の赤裸々な実態もさらけだした。二人の村長は、満州視察で日本人が威張って土地略奪までしていることを見抜き、満州移民の宣伝文句と実態の落差を体感して、そこから移民反対にまわったのである。満州移民の先導役をつくろうとした満州視察は、「満キチ」を登場させる一方で、移民に反対する人びともつくりだした。植民地支配の膨張にはパラドックスが含まれていることに留意したい。

満州移民は、昭和恐慌対策とよくいわれるが、本格的に取り組まれたのは恐慌脱出後の一九三六年以降のことである。経済更生運動を進める農林省は、一九三六年から財政を重点的に撒布《さっぷ》する特別助成村をスタートさせた。特別助成村の補助金は約一万円。指定を獲得するために、国策の「二〇ヵ年百万戸計画」を村の政策に組み込んで特別助成村の申請する町村が多く出た。それが満州移民への取り組みに拍車をかけたのではないか。現在ではこのような評価が出されている。

## キリスト教の開拓団

キリスト教の社会運動家として、神戸の貧民街での伝道や労働運動、農民運動などに取り組んだ賀川豊彦《かがわとよひこ》は、一九三八年（昭和一三）五月に満州を視察する。賀川はそれまでも中国・満州に出かけ、孫文《そんぶん》や上海《シャンハイ》の貧民街の子どもたちに会っている。それに対して一九三八年の視察旅行は、満鉄《まんてつ》がほぼまる抱えで汽車と飛行機と車を乗り継ぐ四週間の大旅行で、全満州の拠点都市を駆けめぐり、満鉄総裁の松岡洋右《まつおかようすけ》、協和会中央本部総務部長の甘粕正彦《あまかすまさひこ》と会談、満州事変期に在郷軍人によって建設された武装移民村の弥栄《いやさか》村、千振《ちぶり》村を見学するものだった。この間、賀川は満州拓殖公社総裁の坪上貞二《つぼがみていじ》から移民村建設の要望を受けている。

帰国後、賀川は「満州基督《キリスト》教開拓村」を日本基督教連盟に提案し、満州の長嶺子《ちょうれいし》と太平泰《たいへいたい》に二つの基督教開拓村をつくる。七〇世帯二一六名が参加し、そのうち帰国とともに生存が確認できているのは一二三名、ほかに死亡五四名、不詳四三名であった。

開拓村については断片的に知られていたが、賀川自身、戦後に語ることはなく、キリスト教内でも取り上げられることがなかった。二〇〇六年、東京の「賀川豊彦記念　松沢《まつざわ》資料館」で特別展「満州基督教開拓村と賀川豊彦」が開かれた。展示は、キリスト教の国策協力の実態や、戦争責任にかかわる重い課題に正面から取り組んだ貴重なものだった。

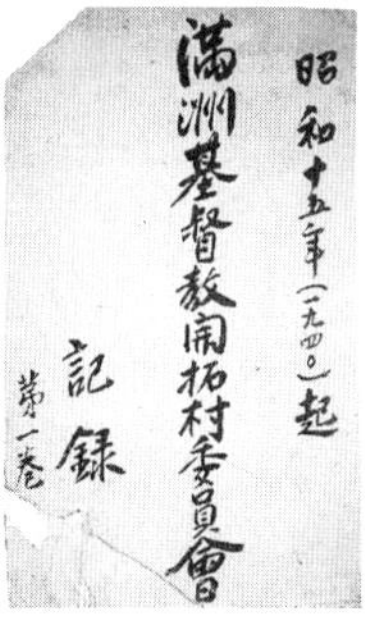


12

◉満州基督教開拓村の記録
満州基督教開拓村の設置過程を詳細に記録した資料。本文で紹介した特別展で展示された。

なぜ賀川は満鉄お抱えの視察をし、満州基督教開拓村を提案したのか。かつて、関東大震災時に虐殺された大杉栄《おおすぎさかえ》の追悼文を書いた賀川が、なぜ大杉を虐殺した張本人の甘粕正彦をはじめ、多くの高級官僚に満州で会い、現地民と抗争していた武装移民について「理想的」と称賛したのか。アメリカで賀川のことを紹介するために発刊された『カガワ・カレンダー』の一九四〇年号に賀川は「中国の同胞のために」という文章を寄せ、〈日本の罪を許してください。日本のキリスト信徒は、軍部を抑制する力はないけれども、心あるものは日本の罪を嘆いていています〉と書いた。その賀川が一方で満州基督教開拓村を始めたのはなぜか。これらは、いずれも満州基督教開拓村を研究する戒《かい》能信生《のうのぶお》、石浜《いしはま》みかる、雨宮栄一《あめみやえいいち》らによって指摘されている疑問点だ。

あるいはまた、南京《ナンキン》占領直後に起きた南京事件を撮影したマギー宣教師のフィルムの行方《ゆくえ》を追った米沢和一郎《よねざわわいちろう》によれば、コピーされたフィルム三本のうちの一本が、賀川とも親交のあったイギリス人ムリエル・レスターによって日本に持ち込まれた。レスター滞日の一九三八年二月、小崎道雄《こざきみちお》（友和会《ゆうわ》＝キリスト教平和団体）と河井道《かわいみち》（恵泉《けいせん》学園長）、賀川ハル（賀川豊彦夫人）は、『カガワ・カレンダー』を考案したタッピング夫妻の東京の家で、マギーのフィルムから焼き付けた虐殺の写真を見ている。賀川の満州視察以前のことであり、賀川は夫人から現像写真の内容を聞いたと考えてまず間違いないであろう。その賀川がなぜ満州視察に出かけ、基督教開拓村の建設を提案したのか。

賀川は一九四〇年に社会小説『日輪《にちりん》を孕《はら》む曠野《こうや》』を出版する。満州移民がやがて孤児の施設をつくる話であり、戦後の『賀川豊彦全集』には収録されていない。賀川は、〈広野は日輪を孕む、満州国こそ世界歴史に新しい一頁《ページ》を加える愛の国でなければならぬ。私は満州移民を祝福する。そして私は東亜の五民族をも同時に祝福する〉と述べ、満州移民が五族協和につながると主張する。

「五族協和」の理想に燃えた小《お》原久五郎《ばらきゅうごろう》、みずから決断して満州に渡った折居《おりい》ミツ、役場吏員の新《にい》津隆《つたかし》に説得されて青少年義勇軍に入った山梨県落合《おちあい》村の青少年、満州基督教開拓村をつくった賀川豊彦など、本書で紹介した人だけでも移民の理由はさまざまであった。

「満州に行けば一〇町歩《ちょうぶ》の土地がもらえる」と宣伝された満州移民の土地は、もともと中国人や満州に移植していた朝鮮人が耕していたものであった。中国人・朝鮮人からの土地収奪の過程をはじめて本格的に明らかにしたのは、陳野守正《じんのもりまさ》『凍土《とうど》の碑《いしぶみ》』（一九八一年刊）であり、私はこの本を読んだときの衝撃をいまでも忘れられない。陳野は、満州移民の向こう側にいた中国人・朝鮮人に光を当て、その人びとの側から満州移民を再検討した。齊藤俊江《さいとうとしえ》の紹介のように、当時であっても、満州移民は現地の人からの土地略奪のうえに成り立っていたことを見抜いていた村長がいた。これらの人はごく少数だったが、第四章の最後に紹介する川柳作家・鶴彬《つるあきら》のように、川柳のなかでも土地略奪は詠まれていた。

13

◉五族共栄を呼びかけるポスター
満州国建国の理念として「五族協和」「五族共栄」（日本・満州・漢・朝鮮・モンゴル族）がとなえられた。

**黄永祚、募集の弟を助ける**

一九三〇年代以降になると、帝国内から日本本土にやってくる人が増えた。一九三四年（昭和九）、二二歳のときに大阪の親戚を頼って渡日した黄永祚《ファンヨンジョ》もそのひとりだった。永祚は荷揚げの仕事を紹介してもらったが、か細い体ではとてもつとまらなかった。あるとき、自転車のペダルをつくる工場で働くことになったが、日本人の工員にいじめられて続かなかった。当時は不景気で差別が強く、苦労したと永祚は語っている。飯場《はんば》や農家の藁《わら》切り仕事、住み込み店員などを転々として三年間は食べるのが精いっぱいだったという。

やむなく帰郷しようかと思っていたところ、東京の親戚から「よなげ」の仕事を紹介された。よなげとは土中をさらって金めのものを回収する仕事で、関東大震災で生じた残土やゴミが捨てられた東京湾の埋立地を掘ると貴金属などが出てきた。一九三六、永祚は上京して東京・深川《ふかがわ》に住み、よなげを始める。一九三七年のことだ。

永祚が暮らした深川は、戦前の東京で朝鮮人が多く住む地域であり（一九四一年末の統計で、東京

14

◉**強制労働をさせられた朝鮮人**
一九三九年に始まった朝鮮人の労務動員では、粗末な食事、厳しい労務管理のもと、危険できつい労働をさせられた。この写真は北海道・釧路《くしろ》の尺別《しゃくべつ》炭鉱で撮られたものだが、戦争末期には、写真撮影の余裕などなかったであろう。

には本所《ほんじょ》・深川に約二万人、荒川《あらかわ》・城東《じょうとう》に約三万人の朝鮮人が暮らしていた）、朝鮮人は浜園町《はまぞのちょう》・塩崎町《しおざきちょう》のようにバラックの密集する地域で集住したり、千駄町《せんだまち》のように日本人と混住していた。

ある日、永祚のもとに故郷の慶尚北道慶州《キョンサンプクドキョンジュ》郡にいるはずの弟から手紙が届き、〈募集で岐阜の現場で働いている〉とあった。募集で来日した者はタコ部屋に入れられると聞いていた永祚は、弟のところに駆け付ける。岐阜駅から汽車とバスを乗り継ぎ、さらに一時間歩いた山奥に弟のいうダム工事現場があった。永祚は「ふなつ」という地名を覚えているので、弟がいたのは岐阜県吉城《よしき》郡神岡《かみおか》町船津《ふなつ》と考えて間違いない。船津には日本で有数の神岡鉱山があり、一九四〇年、間組《はざまぐみ》と大林組《おおばやしぐみ》が神岡鉱山近辺の水力発電ダム建設に、朝鮮人を合わせて一〇〇〇人ほど連行した。永祚が監督の目を盗んでタコ部屋に入ると、弟がいて「兄さん、助けてくれ」という。ダム建設現場の仕事はきつく、事故で仲間が何人も亡くなっていた。永祚は決死の覚悟で夜中にタコ部屋に忍び込み、弟を連れ出すことに成功する。昼間は山中に隠れ、夜中に山道を逃げて二人とも助かった。弟はその後無事帰郷した。

よなげから古物商に仕事を変えた永祚は、中古のオート三輪を手に入れて懸命に働いた。親戚を頼って弟を助け、仕事を転々と変えた永祚は、東京でどうにか生活のめどをつけ、故郷から奥さんを呼び寄せる。来日から七年めの一九四〇年、二八歳のときのことであった。

底辺を生きる

日本にやってきた朝鮮の人びとは、都市でどのような位置に置かれたのか。新興工業都市であった神奈川県川崎市の例を紹介しておこう。

満州事変以後の川崎市では軍需によって景気が回復し、労働力需要の増大で他県や朝鮮からの流入で人口が急増する。軍需景気に沸く川崎では、社員や本工と、臨時工・人夫の間の格差が広がった。社員と本工の間にも給与の支払い方法（月給と日給）やボーナス金額に差があったが、社員・本工と臨時工・人夫の間には、福利厚生やボーナスの有無などの労働条件の格差が大きかった。本工と臨時工・人夫の間には割増給の有無があり、臨時工と人夫の間にも、工場法・健康保険の適用、日給のピンハネの有無があった。人夫は請け負いを通じて会社に雇われており、この時期に増大したのは雇用の不安定な臨時工と人夫であった。一九三二年から三三年（昭和七〜八）頃の新聞には、「工場街の活気よ」「ボーナス景気競演」といった言葉が躍る一方で、「失業群」や質屋の繁盛が報じられていた。これは、格差の増大を示す記事であった。

朝鮮人は、それら雇用の最底辺や周辺に存在していた。川崎の女性史の聞き取りのなかには、朝鮮人の女性たちの声が書きとめられている。そのひとり、一九一九年（大正八）に韓国・慶尚南道《キヨンサンナムド》に生まれた李在順《イチエスン》は、一八歳のころに同胞と結婚して川崎に移り住む。夫は日本鋼管の下請けで、埋め立て用の砂を運搬していた。朝早く家を出て、船で対岸の木更津《きさらづ》から砂を運ぶ仕事だ。最初に住んだのは海のすぐそばで、葦《あし》が生い茂り、雨が降るとすぐに水浸しになる。布団《ふとん》も何もかも水に浸《つか》るのでアヒルみたいだと、まわりの日本人に馬鹿にされた。

配給生活は苦しかった。李は日本語ができなかったので、夫に回覧板を読んでもらって塩や醤油の配給を取りにいった。近くの市場で捨てるような葉っぱをもらって漬物《つけもの》にし、海で海苔《のり》やカニ、アサリを取って配給のたしにしたという。夫が仕事を休めなかったので、一九四四年に李は二人めの子どもを寒い日にひとりで産んだ。コークスでお湯を沸かし、ハサミと糸を準備しての出産だった。戦争が始まると夫は三回も徴用にあった。砂運搬の船ごと南方へ連れていかれたこともあった。

強制連行で日本鋼管に連れてこられた朝鮮人はひどい状態だった。埋立地の飯場に入れられて、ろくに食べさせてもらえなかった。月に一度か二度の休日になると、同胞の家を探して食べさせてくれといってきた。栄養失調で顔は青くむくんでいた。大日本帝国は、植民地や日本本国で朝鮮人を最底辺に置く労働力の階層性をつくりだし、日本本国ではさらにその下に強制連行の朝鮮人を置いた。日本人と朝鮮人は序列化され分断されていたが、作家の山代巴《やましろともえ》の自伝的小説『トラジの歌』を読むと、日本人と朝鮮人の間にも信頼を寄せる親交があったことがわかる。

一九三七年、山代巴は川崎の電線工場で女工をしていたときに朝鮮人の少女と出会う。小説には、紡績工場で働いていた主人公の光子《みつこ》が、朝

15

◉多摩川の砂利採取をする朝鮮人
川崎で暮らす朝鮮人の多くは、日雇い、土建、土木労働や多摩川の砂利採取などで生存を成り立たせていた。

鮮人の同僚であり友人の金命芳の祖母の家を訪ねるシーンがある。

命芳が、「お祖母《ばあ》さんとこへ行こう」と言って案内したところは、小田町《おだちょう》と浅田町《あさだちょう》との境のあたりの、田んぼの中の屑鉄《くずてつ》置き場だった。ぐるりと水のたまった刈田《かりた》より少し高い三〇〇坪ばかりの平地に、錆《さ》びた螺旋《らせん》の鉄線やら、こわれた機械や古錨《ふるいかり》、古鎖《ふるぐさり》、古トタン、古トラックなどが所狭しと積み上げてあった。その中の錆びたトタン屋根の背が低くて細長い掘立《ほったて》小屋へ命芳は入って行った。

日中戦争が始まり、南京《ナンキン》陥落で軍国主義が高まるもとで、戦争の拡大に反対し社会主義をめざす光子と夫の常夫《つねお》は厳しい状況を迎えていた。光子は、社会運動の関係の本を命芳の祖母に預かってもらうために祖母を訪ねた。光子は命芳の祖母に守られるとともに、命芳と接するなかで権力に屈しない生き方と勇気を取り戻す。在日朝鮮人と日本人の間には、このように相互信頼の関係もつくられていたのである。

川崎の朝鮮人が多く従事したのは多摩川《たまがわ》の砂利採取や土木、日雇いなどであり、それらの労働であっても仕事を得ることは簡単ではなかった。一九三五年の神奈川県通常県会では、川崎市選出のある県議が、法律や納税、衛生などを理由にして、朝鮮人移民の川崎市定住に強く反発する発言をする。格差が広がるなか、大日本帝国のもとで日本の都市の最底辺には朝鮮人が位置し、日本人と朝鮮人の間には排除の構図がみられたのである。

# 帝国内の結びつき

## 帝国を結ぶラジオ

帝国の広がりは、格差や序列化とともにさまざまな結びつきをつくりだす。ラジオ、医療、学校、企業、社会変革の窓口から、帝国のつながりの特質を考える。

戦前・戦時期に、ラジオは日本本土で広く普及した。貴《き》志《し》俊《とし》彦《ひこ》・川島真《かわしましん》・孫安石《そんあんそく》らの精力的な研究によれば、ラジオは朝鮮・台湾・満州・中国でも普及し、帝国の勢力圏における有力な情報媒体に成長する。下の表にあるように、この間、ラジオの受信者数が増大している。

帝国の勢力圏におけるラジオは、何よりも各地の日本人を結びつけるうえで大きな役割を発揮する。たとえば満州では、日中戦争以降ラジオの役割が高まり、一九四一年（昭和一六）四月には隣組の会合がラジオを利用して開かれることになった。毎月八日の隣組会合日は午後七時三〇分に集合し、ラジオから

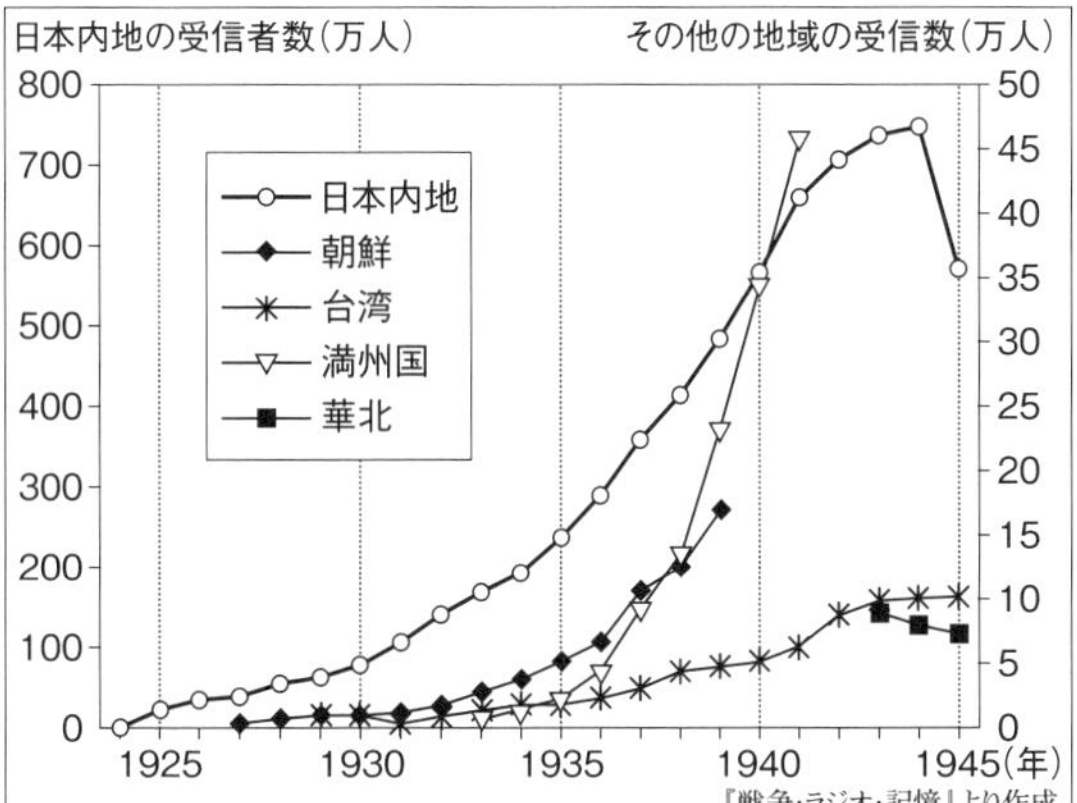

『戦争・ラジオ・記憶』より作成

●ラジオの普及率
新しいメディアとして、ラジオが各地へ急速に普及しはじめる。受信機の小型化や低価格化も、受信者を増やした。

流れる宣戦大詔《たいしょう》の朗読や隣組の申し合わせなどを一緒に聞きながら会合を開いた。

ラジオでは、日本の故郷から満州移民の移住先に呼びかける番組や、逆に満州移民から故郷に近況を報告する番組、満州と内地の小学校を結ぶ番組などが放送された。内地のラジオでは、一九四三年一月から「前線へ送る夕」が始まった。第一回の放送では、出征兵士の家族が日比谷《ひびや》公会堂に招かれ、在満州の部隊がリクエストした管弦楽を日本交響楽団が演奏し、ジャワ部隊がリクエストした落語を三代目三遊亭金馬《さんゆうていきんば》が、中国派遣軍がリクエストした歌謡曲を高峰三枝子《たかみねみえこ》らが歌い、前線に送られた。ドイツで活躍したハイケンスの「セレナーデ」を冒頭に流し、毎月二回放送された「前線へ送る夕」は、前線の兵士の声と銃後の国民を双方向に結んで多くのファンを得た。満州のラジオには東京発のニュースが届くだけでなく、日ソ中立条約を締結した松岡洋右《まつおかようすけ》が満州里《まんしゅうり》に着いた際の演説を内地に中継放送するなど、満州から内地に向かって放送されることもあった。川島真がいうように、ラジオは「民族、階層、性別を超えた動員」を可能にし、双方向の結びつきを強めて「帝国の一体化」と「移民」を促進したのである。

帝国の勢力圏におけるラジオは、朝鮮人や満州人への支配手段としても利用されたが、なかなか普及しなかった。たとえば朝鮮におけるラジオの普及率は、日本人の場合、一九三一年九・六パーセント、三五年二六・二パーセント、四一年七三・三パーセントと増大したのに対して、同じ年の朝鮮人の場合にはそれぞれ〇・一パーセント、〇・四パーセント、三・三パーセントにとどまっていた。

日本語放送が中心だった帝国のラジオは、経営難と宣伝効果の両方を解決するために、朝鮮では一九三三年から四三年まで朝鮮語の第二放送が流される。日本語の使用を強制して同化による「内鮮一体」を進めようとしたときに、同じ「内鮮一体」の目的のために朝鮮語放送が開始されたのである。

朝鮮でのラジオ受信加入者数が一九三三年以降、顕著に増加したことに刺激を受け、台湾でも一九四二年に台湾語放送が開始される。〈これも政策かラジオの台湾語〉（村上惇夫）。高崎隆治《たかさきりゅうじ》の紹介になる当時の川柳である。この句は、日本語を強制した皇民化政策の一方で実施された台湾語放送が、台湾の人びとを動員するための政策だったことを鋭く諷《ふう》刺《し》している。

帝国の勢力圏におけるラジオからは植民地支配のほころびがみえる。日本の植民地支配は同化政策を特徴とし、日本語教育を通じて支配を徹底しようとした。だが、言語の同化は容易でなく、朝鮮と台湾のラジオでは、結局、朝鮮語と台湾語の放送が開始された。先の満州視察と同様に、植民地支配は徹底するほどに矛盾が現われる。帝国の勢力圏におけるラジオはその例である。

16

◉京城ラジオ放送局
朝鮮での日本語放送は一九二七年に京城放送局で始まり、三三年からは朝鮮語による第二放送が開始された。

## 医療の実験場＝台湾

台湾ではマラリアを防ぐ医療衛生制度を導入・定着させる試みが行なわれた。顧雅文《グーヤーウェン》と飯島渉《いいじまわたる》の研究は、いままでの植民地における医療の「常識」に疑問符をつける刺激的な知見を出している。

これまでは、植民地化による劣悪な環境が、台湾にマラリアを発生させたと指摘されてきた。だが顧雅文は、この議論は根拠に乏しく、むしろ植民地の開発がマラリアを発生させたことを明らかにした。ＧＩＳ（地理情報システム）という地理学の手法を駆使して、一九〇〇年代から三〇年代にかけての樟脳《しょうのう》・森林開発、水利開発、農業移民とマラリアの関係を詳細に検証した結果、開発による工事や労働力移動、新しい集落形成などが、媒介蚊の繁殖地やマラリア原虫の新しい宿主を提供し、マラリアの伝播《でんぱ》を一気に加速させた。一方、マラリアを防ぐ医療制度は、開発を原因とする伝染病への対策として確立した。意図したものではないにせよ、台湾の事例は、みずから広げた伝染病への対策であり、「マッチ・ポンプ」としての性格をもっていたといわざるをえないだろう。

台湾は当時のマラリア研究の最前線であり、日本本土と台湾における研究の交流のなかから、医療の制度・人的構成が形成された。植民地の医療は、本土における研究が植民地に一方通行的に流入したのではなく、植民地における研究交流から形成されたのである。

飯島渉はこの研究の視野をさらに大日本帝国全体に押し広げ、台湾で蓄積された植民地医学・帝国医療は、朝鮮、満州などの行政において重要な役割を果たしたことを明らかにした。各地で、台湾における経験をもとにした衛生行政制度が導入され、それを支えるために住民組織も再編された。

### 学校と企業のネットワーク

戦前には商業実務家・ビジネスエリートを養成する機関として高等商業学校（高商）があった。官立一六校、公立三校、ほかに私立があり、植民地の台北《タイペイ》・京城《けいじょう》などにも官立の高商がつくられた。

一九二四年に設置された横浜高商を例にみると、横浜高商の在校生の本籍は、関東・静岡とその周辺の者が半分以上を占めたが、毎年、朝鮮・台湾などの中等学校から、一〇名から二五名程度が受験して数名が合格していた。京城や釜山《プサン》、大連、奉天《ほうてん》、台北、タイなどの中等学校の出身者である。当時の高等教育機関は、日本の内地を中心にして植民地・占領地を含めた教育ネットワークをつくっていた。横浜高商もそうした教育ネットワークの一環にあった。

横浜高商の就職状況は満州事変・日中戦争を機に変化する。商事・銀行信託・保険の会社員中心の構成から、軍需景気のもとで重工業やその他の鉱工業分野の会社員中心への転換である。日中戦争以降には、植民地・満州・占領地など、いわゆる「外地」での就職も増えた。日満商事・南洋拓殖・台湾拓殖・朝鮮マグネサイト開発などである。ただし、戦時期に卒業した横浜高商生を待っていたのは軍隊であり、戦場であった。たとえば一九四〇年三月の卒業生は就職後ほどなく出征し、二割の人が戦死あるいは戦病死で命を落とした。

17

◉新京のオフィスビル街
新京では、都市計画により整備された道路、並木道、公園など、日本国内では実現できなかった計画都市が出現した。

横浜高商と比べた場合、たとえば長崎高等商業学校の卒業生の在住先は、一八パーセントが朝鮮や台湾、満州、中国などの外地であり（一九三五年の比率）、大分高等商業学校の場合には、卒業生の二四パーセントが外地である（一九四二年の比率）。東アジアに近い長崎高商や大分高商は早くから外地との結びつきを強めていた。それに対して後発の横浜高商はアジア太平洋との結びつきを強め、戦時期に独自の役割を発揮しようとした。太平洋貿易研究所の設置と『太平洋産業研究叢書』の刊行がそれである。商業実務家・ビジネスエリートを養成する高等商業学校は、大日本帝国の膨張のなかで東アジア・太平洋とのかかわりを強めていたのである。

学校のネットワークと同様に企業のネットワークも大日本帝国の膨張にそって広がった。戦前の有力な商社である三菱商事の場合、海外における支店・出張所は、三二（一九三一年）、四九（一九三七年）、六三（一九三九年）、八七（一九四一年）、一〇八（一九四三年）、一三一（一九四五年八月）と増大した。満州事変期には満州を、日中戦争期には華北《かほく》を、アジア太平洋戦争前後には南方（東南アジア）を、それぞれ中心にして支店・出張所が増設されている。三井物産も事情は同じで、一九四二年一〇月から四四年四月にかけて、南方への出店数は二九から九六へ三倍以上も増大した。支店網の拡大は、日本軍の行動範囲の広がりに対応したものであり、日本軍の侵攻後に出店して、軍から単独あるいは共同で受命した食料・運輸・物資・燃料などの事業を担った。大日本帝国の膨張にそって広がった学校と企業のネットワークは、当時の人びとの生活範囲がそれとかかわっていたことをよく示している。

## 東アジア変革の構想

「はじめに」で紹介した陳真《ちんしん》には二組みの両親がいた。実の両親と堀江《ほりえ》の両親である。一九三三年（昭和八）頃、父の陳文彬と堀江邑一《むらいち》が上海《シャンハイ》で知り合う。「大男子主義」（男尊女卑）の父は娘をあまり大事に思わず、東京で堀江夫妻の要望を受けて次女の陳真を預けた。五歳からの七年間、陳真は平日を東京・世田谷《せたがや》の堀江家で過ごし、週末を自宅に帰る生活を送った。

父の陳文彬も堀江邑一もマルクス主義者であった。陳文彬は上海の復旦《ふくたん》大学で中国古代文学を学ぶなかでマルクス主義に接した。京都帝国大学経済学部で河上肇《かわかみはじめ》に学んだ堀江は、欧米に留学し、ベルリンで国崎定洞《くにさきていどう》とともにドイツ共産党に入党した。帰国後、弾圧で高松高等商業学校教授の職を失った堀江は、外務省や昭和研究会の嘱託に就く。昭和研究会では尾崎秀実《おざきほつみ》、松本慎一《まつもとしんいち》らと交わり、一九三七年から三九年にかけて『中央公論』や『改造』に中国関係の時評を執筆する。

近年、米谷匡史《よねたにまさふみ》や酒井哲哉《さかいてつや》らの精力的な研究により、一九三〇年代後半に、抵抗する中国の変革と日本の戦時変革の両方を想定し、東アジアにおける帝国主義体制の変革の可能性を探った、東アジアの知識人の格闘とネットワークが明らかにされつつある。中国は国家としては敗北するが、中国社会の抵抗はむしろ強まる。中国社会の抗日運動によって戦争は長期化し、長期化のなかで中国の統一化も進む。国民党はその担い手たりえず、共産党が台頭する。中国社会の変動は日本の戦時変革と結びつき、さらに日本帝国主義崩壊の可能性をつくりだす。

尾崎ら左派知識人は、このように東アジア変革の構想を描いた。彼らの活動拠点は上海や東京であり、堀江や尾崎らは執筆した時評を互いに批評した。他方で陳文彬の足跡《そくせき》には、中国共産党や中国人留学生との接点、堀江邑一・谷川徹三《たにかわてつぞう》・野上豊一郎《のがみとよいちろう》ら、マルクス主義者やリベラルな知識人との交流がうかがえる。日中戦争以降の厳しい状況のもとで、尾崎や堀江だけでなく、陳文彬もまた東アジアの変革を志す輪の中にいたのではないだろうか。

日中戦争以降、近衛文麿《このえふみまろ》の「東亜新秩序」声明に呼応して、さまざまな東アジア変革構想が出現した。変革構想には、満州事変の首謀者である石原莞爾《いしはらかんじ》主導の東亜連盟論から、左派知識人が多く集まった東亜協同体論まで、大きな幅があった。東亜連盟は、日中提携のためにアジア間の戦争を抑止して日本・中国・満州国が結合し、東亜連盟の創設によって世界最終戦争に備えるものだった。アジア間の戦争抑止と強大な政治体制の構築、独特な世界最終戦論が組み合わさっており、日本の戦争抑止が含まれているところから、中国の汪精衛《おうせいえい》グループや、革命運動に挫《ざ》折《せつ》した朝鮮の人びとなど、東亜連盟運動に活路を見いだす人たちが参加した。内地の日本でも、石原の出身地の山形県鶴岡《つるおか》市などを中心に、都市解体・簡素生活・世界最終戦をめざす東亜連盟運動が戦時中も行なわれた。陸軍内の石原の高い地位が運動の継続を可能にした。

尾崎らが推進した東亜協同体論は朝鮮・台湾にも広がり、朝鮮では、強まる同化圧力に抗して民

18

19

◉『中央公論』と『改造』
尾崎秀実らが論陣を張った総合雑誌。政治から文芸や美術評論まで、広く読者を集めたが、しだいに言論統制の対象となっていく。

族としての自主性をぎりぎりのところで確保しようとした「協和的内鮮一体論」が現われた。この議論で中心的役割を担った印貞植《インジョンシク》を検討した戸邉《とべ》秀明《ひであき》によれば、印たちは結果として大日本帝国の構造を下支えしてしまったとの評価も可能だが、「内鮮一体」の苛酷《かこく》な現実に抗する無残なまでの切実さを読みとるべきだとする。

総力戦・同化政策・帝国主義戦争・抗日運動が重なった東アジアの激しいうねりは、人とモノだけでなく、社会運動・社会変革への希求も呑《の》み込んで、戦争のなかに東アジアの変革の道を探る構想を出現させた。そこに現われた思想や行動、思いと結果は、二重三重に複雑な様相を呈し、単純な評価を許さない。総力戦はそれほどに大きな変動だったのである。

東亜協同体論の代表的な論者だった尾崎秀実が、一九四一年一〇月、ゾルゲ事件の首謀者として逮捕され、これ以降、東アジアの変革構想を追究することはきわめて困難になった。

### 植民地帝国の時代

大日本帝国の膨張は序列化をつくりだす。朝鮮における日本人―朝鮮人、台湾における日本人―漢民族―先住民、南洋における内地人―沖縄人―朝鮮人―先住民、日本本国における日本人―在日朝鮮人という序列である。序列化は格差（差別）を生み出すとともに、序列を上昇させようとする志向をつくりだす。皇民化政策は、名前や言葉を含めて日本人への同化を強く求めた。そこから朝鮮や台湾、南洋では、日本人になろうとする地位上昇の願望がつくりだされた。強制力の強い同化政策のなかで、さかんに自発性が喚起された。序列化と地位上昇は相互に規定的であり、序列化が進むほどに地位上昇の願望が強められ、地位上昇の願望が強まるほどに序列が厳然と強調された。序列化と地位上昇の相互関係は沖縄人にも及び、沖縄の人びとはとくに帝国の広がりのなかで日本人にならんとする連鎖に組み込まれていった。

大日本帝国の膨張には、序列化のみに解消されない相互連鎖もつくりだされた。変革構想の東アジア、社会主義の東アジアがそれである。帝国の広がりは、変革構想のネットワークもつくりだしたのである。総力戦、抗日戦、植民地化など、複雑な要因とからまりつつ、変革構想の東アジアネットワークがつくりだされた。大日本帝国の膨張はまた、実験場としての帝国の役割を高め、その結果が本国（日本）に移入された。帝国の膨張のなかで、本国が規定される面があったのである。

大日本帝国の膨張は、変革構想のネットワークだけでなく、支配のパラドックスをもつくりだしたことに注意したい。満州移民のための満州視察は、満州の実態を赤裸々に示し、移民に反対する村長を登場させた。支配の道具としても位置づけられた帝国のラジオは、日本語放送の効果が上がらないなかで、朝鮮語・台湾語放送に依拠せざるをえなくなった。帝国の支配のほころびである。

以上のような序列化と地位上昇、相互連鎖、実験場、支配のパラドックスといった要素を含みながら、日本人の生活世界に大日本帝国が広がった。戦前の人びとの生活世界には、なんらかのかたちで大日本帝国の痕跡《こんせき》が刻まれていた。日本人だけでなく、帝国内の人びとの生活世界にも大日本帝国が広がった。帝国内の移動と動員が、帝国内の人びとを帝国のなかに組み込んだのである。

# 第三章

# 総力戦の時代

1

# 日中全面戦争と総動員

**「戦争へありとあらゆる人動く」——川柳のなかの総動員**

戦争へありとあらゆる人動く　小田夢路《おだゆめじ》（『番傘《ばんがさ》』一九四四年（昭和一九）九月）

一人一人戦死傷者を見逃さず　同（『番傘』一九三七年一〇月）

増産の垢《あか》持ち帰る満員車　清水

正直な話子宝多すぎる　松橋比呂志

川柳《せんりゅう》には、戦時期にあっても人びとの哀歓や表情、諷刺《ふうし》を伝えるものが少なくないことを二冊の本から教えられた。

一冊は労作というのにふさわしい、中村義《なかむらただし》『川柳のなかの中国』（二〇〇七年刊）。このなかで中村は、川柳作家・小田夢路の作品のなかに戦争への怒りと悲しみのささやきを聞き、共感をもって紹介している。前二句のうち、最初の句ほど戦時総動員を巧みに表現した川柳はない。中村はこの句を、激動の昭和の歴史を表現する五句のひとつに選んでいる。二句めについて中村は、「戦死傷者」

●「ぜいたくは出来ない筈《はず》だ」国防婦人会などは、この標語の前でぜいたく禁止＝有産階級排撃を叫んだ。この標語は総力戦を担う新体制の特質をよく示す。
前ページ図版

にはみな名前があり、親も家族もいることを忘れまいとする蓼路の「優しさ」をみている。日中戦争が始まり、戦死者が増えるなかでの句であり、戦争へのひそかな怒りを読みとることもできる。

あと二つの句は高崎隆治《たかさきりゅうじ》編著『川柳にみる戦時下の世相』（一九九一年刊）の紹介による。三句めについて高崎は、浴場の施設があるのは大工場だけであり、町の銭湯も大混雑で、少し遅い時間に行くと底が見えないくらい汚れていたという。軍需産業の工場での汚れや汗でむせかえる満員電車の光景が目に浮かぶ。最後の四句め。過剰人口を問題視していた政府は、一九三九年から一転して「産めよ殖《ふ》やせよ」と多産を奨励するようになった。この四句めには、多産奨励への諷刺が読みとれる。高崎は、多産奨励の行き着いたところとして空襲の被害を位置づける。夫を戦場に送り、三人四人の幼児を抱えた女性は空襲で逃げ遅れ、子どもたちとともに命を落とす破目になった。本書の口絵に掲載したように、一九四三年の東京下町の留守家族の写真には、女性と子ども、それに老人が多かった。

四つの句は、いずれも戦時総動員を詠んだものである。本章と次章では、戦時総動員とはなんだったのかに焦点を合わせて戦時期をたどることになる。戦時動員こそ、人びとの生存を大きく左右したからである。

2

◉川崎市の軍需工場
横浜市・川崎市など、神奈川県下には軍の施設に加え、軍需関連工場がひしめいていた。

## 流行語になった「暴支膺懲」

日中戦争当時、一六歳であり、戦後に放送作家となった三國一朗《みくにいちろう》は、興味深いエピソードを紹介している。兄弟喧嘩《げんか》を母にとがめられると、三國は、「(弟が)いたずらをしたからヨーチョーした」としらを切ったというのである。軍部作成のスローガン「暴支膺懲《ぼうしようちよう》」が流行していた。

一九三七年(昭和一二)七月七日、北京《ペキン》郊外の盧溝橋《ろこうきよう》付近で日本軍と中国軍が衝突した。盧溝橋事件である。ここから長きにわたる日中戦争が続くことになる。

日中戦争の前史を簡単に振り返っておく。柳条湖《りゆうじようこ》事件以来広がった満州での日本の武力侵略は、一九三三年五月の塘沽《タンクー》停戦協定でひとたび停止されたが、軍部はさらに華北《かほく》五省を中国国民政府の統治から分離し、日本と満州の支配下に置く華北分離工作を進めて河北《かほく》省に傀儡《かいらい》政権をつくった。この動きは中国側の危機感を刺激して抗日運動を高める。一九三六年一二月には、国民政府軍が蔣《しよう》介石《かいせき》を監禁し、国共内戦を停止して抗日に転換させる西安《シーアン》事件が起きた。日本の軍部は、中国側の民族的抵抗を軽視し、民族的蔑視《べつし》観のもと華北制圧の要求を強める。日本軍が支那《し》駐屯《なちゆうとん》軍を一方的に増強したことは日中間の対立を深め、日中戦争に至る道をつくった。

国民の期待と軍部の強い支持を得て、貴族院議長の近衛文麿《このえふみまろ》が組閣する。その直後に盧溝橋事件が起きた。政府は戦争不拡大の方針をとったが、陸軍のなかでは「一撃」を加えれば中国側はたやすく屈服するとした強硬論が有力であり、政府も強硬姿勢に傾き、閣議で華北派兵が決定された。八月には上海《シャンハイ》で日本軍と中国軍が衝突し(第二次上海事変)、日本は戦争の範囲を拡大させる。

盧溝橋事件に際して日本は宣戦布告はせず、戦争ではなく事変（支那事変）と位置づけた。宣戦布告にかわって出されたのは、一九三七年八月一五日の政府声明と、九月四日の第七二臨時帝国議会における天皇の開院式での勅語である。そこでは、戦争目的が「暴戻《ぼうれい》支那ノ膺懲《ようちょう》（非道な中国を懲らしめよ）」と述べた。三國一朗が弟をはやしたてた「ヨーチョー」である。捕虜を保護する国際法の遵守についてひとことも触れないままの「暴支膺懲」。抗日運動を過小評価し、民族的蔑視《べっし》観に基づいた戦争目的の説明が、中国での日本軍の蛮行をつくりだす要因のひとつになる。

一九三七年九月に国民党と共産党との提携が実現し（第二次国共合作）、抗日民族統一戦線が成立し、日本への抵抗を強める。日本軍はそれを退けながら、中国東北部や主要都市を占領し、一二月には首都南京《ナンキン》を占領する。南京では、捕虜をはじめ、女性を含む一般住民が多数虐殺された。南京事件である。虐殺数については、中国側資料、日本軍戦闘記録、南京滞在外国人の日記、埋葬記録などから、一〇数万人という推計が出されている。この背景には、兵站《へいたん》や補

日中戦争当時の中国と周辺の地図

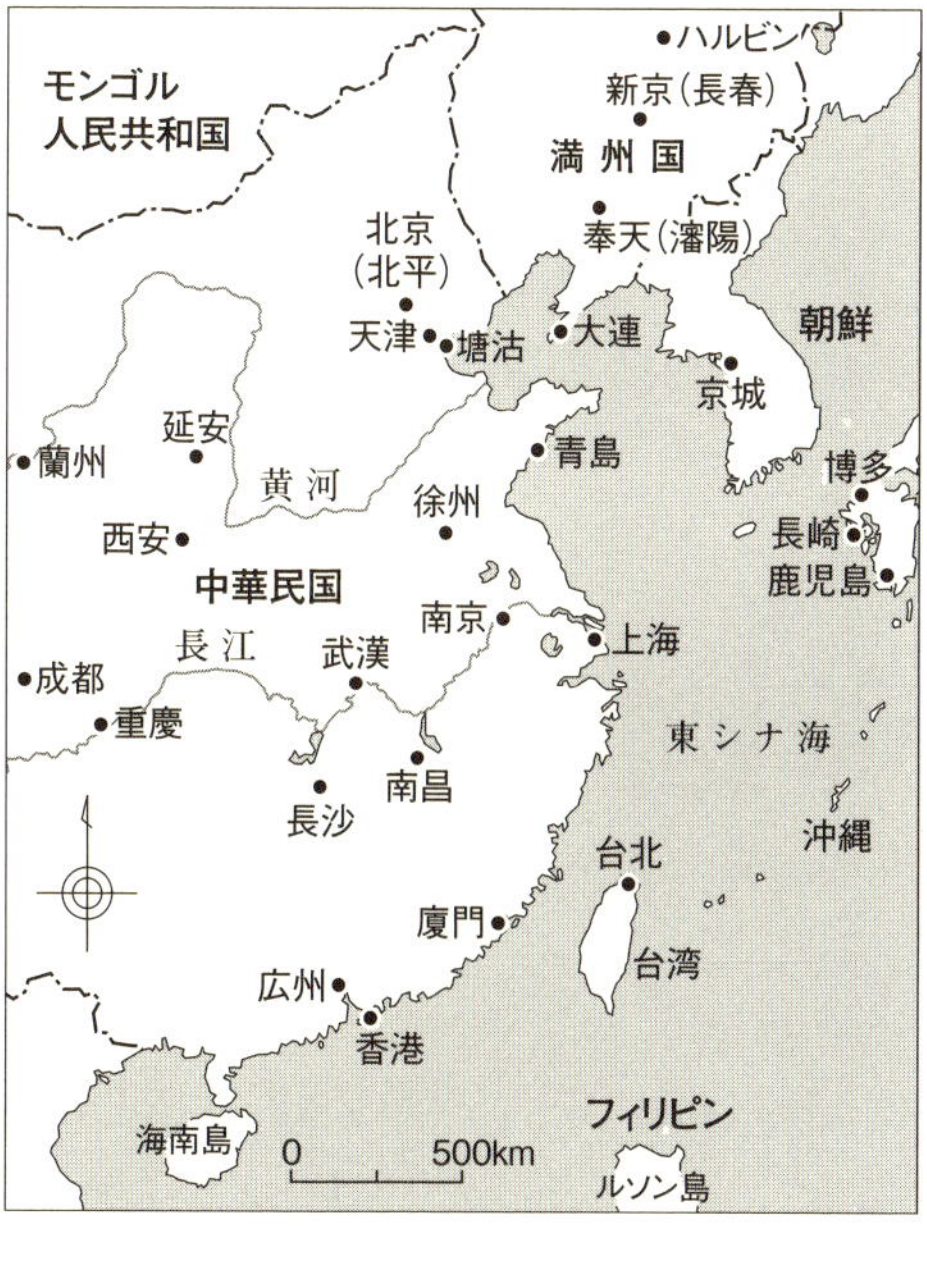

給を無視した戦略、突入部隊の戦功への焦り、中国民衆への蔑視感、捕虜を認めない思想などがあった。国民政府軍は武漢《ぶかん》から重慶《じゅうけい》に退き、アメリカ・イギリス・ソ連の援助を受けて抗戦を続けることになる。

中国戦線の拡大をめざす軍部の強硬論に影響された近衛内閣は、一九三八年一月、今後は蔣介石の国民政府を交渉の相手としないという声明を発表し、和平交渉の道をみずから閉ざした。この年の末に近衛首相は、欧米列強による支配からのアジアの解放、反共と「日満華」三国の連帯などをうたった東亜新秩序の建設を声明した。中国と戦争をしながら、他方で「日満華」の連帯をうたうこの声明は奇異に感じられるが、日中戦争が長引くもとで、戦争の大義を示す必要が出てきたからであり、これ以降、中国との戦争は東亜の平和、安定をめざすものと説明された。日本軍の南京占領後、徐州《じょしゅう》作戦、武漢・広東《カントン》作戦を経て日中戦争は長期持久戦となる。日本は、国民政府の幹部で親日派の汪兆銘《おうちょうめい》を重慶から脱出させ、一九四〇年、南京に新国民政府をつくったが、戦争収拾の見通しはほとんどなく、日中両国が総力をあげて戦う全面戦争が展開した。

**もはや行く所まで行くよりほかあるまい**

日中戦争以前の市川房枝《いちかわふさえ》は、可能な範囲で戦争拡大を防ごうとしながら婦人参政権運動を続けていたが、日中戦争開戦後、戦争支持に転じた。その際の心境をつぎのように述べている。

この二ケ月間というもの、私は全く憂鬱に閉ざされて来た。国を愛するが故に、この不幸なる事変の発生を悲しみ、拡大の程度、事変の後の措置、経済上の影響等々が、案ぜられてならなかったのである。しかし、ここまで来てしまった以上、もはや行く所まで行くよりほかあるまい。（『女性展望』一九三七年〔昭和一二〕九月）

事変は拡大の様相を呈していた。〈ここまで来てしまった以上、もはやいく所まで行くよりほかあるまい〉、市川は現実を追認しつつ、早急に事変から女性が受ける影響とその対策に頭を切り替えた。戦時下の女性は、①軍人の遺家族、②男子出征の代役としての職場の補充、労働強化、③生活必需品の不足、物価高騰、母子の保健問題、の三つの影響を受ける。市川は、それぞれの対策に女性団体や女性の協力が必要なことを政府にアピールし、女性に対しては、〈悲しみ、苦しみを噛《か》みしめて、婦人の護《まも》るべき部署〉について〈国家社会〉に〈貢献〉するように呼びかけた。

日中両軍の衝突が全面戦争に拡大すると、政府は国民精神総動員運動を開始した。婦人会・青年団をはじめ各種の官製団体を総動員し、貯蓄奨励や消費の抑制、合理化などを通じて戦争に協力する活動が推進された。盧溝橋《ろこうきょう》事件から南京《ナンキン》占領に至るまで、「連戦連勝」の報道で戦争熱が高まり、市川房枝のみならず、労働組合や農民組合、女性団体などは

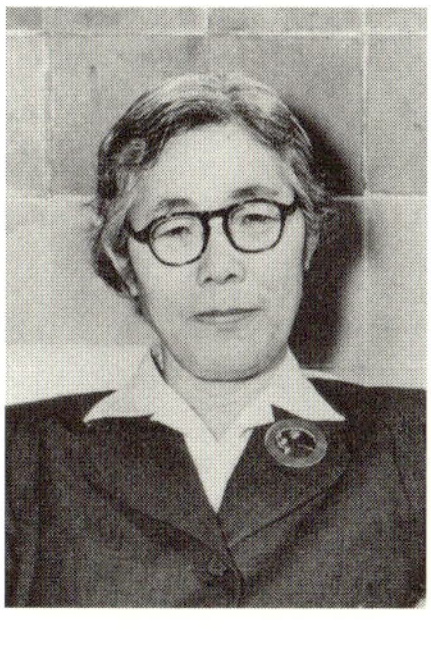
3

◉市川房枝
婦選獲得同盟を結成した市川は、日中戦争後、戦争支持に転じ、一九四〇年には婦選獲得同盟を解消して婦人時局研究会に合流した。

戦争への支持を表明した。労資一体で戦争に協力する産業報国会が工場・鉱山などで結成された。

一方、日中戦争の拡大につれて軍事費が増大し、財政支出は激増する。政府は資金と貿易の面から経済統制に踏み切り、一九三八年四月、近衛《このえ》内閣は衆議院内の反対論を押さえて国家総動員法を公布した。この法により、政府は議会の承認なしに、勅令によって物資や労働力・賃金・資金・出版などを統制できるようになった。一九三八年からは総理大臣直属の企画院を中心にして物資動員計画が、翌年からは労務動員計画が策定され、物資と労働力の両面による動員計画が実施されることになった。

さらに、一九三九年の国民徴用令により、人びとは軍需工場に動員される。翌年から砂糖・木炭などの切符制が始まった。農村の米を政府が買い上げる供出制が実施され、一九四一年からは米が配給制となり、食糧統制が進展した。国民総動員の時代がやってきたのである。

### 新体制をめぐる激しい政治的抗争

日中戦争後、戦争解決の道が見つからずに政局が混迷するもとで、一九三八年（昭和一三）から近衛《このえ》新党運動が試みられた。新党運動を進めたのは、陸軍統制派や革新官僚、社会大衆党、既成政党の一部などの、いわゆる革新派であり、近衛のブレーンである昭和研究会のメンバーも重要な役割を果たした。革新派には一国一党による政治的革新の主張や、経済統制を通じて社会的格差を是正する主張が合流し、国民生活を擁護するために強力な政治権力を集合させて総力戦を進めるとした。この主張は自由主義を強く排撃し、日中戦争後の東亜協同体論とも連動した。国民生活擁護と自由主義批判、東亜協同体論が不可分であることが強調されたのである。

東亜協同体論は昭和研究会を中心に構想された政治思想であり、日本・満州・中国を超越する地域協同体を構想することで、各国のナショナリズムの超克をめざすものだった。昭和研究会には、思想家の三木清《みききよし》や政治学者の蠟山政道《ろうやままさみち》、知識人の尾崎秀実《おざきほつみ》らが参加し、尾崎のように東亜協同体論を通じてアジア、とくに中国の抗日戦争のなかに中国ナショナリズムを育成し、日本帝国主義の克服を試みようとした。

しかし、戦争の長期化と政治の混乱により新党運動は実現しないまま、日独伊三国同盟締結も見送られる。

ところが一九四〇年に新党運動は再興する。きっかけはヨーロッパ戦線にあった。同年四月、ドイツは北欧諸国を侵略し、六月にはパリを陥落させた。米谷匡史《よねたにまさふみ》が指摘するように、とくにオランダ・フランスの屈服はそれらの国の東南アジアの植民地体制を弱体化させ、日本国内に南進政策の機運を高める契機になった。日本では、日独伊三国同盟締結から南進によって大東亜共栄圏を確立し、日中戦争を解決しようとする構想が現われ、あらためて近衛新党結成の動きが活発になった。

4

◉近衛文麿（左）と東条英機
近衛や東条、松岡洋右らは、英米協調派などの反対を押し切って、一九四〇年九月、日独伊三国同盟を締結した。

近衛文麿《ふみまろ》は、その年の六月に枢密院《すうみついん》議長の職を辞してみずから先頭に立ち、新体制の樹立と国民再組織を課題にした独自の新体制運動に乗り出す。新体制運動の過程で米内光政《よないみつまさ》内閣が倒れ、七月に第二次近衛文麿内閣が成立した。

新体制運動では、「バスに乗り遅れるな」のスローガンのもと、政友会、民政党、社会大衆党をはじめとした大半の政党が解党し、大日本農民組合、日本海員組合、婦選獲得同盟なども解散して、新体制に呼応する動きが相次いだ。つぎに引用するのは新体制を使った短歌である。

子等《ら》の使ふ言葉のはしにも新体制といふ語が此頃《このごろ》特に目立ちぬ　（古賀泰子、一九四一年）

父の一周忌に集《つど》ふ人等は父を語らず新体制の語をもつぱらに云ふ　（小林忠、一九四一年）

新体制が流行語になり、人びとの口にのぼっている様子がよくわかるだろう。

統制経済と新体制をめざす動きに対して、既成政党や財界などの自由主義派、陸軍皇道派、右翼による激しい反発が起きた。政党活動を擁護し、イギリス・アメリカとの協調を模索する政治家や、企業の自由な経済活動を求める財界、国体護持を優先する陸軍皇道派や右翼は、自由主義排撃による資本主義改革には共産主義に通じる危険性があり、新党の動きは国体を否定しかねないとして巻き返しを強めた。

その結果、一九四〇年一〇月に結成された大政翼賛会《たいせいよくさんかい》は、既成政党にかわって政治力を結集するという構想からは大きく後退し、大政翼賛会を軸に軍部の方針を追認する翼賛体制が形成された。大政翼賛会は国民統合のための上意下達機関となり、地域に部落会・町内会・隣組を置いた。五戸から一〇戸を単位とした隣組は、部落会や町内会の編成の基礎であり、常会《じょうかい》（会議）を開いて配給や供出、防空演習などが伝達された。一一月には、労働組合が解散させられて大日本産業報国会が成立した。この間、思想・言論・出版・報道統制や防諜《ぼうちょう》に関する一連の治安立法が制定・強化される。

　政治の新体制に続き、近衛内閣は、所有と経営の分離を進めて利潤原理から生産原理に転換する経済新体制を構築しようとした。新体制運動と財界などの自由主義派は激しいつばぜり合いを演じ、その結果、一二月に閣議決定された「経済新体制確立要綱」は、当初の構想から後退したものになった。一九四一年八月に重要産業団体令が公布され、鉄鋼・石炭・鉱山など各産業分野に統制会が設置された。統制会に関する近年の個別研究は、経済統制が強化された戦時期でも、市場経済のなかで活動する企業の経営を官僚が全面的に統制することはできず、企業の経済活動の自由がある程度認められていたことを明らかにしている。

**◉新体制運動をあおった漫画**
加藤悦郎編『勤労青年が描いた増産漫画集』（一九四四年）には、「営利本位」の資本家を批判して「国家のための」労働を称揚する漫画が多数掲載されている。

# アジア太平洋戦争の開始

**「絶対に勝てるか」**

ヨーロッパでのドイツの大攻勢を南進の好機と受け止めた日本は、資源獲得と「援蒋《えんしょう》ルート」遮断のために、一九四〇年（昭和一五）九月、北部仏領インドシナ進駐と日独伊三国同盟調印を断行した。アメリカ・イギリスを仮想敵国としたこの軍事同盟に続き、第二次近衛《このえ》文麿《ふみまろ》内閣は一九四一年四月に日ソ中立条約を結び、アメリカへの強硬姿勢をとったので、日米間の対立が深刻になる。

一方で、近衛内閣は四月からワシントンで日米交渉を始め、アメリカとの妥協の道を探った。六月に独ソ戦が始まると軍部は、昭和天皇の前で開かれた七月二日の御前会議で、対米英戦争を見込んだ南方への侵略と、情勢が有利な場合のソ連攻撃を主張し、決定に持ち込んだ。これにより、関東軍は対ソ戦に備えて約七〇万の兵力を満州に集中させた（関東軍特種演習）。

5

◉日独伊三国同盟調印の夜
三国同盟の締結は、イギリス・アメリカを強く刺激してアジア太平洋戦争開始の要因となる。写真は松岡洋右外務大臣官邸での祝賀会。

九月六日の御前会議の前日、昭和天皇は対米英戦争の見通しを杉山元《すぎやまはじめ》参謀総長（陸軍）と永野修身《ながのおさみ》軍令部総長（海軍）に問いただした。「絶対に勝てるか」と大声で尋ねる天皇に対して、永野は、「絶対とは申しかねます。しかし勝てる算のあることだけは申し上げられます。必ず勝つとは申し上げかねます。なお日本としては半年や一年の平和を得ても続いて困難が来るのではいけないのでありますす。二〇年、五〇年の平和を求むべきであると考えます」と答えた。天皇は「ああ、わかった」と言い、翌日の御前会議で日米交渉が一〇月上旬までにまとまらない場合には開戦に踏み切るとした「帝国国策遂行要領」が決定された。

永野のいう「勝てる算」は、戦争開始から二年くらいのことであり、その後の計画は心もとないものだった。翼賛体制のもとで政治をチェックする仕組みが不全となり、戦争を推進する軍部や官僚、政治家が力を得て、十分な準備のない無謀な戦争が開始されようとしていた。

日米交渉において、日本は中国に軍隊を駐留させ、日独伊三国同盟を締結して南方進出をうかがい、アメリカは中国からの撤兵、三国同盟の棚上げを要求したので、妥協点を見つけられないまま一〇月上旬になった。近衛首相は、中国からの撤兵に反対する東条英機《とうじょうひでき》陸軍大臣と対立して総辞職し、新たに東条内閣が成立する。一一月五日の御前会議で一二月初旬の開戦が決定される。アメリカは、中華民国・インドシナからの日本軍の撤退や三国同盟の否定などの条件を含む、いわゆるハル・ノートを提示した。これを日本に対する最後通牒《つうちょう》と受けとった東条内閣は、一二月一日の御前会議で一二月八日の開戦を決定した。

## 大東亜は日本の生存圏

一九四一年（昭和一六）一二月八日、日本陸軍はイギリスの植民地、マレー半島北部で上陸作戦を開始し、一方、海軍機動部隊はハワイのオアフ島の真珠湾を奇襲して、アメリカ太平洋艦隊に大損害を与える。この日、日本はアメリカ、イギリスに宣戦を布告した。第二次世界大戦の一部としての戦争が始まった。本書では、近年の研究成果をふまえ、この戦争をアジア太平洋戦争と呼ぶ。ドイツ、イタリアも三国同盟に基づいてアメリカに宣戦し、戦争は世界全体に広がった。

日本海軍は、マレー沖でイギリス東洋艦隊の主力を全滅させ、開戦後約半年で、香港《ホンコン》、マレー半島、シンガポール、ビルマ、オランダ領東インド、フィリピン諸島などを相次いで占領した。一方で日本陸軍の主戦場は、依然として中国大陸であり、総兵力の約七割が大陸に張りついていた。

開戦直後、政府は一九三七年以来の「支那事変」を含めて、戦争の名称を「大東亜戦争」とした。大東亜とは、日本、満州、中華民国に資源供給地としての東南アジアと国防上の緩衝地帯としての南太平洋を加えた地域であり、欧米の帝国主義による植民地支配から脱却して、大東亜に新秩序を建設するとした。アジア太平洋戦争を推進する思想として、大東亜共栄圏が主張された。大東亜は日本の生存圏であり、国民の生存（生活）と大東亜における日本の生存が結びつけられて説明された。「満蒙《まんもう》は日本の生命線」とした満州事変期の主張に続き、大東亜共栄圏にはナチスの生存圏の影響があった。

アジア太平洋戦争の緒戦における勝利は、日中戦争以来の社会の重苦しい空気を取り払う。開戦のニュースから真珠湾奇襲攻撃などの「大戦果」を伝える報道の連続は、当初の緊張を解き放ち、ふたたび「戦果」に酔う戦争熱が高まった。一九四二年四月、東条首相は、内閣支持の候補者を推薦できる翼賛選挙を実施し、軍部独裁の議会運営を可能にした。

戦局は一九四二年六月に転換する。その年の四月、アメリカの航空母艦から飛びたった爆撃機が東京などを初空襲すると、日本海軍は六月にミッドウェー島を攻略しようとした。だがミッドウェー海戦で海軍は敗北し、戦局の主導権はアメリカ軍の手に移った。翌一九四三年二月、アメリカはガダルカナル島を占領し、さらに中部太平洋の島々をつぎつぎに占領して北上し、日本本土をめざした。

1942年夏の日本軍進出圏

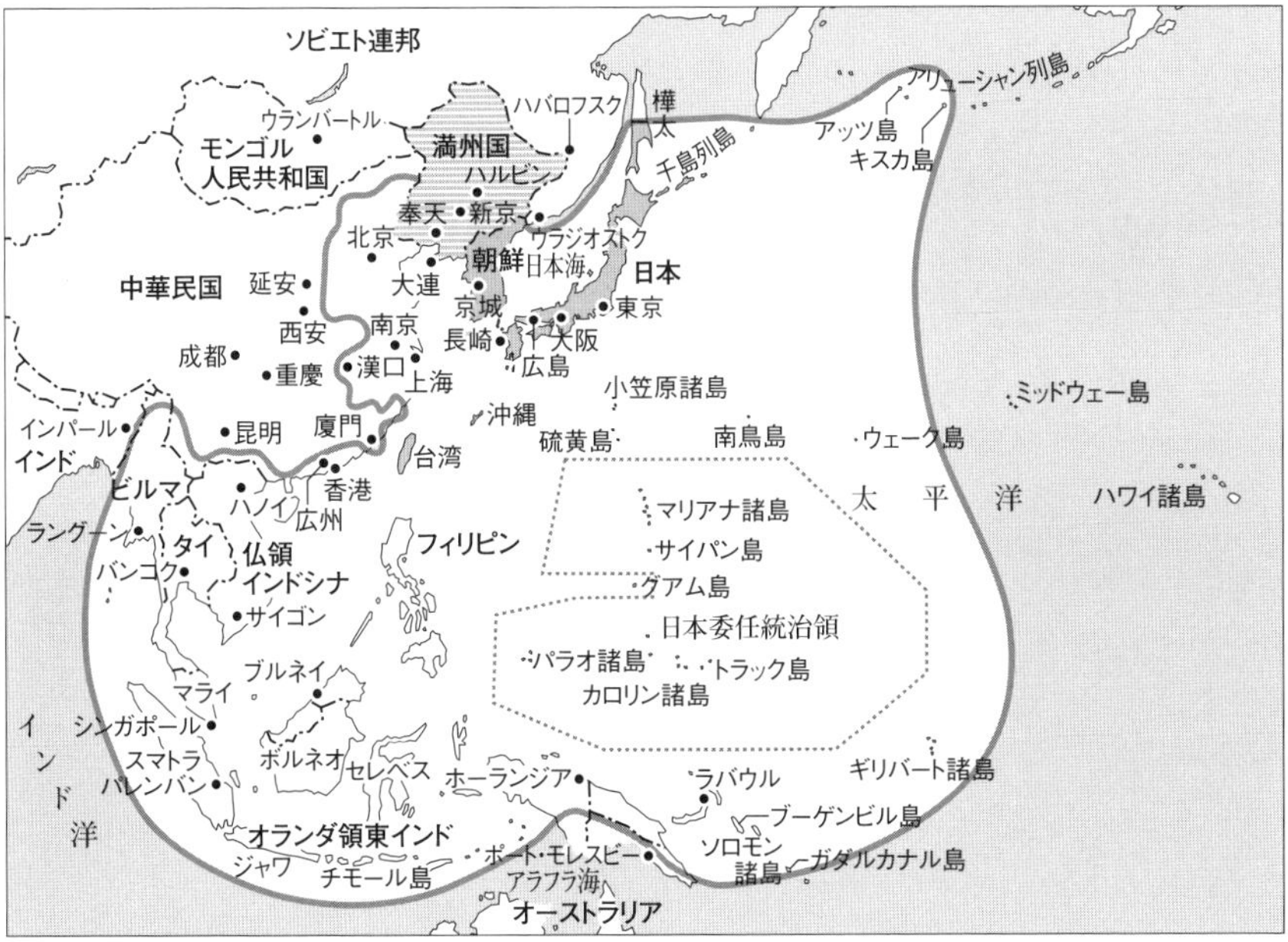

# 人の動員と福利厚生

## 誰を動員したのか

総力戦の時代にあって人を動員するということはどういうことなのか、ここでは日本本土における動員の特徴を整理してみたい。

二つの表を参照する。次ページ上の表は、日本本土における労務動員計画を示したものである。これによると、政府の計画では、学校卒業生、動員による転廃業者・離職者、農業関係者、朝鮮人・中国人などを供給元と考えていた。動員による転廃業者・離職者とは、経済統制で仕事を奪われた商業者などのことだ。

時期別にみてみよう。日中戦争期（一九三九～四〇年〔昭和一四～一五〕）には、小学校卒業生が約半分であり、それに動員離職者・農業関係者・朝鮮人を加えて計画していたが、アジア太平洋戦争開始当初（一九四一～四二年）になると、動員による転職者が約半分、小卒三割、その他が中卒と朝鮮人となり、計画では農業関係者が大きく減少している。当時、「農工調整問題」がしきりにいわれた。軍需生産力と食糧増産の二つの課題の調整であり、そのため労務動員計画では農業関係者からの動員を手控えようとしたのである。

アジア太平洋戦争中期（一九四三～四四年）には、学校関係者が半分を超えており、その他は転廃

### 労務(国民)動員計画における給源別供給数

| 給源 | 1939～40年度 | | | 1941～42年度 | | | 1943～44年度 | | | 合計 | | |
|---|---|---|---|---|---|---|---|---|---|---|---|---|
| | 男 | 女 | 計 | 男 | 女 | 計 | 男 | 女 | 計 | 男 | 女 | 計 |
| 小学校新規卒業者(41年度以降は国民学校) | 676 | 530 | 1,206 | 674 | 520 | 1,194 | 915 | 652 | 1,567 | 2,265 | 1,702 | 3,967 |
| 中学校新規卒業者 | 32 | 10 | 42 | 124 | 60 | 184 | 208 | 241 | 449 | 364 | 311 | 675 |
| 各種学校在学者 | — | — | — | — | — | — | 35 | 18 | 53 | 35 | 18 | 53 |
| 学校在学者 | — | — | — | — | — | — | 1,133 | 920 | 2,053 | 1,133 | 920 | 2,053 |
| 物資動員関係離職者 | 244 | 75 | 319 | — | — | — | — | — | — | 244 | 75 | 319 |
| 労務節減可能な業務従業者 | 227 | 30 | 257 | — | — | — | — | — | — | 227 | 30 | 257 |
| 企業整備による転職者 | — | — | — | — | — | — | 488 | 246 | 734 | 488 | 246 | 734 |
| 男子就業禁止による転換者 | — | — | — | — | — | — | 206 | — | 206 | 206 | — | 206 |
| 男子配置規正による転換者 | — | — | — | — | — | — | 225 | — | 225 | 225 | — | 225 |
| 動員強化による転職者 | — | — | — | 1,599 | 476 | 2,075 | 102 | 185 | 287 | 1,701 | 661 | 2,362 |
| その他の有業者 | — | — | — | 140 | 29 | 169 | 71 | 57 | 128 | 211 | 86 | 297 |
| 農村未就業者(42年度以降は農業従事者) | 313 | 145 | 458 | 84 | 14 | 98 | 84 | 37 | 121 | 481 | 196 | 677 |
| 農村以外の未就業者 | 99 | 35 | 134 | — | — | — | — | — | — | 99 | 35 | 134 |
| 女子無業者 | — | 90 | 90 | — | — | — | — | — | — | 0 | 90 | 90 |
| 無業者 | — | — | — | 74 | 185 | 259 | 85 | 440 | 525 | 159 | 625 | 784 |
| 移入朝鮮人労務者 | 173 | 0 | 173 | 201 | 0 | 201 | 460 | 0 | 460 | 834 | 0 | 834 |
| 内地在住朝鮮人労務者 | — | — | — | — | — | — | | | | | | |
| 中国人労務者 | — | — | — | — | — | — | 30 | 0 | 30 | 30 | 0 | 30 |
| 勤労報国隊 | — | — | — | — | — | — | 50 | 50 | 100 | 50 | 50 | 100 |
| 合計 | 1,764 | 915 | 2,679 | 2,896 | 1,284 | 4,180 | 4,092 | 2,846 | 6,938 | 8,752 | 5,045 | 13,797 |

*単位は1,000人。1,000人未満は4捨5入。臨時要員に対する給源は含まない　　西成田豊『近代日本労働史』より作成

### 有業者人口の変化(主要産業の男女別)

| 内訳 | | A | | B | | | 増減 | | |
|---|---|---|---|---|---|---|---|---|---|
| | | 1936年10月1日 | 1940年10月1日 | 1940年10月1日 | 1944年2月22日 | 1947年10月1日 | 1936～40年 | 1940～44年 | 1944～47年 |
| 男子 | 農林業 | 7,814 | 6,618 | 6,626 | 5,787 | 8,431 | **−1,196** | **−839** | 2,644 |
| | 機械工業 | 789 | 1,897 | 1,870 | 3,524 | 972 | 1,108 | 1,654 | −2,553 |
| | 繊維工業 | 869 | 689 | 583 | 239 | 409 | −180 | −344 | 170 |
| | 商業 | 3,072 | 2,652 | 2,464 | 871 | 1,497 | **−420** | **−1,585** | 618 |
| | 飲食店その他 | 530 | 395 | 552 | 279 | 349 | −135 | −273 | 70 |
| 女子 | 農林業 | 6,714 | 7,223 | 7,223 | 7,784 | 8,671 | **509** | **561** | 887 |
| | 機械工業 | 33 | 226 | 225 | 787 | 148 | 194 | 562 | −639 |
| | 繊維工業 | 1,263 | 1,122 | 1,043 | 570 | 641 | −141 | −474 | 71 |
| | 商業 | 857 | 1,193 | 1,119 | 684 | 693 | **336** | −435 | 9 |
| | 飲食店その他 | 951 | 742 | 811 | 573 | 389 | −209 | −238 | −184 |
| 合計 | 農林業 | 14,528 | 13,842 | 13,849 | 13,571 | 17,102 | −687 | −278 | 3,531 |
| | 機械工業 | 822 | 2,123 | 2,095 | 4,311 | 1,120 | 1,302 | 2,216 | −3,192 |
| | 繊維工業 | 2,132 | 1,811 | 1,626 | 809 | 1,050 | −321 | −818 | 241 |
| | 商業 | 3,929 | 3,845 | 3,583 | 1,555 | 2,190 | −84 | −2,020 | 627 |
| | 飲食店その他 | 1,481 | 1,137 | 1,363 | 852 | 738 | −344 | −511 | −114 |

*単位は1,000人。AとBでは統計データが異なる。　　梅村又次・新居玄武ほか『長期経済統計2 労働力』より作成

業者・朝鮮人・中国人などであった。アジア太平洋戦争中期にかけて女性の比率が三割から四割に増大した。不足する労働力に対して女性の動員で対応しようとしたのである。

前ページ下の表は国勢調査から主要産業の有業者人口の変化を示したものである。有業者人口の変化を導いたのは、兵力動員と労働力動員であり、さらに軍需景気に引かれて軍需工場にみずから働きに出る場合があった。表によれば、有業者人口の減少は、農民と商業者、繊維産業の三つでとくに著しい。日中戦争期には農林業男子の減少が著しく、次いで商業男子と繊維工業男女の減少が続き、アジア太平洋戦争期に入ると、商業男女と農林業男子が減少し、繊維工業男女の減少が続く構成に変わった。

労務動員計画とは異なり、有業者人口の変化からみると、農林業男子の減少は日中戦争期だけでなくアジア太平洋戦争期にも続いており、農林業女子は両時期ともに増加していた。食糧増産を維持するために、農村では男子にかわって女子が農業を担ったのである。

### 日本の兵力動員と労働力動員の特質は何か

二つの表をまとめれば、日中戦争期には、農林業男子の動員が激しく、商業男子、繊維工業男女、小学校卒業生が続き、朝鮮人の動員も始まる。アジア太平洋戦争期に入ると、転業者の商業男女と農林業男子が動員され、繊維工業男女、小卒・中卒に朝鮮人が続き、労働力が枯渇したアジア太平洋戦争中後期には、学校関係者や女子、朝鮮人、中国人などからの動員が増えた。朝鮮・台湾の人びとも含めて、一九四五年までに軍隊に召集された人は七二〇万人。当時、兵力動員の限界は男子人口の一割までと考えられていたが、敗戦時の実際の動員数はそれをはるかに超えた二割に達していた。

以上の結果、戦争末期の日本では、一四〇〇万世帯のうちの少なくとも八〇〇万から九〇〇万の世帯は離ればなれに暮らすことを強《し》いられた。これに、一九四四年に開始され、敗戦時には八五〇万人に達したといわれている学童疎開者を加えれば、戦争末期に全員がそろって暮らしている家族はほとんどない状態であった。

日本の労働力動員は、ドイツの労働力動員と比較したときに、特徴がよりはっきりする。両国の労働力構成を比較した山崎広明《やまざきひろあき》の研究によれば、ドイツでは日本と比べて商業や家事部門の労働力の減少がより少なかったという。この差を形づくったのは外国人・捕虜労働力に依存する割合で、ドイツでは一九四四年の全民間労働力に占める外国人・捕虜労働力の比率が二〇パーセントに及んだのに対し、同じ一九四四年の日本の総就業人口に占める朝鮮人・中国人労務者の比率は推計で四パーセント強であった。

以上の比較から二つ指摘すると、ひとつは、ドイツに比べて日本で

6

◉**地下兵器工場で働く女学生**
女学生の勤労動員先には地下兵器工場のようなところもあった。右側が女学生。

は、農業や商業などの小生産・小営業や学生、未婚女子などから徹底した労働力動員が行なわれたことである。日中戦争前の日本経済は、重工業を中心とした大企業の比重が高まりつつあったとはいえ、家族労働に依拠する小生産・小営業がなお大きな割合を占めていた。その代表が農家と商業者である。日本の戦時労働力動員は、膨大に存在した生活基盤の弱い小生産・小営業を徹底して変容させ、さらに学生・未婚女子にも及んだ。日本の労働力動員が苛烈《かれつ》だった理由のひとつはここにあった。

もうひとつは、日本内地以外からの動員についてである。朝鮮に加えて、植民地でない中国からも強制的に動員され、日本内地の鉱山や建設現場など、もっとも苛酷な労働現場に送出された。先の四パーセントという比率からすれば、朝鮮人・中国人の動員数は限定的だったようにみえるが、そうではない。次章で述べるように、たとえば朝鮮では、朝鮮内での強制労務者数がきわめて多く、日本内地や満州、中国、南方など、朝鮮外への動員数を加えれば、青壮年男子のほぼ全員が動員されたことになる。それに「従軍慰安婦」や挺身《ていしん》隊など女子の動員が加わった。日本の動員は、内地とともに朝鮮では徹底して行なわれたのである。

### 総力戦と労働科学——暉峻義等

〈功利的な人生観の固い殻をぶち破って、そこに人格としての勤労の本質を宣揚するときが来たのである。産業報国運動は諸君の腹のどん底の入れ替えの問題である〉。日本労働科学研究所の所長だった暉峻義《てるおかぎ》等《とう》が著書『労働力の再編成』（一九四〇年）で述べた言葉である。総力戦のもとでいかに働くか、暉峻はこのことを熱心に説いた人物だった。

暉峻は、一九二一年に倉敷紡績に創設された倉敷労働科学研究所（労研）の所長として、労働現場に労働者の人間性を回復する労働科学の樹立をめざした。労研は、一九三六年に倉紡から独立して東京に移転し、日本労働科学研究所と名称を変える。日中戦争以降、暉峻は国民精神総動員運動や新体制運動に強く呼応して労働の新しい意義を説いた。一九四一年一〇月、暉峻は大日本産業報国会への労研の統合を決める。産報への統合は、労研内に動揺と批判を招き、労研を辞める所員も出た。元来、労働者の人間性の回復を志向していた暉峻は、戦時期に思想を変えたのだろうか。

暉峻はたんに戦時体制に迎合したのではない。冒頭に引用した暉峻の主張の力点は、「功利的な人生観」と「人格としての勤労」の対比にある。暉峻は『労働力の再編成』のなかで、賃金ばかりを目当てにする労働と人生観を繰り返し批判した。功利主義批判、この一点において、一九二〇年代の倉敷労研時代と戦時期における暉峻の思想は連続していた。

日中戦争によって産業と労働力は軍需工場中心に再編成され、暉峻が主張してきた労働力の「適材配置の労働科学的原則」は「撤回」せざるをえなくなった。他方で、暉峻からすれば、国家の労働力統制には、賃金だけを求める労働とは別の可能性が開けていた。「真に立派な国民」になって国家のために働くことは、企業の利潤優先と労働者の功利主義を克服する道と思えたからである。かつては労働運動のなかで要望された「人格」の承認は、国家によって実現されるものに変わった。

功利主義批判は、自由主義を批判して強力な参加を求めた近衛文麿《このえふみまろ》の新体制運動に共通していた。

一九四〇年一一月、「勤労新体制確立要綱」が閣議決定され、「皇国勤労観」が導入される。新体制運動のなかでつくられた「皇国勤労観」は、「勤労」を「名誉」と位置づけ、そこに「人格」を認めた。「皇国勤労観」の基礎には暉峻の勤労観があったといっていいだろう。暉峻の労働観は時代に強く呼応しながら、政府の労働政策にも大きな影響を与えた。

「皇国勤労観」は、「国家のための勤労」への求心力を強める一方で、工場における勤労観や賃金、労働時間、作業内容などの労働条件、食料や住居などの生活条件に現われた本工と徴用工などの差異を明瞭にし、工員や労務監督者の不満を噴出させた。強制的な動員は平準化を進めるだけでなく、差異や格差を浮き彫りにする側面があったのである。あるいはまた、総力戦による動員は、人びとに主体性の発揮を求める。主体性が強く求められるほど、その反対給付として福利厚生の整備が必要になったといってもいいだろう。

差異や格差に対応して反対給付を整備するために、政府やその周辺で対策が講じられた。基本的に日給制だった工場労働者の労働条件を改善するために、昭和研究会や厚生省では、工員月給制度や最低賃金制度、生活給、家族手当などの研究が進められた。徴用は応召と対比され、応召者の家族に付与される援護や扶助などと類似の制度が徴用者にも適用された。応召者・応徴者ともに国家的名誉であり、同様の生活保障が必要とされたのである。

一九四四年、暉峻は大政翼賛会国民運動部長に就任する。主体性の発揮を叫びつづけた暉峻は、ついに職場に「建国の精神」をもちだし、労働を国家に対する「奉公」と位置づけた。それは国家のための労働が行き着いた地点であり、もはや労働とも労働科学とも縁遠い代物であった。

### 厚生省と国民健康保険法の成立

一九三八年（昭和一三）、厚生省が誕生する。厚生省はいままで検討してきた労働政策に加え、人口政策、保健医療政策など、戦時社会政策の推進母体となる。

一九四一年一月、「人口政策確立要綱」が閣議決定された。それまで日本では過剰人口を抱え、人口抑制が奨励されていたが、日中戦争以降、しだいに労働力不足が深刻になり、政府は人口増加奨励政策に転じることになった。一九三九年に厚生省は『結婚十訓』のひとつとして「産めよ殖《ふ》やせよ、国のため」という標語を採用する。

保健医療政策を推進するために、政府は一九三八年に懸案の国民健康保険法を成立させた。背景に農村の貧困と医療制度の遅れがあり、国民医療の推進の必要性、体力増強と結核対策があった。

第一章で紹介した産業組合医療は、厚生省創設のもとで事業を進展させた。すでに陸軍の「保健国策」に乗って農村保健運動を展開していた全国医療利用組合協会（全医協）は、一九四〇年から、産業組合による国保代行と保健婦、医療利用組合の「三位一体」によっていっそうの事業展開を図った。下西陽子《したにしようこ》が詳述しているように、全医協は、一九四〇年九月に全国協同組合保健協会（全保協）に改組し、近衛文麿《このえふみまろ》内閣のもとで「保健新体制」を敷いて強力に事業を推進した。戦争は自主的な社会改革の活動の余地をせばめたが、他方で新体制の成立による強力な政治体制の実現は、社会改革実現への期待をふくらませたのである。

一九四一年七月、第三次近衛内閣発足にあたり、厚生省創設の推進役であった小泉親彦《こいずみちかひこ》が厚生大臣に就任する。「健民健兵」を医療保健政策の柱に据えた小泉厚相は、結核対策と国民皆保険運動に重点を置いて健民運動に取り組んだ。さらに、「国民体力の向上」のために、一九四二年から三か年で全国市町村に国保組合を設置する方針を立て、国民健康保険法を改正して強制加入の途《みち》を開く。その結果、産業組合による国保代行ではなく、町村への国保組合設置を中心にした国保が普及し、戦争末期には国民の九割が国保の被保険者になって、制度上は国民皆保険が普及したことになった。

一九四一年に東京慈恵《じけい》会医科大学を卒業し、翌年に無医村だった秋田県脇本《わきもと》村の診療所に勤めた林俊一《はやししゅんいち》は、小泉厚相が誕生した当時は農村保健問題が〈ちょっとしたブーム〉だったと述懐している（『農村医学序説（復刻版）』）。全保協は、保健新体制を敷いて健民政策に取り組むなかで、農民自身の下からの盛り上がりを追求した。農村保健運動の成否は農民の「自主自律」にかかっていると認識していたからである。全保協は、国保を上から画一的に普及させる厚生省の方針に批判的だった。そのため、全保協は翼賛体制下で当局から危険視され、一九四三年から四四年にかけて幹部が検挙される。農村保健運動は、ここに会の活動中止を余儀なくされた。第一章で紹介した岩手県では、戦時期に、医療利用組合運動と産業組合による国保代行が全国的にみても活発に進展したが、ここでも産業組合の幹部が検挙された。

### 戦時生活の刷新

戦時期には「戦時生活の刷新」が叫ばれた。物資が不足するもとで徹底した消費節約をはかった「戦時生活の刷新」には、二つの特徴があった。生活水準の平準化傾向と生活の合理化である。

国民精神総動員運動の標語「ぜいたくは敵だ」（一九四〇年）は、アジア太平洋戦争中の「欲しがりません勝つまでは」（一九四二年）と並び、有名な標語である。「ぜいたくは敵だ」は、金銀を使う織物などぜいたく品の製造販売を制限した奢侈品《しゃしひん》等製造販売制限規則に基づくもので、「ぜいたくは敵だ」が作成されると、東京市内に立て看板が一万五〇〇〇本も置かれ、国防婦人会などが街頭に並んで、遊興営業時間の短縮やネオンの全廃、学生の長髪禁止、パーマネントの廃止などを叫んだ。戦時社会について研究する内藤英恵《ないとうはなえ》は、「ジェラシー」というユニークな視点から、パーマネント廃止に含まれた有産階級排撃の傾向を調べている。同様の傾向は隣組にも認めることができる。

利己主義がけふよりあとを絶つ如く隣組常会に来て加はりぬ　（下瀬謙《しもせけん》、一九四一年）

七軒の隣組にて鮭一つ分けんと女等きほひつつをり　（末岡惣一《すえおかそういち》）

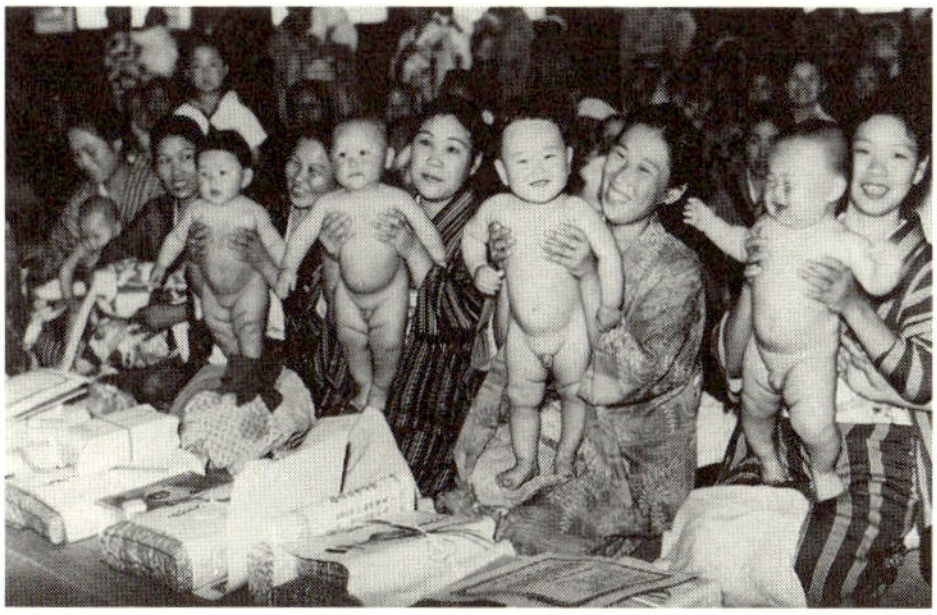

7

◉産めよ殖やせよ、国のため　『結婚十訓』のひとつ。十訓には、「悪い遺伝のない人」を選ぶ、「健康証明書を交換」などがあり、人口増加のために早く結婚して、子を多く産むよう仕向けられた。

一首めは、隣組のなかに平準化、「利己主義」の消滅傾向が含まれていたことを的確に詠む。配給の単位である隣組では、生活の実践者＝主婦が重要な役割を果たすことを二首めはよく見通している。「戦時生活の刷新」には、階級や地域、生活の平準化を促進する側面があったのである。

文芸評論家の斎藤美奈子は、物資が不足した戦時末期でも、婦人雑誌にはカロリー計算と工夫に基づくレシピが掲載されていたことを紹介している。たとえば、たんぱく源の減った戦争中のレシピに登場する魚介類のチャンピオンはイカで、「イカとむき豌豆《えんどう》の丼」や「イカの巻揚」といったレシピが登場する。栄養と少ない食材を工夫した家庭料理で戦時下を乗り切る才覚が求められ、それが主婦の愛情とされた。物資が極端に不足するもとでも、生活の合理化が追求されたのである。

戦時期の生活のかたちは、応召や徴用によって大きく変貌《へんぼう》した。共同炊飯や農繁期託児所も、それまでごく当たり前だった生活のあり方を見直す契機になった。「生活構造」や「生活給」など、戦時期には「生活」をめぐる議論が盛んになった。

戦時期には、農村保健だけでなく、農民文学や農村文化、地方文化への関心も高まった。農地調整法（一九四三年）や食糧国家管理などの戦時農地政策が展開され、食糧増産を直接担う農民の経営が強化された。都市との対比で遅れているとされ、恐慌や凶作の打撃のなかにあった農村は、総力戦のもとで食糧増産と労働力動員の供給地になり、国家的役割を高めるなかで関心を呼ぶようになったのである。

# 女性と少国民の時代

## 待ちに待った動員令

愈々《いよいよ》待ちに待った動員令が決った。あれほど一ヶ月以前から騒ぎ立てた動員なのだ。よく、勇躍出発する出征兵士を駅頭にて送る時、新聞、雑誌、ラジオ、其《そ》の他で皇軍勇士の奮戦を聞く度《たび》、男で有ったならなあと幾度か洩《も》らした事であろう。それが此《こ》の度、女子の身としても男子に優るとも劣らぬ生産陣で活躍する事になり、只《ただ》感激の外ない。胸を躍らしつつ待ちに待った動員令。聞いた瞬間熱いものがぐっとこみ上げて来た。ああ時が来たのだ。頑張ろう!!

一九四四年（昭和一九）一二月、岩手県黒沢尻《くろさわじり》高等女学校の三年生一〇〇余名は、宮城県柴田《しばた》郡船岡《ふなおか》の船岡第一海軍火薬廠《かやくしょう》に学徒勤労動員された。そのひとり、岩手県和賀《わが》郡藤根《ふじね》村の高《たか》橋《はし》フサは、動員中の日記の冒頭に、女子として、出征兵士に〈優るとも劣らぬ生産陣〉で働ける「感激」を書き綴《つづ》っている。

8

◉軍帽をつくる女学生
一九四四年、文部省の方針に基づいて各地の学校校舎が軍需工場になった。とくに女子の学校で多かった。

日記には、戦争に役立ちたいと願う気持ちと、家族への気持ちの間で揺れ動く思いも記されている。

政府は家制度維持とのかかわりで女子を徴用の対象にせず、かわりに学徒動員と女子挺身隊《ていしんたい》を始めた。一九四一年に年間三〇日間を限度にした学徒動員が始まり、四四年八月には生徒の通年動員を可能にした。中学校・高等女学校・専門学校・師範学校などの生徒が対象だった。一九四三年、簡単な事務や商業など、女子で代替できる一七種の職業に男子の就業が制限・禁止され、二五歳未満の女子を挺身隊として組織して動員した。

フサが動員された船岡第一海軍火薬廠は東洋最大の火薬製造工場であり、有毒ガスや黄燐《おうりん》に苦しめられる危険で苛《か》酷《こく》な環境にあった。第一海軍火薬廠へは、第二高等学校（仙台）や宮城県の岩沼《いわぬま》高等女学校、岩手県の黒沢尻高等女学校など一三校から勤労動員があった。経験工が不在で、二高の学生が勤労動員を取り仕切った。

9
◉勤労動員された高橋フサと同級生
悩みの多い動員生活で、高橋フサは父からの手紙や同級生に支えられた。前列中央がフサ。

勤労動員に意気込んだフサだったが、実際には思うようにいかなった。動員中のフサの日記には、毎日のように悩みが綴られている。悩みは寄宿舎での生活と工場での労働、そして自分の「内弁慶《うちべんけい》」にあった。早朝五時前に起床して工場に行き、自由時間は夕食後の三〇分だけという日々。三五畳に二五人が押し込まれた部屋で、いくつかできたグループにうまくなじめず、フサはわずか一畳の居場所で手紙を書きつづけた。職場の悩みは火薬切りの難しさと班のメンバーだった。火薬がプレスでうまく切れないシーンは夢にまで出た。それに加えて毎週のように変わる班の編成で、どの学校の誰と一緒になるのか、仲よしはいるのかが心配で仕方なかった。

フサは自分の性格を「内弁慶」と書く。仲のよい女子が一緒の班にいなかったり、プレスがうまくできなかったりすると、長い間悩んだ。生徒のひとことが気になり、自分の容姿や病気にも悩んだ。

## 「努力」と「修養」で勤労動員を乗り切る

一九四五年（昭和二〇）七月頃、フサの日記に変化が現われる。きっかけは父から届いた一通の手紙であった。休日に帰宅したとき、フサは動員先での作業が遅れている悩みを父にもらした。工場に戻った七月二五日、父からの手紙がフサに届いた。その手紙がよほどうれしかったのだろう。日記には、父の手紙を〈何度も何度も読み返す〉〈喜び此《こ》の上なし〉と書かれている。

父が出した手紙は幸いにも残されている。手紙のなかで父はフサに二つのことを諭《さと》した。「努力」と「修養」である。父はフサの「努力」を十分に認めた。〈お前は努力は一倍する方だから、其《そ》の中《うち》に立派な腕になり得ることは誰よりも自分が信じて居《お》ります〉。そのうえで父は「修養」の重要性についても伝えた。フサの「修養」は、〈天性恵まれて居らないかも知れない〉が、〈決して劣って居《い》ると思わない〉。旅行で汽車に乗る人と歩く人がいるように、「修養」でも「天分」で汽車に乗るようにできる人と歩くように取り組む人がいる。歩くほうがさまざまな風物に接することができるのだから、フサは「努力」して歩くことが肝心だ。

父が諭した修養については、フサが妹千代子に宛《あ》てた手紙が参考になる。二人姉妹の長女だったフサは婿《むこ》を迎える立場にあった。手紙のなかのフサは姉として、またいずれ家を守る女性として妹に接している。いわく、冬休みを「有効」に過ごしたか、母を困らせなかったか、「良い子」になりなさい、などなど。妹に与えた注意は、フサや千代子ら、当時の女学生が教えられていた修養にほかならなかった。

父の手紙をきっかけにして、フサは日々実践していた努力や修養によって勤労動員に取り組み、自分を取り戻した。これ以降、日記は落ち着きを得た。

安丸良夫《やすまるよしお》の研究によれば、江戸時代の中期以来、民衆は勤倹や貯蓄といった通俗道徳を実践することで、家の存続を図ってきた。努力や修養は、この通俗道徳に淵源《えんげん》をもち、明治以降に導入されたもので、男子であれば家の存続と立身出世を、女子であれば良妻賢母と青年期の生き方を導くものであった。フサの日記の変化は、努力や修養といった人びとの生活実践が、戦時中には戦争を支える役割を果たしたことを教えてくれる。

10

◉女子挺身隊の寄宿舎生活
女子挺身隊の宿舎は狭く、個人の空間や時間はほとんどなかった。

と同時に、フサの日記からみえてくることは、学徒勤労動員の生活と労働が、一五歳のフサにいかに大きな負荷をかけたのかということだ。悩みから立ち直るうえで、父親のアドバイス、家族や友人が大きな支えになった。これらの支えなしに、フサははたして立ち直れたのだろうか。

家族と交わした手紙には、フサを支えた家族関係が映し出されている。かしこまって書いた祖父と父への手紙、ただし、父には、〈相変わらずのんきな父さん〉と書くこともあり、父娘の親しい間柄がうかがえる。父と娘の間で親しい手紙が交わされたのはめずらしいことのように思う。フサの父は婿であり、フサの家の権限は祖父峯次郎《みねじろう》が握っていた。フサは婿を迎える立場にあったので、ここから父と娘の近しい間柄がつくられたのではないかと思う。

女子であっても男子と同等に戦時動員に参加したいと念願していたひとりの少女は、実際の勤労動員で大きな負荷を背負い、家族や友人の支えでどうにか勤労動員を乗り切った。高橋フサの日記と手紙は、戦時期における少女の軍国熱と動員の実際の落差を、また家族と同級生が戦争を下支えしたことを教えてくれる。

### 日赤看護婦に志願する

福岡県に生まれた村山三千子《むらやまみちこ》は、一九四三年（昭和一八）、二〇歳のときに日本赤十字社（日赤）の従軍看護婦になった。看護婦をめざした日々について東京の自宅で話を伺った。

一九三八年に高等小学校を卒業した村山三千子は、九州大学附属病院の看護婦専門学校に進み、働きながら学んで看護婦の資格を得た。その後、福岡の病院で働いている際に日赤の臨時救護看護婦に応募し、大阪で三か月の教育を受けた。

一九四三年八月、三千子は日赤から日赤看護班の看護婦として赤紙召集を受ける。兵士の赤紙召集に対して、日赤の臨時救護看護婦には日赤から赤紙召集があった。三千子は、看護婦二〇個班、約四百数十人のひとりとして大阪の日赤に集められ、その日の夜に大阪港から夜陰にまぎれて病院船北辰丸《ほくしんまる》で、行き先を知らされないまま大連《だいれん》港に着いた。二〇個班は、それぞれ郷土部隊の陸軍病院に配属され、三千子らの班は、九州部隊の駐屯する牡丹江東寧《ぼたんこうとうねい》第一陸軍病院の配属になった。従軍看護婦として動員された女性は約三万人、そのなかには植民地の女性もいた。

三千子が看護婦を選んだのは、日露《にちろ》戦争で父が金鵄《きんし》勲章をもらい、「誉《ほまれ》の家」の標札を掲げた家で「軍国乙女」として育ったからであり、さらに入院した兄を見舞った際に見た、看護婦の制服の凛々《りり》しさにひかれたからであった。当時、小学校卒業後に職業婦人を希望して村を出た娘はめずらしい。多くの場合は農家の嫁になったが、戦時期は女性が外で働く機会を押し広げた時代でもあった。日赤に勤めるということは看護婦の中で別格であり、外国に行く機会もあった。村で見送りを受ける際に、三千子は紺サージの制服や制帽、編上靴《あみあげぐつ》を身にまとった。それは三千子が

11

12

●日赤看護婦の村山三千子
右は日赤の臨時救護看護婦の正装。左は満州の牡丹江東寧第一陸軍病院にて。満州では仕事の意義を認め、笑顔の日々だった。

憧れた日赤看護婦の姿だった。

三千子は大柄で目立ったからか、東寧第一陸軍病院の医者からよく指名されて手術に立ち会うことも多かったという。満州時代の三千子の写真はどれも明るく笑っている。「ひまわり娘」のニックネームにふさわしい写真だ。

**家の内外へ呼びかけられる女性たち**

戦時期は外で働く女性が増加した時代だった。動員やみずからの職業選択を通じて、女性は家の外で仕事に就いた。日本国有鉄道では一九四一年から四四年にかけて、女子従業員がじつに九倍に及ぶ一一万三〇〇〇人に増大した。東京や広島では女性車掌も誕生する。地方放送局の技術員や、銀行・会社の主要業務にも女性は進出した。男尊女卑の風潮や女性は家を守るべきだとする意識が強いなかで、総力戦は女性の職場進出を促し、それが女性の職業経験の拡大につながったのである。

主婦もまた戦時期には家の外で活動することをさかんに呼びかけられた。満州事変以降、地域の婦人会や愛国婦人会、国防婦人会など、地域の女性団体は活発に活動を行ない、農村でも共同炊事や農繁期託児所など、女性たちは家の外での活動が増えた。隣組も家の外に女性を導いた。

戦時期の女性は、家とのかかわりで一八〇度異なる呼びかけを受ける。家を守る女性の役割である。戦争で夫が亡くなったり不在になった女性が多数現われると、明治民法下の女性の位置づけにほころびが出た。明治民法では親の権利が強く、恩給や扶助料が未亡人に渡らなかったり、戸籍を入れていない妻が冷遇されたりする紛争が跡を絶たなかったからである。そのため政府は一九三九年に人事調停法を定めて、問題を迅速に処理しようとした。くわえて岡山県では一九三八年から遺家族の家に「誉の家」の標札を貼り、軍人遺家族婦人指導委員を設けて、名士の妻や戦没軍人の未亡人を委員に任命して、戦争未亡人が「長くその矜持《きょうじ》を堅持し、家門の名誉」を守るように指導した。「誉の家」「軍人遺家族婦人指導委員」「家門の名誉」、なんとあからさまな言葉なのだろう。戦争未亡人は「誉の家」を守る、それを「軍人遺家族婦人指導委員」が指導（監視）する、夫を戦争にとられた女性は、戦争未亡人の「矜持」を見習いながら「家門の名誉」を守る。女性同士が家と互いを監視する体制がつくられたのである。女性たちに家の外での活動が強く呼びかけられるほどに、家に帰れという声が大きくなった。戦時下の女性たちは、戦時総動員と家という制度の間の矛盾を抱えていたのである。

家の内外をめぐる呼びかけに加え、戦時下の女性に呼びかけられたもうひとつは、母性の強調である。一九二〇年代後半に現われた乳幼児保護の思想は、戦時期になると母性の強調と乳幼児の体力増強に継承され、多産奨励と栄養改善、巡回診療、妊婦・乳幼児の検診などが行なわれた。戦時期の乳児は新たに「第二国民」として位置づけられ、その育成が女性に呼びかけられた。

**戦時期の子ども**

乳児が第二国民であるならば、戦時期の子どもは、どのように位置づけられていたのか。

戦時期の子どもたちを、戦争に巻き込まれた存在としてだけ描くことがある。たとえば、東京の昭和館（千代田区）で、二〇〇一年（平成一三）七月から八月にかけて開かれた企画展「苦難を越えて　戦中・戦後を生きぬいた子どもたち」では、戦時中に「不自由な生活を強《し》いられ」、「戦争に巻き込まれた」子どもたちが、戦後は遺児として「労苦」を抱えながら「たくましく」生きた様子が描かれる。戦争に「巻き込まれ」た戦時と、「たくましく生きる」戦後というように、ここでは、受動形の戦時と能動形の戦後の対比が鮮明である。

これに対して、一九四二年（昭和一七）五月一七日に朝日新聞社から創刊され、戦時期も発刊されつづけた数少ない子ども向け雑誌『週刊少国民』を読むと、戦時期の子どもたちはたんに戦争に巻き込まれるだけでなく、戦争を主体的に担うことを求められた存在だったことがよくわかる。グラビア・報道・インタビュー・座談会・伝記・解説・体験記・詩・小説・漫画などによって構成された誌面を通じて、『週刊少国民』は子どもたちに小さな国民としての自覚と、場合によっては大人以上に戦争を担う覚悟をもつことを呼びかけた。少年飛行士・少年兵・少年工・満蒙《まんもう》開拓青少年義勇軍など、国家に役立つ少国民の将来はすぐそこにあったのだ。

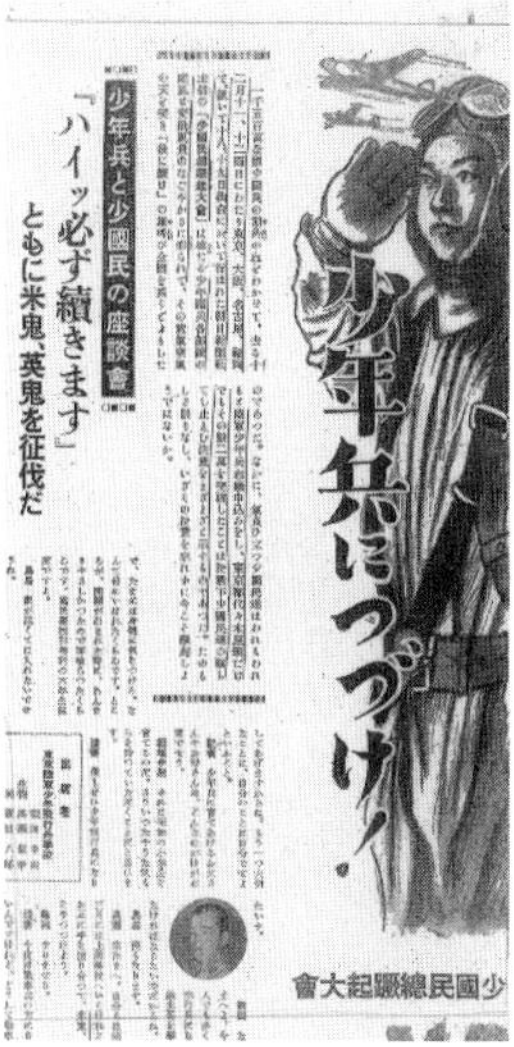

◉少年兵につづけ！
少国民は少年兵に続き、〈ともに米鬼、英鬼を征伐だ〉！
（『週刊少国民』一九四二年九月一三日号）

しかし、戦時期の子どもたちは多くの不自由を抱えるなかでも、なんらかの遊びや楽しみを見いだそうとしていた。困難を抱えたり遊んだりすることと、少国民になることとは、子どものなかで同居していたのではないか。困難を抱えた子どもたちは、それゆえいっそう少国民たらんとしたのではないか。

『ボクラ少国民』(一九七四年刊)を書いた山中恒《やまなかひさし》は、少国民の先鋭化した側面を的確に指摘している。

ぼくらは天皇制ファシズムの教育の下で、一方的に虐待されただの、被害者であったなどという気持ちは毛頭ない。当時の教育を徹底して学習していくことで、完璧な皇国民＝天皇制ファシストになることに、喜びと誇りさえ持っていたのである。それだけではない。その時点で受けた教育の一定成果として、ぼくらは(…)、世俗的怯懦《きょうだ》と保身意識を潜在させているおとなの指導者たちを、逆に厳しく体制的な規範へ追いやる後方督戦隊の役割を果たしつつあったのである。

一九四〇年の国民学校から学童集団疎開に至る過程で、子どもたちは

13
●学童集団疎開を見送る
見送る側には家族だけでなく、残留組の同級生もいた。

徹底して小さな国民になることを求められた。学徒勤労動員に出かける際の高橋フサや山中恒の指摘には、子どもや青年の強い能動性を確認できる。

## 「しっかり」とした少国民

吉原幸子《よしはらさちこ》、佐藤静子《さとうしずこ》、陳真《ちんしん》。三人ともに東京で生まれて学童集団疎開に出た人である。各府県は、一九四四年（昭和一九）六月に政府が発表した「学童集団疎開促進要綱」に基づいて集団疎開を強力に指導し、同年の八月末から、三年生から六年生を対象に、東京都や神奈川県の横浜市・川崎市・横須賀市、名古屋市、大阪市、兵庫県神戸市・芦屋市、沖縄県などで実施された。吉原幸子と佐藤静子はともに東京都豊島《としま》区から集団疎開に出た人で、吉原の日記と、佐藤には家族と交信した手紙がそれぞれ残されている。

身体が丈夫でなかった吉原は、疎開に先立つ身体検査で「身体の弱い人」に入らなかったことを「うれしかった」と日記に書いた。集団疎開は、身体の丈夫な子どもと弱い子どもを選別する。健康―虚弱の区分、そして疎開―残留の分割、この二つの分割線により健康で集団疎開に出かける児童が少国民の範型になった。虚弱には身体に障害をもつ子ども入る。一九三二年、東京市に創設された肢体不自由児のための公立学校（光明《こうめい》学校）には、戦時下の映像フィルム『光明の歩み』が残されている。そこに松葉杖を鉄砲がわりに行進する子どもたちの姿がある。身体の「弱い」肢体不自由の子どもを無理やり錬成《れんせい》したのがこのシーンだ。

吉原は、豊島区立長崎《ながさき》第二国民学校から山形市の光明寺《こうみようじ》へ集団疎開した。疎開時の吉原の日記には、一九四四年一〇月末ごろに変化が現われる。自分の気持ちを率直に書いた文章のあとに、必ずといっていいほど「でも」という言葉が続き、少国民としての自覚を表明し、疎開生活をしっかり送るための覚悟を述べるようになったからである。たとえば一一月二九日の日記には、〈夜、三か月前の今日を思い出して、少し悲しくなった〉という文章のあとに、〈でも、そんな弱い心では戦争に勝てない。私達はこんなに幸福なのではないか。山形の人達に感謝して、四か月めもしっかりやって行かねばならないと思った〉とある。

心情否定や決意表明の文章が書かれたのは、疎開中の日記が教師の監視下にあったからだ。吉原の日記には教師の検閲印が三か所あり、親元から離れた子どもたちが教師の目を気にしながら日記をつけていたことがわかる。

ただし、「しっかり」とした少国民を書きつづけることは、吉原を少国民のもつ統合力に巻き込んでいった。一日二四時間にわたる集団生活の統合力は、相互監視や序列化、いじめを生み出した。吉原の疎開先では、ある女子が干柿《ほしがき》を盗むという事件が起き、寮母や疎開先のおばさん、児童が感きわまり、本人が謝ってひとたび落着した。しかし、つぎの日も同じ事件が起き、その女子は祖父

14

◉学童集団疎開先の吉原幸子
集団疎開した東京都豊島区の長崎第二国民学校の六年生。吉原幸子は中列左から四人め。（山形市の光明寺）

が迎えにきて帰京した。

一九八八年（昭和六三）に吉原が集団疎開について振り返ったとき、いまから思えば、その女子の体は大人への変わりめにあり、それが事件に影響していたこと、「直線的な子どもの罪を責める目つきをきっと私もしたにちがいない」「大人になり、やっと被害者だけでなく、加害者にもなったことがわかった」と述べた。集団生活は「しっかり」とした少国民への統合力を強め、そこから脱落者への指弾や軋轢《あつれき》がつくりだされることになったのである。

吉原は、のちに母と二人で出かけた集団疎開後の縁故《えんこ》疎開でも、日記のなかで戦局に強い関心を示し、教師の検閲がないにもかかわらず、〈しっかり、しっかり〉と書きとめていた。「しっかり」とした少国民の統合力は、吉原を深くとらえていたのである。

「しっかり」は佐藤静子の母の手紙にも頻繁にみられた。豊島区立高田《たかだ》第五国民学校から長野県下《しも》高井《たかい》郡平穏《ひらお》村に集団疎開した佐藤静子は、家族との間で膨大な手紙を交わした。佐藤静子の母の手紙には二つのキーワードがあった。「体を大切に」と「しっかり」である。母は健康と安全を何よりも気遣いながら、〈疎開の生活をしっかりやる事が、国家への学童の務〉めだと教えた。子どもの保護と少国民の教えの二つを一心に伝えたのが母の手紙であり、子どもの保護を願いながらも、いざとなれば国家に尽くすことを求めなければならなかったところに母の抱えた矛盾があった。

## 陳真の見た少国民

「支那《しな》人は悪いから征伐するんだ」「チャンコロ！」「支那ポコペン！」。戦時中に東京の国民学校に通っていた陳真《ちんしん》は、級長に選ばれるたびに必ず男子に「チャンコロ」とはやしたてられた。一九四六年（昭和二一）、陳真が一四歳のときに書いた『漂浪の小羊』にこのシーンが出てくる。私小説風のこの本は東京で書かれ、台湾に帰ったのちの一九四六年一〇月に台湾で出版された。私は野田《のだ》正彰《まさあき》の優れた評伝『陳真』によって陳真を知り、野田の再発見を機に復刻されたこの本を読んだ。

陳真は男子の言動の背後に「日本軍閥」をみている。戦地から帰国した兵隊は、〈おれはね、支那へ行って支那ポコペンの首を十もぶった切ったぜ〉と吹聴する。それが少年たちに「中国は弱い」「中国人は悪い」という観念を植えつけたと陳真はいう。陳真はさらに日本を「世界一の強国」とする大国主義や、日中間の歴史と文化の忘却も、男子の言動の理由にあげている。一四歳とは思えない洞察力である。

陳真の父陳文彬はマルクス主義者であり、福建《ふっけん》省に原籍を置く愛国主義者でもあった。一九四〇年頃、陳姉妹と母は学校の先生や世間を気にして、靖国《やすくに》神社祭に日の丸を揚げようとしたことが『漂浪の小羊』に出てくる。陳文彬は〈いかん！　僕等

15

◉陳真と谷川俊太郎
東京銀座で腕を組む二人。親同士が親しかったため、小さいころよく遊んだ二人の交流は、陳真の晩年まで続いた。

は中国人だ！　日本国民では無いぞ！〉と烈火のごとく怒り、結局、日の丸を押入れにしまわせた。

そんな父を前にして、陳真が名前を日本名に変えてほしいと頼んだことがある。男子にいじめられたあと、仲よしの村山《むらやま》さんが、〈あなたの名前が田沢だったらきっといじめられないわ〉と提案した（本の主人公は田蕙真と名のっており、先生からは田蕙真《でんけいしん》や田沢《たざわ》と呼ばれていた）。陳真は、〈ねパパ、あたし達の名も田沢とか田村とか日本の名にしてよ〉と頼む。陳文彬の顔色がサッと変わり、怒りと悲しみの混じった顔で、〈もうこんな悪い考えをおこしてくれるな〉と言った。

陳真がいじめられたときに、日本人の村山さんは、敢然と抗議してくれる仲よしだ。彼女の提案は善意のはずである。だがそこには少国民をつくる風潮に同調することで、いじめを回避したいという思いがあり、それが善意の提案を引き出した。村山さんだけでなく陳真にも、少国民の圧力がかかっていた。そこから日本名に変えたいという願いが引き出されたのである。

陳文彬と谷川徹三《たにかわてつぞう》は法政大学の同僚で親しかった。その縁で陳真は谷川徹三の息子の俊太郎《しゅんたろう》と仲よしだった。右ページの写真は銀座を歩いたときのもの。陳真について俊太郎は、「おしゃまで、自分から腕を組んでくるようなところがあった。戦前のしつけを受けたようなきれいな日本語をしゃべっていた」と私に語った。陳真の日本語は、第二章で紹介した二組みの両親、とくに堀江《ほりえ》の母（律子《りつこ》）から身につけたのであろう。『陳真』には、日本女子大学で国文学を学んだ堀江の母と、律子の家事を手伝った律子の姪《めい》の栄子《えいこ》姉さんの二人から、陳真は多くのことを教えられたとある。

陳真は新潟県に学童集団疎開した。学童集団疎開に在日の外国人もいたはずだと思っていた私は、陳真の例でそのことを確認できた。いままで不明だった東京の朝鮮人の集団疎開については、近年、金日宇《キムイルウ》が聞き取りで掘り起こしている。

学童集団疎開に陳真は〈参加したくてたまらなかった〉。〈級友との楽しい共同生活に対する好奇心〉からだった。しかし、山間部で稲を干場まで運ぶ勤労奉仕に一週間取り組んだところ、病気になり、結局、母が迎えにきた。学童集団疎開は、子どもたちの心身にさまざまな影響を与えた。

## 「お国に尽くすことよりほかに考えがありません」

戦時期には青少年工の不良化問題がさかんに取りざたされた。家族と切り離された青少年工は「不良」ととらえられ、青少年工の増大に当局や社会が目を光らせたのである。内務省警保局は、一九四二年の文章で、徴用の増大と犯罪の増加が相関していると認識していた。〈工場の内外に於《おい》て、単独者若《もし》くは集団を為して強盗・窃盗・暴行・詐欺・脅迫〉をする〈不良化傾向は顕著なるものありたるが、其の大部分は養成工・徴用工員等の年少者に多き実情にありたり〉。

『週刊少国民』（一九四二年九月二七日号）に、「吾市少年と母　〝家のこと忘れてお国へ尽くせ〟」という「美談」が載っており、そこから青少年工不良化問題の背景を読み解くことができる。

静岡県沼津《ぬまづ》の国民学校高等科卒業後、吾市《ごいち》は、進学できずに上京して電気工場で働くことになった。〈十六の少年としては珍しく熱心に働く〉吾市は、職長にかわいがられたものの、年老いた両親に思うように仕送りができず、脚気《かっけ》や鼻の持病が重なって〈気が弱くなり〉、両親の保護が欲しくなった。吾市は、日誌に〈がんばろう、がんばろう〉と書いて自分を奮《ふる》い立たせたが、父の病気を知って心配になり、母に帰郷を願い出る手紙を送った。これに対して母は、〈オクニニツクスコトヨリホカニワカンガヘガアリマセン〉といった訥々《とつとつ》とした返信を送って吾市を叱咤《しった》した。吾市の話は『東京朝日新聞』に載り、激励の手紙が五〇通も寄せられた。母や多くの人の励ましを受け、工場医や職長が温かく見守るなか、吾市は「国に尽くす」ことが「そのまま」「親孝行なのだ」ということに気づいて、熱心に仕事に励むようになったという。

　家族との別離がもたらす不安や健康問題、進学の断念と教育の比重、青少年工を取り巻く厳しい労働と寄宿舎での生活。これらはいずれも、総力戦による大規模な労働力移動によってつくりだされたことだった。動員を通じて家族解体の危機が生じた。「美談」のなかで母の手紙が担ったのは、母の役割一般ではなく、家族解体の危機を乗り越える役割だった。工場医の存在が強調されたのも、それまで家族が担っていた扶養や教育の機能が大きく減退し、それにかわって工場や学校が同等の役割を果たさなくてはならなくなったからである。日本の戦時期のメディアでは、たびたび母の役割が強調された。それは、家族解体の危機をもたらした日本の労働力動員の特質とかかわっていたのである。

●母の役割
男子の兵力・労働力動員により、戦時期の母は多くの役割を任され、千手観音《せんじゅかんのん》さながらの忙しさであることを諷刺した漫画。

### 日本の総動員の特徴は何か

総力戦は人的、物的資源の最大限合理的な配分を実行しようとするものであり、そのために人びとに主体的な参加を強く求めた。主体性の発揮のためには、反対給付として国民生活の擁護、福利厚生の整備が必要だった。戦時下であっても、いや戦時下だからこそ、厚生省が誕生して国民健康保険法が実現し、徴兵・徴用に対する援護が整備され、最低生活費や生活給の構想が現われ、生活の合理化が追求された。だが、動員と国民生活擁護、動員と福利厚生実現は大きく矛盾するものであり、動員を徹底して軍需生産に人的、物的資源を集中するほどに国民生活の水準は低下し、福利厚生の実現はほど遠くなった。総力戦の時代に現われたのはこの二つの傾向、つまり国民生活擁護の高唱と、そのもとでの国民生活水準の低下だったのであり、福利厚生実現に向けての構想と実際の大きな落差だった。相反する二つの傾向が現われたところに日本の総力戦の大きな特徴があった。

日本の総力戦は、政治から経済、社会に至るあらゆる領域を新体制に編成替えする動きをつくりだした。政治の領域では、いわゆる革新派が一国一党による政治的革新と、経済統制を通じた社会的格差の是正を進めようとした。格差是正の動きや労働を「国家的名誉」に位置づける政策は、下層の人びとや権利の外に置かれた人びとを含めて、総力戦への支持を調達するものだった。社会からは新体制による社会改革への期待とブルジョア的生活を排撃する動きが現われた。国民総動員を進める鍵は平準化（平等化）だった。だが強力な動員は労働・生活条件の差異を浮き彫りにし、動員を強めるほどに人びとの置かれている差異が明瞭になった。

日本の総力戦は、国内外の人的資源を徹底して動員した。兵力動員は限界を超え、国内の労働力動員では、農業・商業の小経営を徹底して改変し、とくに商業は転廃業に追い込まれた。青少年や未婚女性、生徒・学生の労働力動員も苛烈《かれつ》だった。文字どおりの根こそぎ動員は、家族崩壊の危機を招き、生活保障問題が浮上した。ここに国民生活擁護と福利厚生実現がうたわれた所以《ゆえん》があり、青少年不良化問題への対応を含めて、工場や学校で錬成《れんせい》が取り組まれ、生活給や家族手当、月給制の構想が出現した。

日本の総力戦は大東亜共栄圏構想と結びつき、大東亜における生存圏拡大を主張した。日本の総動員は、日本内地だけでなく、植民地、とくに朝鮮でも根こそぎ動員を行なった。国内外の徹底した動員、これが日本の総動員の大きな特徴だ。

銃後の子どもと女性は、動員を通じて戦争の強力な主体になることを求められ、ここから国民意識のきわめて明瞭な少国民と女子が誕生し、学童集団疎開や学徒勤労動員などで役割の発揮を求められた。だが、二四時間にわたる動員（集団疎開、勤労動員）は子どもと未婚女性に大きな負荷を与え、主婦もまたあらゆる領域で戦争を担うことが求められた。都市では、夫を戦争にとられた主婦が幼い子どもたちを抱えて生活に窮し、農村では主婦が農業と家事、育児を一身に担った。動員は、あらゆる領域で人びとを生存の厳しい淵《ふち》に立たせたのである。

# ラジオと新聞と写真が伝えた戦争

### ラジオが茶の間に入ってきた

一九三〇年代から五〇年代なかばは、新聞に加えてラジオが人びとの重要な情報源になった時代だった。

下の表は市部と郡部におけるラジオの普及率である。ラジオは、一九二〇年代後半から三〇年代にかけて市部で先行して普及した。一九三六年の市部と郡部で普及率に四倍の差があった。この時代は、ラジオを通じた情報格差が都市と農村の間ではなはだしかった。

ラジオ受信者の増加は戦争の進展と相関している。郡部でラジオの普及が進むのは日中戦争以降であり、二六パーセント（一九四〇年〈昭和一五〉）、四〇パーセント（一九四五年）と増加した。総力戦が農村部にラジオを普及させ、都市と農村間にあった情報格差を縮小させたのである。戦時期の市部の普及率は、五九パーセント（一九四〇年）、七〇パーセント（一九四三

市部・郡部別のラジオ普及率

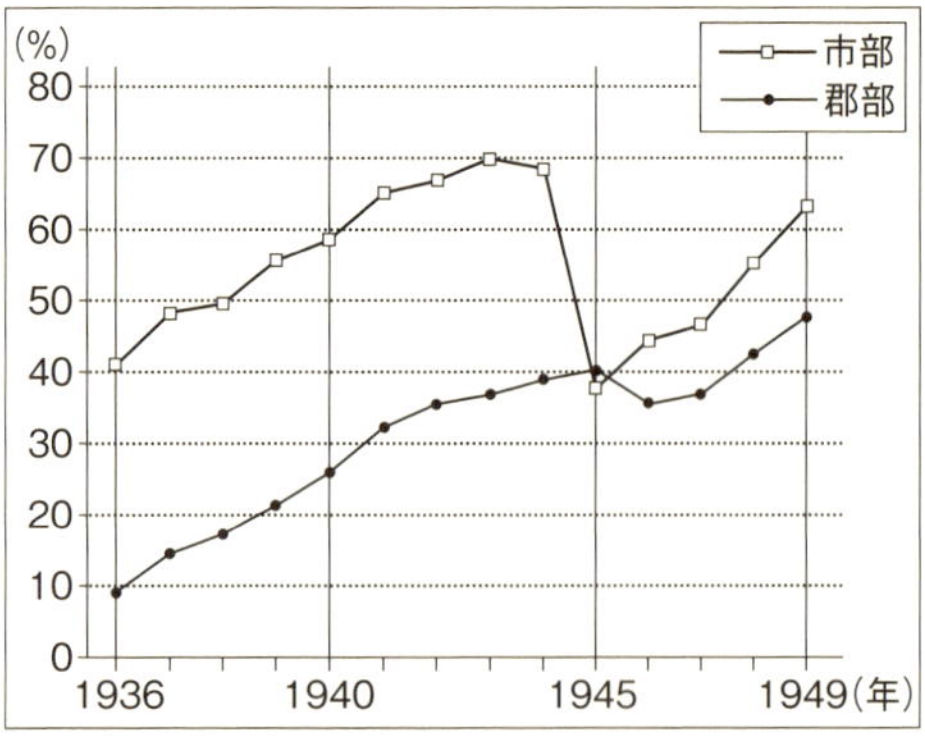


＊普及率は世帯に対する比率

『ラジオ年鑑』より作成

年）と増加し、一九四三年に戦前のピークを迎える。

ラジオの出現は人びとや社会に大きな影響を与えた。吉見俊《よしみしゅん》哉《や》のいうように、ラジオは複製の音、場所を超える音であり、従来にない新しい音が流れることに違和感（永井荷風《ながいかふう》）と親近感（権田保之助《ごんだやすのすけ》）の両方が示された。ラジオには、報時システム・ラジオドラマ・ラジオ体操・スポーツ放送・アナウンサーなど、新聞と異なる情報伝達方法が開発された。ラジオの報時システムによって、都市では一九三〇年代において、農村では戦時期に、時間の画一化が進行したといっていいだろう。

戦前の家庭でラジオは茶の間の主役であった。とくに都市の家庭の茶の間では、家族そろってラジオを聞く光景がみられた。ラジオは都市の核家族を結びつける役割を果たしたのである。

16

◉家族団欒の真ん中に置かれたラジオ
戦後のテレビに先立ち、戦前のラジオはしばしば家族の真ん中に置かれて、一家団欒を導く役割を担った。戦前のラジオは日本放送協会の放送のみで、受信料が徴収された。

**戦争を伝えるラジオ**

一九四一年（昭和一六）一二月八日午前七時、ラジオから「臨時ニュースを申しあげます」というアナウンサーの声が流れ、大本営《だいほんえい》発表による開戦のニュースが伝えられた。「大本営陸海軍部一二月八日午前六時発表　帝国陸海軍は本八日未明　西太平洋においてアメリカ・イギリス軍と戦闘状態に入れり」。正午には午前一一時四〇分に発せられた宣戦の詔書《しょうしょ》がラジオで発表され、あわせて東条《とうじょう》英機《ひでき》首相の「大詔《たいしょう》を拝し奉りて」の放送があった。

午後から夜にかけて開戦に関連した報道が矢継ぎ早に続き、夜には、奥村喜和男《おくむらきわお》情報局次長がラジオで、「我等《われら》は戦って戦って戦い抜くのであります（…）、アジアの歴史を創《つく》るのであります。アジアを白人の手からアジア人みずからの手に奪い返すのであります」と訴えた。ラジオは文字どおり、開戦とそれを受け止める国民の覚悟を求めたプロパガンダとなった。

開戦のニュース短くおわりたり大地きびしく霜おりにけり　松田常憲（一九四二年）

タイプの音電話のベルもひたとやみ宣戦布告放送の一瞬の寂《しづ》けさ　柳原法寿（一九四二年）

開戦のニュースと宣戦の詔書をラジオで聞いた際に走った不安や緊張を詠んだ歌である。いつかは戦争が始まるだろうという予感はあったものの、いざ実際に始まり、しかも戦線と戦果の大きさを知らされてみると、驚きと緊張を覚えた。二つの歌はその一瞬を切り取っている。

ラジオはその後も戦争を放送しつづけた。一九四一年一二月二四日の夜には「帝国陸軍の香港《ホンコン》攻撃」の実況放送があった。大阪中央放送局でスポーツ放送を担当していたベテランアナウンサーの杉本亀一《すぎもときいち》が従軍し、「決死の放送」をする。日本軍の国境越え、香港島への砲撃や空襲、九龍《クーロン》のインド人街頭演説など、その迫力は人びとをラジオに釘づけにした。緊張のためか、杉本の声は震えていて、それがまた迫真の力を増したと好評を博した。
『東京朝日新聞』一九四一年一二月二八日に、一二月八日以降のラジオ放送に関する論評が掲載された。〈番組の編成もキリット引き締まって来た。緊張でピチピチしている。私たちほとんど家居しているものは実にラジオを熱心に聞いているが、八日以後ニュースは聞き漏らさない。何よりニュースに関心をもつ当今である〉。戦争を伝えるラジオは緊張感や静かな高揚感を与えた。論評を書いたのは、戦前にアナーキズムや協同組合思想に関心をもちつづけた新居格《にいいたる》であり、新居はここで戦争とラジオの関係を好意的に評価している。

ラジオはその後も戦争に関連した中継放送や録音放送を流しつづけた。一九四二年の中継放送には、春秋二回の靖国《やすくに》神社臨時大祭招魂式や代々木《よよぎ》練兵場での陸軍観兵式があり、日比谷《ひびや》公会堂からは日本文学報国会発会式が、陸海軍病院からは傷病兵士慰問演芸会などが中継された。

ラジオはこうして、都市で農村で、戦争を知る重要な媒体になった。先に紹介した岩手県和賀《わが》郡藤根《ふじね》村の高橋忠光《たかはしただみつ》は、学徒勤労動員中の娘フサに宛《あ》てた郵便のなかで、〈ラジオに依《よ》り毎日情報を聴く度《たび》に胸を躍らして居ります〉（一九四四年）と述べている。

17

◉シンガポール陥落
アジア太平洋戦争開始後、香港、シンガポール、マニラと相次いで陥落した。ラジオ・新聞では大きく報道され、各地で祝賀行列や祝賀会が開かれた。

一九四四年（昭和一九）一一月二日、『山形新聞』に「あたし達の白兵戦　朗らかにふとる疎開児」と題した記事が掲載された。先に紹介した吉原幸子《よしはらさちこ》が疎開していた山形市光明寺《こうみょうじ》の疎開を伝える記事である。この記事の経緯が吉原の日記に書きとめられていた。銃後の新聞記事を検証できるまれな例である。

吉原の日記によれば、一〇月二八日、学校から帰ると新聞社の人が来ていて、台飛びやじゃんけん相撲《ずもう》などをする写真を撮った。じゃんけん相撲の写真が『山形新聞』に掲載されて記事となった。この記事のポイントは、「朗らかに」「ふとる」「住職」「白兵戦」にある。子どもたちは「朗らかに」「ふと」って疎開生活になんの問題もなく、「慈父」のような「住職」に「町内会」も協力して疎開児童を支え、しかもじゃんけん相撲をする子どもたちは、それを「白兵戦」に見立てて一時も戦争を忘れない、これが記事の伝えた疎開生活だった。

記事と日記を合わせれば、記事は明らかに「つくられた」ものだったことがわかる。記事は順調な疎開生活と少国民の覚悟、支える人びとの温かさを描いてみせた。戦意高揚のためだ

あたし達の白兵戦
朗らかにふとる疎開児

◉新聞は少国民の戦意高揚を伝えた　吉原幸子の日記を参照すると、「期待される少国民像」をつくるうえで新聞が果たした役割の大きさがよくわかる。

といっていいだろう。「朗らかな」子どもと住職が遊ぶ写真は、記事の雰囲気を読者に伝える大事な手段だ。子ども自身は、新聞記事に「つくられた」側面があることをある程度知っていたが、記事には期待される疎開児童像が描かれており、期待のまなざしにこたえることが求められていたことも知っていたように思われる。

二〇〇七年（平成一九）四月から一年間、『朝日新聞』で連載された「新聞と戦争」は、当時の記者の聞き取りや資料をふまえて、正面からテーマを追求した読みごたえのある企画だった。論点のひとつは、満州事変における「社論の転換」である。従来から議論されてきたこのテーマに対して、新聞社の内側から検証しようとしたのである。連載は大冊『新聞と戦争』としてまとめられた。

大新聞の『朝日新聞』が社論を転換させたとき、地方新聞は郷土部隊と郷土兵を追ったキャンペーンを張っていた。満州に派遣された特派員は、郷土兵の声を交えた記事を送信し、特派カメラマンは郷土部隊の写真を送った。新聞には、郷土兵を支える家族や地域社会の反応が詳しく紹介され、戦死者が出ると、郷土の英雄としてプロフィールや戦死の状況が詳しく紹介された。

先の『山形新聞』の記事と合わせてみれば、戦時期の新聞は読者、地域社会と一体になって期待される兵士像、期待される銃後の国民像、少国民像をつくりだしたといっていいだろう。最近の研究では、爆弾三勇士像には兵士の「男らしさ」が強調されたことも明らかにされている。日中戦争期には、「〇人斬り」の兵士を英雄視する記事が大新聞と地方紙に多数掲載された。ここにも新聞と読者、地域社会の密接な連携がみられた。

『新聞と戦争』を読み、もうひとつ印象に残ったのは、記者やカメラマンの存在である。検閲により敗戦濃厚な戦場の実際を書けないことに悩む記者の存在、だがそれらを呑《の》み込むようにして新聞は軍隊に接近し、軍隊は検閲を行なうことで、記者やカメラマンは戦争のプロパガンダの役割を果たしていった。

新聞社は、大日本帝国の広がりにそって支社と販売所をつくった。植民地では、内地以上に厳しい検閲のもと、軍部と密接な関係がつくられ、南方への進出に際しては、各社が競って軍の委託による日本語新聞発行の権限を獲得しようとした。朝日新聞社は陸軍委託の『ジャワ新聞』と海軍委託の『ボルネオ新聞』の発行権を得た。新聞発行費用は新聞社がほとんど持ち出し、社員の給与や現地経費は、政府系の南方開発金庫から支払われた。政府・軍と新聞社の蜜月ぶりを示す出来事である。盧溝橋《ろこうきょう》事件後、日本軍が上海から南京《ナンキン》になだれ込んでいく行程に記者も密着して同道し、兵士が行く先々で徴発した食料を記者たちも食べた。武装した従軍記者が現われ、中国北部戦線に従軍して被弾し死亡した記者は軍属とされた。軍部と新聞社の境が曖昧《あいまい》になり、兵士と記者の垣根がなくなっていった。戦争を報道する視点が限りなく軍隊や兵士に寄り添い、軍隊と距離を置く視点、着弾の向こう側をみる視点はほとんどなくなった。

18

◉ニューギニアの新聞記者
ニューギニアに渡った新聞記者は、現地住民に日本軍の宣伝をするなど、大東亜共栄圏の浸透に積極的に協力した。大東亜共栄圏と記者の蜜月ぶりを示す写真だ。

## 村瀬守保の写した中国の戦争

中国や南方の前線には、新聞記者だけでなくカメラマンも多数派遣された。『朝日新聞社史』によれば、一九四一年（昭和一六）一二月から一〇か月の間に前線に派遣された記者は一一二名、カメラマンは二六名だった。

カメラマンが前線で撮った写真は新聞紙上をにぎわせたが、カメラマンが特定できることは少ない。そのなかで、新聞社のカメラマンではないが、中国戦線を兵士として転戦した村瀬《むらせ》守保《もりやす》が中国で撮った写真を日本に持ち帰り、公開された稀有《けう》な例がある。日中戦争直後に応召された村瀬は、兵站《へいたん》自動車第一七中隊に所属し、二年半の中国戦線のなかで、三〇〇〇枚の写真を撮影して日本に持ち帰った。その写真が『私の従軍中国戦線』として一九八七年に発表された。そこには中国の人びとも数多く写っている。

写真集に盲目の兄を連れて残飯を乞う弟の写真がある（写真下）。村瀬は子どもたちの明るい表情を切り取っている。逃げ遅れた中国の老婆の射抜くような視線を村瀬は必死で受け止めようとしている（次ページ写真上）。八〇歳になる老婆は、二人の日本兵に犯されたことを涙ながらに訴えたという。

19

◉盲目の兄とその弟
村瀬守保の写真集には盲目の中国人が四人写っている。戦争でもっとも被害を受ける底辺の人びとを見つめる村瀬の目。

村瀬は、天津《てんしん》、北京《ペキン》、盧溝橋《ろこうきょう》、大連《だいれん》、上海《シャンハイ》から南京《ナンキン》に渡り、徐州《じょしゅう》作戦、漢口《かんこう》作戦、山西《さんせい》省の八路《はちろ》軍《ぐん》討伐作戦に参加してノモンハンに及んでいる。村瀬の写真から浮かぶ兵士と行軍、戦闘の日々。

村瀬は、戦闘のなかで行なわれた残虐な行為にも目を向けた。日本軍の南京入城から二週間後、村瀬らは南京城内に入り、長江《ちょうこう》（揚子江《ようすこう》）岸の下関埠頭《かせきふとう》が死体で埋まっている状況を目のあたりにする（写真下）。この写真は、撮影状況が確かな南京事件の数少ない写真だ。漢口作戦の過程では「従軍慰安婦」がカメラに収められており（次ページ写真）、慰安所に兵士が並ぶ写真もある。

村瀬は正式な従軍カメラマンではなかった。カメラを好む村瀬は、兵士の写真を撮影・現像して内地の家族に送り、兵士たちから喜ばれた。村瀬は中隊でなかば公認の写真班になった。

20

21

◉南京とその周辺の戦場
南京に向かう途中で村瀬の兵站部隊は、逃げ遅れた老人と子どもが恐怖におののくのを見つける。老婆の射抜くような厳しい視線（上）。南京では大虐殺のうわさが流れ、長江河岸の下関埠頭は広い川岸が死体で埋まっていた。軍服姿はほとんどなく、平服の民間人がほとんどで、油をかけて黒焦げになった死体も多数あった（下）。

村瀬の写真からは、中国の人びとを蔑視《べっし》するような視線は見当たらず、むしろ同じ人間として受け止めようとしたようにみえる。ここには哀れみや嘲笑ではなく、身体に障害をもった人や戦争で窮地に立たされた人がこうむる困難への省察がある。村瀬は正式な従軍カメラマンではなかったので、兵士だけでなく、中国の人びとにもある程度自由にカメラを向けることができたのではないか。日本の戦争のなかで中国の人びとに何が起きたのか。村瀬は中国で自分が見たことからカメラをそむけなかったのであり、そこから稀有な従軍写真が残されることになった。

村瀬の写真が発表されたのは戦後四〇年が過ぎてからで、戦時中に公開されたわけではない。しかし、このような写真が従軍中に撮られていたことは、いまの私たちを静かに励ます。

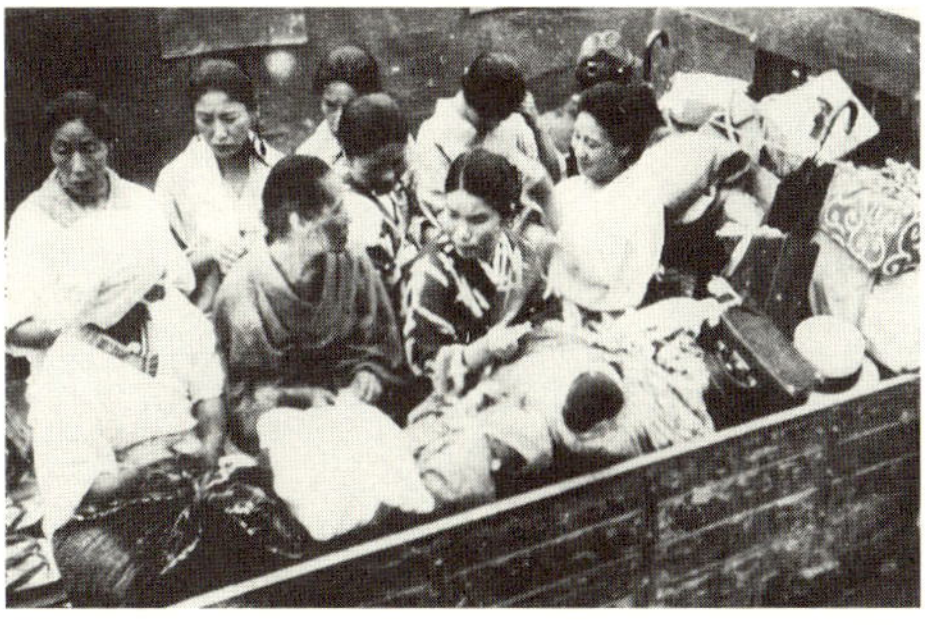

22

◉写真のなかの「従軍慰安婦」
写真集には「従軍慰安婦」に関する写真が三枚ある。無蓋《むがい》車で戦地に移動させられる「慰安婦」たち、慰安所に並ぶ兵士たち、「皇軍万歳　第六慰安所　桜楼」の名称の下に「慰安婦」の名札と「登楼者心得」が書かれている写真である。

**コラム1**

## 生存の淵を鮮烈に詠む——鶴彬の川柳

屍《しかばね》のゐないニュース映画で勇ましい
手と足をもいだ丸太にしてかえし
胎内の動きを知るころ骨《こつ》がつき

日中戦争が始まって四か月。世の中は戦争熱で沸き立つようにみえた。鶴彬《つるあきら》はその背後にある不安や厳しい現実を川柳に詠んだ人である。日中戦争で動員された兵士を詠んだ三つの句には、屍、手、足、胎内、骨と、肉体が必ず登場する。人を動員する戦争は生命、生存に多大な影響を与える。鶴は戦争のもたらす矛盾を肉体ごと突きつけ、反戦の意を示した。

川柳の発表から一か月後の一九三七年（昭和一二）暮れ、鶴は治安維持法違反の容疑で検挙される。これらの川柳に「反戦的傾向」（『大阪朝日新聞』一九三七年一二月一四日）があるという理由だった。東京・中野の野方《のがた》署で赤痢《せきり》にかかった鶴は、一九三八年九月、勾留《こうりゅう》を解かれぬまま二九歳の若さで病死する。

一九二六年、郷里の石川県から上阪した鶴は、町工場での厳しい労働体験から

「プロレタリア川柳」の立場を選ぶ。鶴の川柳は、一九三五年の上京のころから、夜業、凶作、身売り、女工、ストライキなどの具体的な題材にぐいぐいと迫り、生存の淵《ふち》に立つ人びとをつぎつぎと詠みあげた。

夜業の窓にしゃくな銀座の空明り　一九三四年
涸《か》れた乳房から飢饉を吸ふてゐる　一九三五年
とりたてにくる朝となって仏壇の身代金　一九三五年
吸ひに行く——姉を殺した綿くずを　一九三六年

鶴の川柳が魅力的なのは、働く人びとや不遇な状態に置かれた人びとの輪郭を、時代のなかでくっきりととらえているからだ。

銃剣で奪った美田の移民村　一九三五年
高粱《コーリャン》の実りへ戦車と靴の鋲《びょう》　一九三七年
こんなでっかいダイヤ掘って貧しいアフリカの仲間達　一九三六年
ヨボと辱しめられて怒りこみ上げ朝鮮語となる　一九三七年
母国掠《かす》め盗った国の歴史を復習する大声　一九三七年

中国の人びとを視野に入れて満州移民と日中戦争について詠んだ一、二句め。私は、満州移民の本質を、ずばり詠んだ川柳が同時代にあることを知って驚いた。南アフリカにまで広がる鶴の視線。日雇い（「自由労働者」と呼ばれた）の経験がある鶴は、連作「半島の生まれ」を書き上げる。四句めと五句めには、人間の尊厳を汚された朝鮮人の怒りを受け止める鶴の激しい言葉がほとばしる。

鶴の視野は日本だけでなく、中国や世界、植民地の人びとへと、分け隔てなく及ぶ。

弾圧の厳しい日中戦争前後の時期に、このような川柳を詠むことはほとんど不可能に近いことだったが、鶴は弾圧を恐れず、戦争と植民地の時代を射抜く川柳を詠みつづけた。鶴にとって川柳の諷刺の精神こそ、生きにくさを抱えた人びとに共感し、それをもたらす社会の仕組みを批判するための武器だった。

本書では、あまり有名でない一般に近い人びとが詠んだ川柳や詩を随所に取り入れた。ふつうの人びとの内面を知るのに、詩や歌に込められたものを読みとることが近道と考えたからだ。声を大にして自分を表明できる人がいる一方で、内省的な人もいる。言論が厳しく取り締まられた時期に、ひそかに思いつづられた言葉のなかから見つけたものをヒントに、本書を書き記した。

# 第四章

# アジア・太平洋のなかの日本の戦争

1

# 軍事郵便のなかの戦争

## 七〇〇〇通の軍事郵便

日中戦争からアジア太平洋戦争にかけて、東アジアから太平洋で日本の戦争が行なわれた。多数の人びとが戦争に動員され、参加し、巻き込まれた。戦争が生存に与えた影響は、直接的であり甚大だった。日本の戦争と生存のかかわりを考えるのが本章である。

第三章で勤労動員を紹介した高橋フサは物持ちのいい人である。岩手県北上《きたかみ》市和賀《わが》町（旧和賀郡藤《ふじ》根《ね》村）のご自宅を訪ね、話を伺っていると、保存していた関連資料を出してきて見せてくれることがたびたびあった。フサの物持ちは祖父の峯次郎《みねじろう》譲りだ。峯次郎はなんでもとっておく人であり、家のなかは一見すると〝がらくた〟にみえるものであふれていたという。

フサの家には高橋峯次郎に届いた多数の軍事郵便が残されていた。峯次郎は、長く村の尋常小学校訓導や青年訓練所指導員などをつとめた人である。一九〇八年から四四年まで、兵士の様子や家族の近況、村の現状などを記した『真友《しんゆう》』を独力で発行し、村を離れた兵士や徴用先の工員、満蒙《まんもう》開拓団員などに送った。『真友』は村と戦地の架け橋であった。兵士らは『真友』が届くのを楽しみにし、峯次郎を慕って郵便を送った。峯次郎に届いた軍事郵便は七〇〇〇通にものぼる。戦地と郷

◉現地住民に戦況を伝える日本軍
日本軍の建設隊員は、ニューギニアの山奥の現地住民に日本軍の戦果を伝え、日本軍の支配域を拡大しようとした。　前ページ図版

里・家族の架け橋には、郵便やラジオ、記念写真などがあり、双方向に結ばれた。

峯次郎の軍事郵便はいままで二回整理された。一回めは一九八一年から八二年にかけて。和賀町で長く小学校の教員をつとめた菊池《きくち》敬一《けいいち》や高橋フサ、小原昭《おばらてる》、折居《おりい》ミツ、折居次郎《じろう》らがつくった「和《わ》我《が》のペン」が中心になり、中学校の体育館いっぱいに並べられた郵便は、送信者の孫である中学生六〇人の協力を得て整理された。そこから、菊池敬一『七〇〇〇通の軍事郵便』がまとめられ、一九八二年九月二七日には、この軍事郵便を主題にした、NHK特集「農民兵士の声がきこえる」が放送された。放送は、岩手・和我のペン編により同名の本としても刊行されている。

二回めは、国立歴史民俗博物館の共同研究として取り組まれ、その成果が、「近現代の兵士の実像Ⅰ 村と戦場」(『国立歴史民俗博物館研究報告』一〇一集、二〇〇三年)としてまとめられた。この報告書には、軍事郵便を用いた鹿野《かの》政直《まさなお》、山辺《やまべ》昌《まさ》彦《ひこ》、藤井《ふじい》忠俊《ただとし》らの研究に加え、兵士七名の軍事郵便の翻刻や

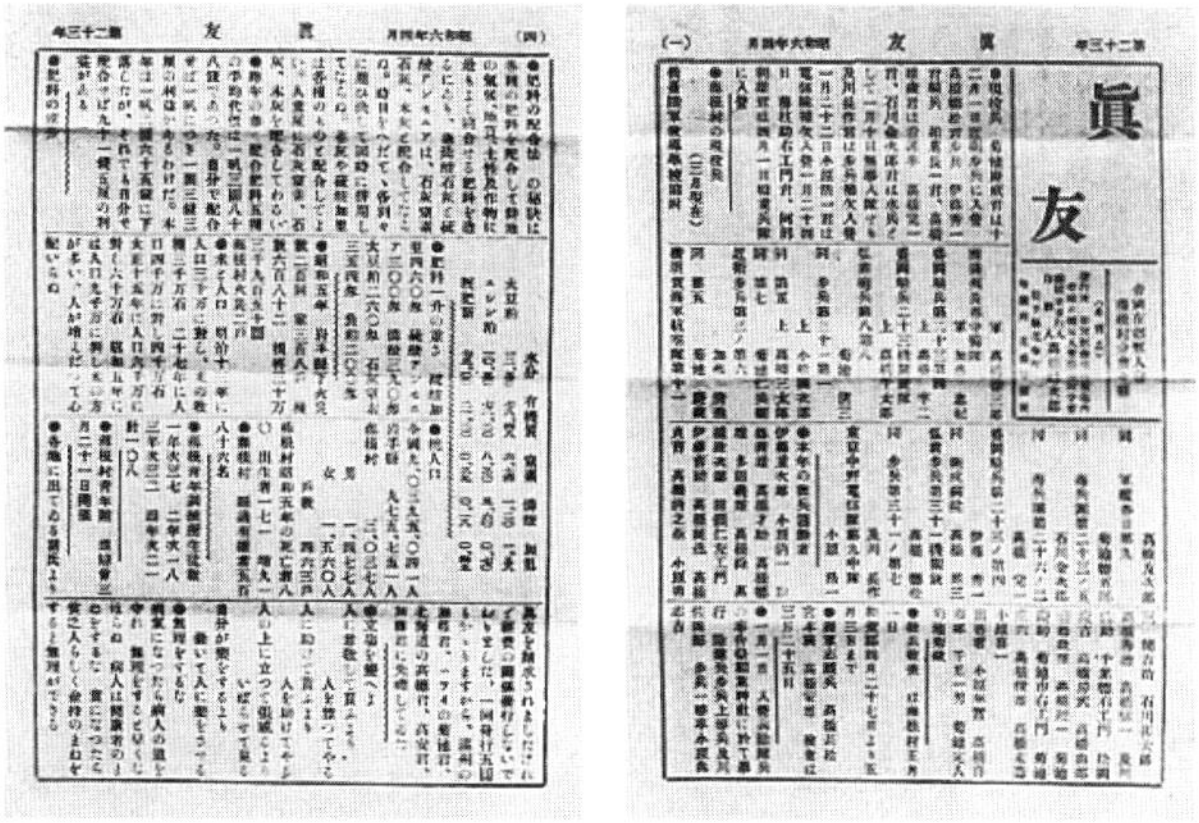


2

◉『真友』一九三八年一月号 掲載号には、「其後の便り」「入営兵」「銃後」などがあり、戦地の高橋徳兵衛、満州移民の小原久五郎らから便りが届き、徳兵衛の妻は全快、銃後は相互扶助なので安心してくれとある。

『真友』の復刻が収められている。七名の選定基準は、ある程度まとまった通数・分量が残っており、具体的な戦闘体験の描写を含むものとされる。軍事郵便には検閲があった。また宛先《あてさき》はいずれも恩師であり、『真友』発刊者の高橋峯次郎だった。以上のことを念頭におき、七名のなかから二名の軍事郵便を選び、日中戦争に参加した兵士の心情を読み解いてみたい。

### 日中戦争に従軍した高橋忠光

日中戦争は陸海軍の兵力が急増する大きな画期であった。一九三七年から三八年にかけて、兵力は六三万人、一一六万人、一六二万人と増加し、その後、アジア太平洋戦争が始まると、二四一万人（一九四一年）、七一九万人（一九四五年）と急膨張した。

岩手県藤根《ふじね》村における召集は、一九三七年七月から四〇年まで一八一人、一九四一年から四五年まで五三〇人と急増する。外地召集の一〇名を含めれば、日中戦争開始から敗戦まで七二一名の召集があった。村の二戸に対して三名の召集であり、召集のない家は見当たらないほどだった。藤根村の戦死者は一三〇名、このうちアジア太平洋戦争期が一一五名にのぼった。

軍事郵便が翻刻されている藤根村の高橋忠光《たかはしただみつ》は、一九三七年八月に弘前《ひろさき》第一八師団歩兵第三一連隊に衛生兵として召集される。忠光は高橋峯次郎《みねじろう》の家に婿に入った人で、フサの父である。一家の大事な働き手であり、三二歳の召集は軍人として老兵の域にあった。義父母に妻、娘二人、義祖母を残し、同月に弘前を出発して上海《シャンハイ》で衛生兵として働き、一九三八年一二月に帰還した。

忠光の郵便によれば、戦地に向かう行路は、みずからの気持ちを一人前の兵士へと奮《ふる》い立たせていく過程であった。車中で接した見送りは、〈花巻《はなのまき》最も盛んで国防婦人会等見事でありました〉とある。広島市からの封書には、〈秋田市以南山形県の一部をのぞいて全国的〉に、二時三時の深夜でどんなに小さな駅でも湯茶を用意して列車を待つ人たちがおり、大都会でも山村でも単衣《ひとえ》に純白のエプロン、夏の簡単服で同様に対応する女性たちの、〈服装、態度、家事に対する知的能力〉の高さに〈感心〉している。忠光は、〈文化のいかに全国的であるか〉に感激する一方で、〈郷土の女の教育の余りに低いこと〉を嘆き、〈生活を基礎として教養を高めたい〉と記している。

〈各駅大歓呼の中に南進〉するなかで、忠光の思いは故郷の山々に馳《は》せながらも、〈勇躍前進〉する気持ちになる。〈いろいろ心配して居《い》たこと〉があったが、〈一人前の御奉公が出来ると思うとうれしくてなりません〉と忠光は記した。

3

●出征の見送り風景
関東地方の部隊は品川駅から出発した。兵士は、国防婦人会などの盛大な見送りを受けて、戦意高揚のうちに満州に向かった。

「グンイドノ、ハヤクアゴヲツケテ下サイ」

上海《シャンハイ》に着いた高橋忠光は、病院の開設や入院患者の看護、死体の処置、日誌の整理、患者名簿の記載など衛生兵の任務にあたった。戦傷病兵から戦場の様子を聞き、戦場跡を歩くなかで、忠光は〈戦場意識〉をもつようになる。戦場には死体の腐敗臭やコレラによる死者を焼く煙が漂い、病院では〈実に気の毒〉な患者の様子を見て涙を流すこともあった。

下顎《したあご》を挫滅《ざめつ》して、腹に穴をあけて胃にゴム管で食べ物を入れた患者が残した筆談がある。〈グンイドノハヤクアゴヲ／ツケテ下サイ、ミンナト一ッシ／ヨニゴハンヲタベラレル／ヨウニシテ下サイ／グンイドノフネハイツ／クルデス／ゴハンガタベタイナ／タンヲトッテ下サイ／タンヲトッテ下サイ／クチノナカノチヲフイテ／下サイ〉。忠光は、出征家族に話さないようにとのメモをつけて、この筆談を家族宛の郵便に同封した。以前に忠光は〈後方に居て国家に尽する功の少ない〉衛生兵に不満を感じていたが、その〈任務の重大さ〉を知らされた。戦地近くの病院での任務は、国家に尽くす意識を鮮明にさせたのである。

応召中の忠光の手紙には、「国家」「お国」「聖戦」といった言葉が頻出するようになる。なぜ衛生兵として「聖戦」に加わるのか。忠光の手紙から三つに整理できる。ひとつは盧溝橋《ろこうきょう》事件に対する政府の説明を受け止めて、〈東洋平和〉〈東亜安定〉という〈歴史的大業〉のためであり、二つには〈支那国民のあやまった精神〉〈抗日意識〉をただすためだった。ただし、衛生兵で前線に立たないためか、中国民衆への憎悪はそれほど強くなく、中国兵の〈抵抗力〉を〈敵ながらあっぱれ〉と述べ、戦争に巻き込まれた中国民衆に「同情」や「哀れ」を寄せる忠光が印象に残る。戦いのあとで〈広野にぼうぜんと佇《たたず》む支那民〉に接して、忠光は〈何ともいえない気分〉を味わう。〈我母程の老人、我子程の少年少女が一家の中心たる壮年男子を失い、家はこわれ、田畑は荒れた中にくらしている〉と書き、〈支那の国民は家も地もなく、女子供も戦線に立って生命を失う者もあります〉と記すとき、忠光は中国民衆の状態に自分と自分の家族を重ねている。そこから、中国民衆への感想のあとには、〈戦は国の為《ため》であるが人民一人一人にこんな勝敗がひびいて来るから、自分達はどんな苦労をしても必ず敗《ま》けてはならないと思います〉というように、自分を奮《ふる》い立たせたり、家族を心配したりする言葉が続く。

「聖戦」に加わった忠光は、中国民衆よりも「民族精神」を忘れた日本人への批判を強めた。これが三つめである。〈財の増殖〉や〈地位〉だけを欲し、〈権力争〉に奔走する人は〈悪辣《あくらつ》な人間〉であり、〈国家民族意識〉の薄い人で〈国賊〉だと、強い調子で批判する。「正義」は「孤立」するが、最終的には〈大衆の支持〉を得る。「正義」とは、〈私利〉を捨てて〈東洋

4

5

●出征前の高橋忠光と家族
いずれも出征前の記念写真。後列に忠光、妻リキ、前列右が長女フサ、左が次女千代子。

平和〉のための〈歴史的大業〉に尽くすことであった。

　故郷を離れた忠光は、たびたび農業や家族、故郷への思いを綴《つづ》っている。季節が移り変わり、中国で農作業を見るたびに故郷の家の農作業を念じ、〈土に生きるものの力強さ〉を再認識する。父母には自愛を求め、長女のフサには勉強を、次女の千代子には姉のいうことをよく聞くようにと諭す。戦友は、〈それぞれ苦しまねばならぬ理由〉をもっているのに、自分は両親がしっかりしていて家族に心配がなく、〈お国の為働ける〉と感謝する。

　一九三八年の郵便は、第一線で戦う兵士への引け目と、「民族精神」を忘れた日本人や、「戦意」が一段落した藤根村民への不満の混在しているものが目につく。この不安定な気持ちは、戦場で戦う多くの兵士に共通のものではなかったか。家族や故郷から引き離された戦地で、自分の任務を納得させなくてはならない兵士。自己納得のために国家の役割や東洋平和の意義、正義、場合によっては「暴戻《ぼうれい》支那」が使われる。戦場に近い兵士であるほど自己納得の気持ちを高めなくてはならない。

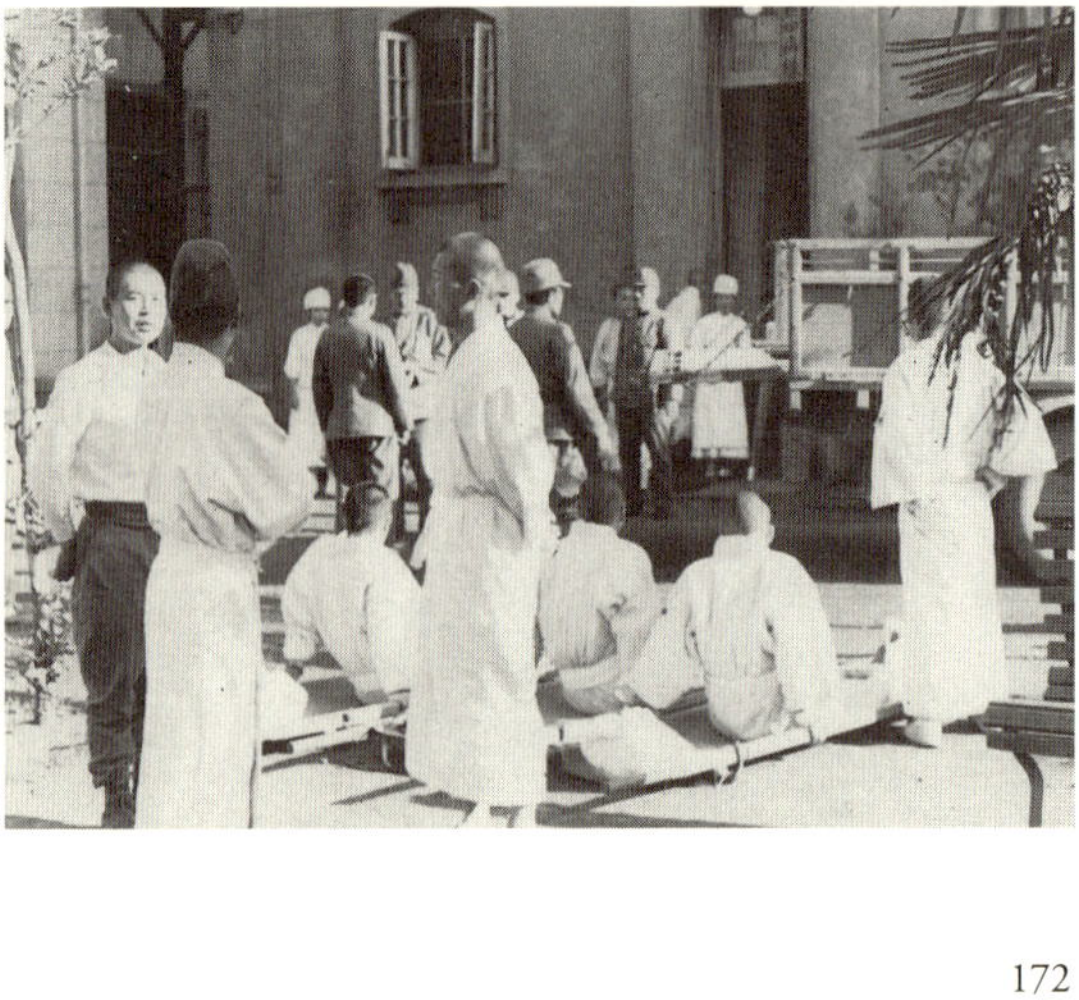
6

7

家族に心配がないと書く忠光であっても、戦地での気持ちは落ち着かない。まして、一年半で任務をとかれた忠光と異なり、泥沼化する中国戦線に張り付けられ、家族や故郷に〈苦しまねばならぬ理由〉をもった兵士だったならば、実際の心配はいかばかりであったろうか。

高橋忠光のアルバムには、出征前後の写真が残されている。出征前に自宅で撮った家族四人の写真に軍服を着た忠光の写真。忠光は写真を好み、上海で買ったカメラで病院や街中を写し、時に家族に写真を送った。病院の中庭で休憩する戦傷病兵や、街中の中国の人びとにレンズが向けられている。忠光は慰安所の入り口もカメラに収めていた。上海の平涼路には慰安所があったことが確認されているので、写真はその入り口であろう。

◉高橋忠光の写した中国
忠光は中国で何を見たのか、その一端を忠光の撮った写真から知る。右が戦傷病兵たちの様子、左が各地にあったという慰安所。これ以外に中国人や都市の風景などがある。忠光出征から五〇年後、娘のフサは上海を訪ね、父の出征先をたどり直した。

### 討伐と反日と戦意高揚

一九〇五年に岩手県和賀《わが》郡藤根《ふじね》村に生まれた高橋徳兵衛《たかはしとくべえ》は、一九三七年七月に二回めの召集を受けた。前回同様、弘前《ひろさき》の歩兵第三一連隊第九中隊であり、中国北部を転戦して一九三九年一一月に弘前に帰還した。

高橋峯次郎《みねじろう》宛《あて》郵便によれば、徳兵衛は弘前→広島→宇品《うじな》港→釜山《プサン》港→鴨緑江《おうりよっこう》→満州→万里の長城→山海関《さんかいかん》→豊台と渡り、行軍で戦地の北平《ベイピン》（北京）に向かった。満州各駅での〈歓迎振《ぶり》は内地で見る能《あた》はず〉であり、〈各駅は国防婦人会で圧倒〉されており、〈国防婦人会の人達は出征兵の頭や洗濯までやって下さいました〉。忠光同様、徳兵衛も沿線における国防婦人会の接待のなかで戦意を高めている。ただし、徳兵衛の向かった北部の前線は困難で、北平では、〈我が軍の苦戦せし、広安門《こうあんもん》を見る。いかにも苦戦の後はしのばるる〉。ここから二年間にわたる徳兵衛の厳しい戦いが始まった。

中国北部の山岳戦は激しく、〈連日連夜の行軍、戦闘ですっかりまいりました〉、〈山西は軍民一致、抗日は徹底〉しており、〈部落民は居りません〉。〈糧秣《りょうまつ》の補給も思う様に行かず〉、〈これが戦地でしょう〉とある。

行軍をすれば糧食が続かずに配給が減り、無理やりに現地調達をする。洞窟《どうくつ》生活も長く、薪《たきぎ》がなくなれば一里も二里も離れた中国人の集落に行って家屋を壊し運んだ。

前の守備隊が〈討伐〉で〈民家を焼き払って来た〉ので、〈其の人民は支那軍隊と連絡を取り毎夜やって来ます〉とある。「討伐」や現地調達、地方民の殺害は抗日の意識を強めた。戦闘では、敵の正規軍、敗残兵、地方民の区別もなく射撃をした。中隊で攻撃前進した際に、畑で働いていた地方民が逃げ場

8

を失って麦畑でぶるぶるしていた。徳兵衛は、〈女も居れば子供もある。でも兵隊は気が張って居るので罪のない女子供も殺して前進する。悲惨なものですね〉と記す。地方民が殺害され、〈木の葉〉や〈青麦の穂〉を食べる様子に〈悲惨なるもの〉をみている。忠光と同じである。徳兵衛は、〈戦には負けられませんね〉とみずからを鼓舞する。

　徳兵衛の戦意を支えたものは故郷や家族であった。前線での〈一番の楽しみは故郷からの手紙と慰問品〉であり、〈村の様子を知るには真友は一番、家のことは矢張りカカ（妻）の手紙〉だった。徳兵衛は、『真友』のお礼を繰り返し述べ、慰問文や青年学校の寄せ書きに感謝し、文末には必ず、〈御身を大事に〉と〈留守中は何卒《なにとぞ》御願いします〉の二つの言葉を添えた。

「討伐」と現地調達が反日意識を高め、それに対して中国の人びとの〈悲惨〉さに故郷を重ね、その故郷と家族に支えられて戦意をもちつづけた兵士たち。糧食を準備せずに現地調達し、民間人を正規軍と同じように殺害する日本の軍隊の戦闘行動が抗日運動を激しくし、そこから泥沼の日中戦争が続いたのであった。

9

◉進軍する日本兵
第三章で紹介した村瀬《むらせ》守保《もりやす》の写した日本兵。右は徐州《じょしゅう》作戦で敵情を偵察する兵士たち。左は、共産党軍を討つために山西省に向かう強行軍で疲れはてて眠る兵士たち。

# 東北の雪部隊

## 高橋千三の入隊――中国戦線からニューギニアへ

アジア太平洋戦争が始まって一年あまりが過ぎた一九四二年一月、日本軍は南太平洋での戦局を有利にするためにニューブリテン島のラバウルを占領し、ここに一〇万人の兵士を駐屯させて一大前進基地にした。南太平洋全域を支配下に置くために、日本軍は東部のニューギニアに上陸する計画を立てる。ニューギニア南部のポート・モレスビーにはアメリカ軍の空軍基地があった。そこを攻略するために、日本軍は一九四二年三月、ポート・モレスビーに上陸し、海路と陸路の両方から連合軍への攻撃を始めた。この戦闘は一九四五年八月一五日まで続く。ニューギニアに上陸した日本兵は総計二〇万人、このうち生還できたのはわずか二万人であった。この戦線にはそれまで中国で戦ってきた部隊が多く投入されていた。

岩手県和賀《わが》郡藤根《ふじね》村の高橋千三《たかはしせんぞう》は、一九四二年二月一〇日、弘前《ひろさき》第三六師団に現役入隊をした。「はじめに」で紹介した千三である。

第三六師団は、日中戦争が泥沼化し、占領した中国での警備に従事するために新設された一〇個

10

◉高橋千三
高橋千三について現存する写真は少ない。この写真は、入隊前の二〇歳前後の写真。

師団のひとつであり、雪国の青森、岩手、秋田、山形県出身の兵士から編成されたので、通称「雪部隊」と呼ばれた。一九三九年には、華北《かほく》の山西省《さんせい》に投入され、国民党《こくみんとう》政府軍および共産党軍と対峙《たいじ》することになる。

千三は、歩兵第三六師団第五二連隊第三機関銃中隊に配属され、一九四二年二月一七日には朝鮮の釜山《プサン》に上陸、列車で中国山西省遼県に進駐し、ここで第一〇砲兵中隊に転じた。同年から翌年にかけて、千三は中国共産党軍との戦闘である南部太行《たいこう》作戦と中部太行作戦に参加する。中国共産党軍との戦闘は、当時の中国でもっとも苛烈《かれつ》なものであった。その後、各地の戦闘に参加したあと歩兵第二二四連隊に転属となり、ニューギニア方面に派遣のため上海《シャンハイ》を出発、一九四三年一一月二七日に江蘇《こうそ》省呉淞《ごしょう》から出航した。

千三らが中国からニューギニアに移されたのは、日本軍がポート・モレスビーの攻略に失敗し、さらにガダルカナル島の戦況が悪化したため、参謀本部が急遽《きゅうきょ》、ニューギニア再攻略の作戦を立てたからだった。中国北・南部で戦っている第四一師団、第五一師団、第三六師団などと、朝鮮の第二〇師団が南太

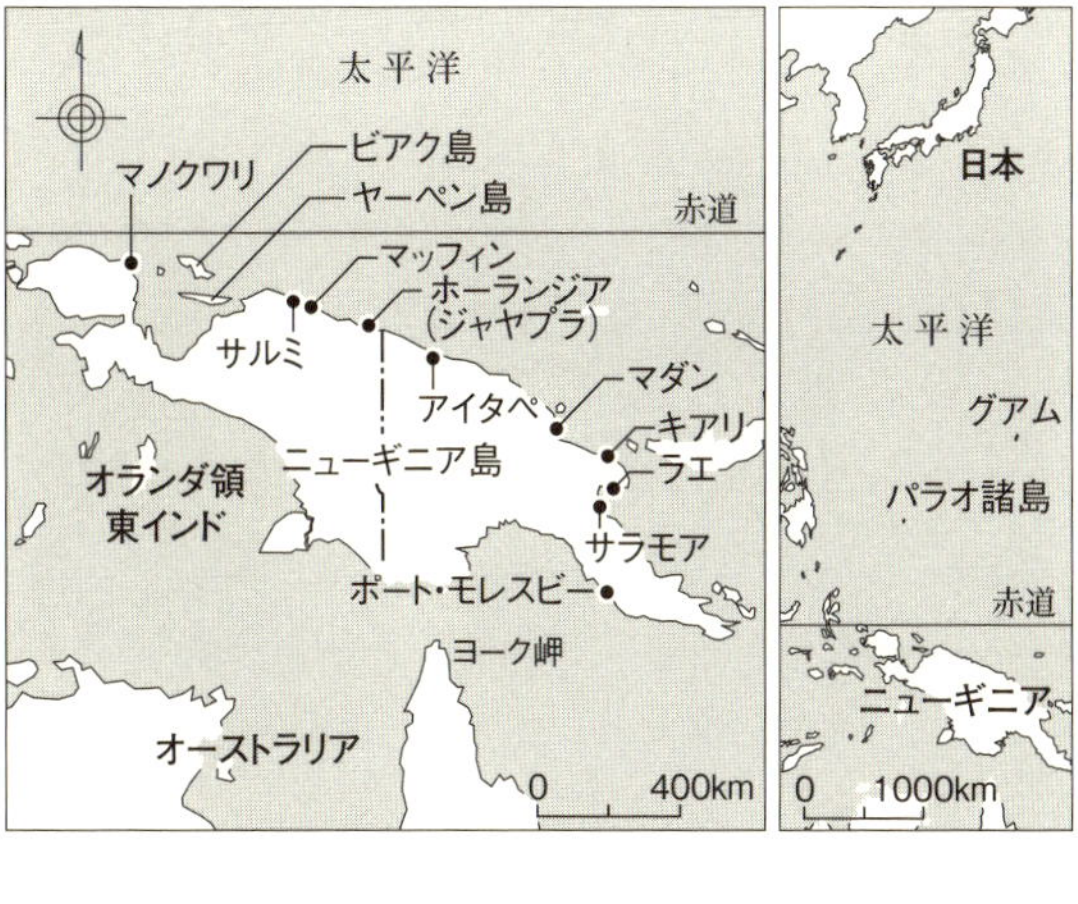


◉ニューギニア島と周辺の地図
ニューギニア島は中央を南北に走る山脈を境として、西側をオランダが、東側をイギリス連邦のオーストラリアが植民地としていた。

平洋に投入された。

歩兵第二二四連隊の千三たちを乗せた船は、翌四四年一月四日、日本の委任統治領の南洋群島のパラオに到着、一月一五日には、ニューギニア島北部のサルミに上陸した。千三を含めた第三六師団の主力一万三〇〇〇人はサルミの防衛任務につき、歩兵第二二二連隊の三八〇〇名はビアク島の守備にあたった。

一九四四年四月、連合軍はホーランジアとアイタペに上陸し、五月にはアメリカ軍がサルミに上陸した。サルミでは激しい戦闘が繰り広げられ、両軍ともに多くの犠牲者を出した。同じ月、ビアク島にもアメリカ軍が上陸、約四〇日間の激戦の末、守備隊はほぼ全滅した。サルミの戦闘は七月以降、小康状態になり、日本軍は後退して持久戦をとったため、終戦までこの状態が続いた。この間、千三はマッフィン付近での戦いに参加し、一一月四日に亡くなる。死亡の経緯は不明である。

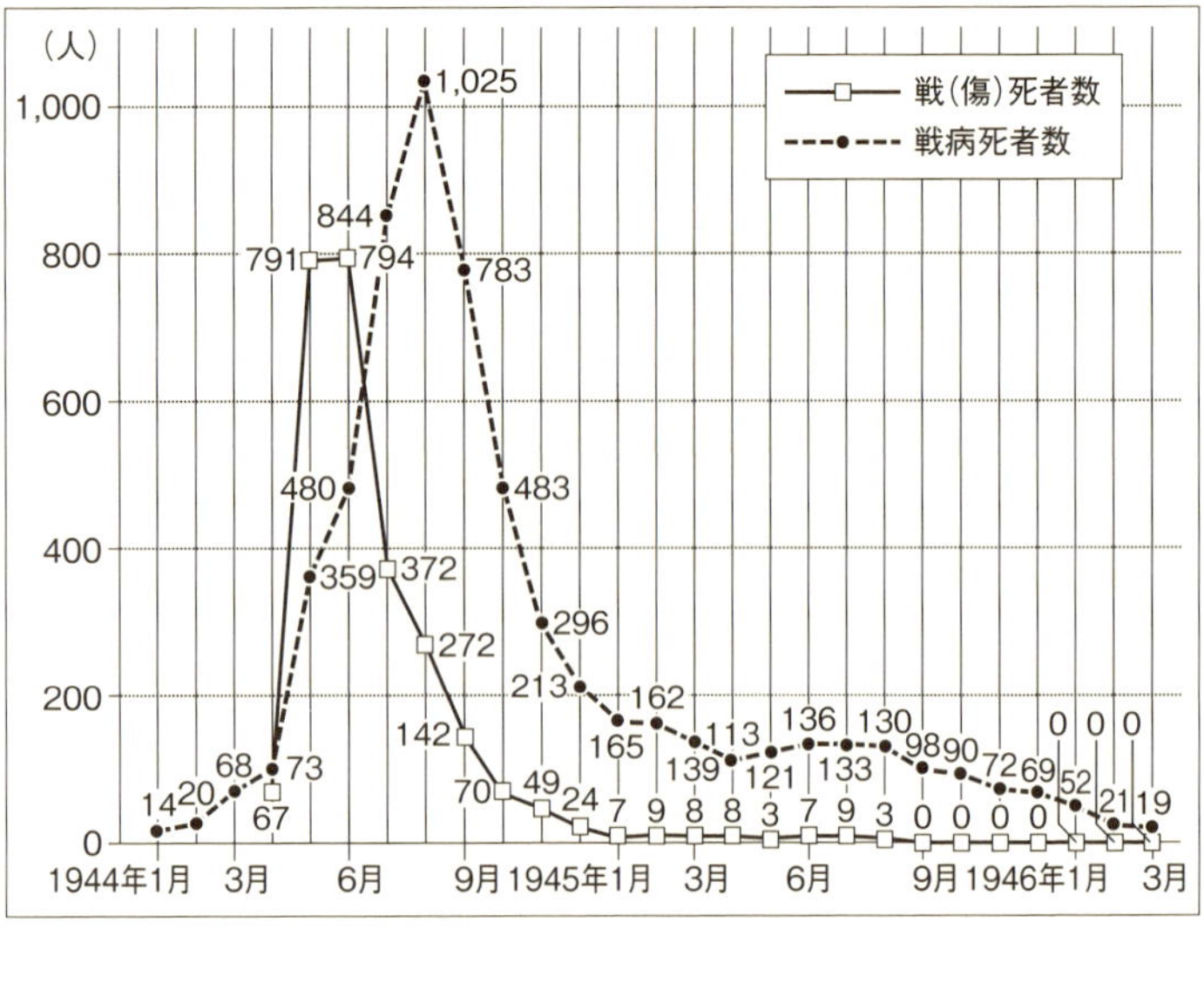


●第三六師団の戦死者と戦病死者
日本軍は持久戦になると食料や衛生状態が悪化し、餓死や病死者が続出する。一方のアメリカ軍は南側のオーストラリアからふんだんに補給を受けていた。

第三六師団の『戦誌』には、月別の戦没者が掲載されている（右ページ図）。不明者もあるが、図からおおよその傾向は把握できる。一九四四年五月の激しい戦闘で多くの戦死者を出したのち、戦死者の人数は減少し、それにかわって戦病死者が増大した。戦没者のうち、戦死者が三割、戦病死者が七割であった。千三も戦病死であった。戦闘を終わらせることができない状態が長く続いたため、戦病死者が増えたのである。

## 「戦病死」とは何か——戦場と餓死

戦病死とはなんなのか。戦病死とは食料不足による栄養失調とマラリア、脚気《かっけ》などの病気、行軍による心身消耗が重なって餓死することである。みずからも中隊長として中国戦線に参加した体験をもち、戦後の軍事史研究の第一人者であった藤原彰《ふじわらあきら》は、晩年に、日本の軍人・軍属の戦没者二三〇万人のうち約六割が餓死だったとする研究を明らかにした（『餓死《うえじに》した英霊《えいれい》たち』）。

藤原は、一九四二年のガダルカナル島の戦いからポート・モレスビー攻略戦、ニューギニアの戦い、四四年のインパール作戦、メレヨン島など孤島への置きざり部隊、フィリピン戦、中国戦線を詳細に検証し、大量餓死をもたらした要因について解明している。無謀な作戦計画、情報の軽視、兵站《へいたん》地誌の調査不足、作戦参謀の独善、補給や兵士の人命の軽視、現地自活主義の破綻《はたん》、降伏の禁止と玉砕の強制など、日本軍隊の体質が大量の餓死につながったと説明する。

ニューギニアで戦病死が多かった理由を整理すると以下の三つになる。ひとつに、大本営《だいほんえい》はニューギニアの地誌について十分な知識をもたず、机上の計画として作戦を立てた。ニューギニアは日本本州の三倍もある巨大な島である。全島が熱帯の密林に覆われ、大河と湿地が多く、人口はわずかで、集落は海岸線に点在するだけだった。中央には五〇〇〇メートルを超える山脈が連なり、海岸線と高地の寒暖差が激しい。こうした条件を十分に考慮することなく、中国戦線と同様に軍隊が行動できるとして作戦が立てられた。

二つめに補給がきわめて軽視され、自活の条件を欠く地域で、兵士たちは事実上、放置された。以上の二つの理由の結果、たとえば一九四三年九月、第一八軍第五一師団が東部のラエ、サラモア部隊を北岸のキアリに撤退させる計画を立てたが、直線距離一〇〇キロメートルの移動に一か月かかり、四分の一の兵士が命を失う。補給が乏しいもとでの高山と急流、密林が行く手を阻み、体力消耗と栄養不足で餓死者が相次いだ。このような例が各地で多発している。

11

◉ニューギニア・アイタペ附近
北部のアイタペから中央部を望む。海岸線のわずかな集落の先は熱帯性の密林に覆われ、大河の先には五〇〇〇メートル級の山脈が連なる。

## 降伏の禁止と戦陣訓

ニューギニアでの戦没者を増大させた三つめの理由は、降伏の禁止と玉砕の強制であった。日本陸海軍は、兵士が降伏して捕虜になることを厳しく戒めた。第三章で述べたように、盧溝橋《ろこうきょう》事件後、日本政府は宣戦布告をせず、「暴支膺懲《ぼうしようちょう》」声明を出して中国政府を非難した。声明では国際法の遵守には、ひとことも触れられなかった。

一九四一年一月、東条英機《とうじょうひでき》陸軍大臣名で戦陣訓が示達された。「生きて虜囚《りょしゅう》の辱《はずかし》めを受けず、死して罪過の汚名を残すこと勿《なか》れ」という文章である。日中戦争が泥沼化するなかで、軍紀の退廃現象が広がり、放火や略奪、暴行などが多発していた。陸軍は、軍紀確立、犯罪防止のために戦陣訓をつくった。戦陣訓は兵士にどのように受け止められたのか。一九四〇年一二月、独立歩兵第一三大隊第二中隊に配属されて中国山西《さんせい》省遼県に派遣された近藤一《こんどうはじめ》は、戦陣訓を暗記させられ、「生きて虜囚の辱めを受けず」がつねに引き合いに出されて、「捕虜になるくらいなら死ね」ということで自決の方法まで教育されたという。

藤原彰《ふじわらあきら》や内海愛子《うつみあいこ》は、捕虜に対して軍が厳しい対応を示すことは戦陣訓以前から周知されていたとし、その例として一九三九年のノモンハン事件をあげている。この事件では、ソ連軍の捕虜になって帰還した者に対して軍が厳しい措置をした。降伏と捕虜を禁ずる思想は、アジア太平洋戦争以前に広く軍隊のなかに存在しており、それが幾多《いくた》の玉砕をつくりだす要因になった。生存を否定する思想、それが戦陣訓だった。

たとえばニューギニアのビアク島では、洞窟《どうくつ》に逃げた日本兵に対して、アメリカ軍は火炎放射器で追い込む作戦に出た。その後の沖縄戦などでアメリカ軍がとった作戦である。ビアク島で戦病死した兵士（浅野実）の陣中日誌が残されている。それによれば、西洞窟の患者は自決を命ぜられ、ドラム缶数十本が投げ込まれて火の海となり、火炎放射が降りそそぐなかを動ける者だけが脱出を試みた。浅野にとって西洞窟の戦いは、〈国防の第一線を死守〉するものだったが、〈犠牲の大〉きなものであり、〈青空を見て死にたし〉と繰り返しながら自決した友の〈胸中如何《いかん》〉と書きとめている。

身辺から日一日と物が減るなかの飢餓と消耗について、浅野は〈赤裸々に書く事は忍びない。まるで反軍思想を持つ者が書いているようであるから〉と書き、〈忠君愛国の精神〉は〈誰よりも勝るともおとらない〉と確認しようとする。戦陣訓の思想は、飢餓について書くことすら兵士に後ろめたく思わせたのである。

飢餓と消耗と行軍で、浅野の心身はしだいに衰弱した。一九四四年七月、浅野は東京に飛行機で出かけ、ご馳走《ちそう》と白いシーツの布団《ふとん》に包まれる場面を〈空想〉する。ある日、妻の〈顔や姿〉が〈はっきり思い出せないようになってしまった〉。自分はいずれビアク島の虫か土になる。浅野の日誌は一九四四年八月で途絶え、同年一二月の死亡が推定されている。

第三六師団の『戦誌』には、サルミで高橋千三《たかはしせんぞう》と同じ連隊に属し、生き残った人の手記が掲載されている。そのひとつ、田中広美「歩兵第二二四連隊補給中隊」によれば、千三が命を失った時期を含む一九四四年七月から一二月にかけて、飢餓と病を抱えた兵士が〈筆舌に尽くし難い〉状態で

つぎつぎと命を落とした。あるいは、奈良猛「吉野《よしの》部《ぶ》隊《たい》工兵中隊戦記」によれば、一九四四年四月
にアメリカ軍の上陸作戦を受けてホーランジアからサルミまで転進（後退）した日本兵が、〈敗残兵〉
として〈まるで幽霊〉のように現われた。その兵士によれば、二〇〇キロメートルを一か月近く費
やしたジャングルの強行軍で、草や木の実、コブラなど、あらゆるものを食べて耐えたが、しだい
に倒れる者や、手榴弾《しゅりゅうだん》や拳銃《けんじゅう》で自決する者が現われ、道端には〈臀部《でんぶ》や内股《うちまた》など明らかに誰かが刃
物で抉《えぐ》り取った〉死体があり、仲間に襲われる〈恐怖感〉や〈疑心暗鬼〉で眠ることもできなかっ
たという。その奈良もまた、七月には工兵資材を抱えて八紘山《はっこうざん》をめざす転進（後退）に加わった。そ
のときの〈惨状〉を奈良は〈白骨街道〉と呼ぶ。奈良が携行した工兵中隊の名簿は、戦没者を示す
赤鉛筆の氏名抹消で真っ赤になった。
　サルミは玉砕したわけではなかった。だが行軍と飢餓と病で極限状態になっても、降伏して捕虜
になることはできず、そこから大量の餓死者が出現したのである。生存が極限で否定される状況が
現われたのである。
　第三六師団をはじめ、第四一師団や第五一師団は、中国戦線から南方に転じた。彼らが降伏を選
べなかった理由には、中国戦線における中国兵への対応もあったのではないか。たとえば、盧溝橋
事件後、岩手県和賀《わが》郡岩崎《いわさき》村から中国北部に召集された高橋武次郎の軍事郵便には、〈兵隊は喜びて
腕だめし〉で〈匪《ひ》賊《ぞく》や敗残兵〉の〈討伐〉に行くとある（『農民兵士の声がきこえる』）。中国での敗残
兵への対応は、反転して捕虜になることを忌避する意識につながったのではないか。

**ニューギニアの戦いに登場した人びと**

第三六師団などの兵力生存状況を表示した（左ページの表）。

表から二つ指摘する。ひとつは師団司令部とそれ以外の生存率に大差があったことである。師団長をはじめ師団司令部に属した人びとは三分の二が生きて帰れたのに対して、それ以外の部隊の人びとの生存率は三割にとどまった。師団司令部の生存率は、実際にはもう少し低かったようだが、両者の生存率におおよそ二倍の差があったことを確認しておきたい。ニューギニアのような激戦地帯であっても、軍隊内の階級によって生存に大きな格差があったのである。

もうひとつは、第三六師団には日本人以外に台湾人とインドネシア人が加えられていた。日本の師団史や部隊史に日本人以外の記録が掲載されることはめずらしい。また南方での戦闘の叙述には日本人しか登場しないことが多いが、実際にはそうでない。

第三六師団は、第三六師団（日本人）に配属部隊（日本人）と台湾人・インドネシア人を加えて編成されていた。総上陸人数一万六〇〇〇人余のうち、台湾人とインドネシア人は合わせて約三五〇〇人で総上陸人数の二一パーセントを占めた。日本人の生存率は二九パーセント、台湾人三三パーセント、インドネシア人一一パーセントであった。インドネシア人の生存率は、実際にはもう少し高かったようだが、それでも生存率が低かったことは留意すべきことである。

台湾では一九三七年に台湾総督府《そうとくふ》が軍夫《ぐんぷ》の徴用を開始し、一九四二年に陸軍特別志願兵制度、四三年に海軍特別志願兵制度、四四年には徴兵制度がつくられた。一九四二年から四四年までの三年間に六〇〇〇〇人が志願兵になり、そのうち一八〇〇〇人の先住民が高砂義勇隊《たかさごぎゆうたい》を編成した。終戦までに軍人になった台湾人は八万四三三人、軍夫が一二万六七五〇人だった。インドネシアでは、一九四三年に日本軍の補助兵力として兵補が導入された。

第三六師団の台湾人は、配属部隊の陸上勤務隊や水上勤務隊に配属され、インドネシア人は患者輸送隊や野戦飛行場設営隊、移動製材班の配属だった。武器を持たせることを日本軍が危険視したので、いずれも戦闘には直接かかわらない後方部隊に少しずつ置かれた。『戦誌』から彼らの足跡をたどることはできないが、ニューギニアに動員された台湾人については、日本と台湾で聞き取りが行なわれている。高砂義勇隊については、林えいだいが貴重な声を集めている。

台湾に先立ち、朝鮮では一九三八年に陸軍特別志願兵制度がつくられ、四三年に海軍特別志願兵制度、四四年に徴兵制度が導入された。林は朝鮮の特別志願兵でニューギニアに送られた人についても聞き取りを行なっている。

朝鮮・台湾の特別志願兵制度についてはいずれも

**第36師団兵力の生存状況（1946年3月）**

| | | 部隊名 | 上陸人数 | 生存人数 | 生存率 |
|---|---|---|---|---|---|
| 日本人 | 第三六師団 | 師団司令部 | 438人 | 285人 | 65.1% |
| | | 歩兵第223聯隊 | 3,184人 | 1,104人 | 34.7% |
| | | 歩兵第224聯隊 | 3,347人 | 625人 | 18.7% |
| | | 師団戦車隊 | 130人 | 44人 | 33.8% |
| | | 師団通信隊 | 239人 | 65人 | 27.2% |
| | | 師団輜重隊 | 124人 | 34人 | 27.4% |
| | | 兵器勤務隊 | 113人 | 52人 | 46.0% |
| | | 経理勤務部 | 147人 | 111人 | 75.5% |
| | | 野戦病院 | 630人 | 336人 | 53.3% |
| | | 小　計 | 7,914人 | 2,371人 | 30.0% |
| | | 計 | 8,352人 | 2,656人 | 31.8% |
| | 配属部隊 | | 4,410人 | 1,064人 | 24.1% |
| | 合　計 | | 12,762人 | 3,718人 | 29.1% |
| 台湾人 | | | 1,750人 | 577人 | 33.0% |
| インドネシア人 | | | 1,707人 | 183人 | 10.7% |
| 総　計 | | | 16,229人 | 4,478人 | 27.6% |

*ビアク島に配属された歩兵第222連隊は含まず。生存人数には終戦時の転属編入人員などを含む。ホーランジアからの転進者は含まない。インドネシア人の死亡者には約400名の逃亡者（生死不明）が含まれているので、実際の生存率はもう少し高い。一部不明がある

『雪第三十六師団戦誌』より作成

希望者が多かったが、どのケースでも総督府の役人や警察官が強く勧誘したことに留意すべきである。地域の代表者や貧困から脱出する手段として名誉や立身出世が刺激されており、高砂義勇隊はさらに山の民の経験を買われた。朝鮮では戦局悪化によって急遽《きゅうきょ》南方に送られた第二〇師団のなかに三〇〇〇人の特別志願兵がいた。インドネシアなどで工場の指導係になった台湾の拓南《たくなん》工業戦士は、軍隊訓練を受けないまま、急遽、軍隊に編入されてニューギニアに送られた。内海愛子《うつみあいこ》によれば、ニューギニアのビアク島の日本軍兵士一万二〇〇〇人のなかに、飛行場づくりに動員された台湾人軍夫、インドネシア人兵補約三〇〇〇人が含まれていた。ニューブリテン島のラバウルには慰安所があり、日本人と朝鮮人の「慰安婦」がいた。

ニューギニアの戦いに参加させられた人びとを追うと、現地の人びとに行きあたる。パプアニューギニアに長期滞在した映画監督の関口典子《せきぐちのりこ》は、記録映画『戦場の女たち』（一九九〇年）のなかで、日本兵から受けた性的強要について語る現地の女性たちの声を紹介している。映画では、これらの声を否定する元日本兵の証言も紹介されている。

清水靖子《しみずやすこ》『森と魚と激戦地』を読むと、パプアニューギニアの人びとにとってあの戦争はなんであったのかを考えさせられる。一九八〇年からの六年間、グアムとサイパンで高校教師をつとめた清水は、パプアニューギニアの側から戦争について考えた。修道女でもあった清水は人びとから信頼を得る。この地域の人びとは、自然の恵みやリズムを壊さずに暮らしてきた山の民、海の民だった。畑は神聖な場所、生産の場であり、性交渉の大切な空間でもあった。彼らは畑で自分たちが食べるだけの農作物をつくり、生存に必要な数だけの豚や鶏を飼い、野鳥や野生動物、海の恵みをとった。「はじめに」で紹介した岩手県遠野《とおの》の人びとと同様に、パプアニューギニアには自然の摂理と調和した地域特有の暮らしがあったのである。

ニューギニアの激戦は、この地域特有の暮らしを破壊するものだった。そもそもニューギニアの戦いでは、日本軍の補給がきわめて乏しかった。食料探しや現地の人びとの「宣撫《せんぶ》工作」にあたらされた高砂義勇隊の証言によれば、日本兵は現地の人びとの農作物を勝手に略奪したり、銃で脅《おど》して豚や鶏などを略奪したりした。とくに玉砕命令が出されるころになると、日本兵は気持ちが荒《すさ》み、指揮系統もばらばらで、現地の人が米や塩を持っていると聞くと力ずくで奪った。現地の人は日本兵を信用しなくなった。ニューギニアの戦争は現地の人びとの生存を脅かし、自然にそった暮らしを大きく壊したのである。

南方の戦場で起きた出来事の底流には、日本の軍隊の特質とアジア太平洋の人びとに対する蔑視《べっし》観が横たわっていた。

12
◉ニューギニアの農場
日本軍が設置した農場で、現地住民が大根や芋の手入れを忙しくしているところ。

# アジア太平洋戦争と大東亜共栄圏

## 三たび華僑の女性に会う

東京帝国大学でフランス文学を教えていた中島健蔵《なかじまけんぞう》は、シンガポール占領後の一九四二年二月頃、文学者の徴用で宣伝班員としてシンガポールに派遣された。

あるとき中島は、街で華僑《かきょう》の女性に呼び止められた。女性は中島の胸もとに厚紙を差し出した。厚紙にはある青年の写真と漢字があった。漢字は、「これは自分の子どもです。戦争以来、行方がわからない。どこにいるか知らないか」と読みとれた。手で知らないと答えると、その女性は無言でじっと中島の顔を見続けた。中島はシンガポールでそんな経験を三たびした。中島と同様の経験をした人は、ほかにもいた。中島が着く前に、シンガポールで虐殺があったということがわかった。女性の無言の凝視は虐殺への抗議だった。

日本政府は、アジア太平洋戦争を始めてアジアに進出すると、欧米帝国主義から脱して、アジアの解放と平和のために大東亜共栄圏をつくることが戦争の目的だと説明するようになった。大東亜共栄圏はナチスの生存圏思想と結びつき、国家の生存圏拡大を主張するものだった。

「ロームシャ」は、いまでも苛酷《かこく》な労働を指す言葉として、東南アジアの人びとの記憶に残っている。日本は東南アジアの占領地に軍政を敷いた。「労務者《ロームシャ》」は、軍事施設の工事に動員した現地の人びとのことである。東南アジアや中国では、食料・石油・ゴム・木材・鉱石などを徴発し、占領地の物資は、日本軍の発行する軍票によって奪われた。香港《ホンコン》では全通貨が強制的に軍票にかえさせられた。食料の徴発や戦争による荒廃により、各地で餓死者が出た。とくにベトナムでは二〇〇万人が餓死したといわれる。シンガポール周辺では、中国を援助しているとして、華僑四、五万人が虐殺された。中島健蔵が無言の抗議を受けた華僑である。抗日運動の容疑で殺害された人も多かった。

日本の植民地や占領地では、朝鮮人や中国人・フィリピン人・ベトナム人・オランダ人など、多くの女性が「慰安婦」に駆り出された。慰安所は、日本の軍隊が及ぶ中国・シンガポール・オランダ領東インドなどから、日本の沖縄諸島・北海道・樺太《からふと》などにつくられた。

日本はアジアに大東亜共栄圏をつくってアジアを解放することができなかった。占領地のベトナムやフィリピンでは、日本への抵抗組織がつくられ、中国では中国共産党軍が抗日運動を行なった。それらの国々で広がった抗日運動から、戦後の解放と独立の動きがつくりだされた。

日本軍は抗日運動に対して徹底した弾圧を加えた。中国北部における日本軍の弾圧は、中国側から、奪いつくし（槍光）、殺しつくし（殺光）、焼きつくす（焼光）三光作戦と呼ばれた。三光作戦では、国際法に違反した毒ガスなどの生物化学兵器も使用された。

13

◉東京朝日新聞社前の戦況掲示
東京・銀座数寄屋橋《すきやばし》の東京朝日新聞本社前には、巨大な戦況掲示板を見る人が多数集まった。

## 皇民化教育と国民学校

日中戦争前後からアジア太平洋戦争期にかけて、植民地・占領地から沖縄・アイヌ・在日朝鮮人に至る広範な地域の人びとに対して皇民化教育が実施された。日本語教育、教育勅語奉読、日の丸・君が代励行、神社参拝を通じて同化政策を徹底させるためであり、徴兵制実施の環境を整えるためだった。一九四〇年の国民学校誕生は、皇民化教育を徹底するうえで大きな役割を果たした。

戦時中の『週刊少国民』にはアジアの子どもたちが多く登場した。ジャワの子どもたちは、オランダ兵を「乱暴」、日本兵を「スキデス」と言い、フィリピンやインド、東インドの少年たちは特攻隊を「尊い殉国精神」と称賛する。日本や日本兵を礼賛し、大東亜の建設に協力する『週刊少国民』のなかのアジアの子どもたちに対して、植民地や南洋占領地の研究からは、子どもの姿がどのようにみえてくるのか。ここでは今泉裕美子《いまいずみゆみこ》の仕事に依拠して、南洋占領地の子どもを紹介する。

南洋占領地には、日本人・朝鮮人・現地の人びとがいた。一九四三年の日本人人口は現地住民の約二倍であり、その六割を沖縄出身者が占めた。朝鮮人は一九四一年頃から増えた。サイパン島などで軍関係の施設建設が本格化し、その下請けとなった南洋群島の国策会社＝南洋興発が朝鮮半島から大量の労働者を導入したからである。このころから、国語を常用する日本人の子どもと朝鮮人の子どもは国民学校に通い、国語を常用しない現地の子どもは四年制の公学校に通学した。委任統治下の南洋では、日本人としての自覚がいっそう求められた。南進の担い手になるためであり、戦時期には標準語励行運動も行なわれた。南洋群島の植民地社会には、暗黙のうちに「一等国民日本人、二等国民沖縄人あるいは朝鮮人、三等国民島民」という序列があり、子どもの世界にもこの序列が浸透した。

一九三一年に沖縄県具志川《ぐしかわ》で生まれた宮《みや》城《しろ》ヨシ子は、二歳のときに南洋に渡った。両親は甘蔗《かんしゃ》（サトウキビ）栽培の小作人であり、小学生になったヨシ子は家の手伝いをした。一九四一年、小学校四年生ごろから朝鮮人がたくさん編入してきた。日本人・朝鮮人・現地の子ども同士が遊ぶこともあったが、日本語が上手でない朝鮮人の子どもを「私たちは一等国民、あなたたちは三等国民」とからかったり、現地の子どもとケンカして「三等国民」とはやしたてたりすることがあった。一九三〇年に同じく沖縄県具志川に生まれ、三歳のときに南洋に渡った志慶真元仁は、沖縄出身者の子どもたちが朝鮮の子どもたちをからかうこともあったと話す。沖縄出身の子どもと内地の子どもの間には、まったく問題がなかったという声と、多少差別があったという声の両方があったことを今泉裕美子は聞き取っている。

南洋の占領地における子どもの関係は一様でないが、そこに一等国民・二等国民・三等国民とい

◉『昭ちゃんの南方探検』

『週刊少国民』（一九四二年五月一七日号）に掲載された漫画は、原やすをの四コマ漫画「昭ちゃんの南方探検」と、松下井知夫《まつしたいちお》の長編漫画「ナマリン王城物語」の二つだった。いずれも南方を主題にする。

う重層性が反映したことは確かだろう。と同時にこの時期は、教育と日本語の比重が高まる過程でもあった。宮城ヨシ子は、サイパン国民学校高等科卒業後に進学を望み、家計が苦しいなかでもサイパン高等女学校に進学できた。教育を受ける機会の少なかった沖縄からの移民の親たちは、他府県の人たちと接触するなかで教育への関心を高め、家計をやりくりして子どもを進学させたという。

国民学校は日本の本土でも強力な統合機能を発揮した。一九四〇年に国民学校が設置され、四一年に協和教育が行なわれるようになると、朝鮮人の子どもは国民学校に通うことが強く求められた。一九四二年、朝鮮人に徴兵が実施されることが決まると、就学はいっそう督励される。協和教育を通じて朝鮮語の使用禁止と日本語の使用が強制された。一九三九年に朝鮮総督府《そうとくふ》が実施した創氏改名は内地の朝鮮人にも適用され、家族制度の変更と日本名に変えることが強制された。協和教育では、衣服や食事の作法、衛生など、生活スタイルの一つひとつが改善の対象だった。言語、氏名、生活スタイルのすべてを同化し、協和からさらに進んで「皇国民」の自覚をもたせること、これが協和教育の目的であった。

朝鮮人の子どもに小学校教科を教える兵庫県尼崎市の武庫《むこ》国民学校守部《もりべ》分教場では、国民学校編

14

◉バタビヤの二宮金次郎
南方ジャワのバタビヤ（現ジャカルタ）での皇民化教育には、二宮《にのみや》金次郎《きんじろう》まで動員された。

入後、協和教育が取り組まれた。協和教育の「美談」を読むと、生活改善と皇国民意識を徹底するという協和教育が、在日朝鮮人の子どもたちの間に相当の軋轢《あつれき》をつくりだし、必ずしも円滑に進まなかったことがうかがえる。

協和教育の過程で朝鮮人の子どもの就学率は著しく上昇した。樋《ひ》口《ぐち》雄《ゆう》一《いち》によれば、「在日朝鮮人の父母は子供の教育に熱心」であり、子どもを働かさなければならなかった家庭も多かったが、学齢期には教育費を払って子どもを学校に通わせたという。一九三二年に日本で生まれ、協和教育の時期に国民学校に通った朝鮮人女性の洪漢伊《ホンハニ》は、尋常小学校の音楽の時間に教師からバカにされたことをよく覚えている。創氏改名も重くのしかかり、漢伊は「小山」という日本名で高等小学校に進んだ。

いじめや協和教育にもかかわらず、在日朝鮮人の親はなぜ教育熱心だったのか。来日しても日本語の読み書きができずに、多大な苦労をした父母からすれば、生存の厳しい日本本土で子どもたちが生きていくためには、日本語の修得が必要だと思っても不思議でない。朝鮮では儒教思想によって男女の教育観が異なり、女性の教育機会は限られていた。それに対して日本本土では、在日朝鮮人の女子も学校に通った。これもまた日本本土で生きていくために選択されたことであった。

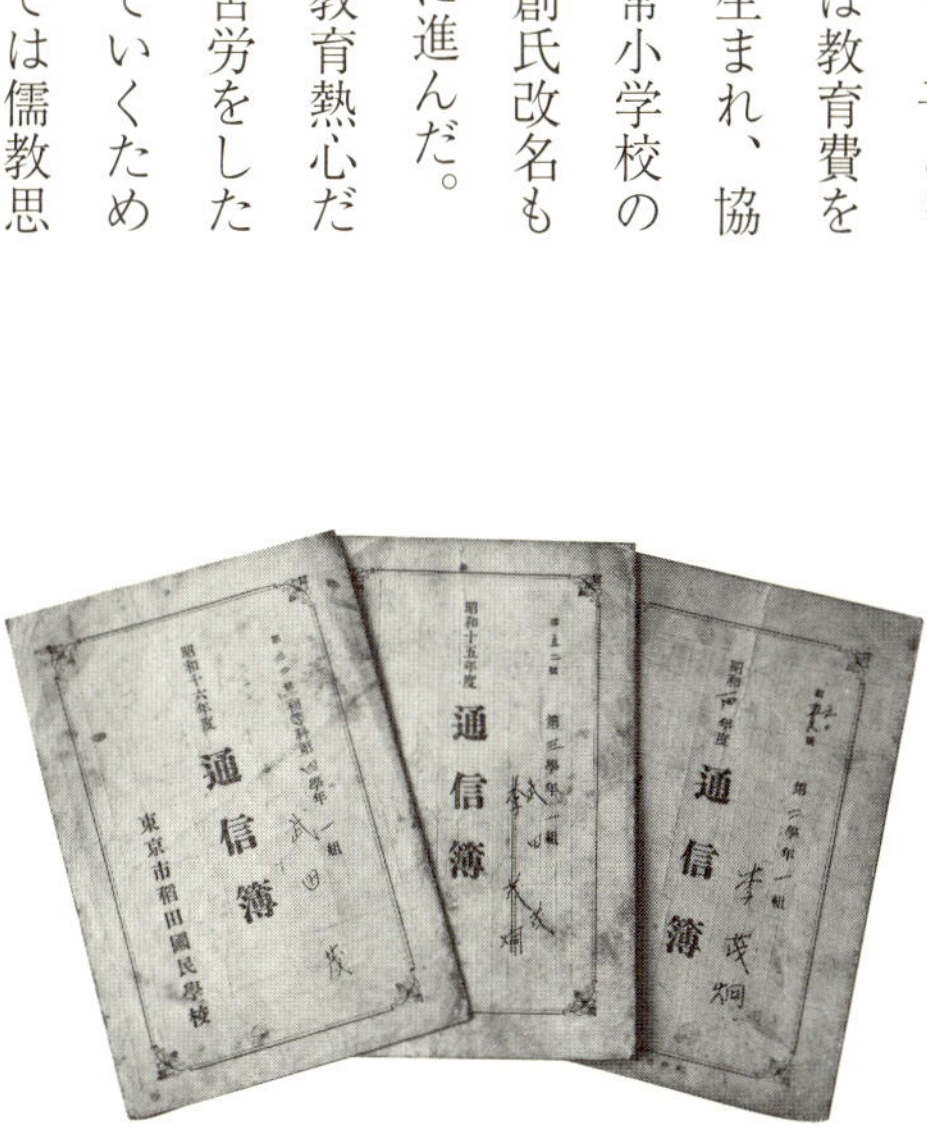


15

●創氏改名の通信簿
李茂炯の通信簿の名前は、「李茂炯」→「李茂炯　武田茂」→「武田茂」と書き換えられた。

戦争と同化と近代と──朝鮮と台湾

アメリカの朝鮮史研究者であるブルース・カミングスは、朝鮮における戦時期の一〇年間を「植民地の圧力なべ」と呼ぶ。この時期、植民地には圧力なべにも似た強圧力がかかり、日本の総力戦による統制と動員によって人びとの運命が翻弄されたからである。あるいはまた、日本の朝鮮史研究者である水野《みずの》直樹《なおき》は、朝鮮の戦時期について、「戦争と同化と近代」が折り重なってやってくる、と表現している。戦争は植民地社会を急激に変化させ、その変化を通じて同化が徹底され、近代が浸透する。戦争と同化と近代がからまりあって進行したのが植民地・占領地の戦時期であり、戦争と同化と近代は、国民学校を舞台にした皇民化教育を通じて折り重なりながら浸透した、と説明した。

海野《うんの》福寿《ふくじゅ》は、朝鮮における一九三九年から四五年の労務動員概数を試算している。それによれば、日本内地や満州、中国、南方など、朝鮮外へ送り出された労務者は八一万から九四万人だったのに対し、朝鮮内での強制労務者は、それをはるかに上まわる三一九万人にのぼった。両者を合わせると四〇〇万から四一三万人になる。一九四一年一〇月現在で、朝鮮における一六歳以上四〇歳未満の男子人口は約四二一万人、このうち約二割、五人に一人の男子が朝鮮外に動員され、残りのほとんどは朝鮮内で動員されたことになる。この試算には、戦争末期の朝鮮での徴兵（二三万人）と軍属（二〇万～三〇万人）が含まれていない。台湾では兵士・軍属として約二一万人が動員された。

戦時期の朝鮮では青壮年の男子がほぼ全員動員され、動員の範囲は帝国の勢力圏に及んだ。これらに「慰安婦」や挺身隊《ていしんたい》など女性の動員を加えれば、動員はさらに増えることになる。

## 朝鮮に連行された白人捕虜

一九四二年八月、マレー半島から送られた白人捕虜九九八人が朝鮮の釜山《プサン》に着いた。釜山から京城《けいじょう》(一九一〇年の「韓国併合」時に日本政府が首都地域につけた呼称)に至る沿道には、朝鮮人監視員に連れられた捕虜をひと目見ようとする朝鮮人が一二万人、日本人が五万七〇〇〇人繰り出した。

井原潤次郎《いはらじゅんじろう》朝鮮軍参謀長は、捕虜を見た朝鮮人の反響を報告している。〈我等を下等人として馬鹿にしていた英米人を、俘虜《ふりょ》として見るのは夢の様だ〉。朝鮮の青年が〈皇軍の一員として俘虜の監視をしているのを見たとき、涙が出る程嬉しかった〉。いままで、新聞や映画が報じる〈皇軍の戦果〉に〈多少の疑惑を抱いたが〉、〈俘虜を見て、報道の嘘でないことが解《わか》った〉。〈日本人たるの幸福を痛感〉した。

日本軍は南方作戦などで、約三五万人に及ぶ連合軍兵士を捕虜にした。一九四二年、日本政府は労働力不足の補充や思想的効果をねらって、捕虜の一部を日本の国内外に移送させた。朝鮮の捕虜は、朝鮮軍参謀長が思想的効果をねらって収容計画を立てたものだった。連合軍の捕虜について長年研究してきた内海愛子《うつみあいこ》は、朝鮮と台湾に送られた捕虜について詳述している。捕虜の移送は、「皇軍」の威力を発揚し、朝鮮青

16

◉朝鮮人の徴兵
朝鮮では一九三八年から陸軍特別志願兵が始まり、四四年に徴兵検査が行なわれた。

年の役割を明瞭にして、英米人への劣等感を払拭《ふっしょく》し、「内鮮一体」「一視同仁」の意識を高めようとする朝鮮軍の意図を見事に果たした。捕虜を思想宣伝の材料に使うことはジュネーヴ条約に違反したが、日本軍はそのようなことをまったく考慮しなかった。

捕虜の収容所が南方や日本各地、朝鮮、台湾などに多数つくられ、陸軍省は、捕虜の監視員として朝鮮、台湾の青年を募集した。朝鮮ではすでに志願兵制が始まり、日本内地への強制連行も行なわれていた。限られた厳しい選択肢のなかで、軍属の監視員三〇〇〇名の募集に朝鮮の青年たちが応じた。軍属だったにもかかわらず、監視員は軍服一式を支給され、担任上等兵が一緒に寝食する内務班生活の訓練に送り込まれた。内海が会うことのできた二〇人近くの元監視員は、いずれも軍人勅諭と戦陣訓、よく殴られたことと激しい訓練をしっかり覚えていた。

朝鮮や台湾の監視員は、タイやジャワ、マレーなどの捕虜収容所に送られた。自分よりも身体が大きく、言葉の通じない連合軍捕虜の衣食住やいっさいの面倒が監視員に任された。日本の軍隊システムの最末端で絶対服従と殴打《おうだ》の世界にあった監視員は、任務を果たすために、その服従と殴打を捕虜に向けることになった。上下の規律の徹底した日本の軍隊は、抑圧の委譲がもっとも厳しく起きる場所だった。収容所は、食料事情がきわめて悪く、医薬品不足、日常のトラブル、殴打の横行する世界だった。朝鮮や台湾の軍属が命令に反することは不可能であり、食料事情も軍属の責任ではなかったが、捕虜からみた場合、収容所の悲惨な状態は、日々接した監視員と分かちがたく結びついて記憶に刻まれた。

## 大日本帝国の動員の縮図

戦後半世紀に及ぼうとする一九八九年、福岡県大牟田《おおむた》市の一角で朝鮮語の「落書き」が発見された。そこは戦時中に朝鮮人収容所があった場所で、戦後、何度も改築され、なかば壊れかけた棟のなかで、その押入れの白壁だけが朝鮮語の「落書き」を残すかのように、塗り替えられずに残されていた。

「落書き」には、「自力更生」「朝鮮京畿道」「高陽道」「長道面上里萬村」といった文字がある。「一生懸命がんばっていつか郷里に帰ろう」という朝鮮人の望郷を読みとることができるだろう。

朝鮮人収容所は三井《みつい》三《み》池《いけ》炭鉱《たんこう》のものだった。戦時中、日本国内の炭鉱は「明日の一〇トンよりも今日の一トン」を合い言葉に、増産に次ぐ増産をした。なかでも九州は一大産炭地で、その中心が三井三池炭鉱だった。兵力動員によって炭鉱の働き手が少なくなるなか、ひとたび禁止した女性の入坑を解禁し、さらに近郊の農民や学徒動員で補充しようとした。それでも労働力は足りず、一九三九年から朝鮮人を強制連行した。終戦までの朝鮮人労働力は約二七〇〇人であり、終戦時の労働力の二割に達した。「落書き」が発見されたのは、その朝鮮人の収容所だった。

三池炭鉱では、次いで一九四三年六月から、中国山東省《さんとう》など

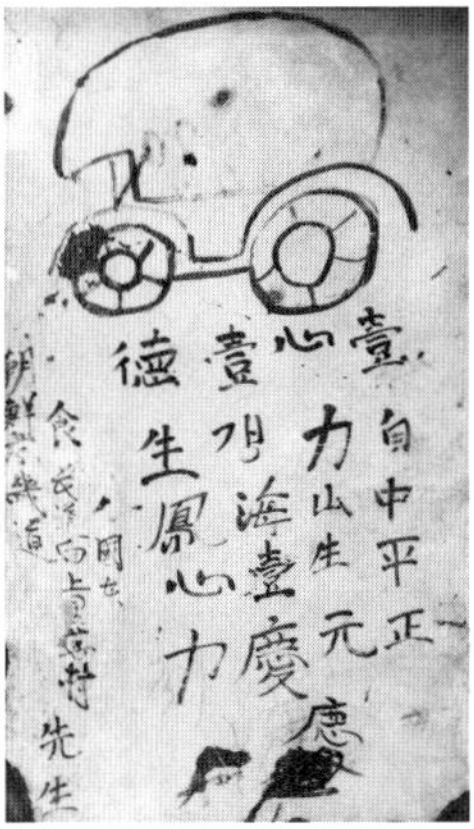

17

◉**朝鮮語による収容所の壁の落書き**
大牟田市の朝鮮人収容所で発見された落書き。ハングルの交じった文字が見える。大牟田市石炭産業科学館で確認できる。

で駆り集められた中国人を労働者として使った。同年一〇月までに約二四〇〇人が投入され、敗戦までの強制労働で五六四人が命を落とした。三池炭鉱には台湾からも働き手が来た。

　戦時中の三池炭鉱で連合軍の捕虜が働いていたことを、恥ずかしながら私はドキュメンタリー映画『三池　終わらない炭鉱《やま》の物語』（熊谷博子《くまがいひろこ》監督、二〇〇五年）ではじめて知った。映画に登場したレスター・テニーは、一九四二年四月、フィリピン戦線で日本軍捕虜になった。テニーは、悪名高い「バターン死の行進」といわれた捕虜移送計画に加えられ、多数の死者が出るなか、からくも生存した。その後、通称「地獄船」で日本に送られ、三池炭鉱の苛酷《かこく》な条件下で強制労働に従事させられた。映画でテニーは、「仕事が厳しく、もし今日入坑すれば自分は死んでしまうので、どうしたら働かないですむかを必死で考え、そのために腕を折り、指をつぶした」と語る。テニーが入ったのは、日本で最大の大牟田捕虜収容所だった。終戦時には一七三七名（アメリカ七三〇、オーストラリア四二〇、オランダ三三二、イギリス二五〇、ほか五）が収容され、収容中に一一三名（六・五パーセント）が亡くなっている。

18

◉福岡県大牟田の捕虜収容所　一九四三年八月に開所。三井鉱山三池鉱業所が捕虜を使役した、日本最大の収容所。

　戦時中の三池炭鉱は大日本帝国の動員の縮図だった。内地の労働力を根こそぎ動員し、さらに朝

全集 日本の歴史
第15巻 戦争と戦後を生きる
月報15（2009年2月）
小学館
東京都千代田区一ツ橋 2-3-1

## 今月の逸品

もうひとつの「戦争画」

### 川端龍子《かわばたりゅうし》『爆弾散華《さんげ》』（大田区立龍子記念館）

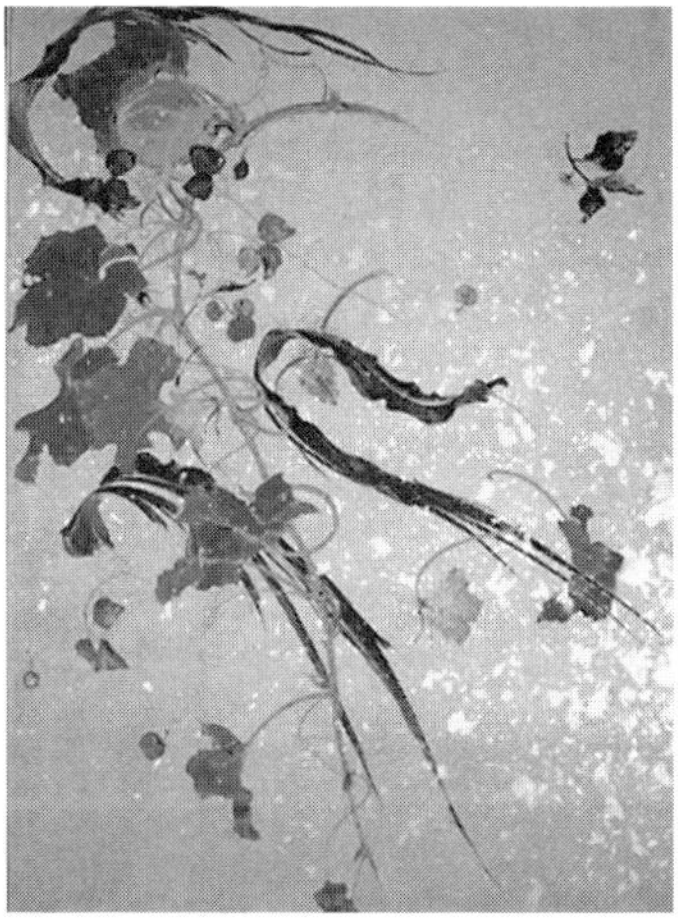



近年、いわゆる「戦争画」に関する研究が、飛躍的に進展しつつある。戦後六〇余年、日本美術史上の「タブー」として封印されてきた感のある、太平洋戦争中、軍の依頼によって描かれた作品の存在が、ようやく公になりつつあるのだ。

東京国立近代美術館の常設展の一角には、必ず何点かが公開されるようになったし、国書刊行会からは研究の定本ともいうべき『戦争と美術1937—1945』が発刊された。また、この分野でもっとも重要な画家である藤《ふじ》田《た》嗣治《つぐはる》（一八八六～一九六八）の大々的な回顧展も、ようやく開催された。

だが、戦地の光景を描いた作品ではなく、一見華やかな植物を描いたこの川端龍子（一八八五～一九六六）の日本画が、もうひとつの「戦争画」と呼ぶべきものであることを知る人は、いまだ少ない。そういえば、藤田と川端の生きた時代は、ほとんど重なっていることに、私もいま、あらためて気づいた。

爆弾で吹っ飛んだ野菜。戦時中、高名な画家とはいえ、食糧難で庭には野菜を植えていたのだろう。画室は奇跡的に火災をまぬがれたが、庭には大きな穴があいた。川端は、終戦直後にこの絵を描き、穴を池にしたのだという。通称、「爆弾散華の池」。

大田区立龍子記念館は、画家が生前、みずからの作品を展示、公開するために設計し、一九六三年に開館した美術館である。画家自身が計画した美術館としてはもっとも古い。コンクリート造りの広い空間で、この絵の実物の大きさ（なんと縦二メートル半もある！）に驚いたあとは、向かいに保存されている居宅を訪ねて、「爆弾散華の池」も訪ねられることをお薦めする。

**山下裕二（明治学院大学教授・日本美術史）**

# 今月の質問　ちょっぴり自慢したいものは？

第15巻「戦争と戦後を生きる」
大門正克
（横浜国立大学教授）

息子が二人とも小学生のころから地域のサッカークラブに入り、中学・高校とサッカーを続けました。下の子はまだ高校生なので、いまでも試合はよく観にいっています。

小学生の場合、主審はクラブのコーチがやるとしても、常時数人の親がラインズマンの資格をとって備えておかないと、試合が成立しません。尻込《しりご》みする周囲を見渡して、それじゃあ僕がやろうかということになって（笑）。

午前中にサッカーの講義を聞いて、午後は実技。その後のペーパーテストで八〇点以上とれば合格という、日本サッカー協会公認のいちばん下のランク、四級審判をとりました。

試合には審判の黒のユニフォームで出るわけなのですが、やってみてよくわかったのは、ラインズマンというのは行ったり来たり、とにかく動きまわること。そして、やはりオフサイドの判断は難しい！（笑）

最初はオフサイドだとわかっても、「あっ」と思ったときに手が動かずフラッグが上げられない。その間に事態は進んでいるわけです。その失敗を何回か繰り返しながら、どうにかうまくやっていけるようになるのですが、試合を観ている親が「いまのはオフサイドだよなあ」と言ったりするのが聞こえると、ぐさっときたりして（笑）。大変でしたけれど、おもしろい経験でもありました。

僕自身はサッカーはやらず、中学・高校と剣道部に入っていました。その一方で映画・演劇・現代詩が好きで、高校時代は学校帰りに新宿や池袋で映画や演劇をよく観ていました。映画は二本立てとか三本立てを含めて、年間一〇〇本くらいは観ていたんじゃない

# 「サッカーの四級審判員の資格をとりました」

かな。唐十郎《からじゅうろう》の「状況劇場」や佐藤信《さとうまこと》の「黒テント」も好きでした。高校二年の文化祭では演劇をやったり、同人誌のようなこともしていましたね。

まわりには学生紛争の余燼《よじん》がまだ残っていた時代です。しだいに社会問題にも興味をもつようになって、神宮外苑横の明治公園にデモを見にいったときに催涙弾をまかれて逃げまわったり、池袋でベ平連のデモに遭遇して、後ろにくっついていったこともありました。

## 「行きつ戻りつ」

最近『小平《こだいら》市史』という地方自治体史をつくる仕事に加わることになって、久しぶりに大学時代に教養課程を過ごした小平を歩いてみたんです。そうしたら、当時のことがよみがえってきました。小平には朝鮮大学校があるのですが、仲がよかった同級生のHは「日朝協会」というサークルに入っていて、僕は「日本史研究会」に所属していた。日本と朝鮮の関係史を勉強することはあっても、歴史研究のなかではあくまで日本史がメインなのだという気持ちがどこか僕にはあって、朝鮮そのものについては関心がなかったんです。

八〇年代なかばごろ、長らく就職できなかった先輩が沖縄の大学に就職したときも、「都落ち」という雰囲気があって、送別会では誰もが「早く戻ってこいよ」といっていた。二五、六年前には、そんな感覚になんの疑問ももっていませんでした。いま、これらのことが恥ずかしい思いとして、自分のなかにあります。

意識の周辺部へ押しやるというか、忘れてしまっていたそういうことが、たまたま『小平市史』をやることになって、Hや「日朝協会」とともに思い出されました。彼とは大学卒業以来会っていないのですが、どうしてあのころ「日朝協会」に入って勉強していたの、と聞いてみたい気持ちがあります。

その後、沖縄や朝鮮にも関心をもつようになりましたし、農村では農家の人たちに聞き取りをして、地道に民衆史をやってきたつもりでいたのですが、僕のなかにはいまでも同じようなバリアがあるのかもしれない。

そういう思いを過去の記憶にするのではなく、ブーメランのように跳ね返ってきたときに、いまはどうなのかと自分に問わなくてはいけないと思うんです。だから『小平市史』を書くときには、朝鮮大学校があることを含め、自分がどこまで書き込めるか、あらためて問われるような気がしています。

自分のなかにある居心地の悪い部分に目をつぶるのではなく、それを現在の自分の側に引き受けて生きていけたらいいなと思いますね。学者としても、人間としても。

僕の好きな言葉に「行きつ戻りつ」というのがあります。なぜ歴史を研究しているのかと問われると、過去に起きた歴史自体に関心があるし、それが好きでやっているのですが、最終的には現在起こっていることや、いまという時代をよく理解したくて歴史を研究しているのだと思います。

歴史と現在を行きつ戻りつする。あるいは、いま語ったような居心地の悪い問題に蓋《ふた》をするのではなく、結論が出なくても行ったり来たりしながら考えて、思考を少しずつ前進させていきたい。そういう思いがありますね。

# 今月のおすすめ博物館

## 九州国立博物館

### 文化交流の歴史に思いを馳せる

平成一七年に開館した四番目の国立博物館。アジアとの窓口である九州に位置することから、「日本文化の形成をアジア史の視点から見る」という基本理念のもと、日本の文化交流の歴史を紹介している。常設展示室にあたる「文化交流展示室」は、時代別に分けた五つの基本展示室と一一の関連展示室から構成され、常時約八〇〇点の文化財が鑑賞できる。頻繁に一部が展示替えされるほか、特別展も年四回開催。

福岡県太宰府《だざいふ》市石坂《いしざか》4-7-2
☎ 050-5542-8600（ハローダイヤル）

西鉄太宰府線太宰府駅から徒歩

## 佐賀県立九州陶磁文化館

### 九州陶磁の歴史を学び、作品を鑑賞

肥前《ひぜん》地区をはじめ、九州各地の陶磁器を中心とした専門施設で、九州諸窯《よう》の古陶磁から現代の作品までそろう。五つの展示室があり、なかでも九州陶磁の歴史や制作工程などをわかりやすく紹介する第四展示室は必見。一七、八世紀頃、海外に輸出され里帰りした古伊万《こいま》里《り》を集めた蒲原《かもはら》コレクションも鑑賞できる。柴田夫妻コレクションがある第五展示室では、約一〇〇〇点もの古伊万里で様式の変遷を学べる。

佐賀県西松浦《にしまつうら》郡有田町《ありたちょう》戸杓乙《としゃくおつ》3100-1
☎ 0955-43-3681
ＪＲ佐世保《させぼ》線、松浦鉄道西九州線有田駅から徒歩

## 長崎歴史文化博物館

### 歴史的な建物・長崎奉行所を復元

「近世長崎の海外交流史」をテーマに、大航海時代から近世・近代までの長崎の歴史を紹介する施設。歴史資料・美術工芸品・古文書など約四万八〇〇〇点を所蔵している。また、かつてこの地にあった長崎奉行所立山《たてやま》役所を復元。行政や司法のほか、キリシタンや密貿易の取り締まりも行なった長崎奉行の役割や機能、キリシタン関連資料など紹介している。土・日曜、祝日に御白洲《おしらす》で開催される寸劇で裁判の様子を学べる。

長崎県長崎市立山 1-1-1
☎ 095-818-8366

長崎電気軌道 桜町《さくらまち》電停から徒歩

今月の

# 歴史博物館・資料館ガイド

**【福岡県】**

**◆大牟田《おおむた》市立三池《みいけ》カルタ・歴史資料館**
大牟田市宝坂町《たからざかまち》2・2・3
☎0944・53・8780
＊JR鹿児島本線ほか大牟田駅から徒歩
一六世後半、ポルトガルから日本に伝わり、現在の大牟田市にあたる三池地方でつくりはじめられたといわれるカルタを紹介。江戸時代の歌カルタなど約一万点を収蔵する。

**◆おおむた石炭WORLD《ワールド》!(大牟田市石炭産業科学館)**
大牟田市岬町《みさきまち》6・23
☎0944・53・2377
＊JR鹿児島本線ほか大牟田駅からタクシー
かつて日本最大の炭鉱の町として栄えた大牟田市にある施設。石炭技術の発展や大牟田市の歴史、石炭エネルギーなどを紹介。

**◆海峡ドラマシップ**
北九州市門司《もじ》区西海岸1・3・3
☎093・331・6700
＊JR鹿児島本線門司港駅から徒歩
関門《かんもん》海峡を一望する門司港レトロ地区の中核施設で、関門海峡にまつわる歴史や文化、自然を紹介する。大正ロマン漂う門司港の街並みや路面電車も再現されている。

**◆北九州市立いのちのたび博物館**
北九州市八幡《やはた》東区東田《ひがしだ》2・4・1
☎093・681・1011
＊JR鹿児島本線スペースワールド駅から徒歩
平成一四年、三つの博物館が統合して開館。地球の誕生から現在に至るさまざまな生命の営みを紹介する「自然史ゾーン」と、九州を中心に歴史や文化、民俗について紹介する「歴史ゾーン」から構成される。

**◆北原白秋《きたはらはくしゅう》生家・記念館**
柳川《やながわ》市沖端町《おきのはたまち》55・1
☎0944・72・6773
＊西鉄天神大牟田線西鉄柳川駅からバス
柳川出身の詩人・北原白秋の生家が復元・公開されている。隣接する記念館では、柳川の歴史や祭りの展示のほか、白秋の生涯を五つに分け、その業績を紹介している。

**◆九州鉄道記念館**
北九州市門司区清滝《きよたき》2・3・29
☎093・322・1006
＊JR鹿児島本線門司港駅から徒歩
九州最初の鉄道「九州鉄道本社」の建物を利用した本館、九州で活躍した八つの車両が並ぶ車両展示場、運転体験ができるミニ鉄道公園からなり、鉄道の歴史を学べる。

**◆大宰府展示館**
太宰府市観世音寺《かんぜおんじ》4・6・1
☎092・922・7811
＊西鉄天神大牟田線都府楼前《とふろうまえ》駅から徒歩
奈良・平安時代、九州における政治の中心地であった特別史跡・大宰府跡をはじめ、観世音寺など周辺の史跡から発掘された出土品を展示し、大宰府の歴史を紹介する。

**◆TOTO歴史資料館**
北九州市小倉《こくら》北区貴船町《きふねまち》2・2
☎093・951・2534
＊JR鹿児島本線ほか小倉駅からバス
大正六年創業のTOTOが、水洗便器などの衛生陶器を中心とした古い製品や、図面やカタログなどの資料を保存・公開している。係員が案内するので、予約が必要。

**◆福岡市博物館**
福岡市早良《さわら》区百道浜《ももちはま》3・1・1
☎092・845・5011
＊福岡市地下鉄空港線西新《にしじん》駅から徒歩
福岡の歴史と郷土に暮らす人々の生活を紹介する博物館。「対外交流史」をメインテーマにした常設展示室(総合)では、「漢委《かんのわ》奴国王《のなのこくおう》」の文字が刻まれた国宝の金印が展示されるなど、貴重な文化財を見学できる。

◆**松本清張《まつもとせいちょう》 記念館**
北九州市小倉北区城内《じょうない》2－3
☎093－582－2761
＊JR鹿児島本線ほか西小倉駅から徒歩
北九州市出身の作家・松本清張の業績を称《たた》え、平成一〇年に開館。清張の生涯の年譜や全著作などの展示のほか、当時のまま保存された書斎や書庫なども見学できる。

【佐賀県】

◆**有田町歴史民俗資料館・有田焼参考館**
西松浦《にしまつうら》郡有田町《ありたちょう》泉山《いずみやま》1－4－1
☎0955－43－2678
＊JR佐世保《させぼ》線上有田駅から徒歩
陶磁器の生産用具や古文書、登窯《のぼりがま》の模型が展示され、窯業四〇〇年に及ぶ有田の歴史や民俗を紹介。隣接の参考館では、発掘調査で出土した陶片から有田焼の歴史を説明。

◆**海のシルクロード館**
伊万里《いまり》市伊万里町甲《こう》554－1
☎0955－23－1189
＊JR筑肥《ちくひ》線ほか伊万里駅から徒歩
古伊万里の積出し港として栄えた伊万里の町。白壁土蔵造りの建物で、古陶磁の展示や伊万里の歴史や文化を紹介している。

◆**大隈《おおくま》記念館**
佐賀市水ヶ江《みずがえ》2－11－11
☎0952－23－2891
＊JR長崎本線ほか佐賀駅からバス
政治家として、また、早稲田大学の創設者として知られる大隈重信《しげのぶ》の功績を紹介するため昭和四二年に開館。隣には、国の史跡に指定された大隈重信旧宅（生家）もある。

◆**佐賀県立名護屋城博物館**
唐津《からつ》市鎮西町《ちんぜいまち》名護屋《なごや》1931－3
☎0955－82－4905
＊JR唐津線・筑肥線唐津駅からバス
特別史跡に指定される名護屋城は、豊臣秀《とよとみひで》吉《よし》が文禄《ぶんろく》・慶長《けいちょう》の役に際して築いた出兵拠点。博物館は、「日本列島と朝鮮半島の交流史」をテーマにした常設展を行なうほか、史跡の保存や日韓の友好に尽力している。

◆**佐賀県立博物館・佐賀県立美術館**
佐賀市城内1－15－23
☎0952－24－3947
＊JR長崎本線ほか佐賀駅からバス
自然史・考古・歴史などの分野の資料を収集し、常設展「佐賀の歴史と文化」のなかで展示・紹介している。佐賀ゆかりの近・現代の作品を収蔵する美術館も隣接。

◆**徴古館《ちょうこかん》**
佐賀市松原《まつばら》2－5－22
☎0952－23－4200
＊JR長崎本線ほか佐賀駅からバス
佐賀藩主・肥前《ひぜん》鍋島《なべしま》家に伝来する書画・武具・道具類など美術工芸品や古文書などを展示する。建物は登録有形文化財。

◆**吉野ヶ里《よしのがり》歴史公園**
神埼《かんざき》郡吉野ヶ里町田手1843
☎0952－55－9333（吉野ヶ里公園管理センター）
＊JR長崎本線吉野ヶ里公園駅から徒歩
弥生《やよい》時代の遺跡のなかでも日本最大規模の環濠《かんごう》集落である吉野ヶ里遺跡は、古代の歴史を知る貴重な資料。特別史跡に指定され、周辺は歴史公園として整備されている。

【大分県】

◆**大分県立先哲《せんてつ》史料館**
大分市大字駄原《だのはる》587－1
☎097－546－9380
＊JR日豊《にっぽう》本線西大分駅から徒歩
大友宗麟《おおともそうりん》、三浦梅園《みうらばいえん》、福沢諭吉《ふくざわゆきち》など、大分県ゆかりの思想家や学者・政治家を中心に、大分県の歴史や文化を紹介する。

◆**大分県立歴史博物館**
宇佐《うさ》市大字高森《たかもり》字京 塚《きょうづか》
☎0978－37－2100
＊JR日豊本線豊前《ぶぜん》長洲《ながす》駅からタクシー
史跡公園「宇佐風土記の丘」に位置し、宇佐神宮や国東《くにさき》半島の六郷山《ろくごうさん》などの仏教文化を中心に、大分の歴史と文化を紹介する。国宝の富貴寺《ふきじ》大堂《おおどう》の実物大模型も見られる。

◆**大分市歴史資料館**
大分市大字国分《こくぶ》960－1
☎097－549－0880
＊JR久大《きゅうだい》本線豊後《ぶんご》国分《こくぶ》駅から徒歩
豊後国分寺跡史跡公園に隣接し、奈良時代の豊後国分寺や戦国大名・大友《おおとも》氏を中心とした常設展示を行なっているほか、テーマ展や歴史体験講座なども充実している。

**◆九州自動車歴史館**
由布《ゆふ》市湯布院《ゆふいん》町川上《ちょうかわかみ》無田《むた》1539-1
☎0977-84-3909
＊JR久大本線由布院駅から徒歩
フォードやジャガーなど世界の名車や、軽自動車・オート三輪・ボンネットバスなど大正・昭和初期の懐かしい車などを展示。

**◆駄菓子《だがし》屋の夢博物館**
豊後高田《ぶんごたかだ》市新町《しんまち》1007-5　昭和ロマン蔵《ぐら》内
☎0978-23-0008
＊JR日豊本線宇佐駅からバス
昭和三〇年代、国東《くにさき》半島一を誇ったにぎわいを再生しようと取り組んでいる、豊後高田の「昭和の町」にある施設。セルロイドやブリキの玩具などを中心に約五万点を展示。

**◆別府《べっぷ》市竹細工《たけざいく》伝統産業会館**
別府市東荘園《ひがしそうえん》町8-3
☎0977-23-1072
＊JR日豊本線別府駅からバス
伝統的工芸品「別府竹細工」を紹介する施設で、竹でつくられた日用品・インテリアなどを展示する。竹工芸を芸術の域に高めた、人間国宝・生野祥雲斎《しょうのしょううんさい》の作品もある。

**◆湯布院二輪車博物館**
由布市湯布院町川上1265-1
☎0977-84-5710
＊JR久大本線由布院駅からタクシー
世界に数台しかないバイクなど、一九一〇年代から七〇年代に製造された希少価値の高いバイクを展示する私設ミュージアム。

**【長崎県】**

**◆雲仙岳《うんぜんだけ》災害記念館**
島原《しまばら》市平成町《へいせいまち》1-1
☎0957-65-5555
＊島原鉄道島原駅からバス
平成二年から八年まで活動を繰り返した雲仙普賢岳《ふげんだけ》の大噴火に関する体験学習施設。火砕流や土石流などを疑似体験できる平成大噴火シアターをはじめ、臨場感いっぱい。

**◆音浴《おんよく》博物館**
西海《さいかい》市大瀬戸町《おおせとちょう》雪浦河通郷《ゆきのうらごうつうごう》342-80
☎0959-37-0222
＊JR長崎本線長崎駅からバス（桜《さくら》の里《さと》ターミナルで乗り継ぎ）、雪浦バス停下車タクシー
昔の小学校を利用した施設で、約一五万枚のレコード、ゼンマイ式の蓄音機、脚付きステレオ、ラジオなどを収蔵・展示。

**◆シーボルト記念館**
長崎市鳴滝《なるたき》2-7-40
☎095-823-0707
＊長崎電気軌道新中川町《しんなかがわまち》電停から徒歩
日本に近代西洋科学を伝えたシーボルトの功績を称え、平成元年に開館。常設展示室では、生涯を六つに分けて、当時の情勢や彼の活動、シーボルト事件などを紹介する。

**◆長崎原爆資料館**
長崎市平野町《ひらのまち》7-8
☎095-844-1231
＊長崎電気軌道浜口町《はまぐちまち》電停から徒歩
昭和二〇年八月九日、長崎に投下された原子爆弾による被爆の惨状を、原爆被災資料などの展示で再現する。原爆の破壊力や恐ろしさを知り、戦争と核兵器、平和について考えることができる資料館。

**◆長崎孔子廟《こうしびょう》・中国歴代博物館**
長崎市大浦町《おおうらまち》10-36
☎095-824-4022
＊長崎電気軌道大浦天主堂下《てんしゅどうした》電停から徒歩
儒教の創始者・孔子を祀《まつ》った孔子廟は、明治二六年、在日華僑《かきょう》によってつくられたもの。北京《ペキン》の故宮《こきゅう》博物院と提携した併設の博物館では、故宮の宮廷文物や美術品など国宝クラスの文化財展示が見られる。

**◆長崎市外海《そとめ》歴史民俗資料館**
長崎市西出津町《にししつまち》2800
☎0959-25-1188
＊JR長崎本線長崎駅からバス（桜の里ターミナルで乗り継ぎ）
長崎市外海地区の歴史・文化・考古・民俗などの資料を展示。とくに十字架やマリア観音像など隠れキリシタンの資料が豊富。

**◆松浦《まつうら》史料博物館**
平戸《ひらど》市鏡川町《かがみがわちょう》12
☎0950-22-2236
＊JR佐世保線ほか佐世保駅からバス
甲冑《かっちゅう》や日本刀・絵画・古文書など、平戸藩主松浦家伝来の品を展示し、松浦家や平戸の歴史を紹介する。ポルトガルやオランダなどとの交易に関する資料が見どころ。

# 次回配本 二〇〇九年三月二五日頃発売予定

## 第16巻 豊かさへの渇望

一九五五年から現在

荒川章二
（静岡大学教授）

### 現代社会はどこへ向かうのか

所得倍増、高度経済成長、バブル……豊かさを追い求めてたどり着いた現代の問題点。

●「一世帯一住宅」を掲げた鳩山一郎内閣のもと一九五五年に住宅公団が発足し、大量の団地が出現した。シリンダー錠のついたスチール製のドア、ステンレスの流し、アルミサッシなどは憧れの的であった。（第一章より）

●一九六〇年代は、男性が過労死するまで働く企業戦士と化し、女性が銃後の妻として専業主婦化する過程でもあった。夫婦に子ども二人の「戦後家族」のマイホームには、テレビなど大量の家電が流入した。（第二章より）

●派遣労働者は、一九八六年の労働者派遣事業公認後に急増した。女性パート労働者や外国人労働者など、経営側に都合のよい雇用形態も拡大していった。（第三章より）

これまでの住宅では、台所は暗い北側に置かれることが多かった。窓のある明るいダイニングキッチンも、憧れの団地生活の象徴のひとつとなった。（都市再生機構蔵）

【目次の一部】



●**編集後記**　編集会議の席上、大門先生が繰り返し口にされたのが、「さまざまな」と「経験」という言葉でした。それらが結実したのが本巻です。戦争にまきこまれた当事者の聞き取りや残された記録を丹念に掘り起こし、これまで語られた歴史をうのみにせず、一元的に叙述しない姿勢は全体に貫かれています。もういちど謙虚に歴史を読み直す一巻、どうか小さな声にも耳を傾けてください。（芳）

鮮、中国、台湾の人びと、連合軍捕虜を動員した。大日本帝国の動員は、帝国内の多くの人びとの生存を厳しい淵《ふち》に立たせたのである。近年、内海愛子は三池炭鉱での動員の縮図を詳細に検証している。

三年間の捕虜生活を終えて帰国したテニーには、「戦いを捨て降伏した卑怯者《ひきょうもの》という烙印《らくいん》」が待っていた。テニーが捕虜体験を語るようになったのは、一九九〇年代末のことだ。また、大牟田市内に三池炭鉱中国人殉難者慰霊塔ができたのは一九八二年のことだった。戦時中の大牟田の歴史が語られるようになるまで、長い時間を要したのである。

二〇〇八年夏、大牟田市を訪ねた私は炭鉱跡の万田坑《まんだ》を見学した。万田坑では朝鮮人労働者の半数もが逃亡している。大牟田市石炭産業科学館でビデオ『みいけ　炭鉱《やま》の声が聞こえる』(二〇〇三年)を見た。『三池　終わらない炭鉱の物語』の前身であるこのビデオは、三池炭鉱閉山後に、町の再生を考える大牟田市職員や熊谷博子監督らによって制作された。ビデオには、囚人労働をはじめ、戦時中の朝鮮人強制連行、捕虜労働、戦後の三池争議、第二組合、職員、女性たちまで、三池炭鉱に生きたさまざまな人の声が収められている。三池炭鉱に生きたすべての人の声に耳を傾けようとするビデオが、戦後半世紀を経て制作されたのである。映画とビデオは、いずれも大牟田市と大牟田市石炭産業科学館の企画によるものだ。映画とビデオは、町の歴史を包み隠さず見つめることで、未来を語る道を切り開いている。

# 空襲と沖縄戦

**東京大空襲と黄永祚**

作家の吉村昭《よしむらあきら》は、一九四二年四月一八日のことをよく覚えている。その日は土曜日で、中学三年生の吉村は屋根の上につくった物干し台で武者絵柄の六角凧《たこ》を揚げていた。そのとき、東の空から迷彩色を施した双発機が超低空で飛んできた。凧がからみはしないかと思い、吉村はあわてて糸をくくった。のちに吉村は、これが東京初空襲で、飛来したのはアメリカ陸軍機ノースアメリカンB25だったことを知る。

その後、B29戦略爆撃機による本格的な大規模空襲が一九四四年六月から福岡県の八幡《やはた》製鉄所や長崎県大村《おおむら》市の海軍工廠《こうしょう》に向けて行なわれた。さらに空襲は九州・沖縄・奄美《あまみ》・台湾・済州島《チェジュド》へ広がり、一九四五年に入ると、アメリカ軍は軍需工場を主たる目標としていたそれまでの方針を無差別爆撃に変更し、東京・名古屋・大阪・神戸・京都の大都市から日本全国の主要地方都市に至る各都市で空襲を行なうようになる。

日本の大都市への焼夷弾《しょういだん》空襲は、一九四五年三月中旬、四月中旬、五月下旬から六月上旬の三期に分かれている。三月中旬には、東京・名古屋・大阪・神戸が夜間焼夷弾空襲を受け、人口密集地帯が焼き払われた。四月中旬には工場周辺の市街地が目標になり、五月下旬以降は目標地を定めた昼間爆撃になった。本書に登場する人で空襲にあったのは、黄永祚《ファンヨンジョ》と後藤貞子《ごとうさだこ》である。

黄永祚が東京に妻を呼び寄せた翌年、アジア太平洋戦争が始まった。物資が徴発されガソリンも配給になり、古物商を続けられなくなった。黄はそれまで鹿島組《かじまぐみ》から仕事をもらうことがあり、オート三輪を持っていたので、鹿島組の下で働いて徴用を逃れることができた。

一九四五年三月九日の夜一〇時頃、空襲警報が鳴り響いた。東京・深川にいた黄は、すぐに身支度を整え、近くの小学校に向かった。黄は警防団の監視係だった。町に残っていた男子の若者は黄くらいだったので、黄にも役がまわってきたのである。学校の屋上で監視態勢に入ると、砂町《すなまち》あたりから火の手が上がっているのが見えた。あわてて半鐘《はんしょう》を鳴らしたものの、火の勢いは早く、消火にあたっていた消防車まで炎に包まれた。校舎は逃げてきた人たちでごった返し、学校にも炎が押し寄せてきた。

黄は家に残してきた家族が心配になり急いで戻った。自宅の防空壕《ごう》では、身重の妻と妻の妹が震えていた。ただちに二人をオート三輪に乗せ、たまたま出会った知人と一緒に軍の広い演習場がある砂町めざして逃げた。しかし、そのころになると燃え上がる炎が行く手を阻み、なか

19

◉空襲で燃える夜の町
一九四五年三月一四日の大阪大空襲。中心部の堂島《どうじま》周辺を撮ったものだという。前夜に続いての攻撃で、市内の大半が焼け野原になる。

なか先に進めなかった。黄はオート三輪が何かにぶつかった拍子に放り出され、一瞬気を失った。あとはよく思い出せず、家族や知人とばらばらになってしまった。そのうちにまた気を失い、気がついたら夜が明けて火もおさまっていた。

黄は助かった。とたんに家族のことが心配になり、すぐに探しまわった。町はひどかった。建物はほとんど燃え落ち、ところどころに煙が出て、あちこちで人が重なり合って死んでいた。残っていた平久《へいきゅう》小学校の校舎には、死体が山のようにあった。手を合わせてそこを去った黄は、結局、妻たちを見つけることができず、遺体さえ確認できなかった。東京大空襲では、黄のように避難する途中で家族が離ればなれになり、亡くなってしまった例が少なくなかった。

三月一〇日未明の東京は強い北風が吹き荒れ、浅草《あさくさ》の火が隅田川《すみだがわ》を越えて本所《ほんじょ》や深川《ふかがわ》の火災と合流し、荒川《あらかわ》放水路あたりまで焼き尽くした。わずか五時間あまりの間に一〇万人もの人が亡くなったのである。一夜の空襲としては驚くべき人数であった。

下町一帯が焼け野原になるなかで、のちに黄が移り住む枝川《えだがわ》は、朝鮮人総出の消火活動の結果、奇跡的に焼失をまぬがれた。翌日から押し寄せた日本人被災者に対して、枝川の朝鮮人は、炊き出しや衣類、住居などを提供し、新聞でも称《たた》えられた（『東京朝日新聞』一九四五年四月一日）。

当時の東京都の人口は三四九万人。大空襲で命を落とした日本人については、官庁統計や東京大空襲・戦災資料センターなどの調査で明らかにされつつある。それに対して東京に九万七〇〇〇人いた朝鮮半島出身者については、被災者の資料がほとんどなく、詳細は不明だ。東京の朝鮮人は城《じょう》東《とう》区・深川区（現在の江戸川区）、本所区（墨田区）などの下町に五万人（約五割）が集住していた。東京大空襲の死傷者の八割はこの三つの区に集中していたので、東京大空襲で命を失った朝鮮人は相当多かったであろう。

### 空から降ってくる焼夷弾の恐怖

三月に東京下町の大空襲があったのちも、後藤貞子《ごとうさだこ》の家族は東京・蒲田《かまた》区（現在の大田区）の自宅で暮らしていた。父は一九三八年に病死しており、長兄は出征中、商船会社に勤める次兄も通信士として海軍徴用船に乗っていたので、長女の貞子は銀行に勤めて一家の生計を支えていた。妹は三月に高等女学校を卒業、弟は中学生であり、母を含めた四人暮らしだった。

貞子たちは四月に二回空襲にあった。一回目は四月四日未明。空襲警戒警報の解除後に着の身着のままで寝ていたところ、町に数個の爆弾が落下した。一軒先の十字路で爆弾が炸裂《さくれつ》して隣接する家の人が即死し、貞子の家の窓ガラスは爆風で破れ、布団《ふとん》の上に屋根や瓦壁、土などが積もった。

四月一五日未明、京浜工業地帯と付近一帯は大規模な焼夷弾《しょういだん》空襲を受ける。貞子ら四人は、敷布団を防火用水で浸《ひた》し、頭にかぶって逃げた。空襲の際の避難場所を決めていなかったので、本能的に水のある多摩《たま》川《がわ》をめざした。焼夷弾の火柱で行く手を何度もさえぎられ、容易に進むことができなかった。

家族四人はどうにか多摩川の川原にたどり着く。川原は逃げてきた人であふれ、みな川の水で浸した布団をかぶって火の粉を防ごうとしたが、布団はすぐに熱くなり、そのたびに川の水をかけなければならなかった。

空襲が終わって夜が明けてみると、町は池上本門寺《いけがみほんもんじ》の森まで焼け野原になっていた。焦げた死体が無数に重なるなかを歩いてわが家を探したところ、風呂場のタイルと五右衛門風呂《ごえもんぶろ》のみが焼け残っていた。貞子たち家族は近くの小学校に避難し、奈良にある父の生家を頼って疎開した。

五月初め、貞子たちは叔父《おじ》（父の弟）を頼りに神戸に移り、空き家を借りた。疎開先での懸案は弟の転校先を見つけることであり、弟は六甲《ろっこう》中学校に転校した。五月二五日、貞子たち家族は神戸でふたたび空襲に遭遇する。貞子と妹は二階家の下敷きになり、警防団に助け出されて九死に一生を得た。隣家の人たちは即死であった。

後藤貞子にとって空襲は、空から降ってくる焼夷弾をよけて逃げまどい、川にたどり着いた体験と分かちがたく結びついていた。上空からの恐怖、身体に刻まれた火の粉の恐怖、川での生存の分かれめ、これは空襲に遭遇した多くの人に共通することであった。

二〇〇五年三月六日、NHKで放映された「東京大空襲―六〇年目の被災地図」のなかで、大空襲に遭遇したある女性は、隅田川にたどり着いた体験をつぎのように語った。生後まもない娘を背負い、冷たい川のなかで大八車《だいはちぐるま》に乗ったまま意識が薄れ眠ってしまった。夫は大八車に乗ることができず、川のなかで立ち尽くしているのを見たのが最後になった。目が覚めてみると、娘は息を引き取っており、娘のおかげで背中が濡れず、自分は生き延びることができた。おんぶしていた娘の感触がいまでも背中に残っている。

荒井信一《あらいしんいち》の研究によれば、東京大空襲をはじめ、アメリカ軍が日本の都市に対する無差別爆撃を続けたのは、労働者に照準を合わせ、労働者とその家族を含む住民の生活圏を焼き尽くして戦意を喪失させようとしたからであった。アメリカの指揮官は、焼夷弾攻撃が人道に反することを知っていたが、戦争の論理が優先された。民間人に対する殺傷を知りながら実行したことで、アメリカ軍の責任はまぬがれない。

アメリカ軍による空襲は、日本本土だけでなく、台湾や朝鮮、満州でも実行された。一九四四年一〇月一〇日の沖縄・那覇《なは》への空襲に続き、同年一〇月一二日以降になると、台湾がアメリカ軍の空襲の目標にされた。近年における台湾での研究によれば、一九四四年一〇月から翌年八月まで、台湾に来襲した爆撃機は一万五九〇八機、爆撃による被害者は、死者六一〇〇人、行方不明・傷者九六七二人、合計一万五七七二人であった。一九四五年初頭からは、朝鮮の工業地帯、中国の旅順《りよじゆん》・大連《だいれん》の軍事施設や港湾などでもアメリカ軍の空襲が行なわれた。

20

◉**炎上する重慶の街**
日本軍の重爆撃機による組織的な空襲は、ピカソの『ゲルニカ』で有名な、ナチスによるスペインへの空爆に次ぐものだった。じゅうたん爆撃という無差別殺戮《さつりく》の方法は、皮肉なことに、アメリカよりも先に日本がとった戦術である。

「陸鷲、重慶を大挙空襲」

兵工廠、軍需品倉庫の群、工場らしい建物が並んでいると思った瞬間、各機からぱらぱらと爆弾投下だ。黒い爆弾はだんだん小さくなってゆく、ああもう見えなくなったと感じてしばらくした頃、ぱっと光って轟然《ごうぜん》と炸裂《さくれつ》した、全弾目的物を射抜いた。薄暗い地煙が濛々《もうもう》とあがる。

これは爆撃機の同乗者が空爆を行なった瞬間を描写したものである。爆撃機はアメリカ軍ではなく、中国の重慶《じゅうけい》を爆撃した日本軍のものであり、描写をした同乗者は『朝日新聞』の記者である。

日本本土の空襲の淵源《えんげん》をたどると、一九三八年に始まった重慶での爆撃に行き着く。日本軍の侵攻に対して、国民党は中国の首都を南京《ナンキン》から漢口《かんこう》、さらには重慶に移して徹底抗戦の構えを見せた。天然の要地であり、補給の難しい重慶に対して、大本営《だいほんえい》は一九三八年暮れに「戦政略的航空戦」を命じ、一九三九年から四一年にかけて、主要軍事施設や政治・軍事の中枢、交通の要地などを空から爆撃機で攻撃する戦略爆撃を断続的に行なった。一九三八年から四三年まで断続的に二一六回に及んだ爆撃による死傷者は、六万一二三九〇人と推定されている。

重慶における日本軍の戦略爆撃について長年調べてきた前田哲男《まえだてつお》は、二つの点で戦略爆撃の画期性を強調する。ひとつは、この時期の戦略爆撃が、アメリカ軍による日本への焼夷弾爆撃──広島、長崎への原子爆弾投下につながり、さらには最近のコソボ、イラクに至る空からの爆撃の系譜にあることである。もうひとつは、空からの爆撃はまなざしを欠いた戦争であり、空の上で爆撃機に乗る側は、地上での惨劇《さんげき》を目のあたりにせずに爆撃を続ける。罪悪感を伴わない、地上での惨劇への想像力を欠いた大量の殺戮《さつりく》が行なわれる所以《ゆえん》である。くわえて重慶爆撃は、笠原十九司《かさはらとくし》や荒井信一が指摘するように、一般住民を含めた抗戦意識を破壊すべく実行された無差別爆撃であった。

朝日新聞社がまとめた『新聞と戦争』には、重慶を爆撃した陸軍機に同乗した朝日の記者二人が紹介されている。そのひとり、小原正雄の同乗記「陸鷲《りくわし》、重慶を大挙空襲」の一節を先に引用した。「抗日首都」を見たかった小原は、爆弾が軍需工場地帯に命中したあと、〈何たる痛烈ぞ〉と思い、戦友と互いに〈にっこり〉するのを〈止めようもない〉と書きとめた。『新聞と戦争』で現在の小原は、〈地上の惨禍《さんか》にまでは考えが及ばなかった〉、敵機の危険のほうが気がかりだったと述べている。

もうひとり、山端庸介《やまはたようすけ》は、爆撃機に同乗して空襲で燃える重慶を撮ったときの感想を、つぎのように述べる。〈写真機持ったら、フットボールを撮るのも重慶を撮るのも、そんなに気分は変らないですネ〉(『アサヒカメラ』一九四二年一月)。

地上の惨禍への想像力を欠き、スポーツと同様な

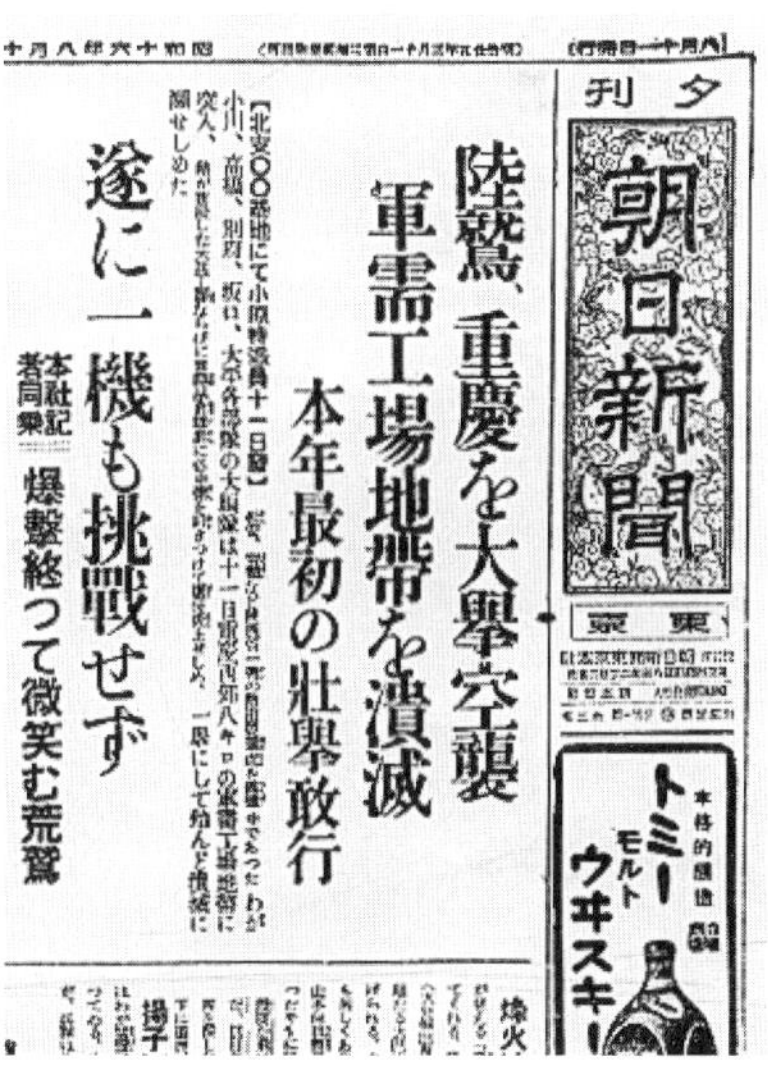
夕刊
朝日新聞
陸鷲、重慶を大擧空襲
軍需工場地帶を潰滅
本年最初の壯擧敢行
遂に一機も挑戰せず
本社記者同乘
爆撃終つて微笑む荒鷲
トミー モルト ウヰスキー

◉日本軍による重慶爆撃を伝える新聞記事
『東京朝日新聞』(一九四一年八月一二日、夕刊)の一面トップを、重慶爆撃に関する朝日新聞記者・小原正雄の同乗記が飾った。

気分だったとする記者の説明は、はからずも空の上での爆撃の思想にぴったりと重なる。重慶への日本軍の爆撃と日本の都市に対するアメリカ軍の爆撃は、一般住民を含めた無差別爆撃という点で共通していたのである。

### 沖縄戦——五歳の子どもの見た日本軍

一九四四年夏、沖縄県の玉城村《たまぐすく》に日本軍がきた。当時、五歳の大城将保の幼児体験に焼きついた軍隊のイメージは、軍靴の匂いと炊き出しのアマガシ（ぜんざい）の甘い匂い、軍隊ラッパの響きだった。戦争も軍隊も知らなかった村民の生活は、軍隊ラッパでリズムを刻まれるようになった。

軍隊のために国民学校や赤瓦の大きな家が提供された。大きな家を提供した人は名誉を覚え、サイパン陥落後の緊張と興奮のなかで、村民は根こそぎ動員され、部隊の陣地作業や、ガマ（洞窟《どうくつ》）を避難壕《ごう》にする突貫作業が、軍民一体で取り組まれた。大城の回想は、はじめて沖縄にやってきた軍隊とそれを受け入れた沖縄の人びとの興奮をよく描いている。この背後には皇民化教育があり、天皇を中心にした大日本帝国の思想があった。

軍の施設と民間の施設は、機密の漏洩《ろうえい》を防ぐために、本来、別置するのが原則だが、軍隊をにわかに受け入れた沖縄では、兵員を収容できる施設はなく、軍民雑居の状態で部隊が配置された。沖縄戦開始に至る以前に、軍民一体と軍民雑居の状態がつくられていたことが、沖縄戦における「集団自決」（強制集団死）や、軍隊による住民殺害など、さまざまな惨劇《さんげき》をつくりだす要因になった。

「集団自決」については、隊長の直接命令は確認できないものの、手榴弾《しゅりゅうだん》の交付など軍の関与があったことが、最新の研究で解明されている。沖縄戦によって資料が消滅してしまい、沖縄戦の惨劇がガマで起きたところから、沖縄では、一九七〇年代以降、聞き取りを重ねて証言を積み上げ、証言の齟齬《そご》を検討してきた。

一九四五年三月二六日、慶良間《けらま》諸島の座間味《ざまみ》島などに上陸したアメリカ軍は、総勢で五四万人を擁していた。当時の沖縄県民四五万人を上まわる兵力であり、これに対して日本軍は一二万人にすぎなかった。これ以降、組織的な戦闘が終了したのが六月二三日、その後も散発的な戦闘は続き、生き残りの将兵がアメリカ軍に降伏したのが敗戦後の八月二九日だった。この間、彼我《ひが》の兵力の差による絶望的な戦いが続いた。沖縄戦の死亡者は日本側一八万八〇〇〇人以上、アメリカ側一万二五二〇人であり、日本側の約半数は住民であった。沖縄戦には、朝鮮人軍夫《ぐんぷ》も動員されており、その数は一万から二万人といわれ、戦後に生存したのは三〇〇〇人くらいだった。沖縄には一三〇か所の軍慰安所があり、少なくとも一六〇人の朝鮮人「慰安婦」がいた。

22

◉アメリカ軍の沖縄上陸
アメリカ軍の「鉄の暴風」に徹底抗戦した沖縄は、日本本土の「捨て石」にさせられた。

コラム2

## 「氏名不詳」の記念写真

一九四三年（昭和一八）、アマチュアカメラマンであった桑原甲子雄《くわばらきねお》は、在郷軍人会の依頼を受けて東京下町の出征軍人の留守家族を訪ね、戦地に送る家族写真を撮った。それから三〇年後、ルポライターの児玉隆也《こだまたかや》は、残された「氏名不詳」の九九枚の写真を携えて、ひたすらそこに写された家族を探し、その記録をまとめた（『一銭五厘たちの横丁』晶文社、一九七五年）。

　本書の口絵や「はじめに」の扉に載せたように、写真では戦地の夫や息子に向けて、女性や子ども、老人が笑顔や視線を送る。これらの撮影のあとには、東京大空襲や敗戦など、さまざまな生と死が待ち受けていた。戦争などで散り散りになった人びとの足跡。児玉の必死の探索にもかかわらず、氏名と地域がわかったのは三五名、残りの六四名は「氏名不詳」のままだった。児玉の本は、歴史のなかにおける庶民の人生の断面をくっきりと浮かび上がらせる。戦前・戦時・戦後の日本内地や東アジアでの記念写真には、どのような生存が写し出されているのだろうか。

**◉銃後の人びと**
戦場の後方あるいは兵士以外の人を「銃後」と呼んだ。一銭五厘の通知（赤紙）で召集された兵士たちの故郷と家族の肖像。

# 第五章

# 戦争の終わり方と東アジア

1

# 降伏へ

## 近衛上奏文と天皇

一九四四年（昭和一九）に入ると日本軍の苦戦が明らかになり、一九四五年以降、日本は降伏への道を模索することになる。日本の降伏には二つのポイントがあった。ひとつは天皇の判断が降伏の帰趨《きすう》に大きな影響を与えたこと。もうひとつは、降伏の時期がアジア太平洋戦争全体の被害の範囲と、降伏後の日本と東アジアにおける戦争処理、引き揚げ、政治秩序の再編に影響を与えたことである。

いままでの通史では、降伏・敗戦後にアメリカを中心とした占領について述べてきた。ここでは、戦争の終わり方を、まず東アジアの広がりのなかで検証し、それらの国々に与えた影響について考える。それはまた帝国の崩壊から東アジアの冷戦への推移を考えることでもある。

一九四四年（昭和一九）六月、サイパン島がアメリカ軍に占領され、七月に軍部独裁の東条英機《とうじょうひでき》内閣が総辞職し、陸軍大将の小磯国昭《こいそくにあき》が組閣した。一〇月、アメリカ軍はフィリピンに上陸し、レイテ島で日本軍を制圧した。一九四五年三月には硫黄島《いおうとう》を占領、中国では中国共産党による解放区が拡大し、日本軍は苦戦を強《し》いられていた。

●博多港に到着する引揚げ船
米ソの冷戦と中国内の国民党と共産党の対立が深く影を落とすもとで、一九四六年五月、満州からの引き揚げが葫蘆《ころ》島で始まった。
前ページ図版

一九四五年二月一四日、近衛文麿《このえふみまろ》は早期の講和を昭和天皇に上奏した。〈敗戦は遺憾《いかん》ながら最早《もはや》必至なりと存候《そんじそうろう》。（…）英米の与論は今日までの所国体の変革とまでは進み居《お》らず、（…）随《したが》て敗戦だけならば国体上はさまで憂ふる要なしと存候。国体護持の建前《たてまえ》よりもっとも憂ふるべきは敗戦よりも敗戦に伴ふて起ることあるべき共産革命に御座《ござ》候〉。

これ以上戦争を継続して敗戦すると、共産革命が起きて国体が維持できないとして、戦争終結を求めたのである。しかし、軍部は徹底抗戦を主張し、天皇は「もう一度、戦果をあげてからでないとなかなか話は難しいと思う」と述べ、近衛上奏は却下された。

近衛上奏は、アジア太平洋戦争全体の推移を決する重要な時期に提出されていた。同じ二月、クリミア半島のヤルタでアメリカのローズヴェルト、イギリスのチャーチル、ソ連のスターリンの三国首脳会談が開かれ（ヤルタ会談）、ドイツ降伏後の三か月以内にソ連が対日戦に参加する密約が交わされた。日ソ間には、ノモンハン事件後に締結された中立条約があり、期限は一九四六年までだった。日本はソ連の参戦を予測しないまま、近衛上奏も却下されることになった。ヤルタ会談の三か月後、ドイツは降伏する。

歴史に「もし」という言葉を使うことは禁物だが、もし近衛上奏が聞

◉御前会議
天皇臨席のもと、国の重要事項を決定した会議。ポツダム宣言受諾の際には、天皇が裁断して終戦を決定した。

き入れられ、日本の敗北がこの時点で決まっていれば、その後の東京大空襲や各都市への空襲、沖縄戦、原爆投下、ソ連の対日参戦はなく、敗戦後の引き揚げやシベリア抑留も大きく異なっていたに違いない。それだけでなく、朝鮮が米ソに分割占領される可能性も小さかったであろうし、東アジアの戦後や冷戦の構図も大きく変わっていたはずである。

### 戦争終結工作と天皇の判断

アメリカ軍の沖縄上陸直後、小磯国昭《こいそくにあき》内閣が退陣し、戦争終結の役割を期待されて鈴木《すずき》貫太郎《かんたろう》内閣が成立した。三国同盟のうちイタリアに続いて、ドイツも一九四五年（昭和二〇）五月には無条件降伏をする。六月二二日に開かれた最高戦争指導会議は、戦争終結にとって重要な意味をもっていた。豊下楢彦《とよしたならひこ》の研究によれば、鈴木首相・外務大臣・陸軍大臣・海軍大臣・参謀総長・軍令部総長が参集したこの会議は、昭和天皇みずからが召集したものであり、会議冒頭から天皇が発言し、「戦争の終結についても、この際従来の概念にとらわれることなく」具体的研究をして実現せよと、「戦争終結」の方針を打ち出したのである。「従来の概念」とは、六月八日の御前会議で、「あくまで戦争を完遂し、もって国体を護持し、皇土を保護し、征戦の目的の達成を期す」と、徹底抗戦

2

●終戦を決断した鈴木貫太郎内閣
ポツダム宣言受諾の意見が二分した際、鈴木は天皇に裁断を仰ぎ、国体護持を条件に受諾する意思統一をした。

と本土決戦を決めたことを指す。わずか二週間の間に、天皇はみずからの主導によって、方針の大転換と「戦争終結」への流れをつくったのである。

この二週間の間に何があったのか。豊下は、天皇の近臣である木戸《きど》幸一《こういち》の六月八日の日記を紹介する。木戸は、沖縄戦の推移が不幸な結果になったこと、この時点で戦争遂行能力はほとんど失われており、国体護持のためには、「天皇陛下の御勇断」を求めたいとしていた。六月二二日の天皇は、国政へのかかわり方からすればまさに異例の「御勇断」だった。二・二六事件と終戦以外に、昭和天皇はこのような「勇断」をしていたのであり、豊下は、天皇は憲法にのっとって行動したというよりも、自分自身の判断で行動していたのではないか、と指摘している。

「戦争終結」の方針にもかかわらず、戦争はすぐ終結に向かったわけではなかった。ヤルタ会談に続き、七月にはベルリン郊外のポツダムでアメリカ・イギリス・ソ連三国の首脳が会談し、日本と戦争をしていたアメリカ・イギリス・中国の三国の名で日本の戦後処理を示し、日本の無条件降伏を勧告するポツダム宣言を発表した。アメリカは八月六日広島、九日長崎に原子爆弾を投下し、中立条約を結んでいたソ連は八日、日本に宣戦を布告して満州・朝鮮に進撃する。八月九日、御前会議で国体護持を条件にポツダム宣言受諾を決め、一〇日には連合国側に受諾を伝えた。一四日には御前会議であらためてポツダム宣言の無条件受諾を決定、八月一五日正午、ラジオ放送を通じて天皇から国民に降伏が伝えられた。

## 大日本帝国の崩壊と戦争の終わり方

玉音放送は朝鮮や台湾でもラジオから流れた。戦争終結に際して日本が受諾したポツダム宣言には、日本を世界征服へと導いた勢力の除去や戦争犯罪人の処罰と並んで、カイロ宣言の履行が含まれていた。

一九四三年（昭和一八）一一月、対日方針の協議のために、エジプトのカイロでローズヴェルト米国大統領、チャーチル英国首相、蔣介石《しょうかいせき》中国国民政府主席による首脳会談が開かれ、日本の無条件降伏と、満州・台湾・澎湖島《ほうことう》の中国への返還とともに、朝鮮の人びとの奴隷状態に留意し、朝鮮を自由と独立のものにすることが宣言された。このカイロ宣言からすれば、日本は大日本帝国崩壊後も、朝鮮の人びとの奴隷状態回復と自由・独立を実現するために努力する義務を負ったことになる。

岡部牧夫《おかべまきお》は、敗戦に際して日本はどの戦争に降伏したのかを問うている。アメリカ・イギリスとの間では、一九四一年一二月から三年九か月に及ぶ戦争、中国には、一九三七年七月から八年以上にわたった戦争に降伏したと考えられる。ソ連との戦争状態は、一九四五年八月八日から九月二日までの一か月未満である。他方で、東京裁判は、一九二八年の山東《さんとう》出兵と張作霖《ちょうさくりん》爆殺から敗戦までを対象にしていた。またカイロ宣言で明記された領土返還を含めて考えると、日本は日清《にっしん》戦争以来のすべての戦争に降伏したと考えられる。

だが、戦後の日本は、カイロ宣言の履行についても、すべての戦争に降伏したことについても自覚的ではない。敗戦によって大日本帝国はたしかに崩壊したが、植民地は植民地側の抵抗ではなく、ポツダム宣言の受諾で失ったと考えた。そのことが植民地に対する視野をせばめることになる。
敗戦後、日本はアメリカ軍を中心にした連合国軍の占領下に置かれ、米ソ冷戦が強まるもとで、アメリカの東アジア戦略に組み込まれていった。日本の植民地支配から解放された朝鮮では、新国家建設の機運がみられたあと、南北から米ソが進駐し、やがて南北に分断された二つの国家が成立、一九五〇年には朝鮮戦争が勃発《ぼっぱつ》する。中国では共産党と国民党の対立が深まり、一九四六年から内戦に突入した。日本の終戦後、台湾では光復（解放）への期待がふくらむなか、中国から国民党軍が来島し、国民党の支配下に置かれることになる。朝鮮戦争時には、アメリカがすぐさま台湾海峡を封鎖する。一九四〇年代後半の東アジアは、米ソに中国を含めた新たな再編期に入っていったのである。

3
◉ポツダム会談
一九四五年七月、ドイツのポツダムに集まったイギリス・アメリカ・ソ連の首脳。左からチャーチル英国首相、トルーマン米国大統領、スターリンソ連共産党書記長。

**済州島四・三事件――朝鮮**
済州島《チェジュド》は、景勝地や海産物を目当てに年間五〇〇〇万人が訪れる韓国の観光地である。しかし、その済州島で一九四八年（昭和二三）に大きな事件があったことを知る旅行者は少ない。それだけでなく、済州島四・三事件と呼ばれる事件の相貌《そうぼう》が日本や韓国で明らかにされたのは、一九八〇年代以降のことだった。

日本の御前会議でポツダム宣言受け入れを決めた翌日の一九四五年八月一〇日、アメリカは、解放後の朝鮮を北緯三八度線を境にして米ソで分割占領する方針を決めた。八月下旬にソ連は朝鮮北方から進入し、アメリカ軍は九月八日に仁川《インチョン》に進駐し、翌日にはソウルに進んで軍政を敷いた。これ以降、アメリカ軍政とソ連は、朝鮮の信託統治方式をめぐって綱引きをすることになる。

日本の敗戦は朝鮮にとって解放だった。アメリカ軍が朝鮮に着くまでの一か月弱の間、朝鮮では新国家建設への機運が高まり、信託統治への賛否が激しく巻き起こり、住民自治による人民委員会がつくられた。

遅れをとったアメリカ軍政は、人民委員会内部に左派の影響力が強まってくると、朝鮮総督府《そうとくふ》の残した行政警察機構を使い、保守勢力や右派、親日派を頼って左派の封じ込めを図った。この間、朝鮮北部ではソ連軍の支援を得た金日成《キムイルソン》の主導で、一九四六年二月に北朝鮮臨時人民委員会がつくられた。臨時人民委員会は、社会主義をめざして土地改革や重要産業の国有化、男女平等などを進めようとした。徹底した平等を追求したこの改革は、それに反発した人びとの逃避を招き、北から南に激しい人口流出を引き起こした。これらの越南民と呼ばれた人びとの多くは、南で徹底した反共主義者になる。

解放後の朝鮮で吹き荒れた左右の嵐は、朝鮮半島南端の済州島に集約された。済州島の歴史を粘り強く調べている文京洙《ムンギョンス》の研究によれば、解放後の済州島では、徴兵や徴用で日本各地に送られていた人びとの引き揚げとコレラの流行、アメリカ軍による米穀収集令が加わって食料不足が深刻になった。

米穀収集令はアメリカ軍への反発を強め、朝鮮半島から離れていた済州島では人民委員会の基盤が強固につくられた。一九四七年三月一日、襲撃と勘違いした警察は、一般市民に発砲して六人が亡くなる。三・一事件は、島全体を巻き込んだ大規模なストライキに発展し、警察や右派による暴力やテロ、検挙が横行して緊迫した状況が続いた。

一九四八年五月に予定された朝鮮南部だけの単独選挙を前にして、緊張はピークに達した。南北分断を固定させる選挙に反対した済州島の人びとは、四月三日に武装蜂起《ほうき》する。これに対して、アメリカ軍の指揮のもと、警備隊や警察、越南民の右派勢力などの治安部隊が島民に対する殺戮《さつりく》を繰り返す。一九四八年から五四年までの間に、島内だけで二万五〇〇〇人から三万人の人びとが殺された。済州島四・三事件である。一九四八年には、朝鮮は大韓民国（韓国）と朝鮮民主主義人民共和国（北朝鮮）とに分かれて独立し、南北分断が鮮明になった。

4

◉四・三事件で避難する人びと
一九四八年の済州島《チェジュド》。街を追われ、林のなかに仮の小屋を建てて避難生活を送っている。女性や子どもの姿ばかり。

## 犬が去って、豚が来た——台湾

台北《タイペイ》には一九四七年（昭和二二）に起きた二・二八事件を記憶するための二二八紀念館がある。

紀念館には終戦後の大きな写真パネルがある。大陸から来た国民党の軍人や官僚を笑顔で歓迎する生徒たちの視線が、展示を見る人の側に向けられている写真である。

写真にみられる期待と安心感は、やがて横暴を尽くす軍人らに対する不満に変わった。大陸で共産党との内戦に疲れきった軍人らは、食事の代金を踏み倒す、家屋に押し入って略奪する、婦女暴行をするなどの勝手を尽くす。国民党の官憲は彼らの横暴を取り締まらなかった。縁故採用があふれ、物価は高騰、倒産や失業が深刻化する。日本からの独立以前より台湾に住んでいた漢民族を本省人《ほんしょうじん》、大陸から新たに来た人びとを外省人《がいしょうじん》という。そのほか、台湾にはツオウ族などの先住民が多く住んでいた。横暴の背後には、外省人による本省人・先住民に対する蔑視《べっし》もあった。新たな国語＝中国語が教えられ、日本語の使用が禁止された。先住民は植民地時代の日本語氏名にかえて、新たに中国語氏名が与えられた。日本の植民地政策の影響で日本語を使う若い本省人や先住民は、批判・摘発の対象になった。

紀念館の展示では、終戦後の新聞や雑誌の漫画がコラージュされている。漫画のなかに生活難や

5

◉国民党軍を出迎える台湾の人びと
終戦後、台湾では植民地支配からの解放を喜び（光復）、一九四五年一〇月から来台した国民党軍を歓迎した。

外省人批判をすくいとる優れた展示方法である。台湾の人びとは、「犬（日本人）が去って、豚（国民党）が来た」と揶揄《やゆ》した。一九四七年二月二七日、台北市で闇タバコを売っていた女性を国民党の官憲が殴打《おうだ》し、それに抗議した群衆に官憲が発砲、市民ひとりが射殺された。翌二八日、行政長官公署に押しかけた抗議の群衆に対して、憲兵隊が屋上から無差別に掃射し、多くの死傷者が出た。台湾の人びとの怒りが爆発、台北市内各所で暴動が起こり、占拠した台北放送局台北支局から全島に向かってラジオで決起が呼びかけられた。

主要都市で抗議と暴動が起こり、人びとは警察や軍隊と対峙《たいじ》した。台湾省行政長官公署長官の陳《ちん》儀《ぎ》は、譲歩の姿勢を見せて時間稼ぎをし、大陸から国民党軍が着くのを待って大弾圧と殺戮《さつりく》を行なった。

二・二八事件後には戒厳令《かいげんれい》がしかれる。戒厳令はその後一九八七年まで続き、台湾では白色テロ（恐怖政治）が行なわれた。事件が語られるようになったのは一九八〇年代後半からであり、殺戮さ

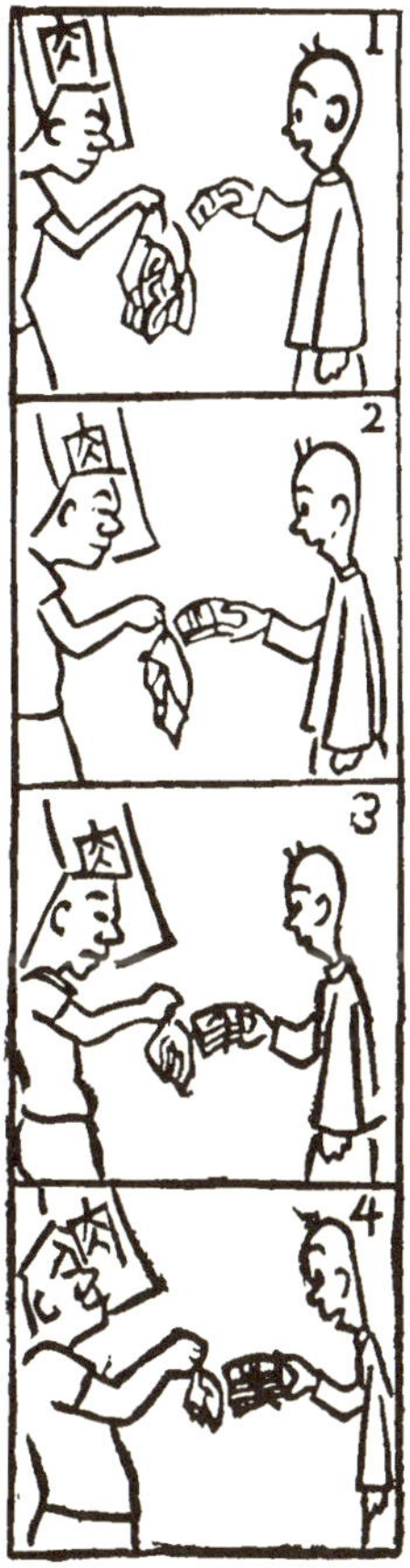


6

◉二二八紀念館に展示されている漫画
画題「銭が物に追いつかない」。インフレで肉の値段が高くなる様子と売る側が尊大になるさまを皮肉った漫画。雑誌『新新』（一九四六年五月）に掲載された。

れた人の正確な人数は、一九九〇年代の調査によれば、一万八〇〇〇人から二万八〇〇〇人と推計されている。紀念館の二・二八事件の展示室には、ラジオ放送の声、虐殺された個人の墓碑銘、事件の全土への広がり、厳しい取り締まりと抵抗が、角度を変えて展示されている。

白色テロによって共産党員が摘発され、先住民の自治要求も弾圧された。全島で膨大な政治警察の網の目がつくられた。一九六〇年代以降、規制のなかで民主化運動が繰り返し現われ、一九八〇年代以後の台湾の民主化を導いた。紀念館の遺族のコーナーには、白色テロで倒れた故人と遺族を並べた写真が多数掲示されていた。そこからは、理不尽で暴虐な死を遂げた人びとの無念さや、濡《ぬ》れ衣《ぎぬ》を晴らし、真実を確かめようとする家族の数々の営為が浮かび上がる。

朝鮮と台湾で、終戦後の同時期に多くの人びとが生存の厳しい淵《ふち》に立たされた。これらの事件は、大日本帝国とその崩壊、戦後の東アジアにおける冷戦の進行とどのようにかかわりあったのか、人びとはそのもとでどのような生存状況に置かれたのかを問うている。二二八紀念館は、写真・モノ・文字資料・日記・漫画・ラジオ放送などの多彩な資料を駆使し、多様な方法で事件の背景や要因・影響を展示しようとしていた。台湾と東アジアの戦後を考えるうえで、おそらくもっとも優れた展示のひとつだと思われる。

7

◉ツオウ族の高一生とその家族
先住民の自治を主張した高は、白色テロで一九五二年に逮捕され、極刑で五四年に亡くなった。

## 中国、そしてソ連侵攻

中国の戦後は、国民党と共産党との内戦の再開で始まった。一九四六年（昭和二一）六月山西省《さんせい》では、国民党の閻錫山《えんしやくざん》が共産党との内戦の本格化を見越し、日本の軍隊および民間人に残留を要望する。日本の民間人の間では、資源豊かな山西省を祖国復興の足がかりにしようとする残留熱が高まり、日本軍の一部も同調、残留を強《し》いられた現役軍人を含めて二六〇〇名が戦闘員として閻錫山の軍隊に編入され、四年間の内戦に参加した。

内戦では当初、蔣介石《しょうかいせき》率いる国民党軍が優勢だったが、冷戦の本格化や日本の占領政策への集中で、アメリカの国民党への支援が少なくなり、勢力が後退して共産党が挽回《ばんかい》する。一九四九年一〇月、ついに全土を押さえた毛沢東《もうたくとう》率いる共産党が中華人民共和国を樹立し、蔣介石は台湾に逃れた。

二〇〇五年、東京で開かれた「香月泰男《かづきやすお》展」を見た。香月は一九四三年に満州・ホロンバイルに出征する。小原昭《おばらてる》のいたホロンバイルである。戦後、香月はシベリアの収容所で飢餓《きが》と極寒のなか、一年半の強制労働を強《し》いられた。そして帰郷後、「シベリヤ・シリーズ」を描きはじめる。

香月がシベリアに抑留されたのは、ソ連軍がヤルタ協定に基づき、日ソ中立条約を無視して一九四五年八月八日に日本に宣戦し、満州をはじめ朝鮮・樺太《からふと》に進撃したことによる。ソ連軍は八月一六日には樺太へ、一八日に千島《ちしま》列島にも侵攻した。樺太ではその直後に、千島列島の占守島《シュムシュ》では八月二二日に日本軍は降伏する。ソ連軍は満州への侵攻で捕虜とした日本人をシベリアなどに抑留し、強制労働に従事させた。抑留者は六五万人といわれている。

# 四人の終戦

## 小原昭の満州引き揚げ

「はじめに」で紹介した四人は終戦をどのように迎えたのか、たどってみたい。

「私らが引き揚げる時が来たら、その前に坊主頭にして、訓練生の服着て。八畳間にね、こう差し向かいして、足伸ばしたそこが自分の場所。そこで寝起きする。男も女もないのな。そういう時は何にもただ生きる、生きて帰るべっていう、そんなあの男女の意識はないの。元気でいるか？　足冷たいなら出しなさい、暖めてあげるからってね。そうやって、ほんとうに生きて行くのが精一杯だった」

家族で満州に渡っていた小原昭《おばらてる》は、日本の敗戦を一九四五年（昭和二〇）八月一九日に聞いた。一九四〇年四月、昭は父の勧めによってハルビン市青年義勇隊中央病院の看護婦養成所に入っていた。嫩江《どんこう》訓練所病院で看護婦として働く間に父と妹を相次いで亡くす。一九四六年秋に博多港に着くまでの一年あまり、昭はひとりで引き揚げるなかで多大な苦難を経験した。昭への聞き取りと昭の書いた文章からその一端を記しておきたい。

昭たち看護婦は頭を丸坊主にして男装し、訓練所の部長とともに嫩江の陸軍兵舎に集められた。先の言葉は当時の様子を昭が語ったものである。引き揚げに際し、昭は支え合って必死で生きながらえたことを繰り返し語った。

この間、体力のある男性七名はシベリアに送られ、重症の男性と女性、子どものみが残った。軍人とその家族は誰ひとり残っていなかった。奥地から引き揚げてきた開拓団は、途中で略奪され、着の身着のままだった。食料と衣類の不足は深刻で、発疹《はっしん》チフスなどの病気で子どもや体力の弱い人から亡くなった。官舎ではソ連兵による暴行・略奪・強姦が繰り返された。昭たちは日本人会をつくり、嫩江市内に住む「商売」の女性に頼み、ソ連兵の犠牲になってもらった。「日本人会で相談してね、その子がやられたあとよ、これ以上もうあの、女の子ね、犠牲になったら大変だって、あの商売してる人たちにお金あげたんでしょ、日本人会が。そいでほんとうに助けられたけどもね、『私はもうこれで死んでもいいから、あの日本のために戦います』って言って、がんばってくれたの。ほんとうに大変だった」。

一〇月末、ソ連兵が引き揚げたのちは中国の内戦が激しくなり、国民党と共産党の両軍による暴行・略奪・強姦が続く。一一月に共産党軍が勝ち、中国人の妾になる人や子どもを中国人に渡す人が出た。一二月末にチチハルまで南下した。寒さや略奪、国民党軍による暴行を受けながら、翌年三月にようやくチチハル収容所に着いた。

チチハル収容所でも発疹チフスや天然痘《てんねんとう》が流行し、子どもや病弱の人が亡くなった。昭ら四名の看護婦は、共産党軍の看護婦になるのを避けるために中国人の家で住み込みとして働き、収容所に戻ってからは日本人会で養護院を開き、昭は保母として働いた。三か月後には日本に帰れるとの情報に接したので、昭たちは子どもらを連れてハルビンから新京《しんきよう》（長春《ちようしゆん》）に着いた。汽車を動かすために、「もと商売をしていた」女性一五、六人が犠牲になり、日本への船が出る葫蘆《コロ》島へ向かう。一九四六年一一月下旬、昭たちは博多港に着いた。

昭たちの開拓団で引き揚げた者は六七名、うち日本に引き揚げた者は三八名であった（五七パーセント）。大人の男子の生存率は八〇パーセント、女子は六七パーセントであるのに対して、子どもの生存率は四九パーセントにとどまった。ソ連軍や国共両軍の暴行や抑圧のなかで犠牲を強《し》いられ、病気や酷寒、略奪に苦しめられた人びと。生存の比率は男女や年齢によって異なり、病弱な人と子どもにもっとも厳しかった。

昭から「商売」の女性に頼んだという話を聞いたとき、私は息を呑《の》み、「なぜ『商売』の女性に頼んだのですか」と聞くことができなかった。同じことは、第二章で紹介した折居《おりい》ミツにも起きていた。葫蘆島に向かう汽車の機関士が〈女を出さないと汽車を動かさない〉といったとき、〈しょうばい女の人〉が、〈どうせよごれている身だから／「みなさんのおやくに立てば」〉といってわが身を差し出した。生存のぎりぎりの淵《ふち》で性の危険に追い込まれたとき、「商売」の女性たちに抑圧と犠牲が委譲された。その委譲の背後には、性をめぐる「商売」の女性と「一般」の女性のダブルスタン

8

◉満州からの引き揚げ
満州からの引き揚げには孤児が多い。逃げまどうなかで、家族が離散したり、亡くなったりしたからだ。

ダードがあったのではないか。生存の極限に置かれたときの行動に対する問いは、私のなかで、まだ十分解決されていない。

一九四六年一一月末、昭は実家に帰る。離ればなれになっていた母と弟がハルビンで亡くなり、姉と義兄、小さい妹のみが帰宅したことを知った。看護婦として働く決心をしたところ、姉夫婦に勧められ、戦後に開拓地として転用された和賀《わが》村のもと後藤野《ごとうの》飛行場で一緒に農業に取り組むことになる。一九五一年に婿《むこ》を迎え、二組みの夫婦の共同による農業開拓が始まった。

**少年の見た敗戦と強制連行の中国人**

一九四五年(昭和二〇)五月、神戸で空襲にあった後藤貞子《ごとうさだこ》の家族は、今度は母の弟にあたる叔父の後藤武雄《たけお》を頼り、京都府与謝《よさ》郡与謝村大江山《おおえやま》に疎開した。貞子と妹は、叔父の徴用先の日本冶金《やきん》の事務で働くことができた。家族は社宅に住んだ。

八月一五日を貞子らは大江山で迎える。日本冶金には徴用の日本人のほかに強制連行された中国人、連合軍の捕虜、朝鮮人らが働いていた。貞子の従弟《いとこ》の後藤宇之松《うのまつ》(武雄の息子)は中国人の強制連行をよく覚えていた。宇之松の手記と聞き取りをもとに、一二歳の少年の目から見た敗戦前後の日本冶金を描いてみよう。

宇之松は、玉音放送を日本冶金のニッケル鉱山の住宅で最敬礼をして聞いた。国民学校で徹底した錬成《れんせい》教育を受け、最後まで神風が吹いて日本が戦争に勝つと信じていた宇之松は、悔しさで涙が止まらなかったという。

　その日の夜九時頃、社宅の入り口付近から「ワアーッ」という群衆の喚声がわき起こり、同時に建物やガラスが壊される音が鳴り響いた。宇之松の父・武雄は、子ども三人を床下に隠した。社宅の表戸が引きはずされてガラスが割れ、中国人の怒声や父の大声、無数の足音が入り乱れて聞こえた。どれだけ時間が過ぎたのか、頭上が静かになって畳が上げられ、父が「出てこい」と呼んだ。貞子姉妹と宇之松三人が恐る恐る部屋に上がると、一団の中国人が父親を囲み、外に向かって円形のスクラムを組んでいた。スクラムのなかのリーダーらしき人が社宅に飛び込んでくる中国人に説明すると、彼らはうなずいて帰っていった。宇之松は、「この人たちに助けられたのだ」ということがわかった。

　翌日から彼らは交替で宇之松の家の警備を始めた。宇之松は自分たちを大事にしてくれたリーダーの李徳宝《リーターボ》や、周太利《チョンターリ》らの名をよく覚えている。李徳宝とは筆談で話した。李徳宝は言った。「お前の父はわれわれを暴力と飢餓《きが》から救ってくれた心優しい人だ。だからお前たち家族を守ったのだ」。

　後藤武雄は、徴用で日本冶金の鉱山で働く中国人の監督をしていた。中国人には毎食二個の饅頭《マントウ》が配給された。日本人の監督の多くは、食料不足なのでその饅頭を取り上げた。中国人は監督の暴力を避けるために饅頭を差し出したが、空腹では仕事の能率が上がらない。その悪循環で脱走や暴行が横行した。

　それに対して武雄は、母の着物と交換した白米を毎日炊いて、自分の管轄の中国人の食料にした。

そのため武雄の管轄の中国人は、かえってよく働いたという。武雄は、姉（後藤貞子の母）を頼って満州を訪れていた。そのときに中国人と接触があって大江山でも中国人に親切だったのではないかと宇之松は語った。

敗戦の日まで宇之松は、彼らを中国軍兵士の捕虜だと思っていた。ところが李徳宝から、彼らが農民だったことを知らされた。「私らは、農耕中に、日本の官憲に問答無用で百円札を握らされ、日本に送り込まれた。家族がいまどうしているか心配だ」と李は話した。

宇之松は戦時中に、「収容所」を脱走しようとした中国人が捕まり、暴行を受けた場面を見たことがある。群衆の前で下半身裸で四つん這《ば》いにされ、木刀で尻をしたたかに打たれた中国人。その中国人を逃げないようにつかまえ、尻を打たされたのも中国人であり、中国人はみな大声で泣いていた。だが、こうした光景を見ても、中国人を「チャンコロ」と教えられ、「中国人は人間でない」と信じていた宇之松には、かわいそうという感情がわいてこなかったという。李徳宝は、「中国人も私たちと同じ人間だ」ということを気づかせてくれたはじめての人だった。

大江山でニッケルが発見されたのは一九三四年のこと。新興財閥・昭和電工率いる森矗昶《もりのぶてる》の日本火工株式会社（一九四二年に日本冶金工業株式会社と改称）によって、一九四〇年から本格的なニッケル生産が始めら

9

◉大江山鉱山で働いていた中国人
背広姿もあるので戦後だと思われる。裏書に「中華民国河南省」と一三人の名前、年齢がある。

れた。一九四四年一〇月、その大江山に二〇〇人の中国人が連れてこられる。彼らのほとんどは河南《かなん》省出身の農民だった。

大江山の中国人強制連行について長年調べてきた和久田薫《わくだかおる》は、後藤武雄と同様に、中国人に真摯《しんし》に向き合った日本人の例を紹介しているが、それらはごくまれであり、中国人は厳しい監視のもとで苛酷《かこく》な労働に従事させられた。八月一五日までに一二人が亡くなり、多くの人がけがや栄養失調で苦しみ、賃金もなんの補償もなく帰国させられた。

**黄永祚の戦後**

東京大空襲ですべてを失った黄永祚《ファンヨンジョ》は、友人のつてで枝川《えだがわ》に移り住んだが、孤独感と自責の念でしばらくは何をする気力もわかなかった。三か月が過ぎたころ、鹿島組《かじまぐみ》の人が黄を探し、仕事を依頼してきた。悲しんでばかりいられないと思い、働くことにした。そこで八・一五を迎えた。

朝鮮は解放されたので朝鮮人として堂々と生きたいと思い、鹿島組の仕事を辞めてひとりで働くことにした。あるとき、友人が再婚を勧めにきた。両親を東京大空襲で亡くし、三人の小さな弟妹のいる朝鮮人の女性だった。悩んだ末に黄は再婚を決意し、それからは以前の仕事のほかに豚を飼

◉大江山鉱山とニッケル工場
丹後半島のつけ根にある大江山の山中から、日本海に面した工場（京都府宮津市・岩滝町）へニッケル鉱石を鉄道で輸送し、精錬した。

ったり、どぶろくをつくったりして必死で働いた。この間、枝川での在日本朝鮮人連盟の結成にも参加し、在日朝鮮人運動が弾圧を受けた厳しい時代を乗り切ってきた。

**台湾に帰った陳真**

八月一五日を、陳真《ちんしん》と母、姉は疎開先の山梨県で、父の陳文彬は東京で迎えた。家族は堀江《ほりえ》家の疎開先を頼って山梨に移り、父は特高警察によって東京に住むことを強制されていたからである。

日本の敗戦は、陳真たち家族にとって光復（植民地の解放）であった。文彬はにわかに忙しくなった。アメリカ占領軍や国民党代表部と交渉しながら、徴用で台湾から連れてこられた人びとや、そのほか台湾に帰ろうとする人びとを無事に台湾に帰す仕事に就いたからである。

文彬は台湾大学文学院教授に招聘《しょうへい》された。一九四六年（昭和二一）二月下旬、陳真たち家族は一緒に台湾に移った。陳真たちが最初に基隆《キールン》港で見たものは、上半身裸で汚れた子どもたちが有刺鉄線をかいくぐり、隠し持っていた煙草《たばこ》を売りにくる姿であった。兵士が子どもをつかまえ、自分の革バンドを抜いて、めちゃくちゃに叩《たた》いた。子どもはほうほうの体で逃げていった。

陳文彬はすぐに忙しくなった。台湾大学文学院教授に建国中学校校長を兼ね、新聞『人民導報』の編集者にもなった。日本人が去り、親日の人びとが追放され、知識人の乏しくなった終戦後の一時期、日本から帰国した熱烈な愛国主義者は重用された。陳文彬は、延安《えんあん》の新華社《しんかしゃ》から送られるニュースをもとに地下新聞『光明報』も発行した。陳真は台北第一女子中学に編入した。

二・二八事件後の三月、陳文彬は、建国中学校に学生と市民を集め、国民党の圧政と闘う必要があるので、大陸から逃げてきた人びとを排斥してはならないと懸命に説いた。『陳真』の著者である野田《のだ》正彰《まさあき》は、中国の復興をめざしてきた陳文彬の信念をそこにみている。

　圧政の危険は陳文彬の身にも及び、ついに軍警備司令部に逮捕される。軍事法廷で死刑にされる寸前に、文彬は多くの人びととの協力で逃げ、小型飛行機で香港《ホンコン》に脱出した。

　母と姉妹は台北《タイペイ》赤十字病院に逃げ込んだ。姉は女学校に通えたが、陳真は身をひそめなくてはならなかった。陳真は台湾の良心的な人びとに支えられ、先に紹介した『漂浪の小羊』を一九四六年一〇月に出版していた。日本に滞在していた陳真は、親日的ということで官憲に捕まる危険性があったのである。一九四七年秋、母と陳真は病院を脱出し、一年近く、山中などに隠れていた。翌秋、母と娘二人はついに小型飛行機で香港に脱出できた。父の友人たちと革命組織の支援によってであった。

　それから一年後の一九四九年八月末、父と母娘は天津《てんしん》で奇跡的な再会を果たす。『陳真』は迫真の描写で二・二八事件後の陳真たちの逃亡を追っている。

11

◉二・二八事件直前の台湾の陳真
台北第一女子中学校在学のころ。台湾の生徒は日本語教育を受けたので中国語が十分ではない。しかし、日本にいた陳真は中国語もよくできた。

# 引き揚げと復員

### 交差する引き揚げ

敗戦時の外地には六六〇万人の日本人がいた。軍人三五〇万人、民間人三一〇万人のうち、六三〇万人という膨大な数の人びとが帰国した。アジア太平洋戦争で亡くなった日本人は三一〇万人になる。うち、軍人・軍属・準軍属の戦死者が二三〇万人、外地で亡くなった民間人三〇万人、戦災による死亡者五〇万人だった（朝鮮人・台湾人を含む）。三一〇万人のうち海外で死亡した人を合わせると二四〇万人、朝鮮人軍人・軍属の死亡者は二万二三八二人を数えた（厚生労働省調べ）。

引き揚げは紆余曲折《うよきょくせつ》を経た。アジア太平洋戦争で船舶の大部分を失った日本は、アメリカ軍から船舶の貸与を受けて引き揚げをようやく軌道に乗せることができた。南方や中国中部・南部の引き揚げが比較的順調に進んだのに対して、とくに引き揚げが困難だったのは、ソ連が侵攻した中国東北部と朝鮮北部、樺太《からふと》だった。二〇〇八年一二月八日、NHKで「葫蘆島《ころ》―旧満州・引き揚げはこうして実現した」が放送され、一九四六年五月に始まった中国東北部の残留日本人の引き揚げに対するアメリカの思惑《おもわく》に光があてられた。加藤陽子《かとうようこ》の研究とこの番組を合わせると、中国東北部からの引き揚げには以下の四つの要因が重なっていたことになる。

第一は、引き揚げに対して放棄あるいは消極的な態度をとった日本政府である。ポツダム宣言を受諾した一九四五年八月一四日、日本外務省は、「居留民はできる限り現地に定着させる方針」を示した。この方針は敗戦後も継続され、中国東北部の残留日本人の放置につながった。敗戦に先立ち、ソ連は一九四五年四月に日ソ中立条約の不延長を通告し、対ソ戦の危機が高まった。高橋千三《たかはしせんぞう》を含め、二〇個師団を南方に転用した大本営は、七月一〇日、在満日本人の大人の男子を兵士として根こそぎ動員する。折居次郎もそのひとりであった。満州移民の開拓団には老幼女子のみしか残らず、そこから引き揚げまでの一年弱に起きたことの一端は、小原《おばら》昭《てる》と折居ミツについて記したとおりである。現地「定着」方針の責任は大きい。第二章で紹介した、夫の言葉へのミツのこだわりは、夫を通り越して住民保護をしなかった日本政府の責任にまで到達する。

第二は、一九四五年八月九日のソ連参戦であり、満州はソ連が制圧して中国共産党が影響力を強める地域になった。翌年四月にソ連が満州の軍政を廃止するまで、ソ連兵による暴行やシベリア抑留が行なわれた。第三は満州に対するアメリカの思惑である。アメリカは国民党軍への支援と在満日本人の引き揚げを決める。一九四六年五月から、アメリカの船舶一八五隻で中国中央部・南部の国民党軍を中国東北部に運び、その船で葫蘆島から日本人を引き揚げさせ、さらにその船で日本にいる中国人・朝鮮人をそれぞれ帰国させた。満州におけるソ連・中国共産党の影響力を弱め、さらに中国に日本の勢力が残ることを除去するためである。第四は、国民党軍あるいは中国共産党軍による留用である。留用とは、日本人の技術者や医者・看護婦を中国にとどめることをいう。日本政府の方針、米ソの冷戦、中国内部の対立が加わった結果、中国東北部に在留した日本人一五五万人は、一〇五万人がアメリカの戦略による引き揚げで帰国し、二四万人が亡くなり、ほかの人は留用や残留孤児などで中国にとどまった。小原昭と折居ミツはこの引き揚げで帰国できた。中国からの引き揚げは一九五三年から五八年に再開され、留用者など三万人が帰国した。

佐世保《させぼ》は博多や舞鶴《まいづる》と並ぶ引揚げ港のひとつである。佐世保引揚援護局の『局史』によれば、南方や中国中部・南部に比して、一九四六年五月以降の中国東北部からの引き揚げには孤児が多く、孤児収容所を設けたとある。折居ミツが連れ帰った孤児はここに収容され、中国に残らざるをえなかった孤児は、のちに残留邦人となった。

日本人の引き揚げの一方で、アジア太平洋戦争末期に日本の内地で暮らした二〇〇万人に達する朝鮮人は、日本の敗戦後、その多くが帰国する。博多や山口県の仙崎《せんざき》などは、帰国船を待つ朝鮮人であふれた。一九四五年一一月頃には日本政府による朝鮮人の送還の準備がようやく整い、朝鮮から日本人引き揚げ者を乗せてきたアメリカ軍の船が朝鮮に戻る際に、朝鮮人引き

12

◉博多港からの帰国を待つ朝鮮の少女たち
一九四五年一一月、博多港には朝鮮人が一万五〇〇〇人滞留した。写真右には、「帰還 全羅南道北海道女子勤労挺身隊」の幟が見える。

揚げ者を乗せて帰国に向かった。日本に働きに来たり、戦時動員により渡日させられたりした朝鮮人などが帰国したが、朝鮮への手荷物・所持金が制限され、さらにアメリカ・ソ連軍政下の朝鮮情勢が混沌《こんとん》としていることが伝わると、在日年数の長かった朝鮮人などが帰国を見合わせるようになり、約六〇万人の朝鮮人が日本にとどまることになった。戦前の日本と朝鮮は、「国境をまたぐ生活圏」のなかにあり、往来が頻繁に行なわれていたが、敗戦後はアメリカ政府によって日本の国境管理が厳しく行なわれるようになり、いったん朝鮮に帰国した人が日本に戻ることは取り締まりの対象になった。敗戦後は、国境や手荷物の管理など、国境の壁が高くなったのである。

また、戦時動員によって兵士や軍属、「従軍慰安婦」などとして戦地や外地に送り込まれた植民地の人びともいた。これらの人びとの引き揚げに対して、日本政府が組織的に取り組んだ形跡はない。

外地から日本本土へ引き揚げてきた日本人のなかで、郷里に容易にたどり着けない人びとがいた。沖縄の人である。アメリカの軍政下の沖縄では、海外および日本本土との往来が禁止されていた。外地の沖縄の人びとは、日本本土に引き揚げて、沖縄に帰れる日を待った。一九四五年（昭和二〇）一二月に本土で帰島を待つ沖縄の人は一〇万人。仕事も収入もなく、

13

◉朝鮮人密航者
占領は日朝間の国境管理を厳しくし、往来が制限された。対馬《つしま》、壱《い》岐《き》を利用した朝鮮人の密航者が増大したと報じられた。

餓死者が出た。伊波普猷《いはふゆう》と比嘉春潮《ひがしゅんちょう》らが沖縄人連盟をつくり、政府に引き揚げ者の生活援護や帰島実現の働きかけを行なった。沖縄への引揚げ船が運航されるのは、ようやく一九四六年八月になってからだ。

一九四六年七月一三日の『朝日新聞』は、「社説」のなかで、朝鮮人、中国人、「琉球人」を「非日本人」に数え、さらに〈引き揚げを希望する中国人、琉球人の送還はすでに完了した〉と記した。「声」欄に二人の反論が載る。ひとりは琉球人の引き揚げは事実として完了していないと述べ、もうひとりは「非日本人の意味」を次のように問うた。この社説は、朝鮮人、中国人、琉球人に対して早く本土を去れという印象があるが、〈琉球人を非日本人という理由はない〉、〈日本民主化も亦《また》沖縄を忘れては達せられない〉。二人の投書者は、沖縄人の引き揚げに熱心でない日本政府と、沖縄人を朝鮮人、中国人と同様に扱う新聞に対して抗議をしている。

### 朝日新聞大阪本社の引き揚げ写真

戦前の新聞社で撮影・所蔵していた写真は、敗戦後にほとんどが処分された。朝日新聞大阪本社には、疎開させて処分をまぬがれた戦前・戦時中の写真が残されている。疎開先の名称をとって「富士倉庫写真」と呼ばれる写真は植民地、海外が中心であり、そのなかから満州や朝鮮、「支那《しな》事変」、南洋諸島などを見せてもらい、その一部を本書で使用した。

朝日新聞大阪本社には、富士倉庫写真以外にも戦前・戦時中の事故や災害に関する写真が残されており、戦後の写真も多数あった。戦後の写真のなかから引き揚げに関するものを閲覧し、その一部を本書に使った。引き揚げ写真には、朝鮮・台湾・中国・樺太《からふと》・ベトナム・インドネシア・グアム・ソ連などからの引き揚げに関するものが多数あった。おもに日本に着いたときの写真であり、一部に高雄《たかお》（台湾）・天津《てんしん》（中国）・グアムなど、出発先の写真もあった。

引き揚げはどのように推移したのか。三つの角度から検討してみたい。ひとつは地域別の推移であり、先述のように、南方および中国中部・南部と中国東北部、朝鮮北部、樺太では引き揚げ時期に相違があった。

これに対して、朝日新聞大阪本社の引き揚げ写真や記事は一九五五年頃まであり、引き揚げ以外にも「日本兵が見つかった」というような写真と記事もあった。一九五五年頃を境に引き揚げや日本兵に関する写真・記事はしだいに減る。

もうひとつ、一九四六年七月からラジオで「尋ね人」が放送された。「昭和一八年頃、満州黒龍江《こくりゆうこう》省の○○に住んでいた××さん、隣組で一緒だった□□さんが、お探しです。お心当た

14

◉朝鮮で日本への引き揚げを待つ日本軍兵士
朝日新聞大阪本社に残された引き揚げの様子を撮った写真の中に、朝鮮と台湾で日本への帰国を待つ日本人を写したものが一枚ずつあった。

りの方は……までご連絡ください」といった内容が冷静なアナウンサーの声で伝えられた。「尋ね人」は一九六二年三月まで続いた。

引き揚げ写真や「尋ね人」の推移からすれば、引き揚げ人数が減っても引き揚げへの関心は高く、外地からの引き揚げ者を待つ人びとはなくならなかった。引き揚げへの社会的関心が消えていくのは、高度経済成長期ごろのように思われる。

朝日新聞大阪本社の引き揚げ写真に戻ろう。引き揚げ写真のなかに一枚だけ、朝鮮人で戦時末期に召集された人が、一九五五年頃に日本に引き揚げてきた写真があったが、それ以外の引き揚げ写真はすべて日本人に関するものであった。いいかえれば、陳真たち家族のように日本から引き揚げた人たちの写真は一枚もなかった。引き揚げには、実際には日本への引き揚げと日本からの引き揚げの両方向があり、日本からは朝鮮人や中国人がそれぞれの本国に引き揚げたが、朝日新聞大阪本社にはその一方の日本への引き揚げ写真しかなかった。ここには当時の新聞社の問題関心の所在がよく示されている。つまり、引き揚げといえば日本人が日本へ引き揚げることであり、日本から朝鮮人や中国人が引き揚げることは関心の範囲外であった。引き揚げ写真に示された関心の差は、当時の人びとの社会的関心も反映していたように思われる。

博多港や仙崎港で朝鮮への引き揚げを待つ朝鮮人たちの写真があり、本書の口絵や図版にも収録した。しかし実際には、それらはいずれも占領軍によって撮影・記録されたものなのである。

# 残された人びと、帰国した人びと

## 村山三千子の戦後

第三章で従軍看護婦として紹介した村山《むらやま》三千子《みちこ》は、戦後も中国に残され、日本に帰国したのは一九五三年（昭和二八）のことだった。文字どおり、波瀾《はらん》に満ちた三千子の中国での日々を聞くなかで、私は戦後もアジアに残された人びとが多くいたことを、あらためて考えさせられた。

三千子が帰国予定の一か月前、日本は降伏した。一九四五年九月、三千子らはソ連軍に捕らえられ、延吉《えんきつ》の捕虜収容所で日本人患者の看護にあたらされた。発疹《はっしん》チフスで生死をさまよい、九死に一生を得た三千子は、一九四六年五月、生き残った医師や看護婦、患者とともに八路軍《はちろぐん》に引き渡された。留用《りゅうよう》である。

戦時中の三千子は、東寧《とうねい》第一陸軍病院で共産党と思われる中国の青年二人に対する生体解剖の助手をつとめたことがあった。共産党は匪賊《ひぞく》だと教えられ、憎しみと敵愾心《てきがいしん》をもっていた三千子は、生体解剖に対して何も感じなかったという。その共産軍に三千子自身が引き渡されたのである。中国では、共産党と国民党の内戦が本格化していた。両党ともに、医師や看護婦などの技術をもつ日

15

●留用中の村山三千子 人民服を着ている。三千子は、日本赤十字社、日中友好協会、平和連絡委員会を窓口として一九五三年から再開された引き揚げで、ようやく帰国を果たす。

本人を留用した。三千子は、内戦を戦う八路軍に従って転々と歩き、移動病院で看護に従事した。「軍国の乙女」だった三千子の認識はこの行程で徐々に変化していった。八路軍は自分たち捕虜をつかまえても殺さず、逆に丁寧に扱った。八路軍の将校と兵士は同じ軍服を着ており、食料は現地で交渉して購入した。移動する先々では日本軍や国民党軍の蛮行の跡をいくつも見せつけられた。ある農家の老婆には、「日本軍は鬼だが、それは軍閥や天皇の命令によるものであり、あんたたちに問題はない、あんたたちは天皇や軍閥にいわれてやったので、ほんとうは私たちと同じだ」と言われた。

そのころ三千子は、戦時中のある出来事を思い出したという。それは、親戚の軍医の遺骨が荒縄で縛られた白木の箱に入れられて戻ってきたことである。その軍医は軍人の盲腸の手術に失敗し、天皇の赤子《せきし》を亡くしてしまったことを悔いて自殺した。自殺するような軍医は軍人にもとるということで、軍医の遺骨を入れた白木の箱には荒縄がかけられていたのである。軍医の家族は戦時中、ひっそりと息をひそめて暮らしていた。八路軍との行程で日本軍について考えさせられるようになった三千子は、戦時中には疑問に思わなかった荒縄の白木の箱についても疑問に思うようになった。

八路軍では、医務学習と政治学習があった。三千子は医務学習の先生になり、看護の仕事を教えながら看護にあたった。八路軍とともに三年間、吉林《きつりん》・遼寧《りょうねい》・河北《かほく》・河南《かなん》・湖北《こほく》などの行程を数千キロメートル歩いた。内戦が終わり、洛陽《らくよう》の病院に勤めた三千子は、一九五一年、政治学習の先生をしていた、元日本軍の男性と結婚した。三千子は夫から社会主義思想を学んだ。このころの三千子は、日本の戦争が間違っていたことを悟るようになり、生体解剖に立ち会ったことも恐ろしい出来事として後悔するようになった。一九五三年、村山三千子は生まれたばかりの長女と夫の三人で帰国した。従軍看護婦として満州に渡ってから一〇年の歳月が流れていた。

村山三千子と先の後藤宇之松《ごとううのまつ》の経験には共通性がある。蔑視《べっし》観や敵愾心が、中国人に対する暴行や生体解剖に対する真っ当な感情を押し殺したことである。中国人の生命を奪うことを正当化するほど強烈だった蔑視と憎しみの感情。軍人だけでなく、国民学校の生徒や従軍看護婦にまで浸透していた強烈な蔑視観。二人の例は、感情が生存への感覚をいかに大きくゆがめるのかを示す。

**ベトナムに渡った林文荘**

一九四三年（昭和一八）、台湾の農業技術員錬成所を卒業した林文荘は、生まれたばかりの長女と妻を残してベトナム（仏領インドシナ）の農業指導員に派遣された。台湾に九か所あった農業技術員錬成所は、南方での農業開発の指導員を養成する台湾総督府《そうとくふ》の機関だった。

一九四五年八月一五日、林は日本の敗戦をベトナムで知る。台湾で日本人としての意識をもって育った林は、日本人の兵士同様に敗戦を口惜しがった。林は早く家族の待つ台湾に帰りたかったが、一九四五年一一月、ベトミン（ベトナム独立同盟会）に逮捕されて刑務所に入れられた。林が釈放された一九四八年六、七月頃になると、台湾人の多くはすでに台湾に帰国してしまい、帰国の目処《めど》が立たなかった。林はベトナムの女性と一緒に暮らすことになった。

一九五四年、ベトナム政府は在留日本人を帰国させる機会を設けた。林はベトナム人女性と別れ、日本人として日本で生きていくことを望んだ。日本人として育てられたこと、戦後の台湾が蔣介石《しょうかいせき》の支配で変わってしまったことがその理由だった。だが林は、引き揚げに加わることはできなかった。戦後の台湾人は日本人でない、これが日本政府の立場だった。林はふたたびベトナム人女性との暮らしに戻った。

その後、林はいくつかの機会を使って中国や日本への脱出を試みた。そのたびに林は、中国人として、あるいは日本人として生きる覚悟を決めようとしたが、いずれも成功しなかった。林は一九七八年に難民申請をすることで、ようやく日本へ渡ることができた。台湾を離れてベトナムに来てから三五年の歳月が流れていた。

林から聞き取りをしたのは、ベトナム史研究者の吉沢南《よしざわみなみ》である。吉沢は、一九八四年、長崎の難民関係の施設で通訳として働く林を訪ねた。そのころ吉沢は、戦時中にベトナムにいた「日本人」から聞き取りを始めたところであった。

吉沢は林の聞き取りから大きなショックを受ける。林がベトナムで難民申請をしたとき、吉沢もベトナムに滞在していたからである。ベトナム戦争後のベトナムと中国の関係について調べていた吉沢は、難民とし

◉ベトナムに残留していた日本兵
戦後、ベトナムに残った日本兵が七〇〇名いた。送還が一九五四年に決まった。

てベトナムを離れる人びとを目のあたりにしていた。だがそれらの人びとのなかに、アジア太平洋戦争時に台湾からベトナムに連れてこられた台湾人がいることなど、想像だにしなかったからである。しかもその台湾人は日本人として育てられた人だった。

大日本帝国は帝国内の人びとに日本人としての意識をもたせようとした。林文荘はそのひとりだった。だが帝国の崩壊は日本人意識をもたせた人びとを突然ほうりだし、その後の運命を翻弄《ほんろう》させた。一九八〇年代の吉沢は、戦後のアジアと日本の歴史のなかに、アジア太平洋戦争の痕跡《こんせき》を負った人びとが多数存在することに気づいていた数少ない人だった。

## 台湾青年の帰国、強制連行からの帰国

終戦後、林文荘のように南洋にあった台湾籍の農業指導員や軍人・軍属は、台湾に戻ったあと、苦難の道のりをたどる。日本の教育を受けて日本人の意識をもたされ、日本のために南洋の戦地や工場に赴き、帰国してみると、今度は日本と戦争状態にあった国民党の支配下に置かれた。日本人としての栄光の過去はまたたくまに恥辱の歴史になった。退役軍人への補償はなく、言葉の壁も大きく、生計はきわめて困難になった。

台湾の先住民の人たちは、生涯で三つの名前をもたされた。生まれながらの名前と日本の創氏改名による名前、戦後の国民党政府のもとでの名前である。パイワン族のルラデンラマカワは、日本名が川野栄一で一九四二年に第二回の高砂《たかさご》義勇隊に参加し、戦後は高栄利に名前を変えさせられた。

名前はその人の存在と不可分だろう。不本意にも三つの名前をもたされた人びとの生涯とはどのようなものだったのか。

強制連行から帰国した人びとには、その後も受難が待っていた。和久田薫《わくだかおる》は、大江山《おおえやま》に強制連行された中国の劉宗根《りゅうそうこん》が一九九五年（平成七）に語った体験談を紹介している。劉は日本軍の空襲により中国で父親を亡くしたあと、一五歳のとき「塹壕《ざんごう》を掘る仕事がある」と聞いて応募しようと村役場に出向いたところ、捕まって大江山に連行された。

日本の敗戦後、一九四五年一二月に佐世保《させぼ》を発《た》ち、中国の塘沽《タンクー》に着いた劉は、物乞いをしながら一〇〇〇里《り》の道を歩き、ようやく家に着いた。戦後の劉には、家族の崩壊と非人間的な扱いが待っていた。劉の連行後、姉は童養媳《トンヤンシー》（小さいとき、よその家に将来の嫁としてもらわれて下女として働く人）として売られ、ひとり残された母は、泣きはらした目が見えなくなり、精神もおかしくなった。帰宅した劉を見ても母はわからなかった。

その後、劉は新中国の建設に参加したが、日本での履歴について批判されつづけた。劉だけでなく、強制連行で行った日本から帰国した人の多くは、家族や親類まで含めて指弾された。和久田によれば、戦時中に日本にいたことが日本の協力者と見なされただけでなく、中国と日本が戦っているときに敵国日本で出稼ぎをしていたと思われたからだったという。当時は日本の情報がひじょうに少なく、日本政府が強制連行の事実を早期に認めなかったことが、非難・誤解を長引かせた。

西成田豊《にしなりたゆたか》の研究によれば、中国人の強制連行は、軍部・興安院《こうあんいん》（満州・華北《かほく》で経済建設を担う）・石炭鉱業資本などの意向を受けた日本政府が一九四二年一一月に閣議決定したことによる。強制連行された中国人は三万八九三五人で、そのうち強制労働のさなかに一八パーセントの人が亡くなった。戦後、中国人の帰国問題について抜本的解決策をとらなかった日本政府は、連合国軍最高司令官総司令部（ＧＨＱ／ＳＣＡＰ）に援助を要請、ＧＨＱの船舶と日本の船舶で中国人は帰国できた。

### 秘められた東アジアの戦後

ジャーナリズムは何を伝ふるまのあたり俘虜《ふりよ》に別《わ》け入るこの戦車群

近藤芳美《こんどうよしみ》の『冬の銀河』（一九五四年）に収められた歌である。朝鮮で生まれた近藤は、朝鮮に関する歌を数多く詠んでいる。朝鮮戦争では、北朝鮮の兵士ら一〇万人以上が巨済島《コジェド》の捕虜収容所に入れられた。一九五二年五月、捕虜たちは収容所長を監禁し、俘虜虐待・虐殺の停止を求めて武器を手に暴動を起こした。これが巨済島事件であり、国連軍は火炎放射器や戦車まで導入して暴動を鎮圧した。多くの死傷者が出たにもかかわらず、日本のジャーナリズムはこの事件と鎮圧をほとんど報道しなかった。その状況に警告を発したのが近藤だった。

大東亜共栄圏の膨張により、日本の植民地の人びとは軍人・軍属・指導員・「従軍慰安婦」として大東亜共栄圏内のさまざまな地域に動員された。だが、先の朝日新聞大阪本社の引き揚げ写真について指摘したように、これらの人びとが終戦後、動員先でどうなったのかについては、当時ほとんど報道されなかった。それに加えて、巨済島事件の例にみられるように、日本の植民地だった朝鮮や台湾、樺太《からふと》の戦後についても日本での報道は乏しかった。

つまり、本章で述べたことのほとんどは、同時代に明らかになったことではなく、その後、かなり長い時間を経てから明らかになったことだった。四・三事件、二・二八事件、中国山西省《さんせい》での残留日本人問題のいずれもがそうだった。満州からの引き揚げ過程の詳細、中国に留用されたのち帰国した村山三千子《むらやまみちこ》のような例、林文荘や強制連行された人の帰国後についても同様だった。

大日本帝国が崩壊し、戦後の日本がアメリカの東アジア支配の枠組みに加担するにつれて、旧植民地に関連する報道が乏しくなった。冷戦のもとで朝鮮は分断国家になり、韓国は軍事政権が、台湾は戒厳令がそれぞれ長く続いた。四・三事件と二・二八事件が語られるようになったのは、いずれも一九八〇年代後半の民主化の過程でのことである。中国については、国交回復まで情報が閉ざされがちだった。東アジアの戦後は、長いこと秘められた歴史だったのである。

17

◉**朝鮮戦争で破損した戦車の修理**
朝鮮半島から神奈川県相模原《さがみはら》の工場に運び込まれた戦車。朝鮮特需とは、武器修理や毛布、ロープ、タイヤなどの軍需補給物資の需要のことであり、武器修理はかつての軍需会社が担った。

## コラム3

# 戦争と精神的外傷体験

戦争に巻き込まれた人びとの精神医学的診察を続けている野田《のだ》正彰《まさあき》は、ホロコーストを生き残ったユダヤ人や、日本兵の死の恐怖を伴う性暴力を長期にわたって受けた海南島《かいなんとう》や山西省《さんせいしょう》の中国人女性が、晩年になり、かつての体験記憶を取り戻すのをみてきた。東京大空襲の被災者もまた、晩年になって、家族を見失ったことや遺体を捜し出せなかったことなどを想起し、自責感を強めているとする。

あの戦争の被害で、いま、ふたたび苦しんでいる人びとがいる。「従軍慰安婦」、強制連行、沖縄戦、済州島《チェジュド》四・三事件、二・二八事件などの体験や、本書「はじめに」で紹介した小原《おばら》昭《てる》の引き揚げ体験も同様のはずである。

一九九五年（平成七）の阪神・淡路大震災以来、「心のケア」が重視され、ＰＴＳＤ（心的外傷後ストレス障害）が広く知られるようになった。元「従軍慰安婦」の人びとや空襲体験者が描く体験画には、文字とは異なる伝達方法に加えて、みずからの「心のケア」という面がある。

◉「従軍慰安婦」　韓国には彼女たちが共同で暮らす「ナヌムの家」があり、資料館が併設されている。金順徳《キムスンドク》「連れて行かれる」（一九九五年）

# 第六章

# 占領と戦後の出発

1

# 敗戦と占領

### 戦後の始まり

日本の戦後はいつ終わったのかをめぐって、議論が行なわれてきた。もっとも早い時期は「もはや戦後ではない」（『経済白書』一九五六年〔昭和三一〕度）といわれた一九五〇年代なかばであるが、現在では、高度経済成長の終焉《しゅうえん》した一九七〇年代やソ連と冷戦の崩壊した一九九〇年代に、戦後の終焉を求める見解が多いだろう。

それに対して戦後はいつ始まったのだろうか。通例であれば、昭和天皇の玉音放送がラジオから流れた一九四五年八月一五日を画期にすることが多い。ここからは、「玉音放送と天皇の戦後」や「喪失と解放の戦後」が描かれることになるだろう。玉音放送、天皇の人間宣言、象徴天皇制に至る戦後の出発である。敗戦はまた、地位・身分・家族の喪失と結びつけて受け止められた。大日本帝国の喪失の戦後である。たとえば、陸軍少佐で戦後復員した杉山龍丸《すぎやまたつまる》は、復員のための仕事に就き、毎日訪ねてくる留守家族の人びとに、その家の主人や息子の消息を教えた。つらい仕事であり、杉山はそこで父の消息を尋ねてきた少女の健気《けなげ》な姿に、敗戦による喪失感をまざまざと実感する（『ふたつの悲しみ』）。杉山のような体験をした人は、少なくなかったに違いない。

●焼け野原を見下ろすオダネル　焼け野原の佐世保市をビルの屋上から見下ろすＧＨＱのカメラマン、ジョー・オダネル。敗戦後の日米の力関係を象徴する写真。
前ページ図版

「喪失の戦後」の対極には「解放の戦後」がある。植民地の人びとや在日の朝鮮人にとって、八月一五日は解放の日だった。あるいは、戦争で無一物になったり、灯火管制に象徴される戦時統制が解かれて自由な行動が保証されたことを「解放の戦後」として受け止めた人びともいた。

他方で、玉音放送でなく、広島・長崎への原爆投下が戦争終結の大きな契機になったことを考えれば、一九四五年八月六日と八月九日を画期として、「原爆と科学技術の戦後」や「核兵器の戦後」が描かれることになるだろう。「原爆と科学技術の戦後」は、一九五四年の第五福竜丸《ふくりゆうまる》事件にまっすぐつながる。「原爆と科学技術の戦後」は、「機械文明の戦後」であり、「アメリカの戦後」でもあった。

「占領と冷戦の戦後」を考えると、沖縄戦の終結がもった意味が大きい。すでにアメリカ軍は、事実上沖縄の占領を開始していた。沖縄戦の終了と八月一五日を経て、「占領と冷戦の戦後」が始まった。「占領と冷戦の戦後」は、沖縄・日本本土から朝鮮、台湾に至る「東アジアの戦後」であり、「米ソ冷戦の戦後」でもあった。また「引き揚げと残留、抑留の戦後」でもあった。

この章では、「占領と冷戦の戦後」を軸にしながら、ここであげたさまざまな戦後の側面を考慮し、戦後日本の出発について検証する。

2

◉買い出し列車
敗戦後から一九五〇年代なかばまで、都市勤労者世帯の生活水準は農家を下まわり、都市では食糧確保が最重要になった。

## 二つの占領

日本は、一九四五年（昭和二〇）八月一四日に無条件降伏とカイロ宣言の履行などを定めたポツダム宣言を受諾し、九月二日、東京湾のアメリカ戦艦ミズーリ号上で降伏文書に調印した。

日本の占領は、すでに小笠原《おがさわら》、沖縄などで始まっていた。一九四五年二月一九日、アメリカ軍は硫黄島《いおうとう》に上陸し、日本軍と激闘の末、三月一七日に全島を支配した。アメリカの軍事占領が始まった。さらに三月二三日から、アメリカ軍は沖縄県の慶良間《けらま》諸島を攻撃し、沖縄本島に上陸した四月一日に琉球列島米国軍政府の樹立を宣言した。

日本本土と沖縄の占領は大きく異なる。アメリカの直接軍政下に置かれた沖縄では、琉球列島米国軍政府のもとで日本の行政権が停止され、一九四六年に発足した沖縄民政府《みんせいふ》の代表である知事はアメリカ軍の任命制だった。沖縄には日本国憲法も占領改革も適用されなかった。一九五〇年、琉球列島米国軍政府は琉球列島米国民政府となり、サンフランシスコ平和条約発効後には、新たに設置した琉球政府に指示を与えた。一九五七年、琉球列島米国民政府の長になった琉球列島高等弁務官は、沖縄の「帝王」と呼ばれ、絶大な権限をふるった。琉球政府代表の行政主席が住民の公選制になったのは一九六八年のことであり、本土復帰運動

3

●ミズーリ号での降伏文書調印

一九四五年九月二日、日本側全権の重光葵《しげみつまもる》外務大臣と梅津美治郎《うめづよしじろう》参謀総長が調印。連合国側は、連合国軍最高司令官マッカーサーらが調印した。

の高まりのなかで、沖縄は一九七二年に、ようやく本土に復帰する。この間、沖縄の公用語は英語であり、通貨はアメリカ・ドル、交通規制も車は右側通行のアメリカ式であり、本土との往来にはパスポートを必要とした。

これに対して、本土の占領は連合国軍による間接統治方式だった。GHQ／SCAP（以下、GHQ）は直接、日本国民に命令を下すのではなく、覚書などの指令を日本政府に伝え、日本政府はそれを日本の法律・命令・規則・通牒などにした。ただし、一九四七年の二・一ゼネストや在日朝鮮人の運動、大阪府公安条例制定などにみられるように、占領がGHQの思惑《おもわく》どおりにならないと判断したときには、GHQの府県軍政部が直接介入した例が少なくなかった。

**占領軍がやってきた**

敗戦は占領に対する不安をかきたてる。敗戦直後からたとえば山梨県では、六三部隊（旧甲府連隊）や県庁・市町村役場で、多数の書類が焼かれ、戦争遂行に関する証拠隠滅が行なわれた。進駐軍は暴行略奪をするといった流言が飛び交い、女性や子どもを疎開させ、兵士による婦女暴行を避けるために慰安所開設が相談された。九月に入ると、戦時中に各所に貼《は》られていた「米英撃滅」や「必勝」の標語をはずす指令が各自治体に出された。

九月二四日、山梨県甲府市にアメリカ陸軍第八軍の第九七歩兵師団約一〇〇〇人の大部隊が進駐する。進駐軍は、県内各地で旧日本陸軍の武器や衣類、軍国主義にかかわる残存物を厳しく調べた。

国民学校の奉安殿《ほうあんでん》の御《ご》真影《しんえい》などが見つかるとその場で粉々に破砕された。占領軍は軍隊の解体や植民地の喪失だけでなく、社会の隅々から武器や軍国主義の除去をめざしたのである。

甲府に軍用車のアメリカ兵がやってきたとき、最初こそ市民は遠巻きに見守っていたが、若者のなかには、同世代のアメリカ兵に手を振って歓声をあげたり、アメリカ兵の捨てたタバコの吸い殻を拾って吸ったりする者も出てきた。甲府空襲で一〇〇〇名を超える死者が出てからまだ二か月半しかたっていなかったが、市民のなかには敗戦と占領にすでに順応する者がいたのである。戦時中に翼賛壮年団山梨県団長だった名《な》取忠彦《とりただひこ》は、のちにこうした光景を、〈悲しむべき敗戦国民の姿〉と書きとめている。

**「中国人なんかに敗けちゃいない」**

野《の》田《だ》正彰《まさあき》の『陳真《ちんしん》』には、日本の敗戦直後に陳真が『読売報知』に投書した文章「叫び――中国少女より」が載っている。そこには、敗戦直後の日本人の戦争観の一端がよく示されている。投書

4

◉銀座四丁目交差点の占領軍
連合国軍は、主要都市の施設や区域、演習場などを接収し、都市には英語表記が出現した。連合国軍兵が行くところには子どもが集まった。

と野田正彰が陳真から聞いた話をあわせて紹介してみよう。

先にも紹介したように、戦時中、陳真は「チャンコロ」「支那《しな》ポコペン」とさんざんいじめられた。日本の敗戦後もそれは変わらず、陳真は「何度も『チャンコロ』との侮辱の声を聞いた」。

混んでいる電車に姉妹で乗っていたときのことだ。ある男が、陳真のつけていたバッジについて「何のバッジだ」と聞いてきた。投書には「青天白日のバッチ」とあるので、おそらく中華民国の国旗（青天白日満地紅旗《せいてんはくじつまんちこうき》）をあしらったバッジだろう。この国旗は、蔣介石《しょうかいせき》が一九二八年に中華民国を建国した際につくられたものであり、国旗の青・赤・白は孫文《そんぶん》の三民主義《さんみんしゅぎ》に由来していた。

陳真に聞いてきた男は、「俺《おれ》たちアメリカに敗《ま》けたかもしれないけれど、お前たち中国人なんかに敗けちゃいないぞ。戦勝国気分で有頂天になるなよ」と言った。陳真は姉の制止を振り切り、「ちゃんとしたところへ行って説明してください。今すぐ降りてください」と応じた。まわりの乗客は、陳真をなだめたり、男に対して「そんなことを言うものではない」とたしなめたりする者もいたが、なかには、「心のなかで思っても、口にしてはいけない」と言う者もいた。

敗戦から半年たらずの電車の光景である。日中戦争の決着がつかないままアジア太平洋戦争に突入し、アメリカの空襲を受けた日本には、敗戦と占領をアメリカとの関係だけでしか受け止めていない人びとがいた。日中戦争やアジアとの戦争は、視界の陰に隠れて見えなくなっていた。アジアに対する日本人の帝国意識は、敗戦後も容易に変わらなかったのである。陳真は、〈一般日本人には少しも反省の色が見られぬ〉ので、〈将来の中日関係を思って、暗然とせざるを得ない〉と書きとめていた。

同じようなことは新聞にもあった。一九四六年七月一三日の『朝日新聞』に社説「朝鮮人の取扱について」がある。戦時中の〈日鮮人間の感情〉は〈融和〉しており、戦時中の朝鮮が、日本の戦力増強のために〈犠牲を払った〉ことや、在日の朝鮮人が〈厖大《ぼうだい》な労働力を提供した〉ことに〈われらは感謝〉すると述べる一方で、闇市などでの終戦後の朝鮮人の生活ぶりは〈日本人の感情を不必要に刺激〉していると批判する。そのうえで社説は、〈残留朝鮮人が日本の再建途上の困難〉を〈理解〉して〈協力〉することを〈期待〉している。敗戦からほぼ一年が過ぎていた。だが、過去の植民地支配に対する新聞の評価は戦時中と変わらぬトーンのままであり、戦後の在日朝鮮人に対しては厄介者扱いしている。占領はこうしたもとでスタートしたのである。

**敗戦後の獄死——占領の開始**

占領政策はGHQの発する指令・勧告によって進められた。連合国軍の占領政策を決定する最高機関は一九四六年に設置された極東委員会であり、最高司令官の諮問機関として対日理事会がもうけられた。占領政策はアメリカの主導権のもとで進められた。一九四二年から対日占領政策を検討していたアメリカは、日本がふたたびアメリカと世界の脅威にならないように、日本のあらゆる分野で非軍事化と民主化を貫く方針を立てた。

日本の敗戦処理にあたった皇族の東久邇宮稔彦《ひがしくにのみやなるひこ》内閣は「国体護持」を使命とし、「一億総懺悔《ざんげ》」をとなえた。ＧＨＱは、治安維持法で検挙されていた思想家の三木清《みききよし》が一九四五年九月に獄死したことなどから、一〇月、天皇制批判の自由や治安維持法廃止、政治犯釈放などを指令するいわゆる人権指令を出した。東久邇宮内閣はそれを拒絶して総辞職し、幣原喜重郎《しではらきじゅうろう》内閣に変わった。

戦時下の言論弾圧事件であった横浜事件でも、敗戦後に治安維持法が適用されていた。一九四二年、特別高等警察（特高）は雑誌『改造』の細川嘉六《ほそかわかろく》論文を共産主義的として摘発した。その後、細川らの慰安旅行写真を共産党再建事件として捏造《ねつぞう》し、出版社などの関係者六〇名を治安維持法違反で検挙、激しい拷問《ごうもん》の結果、敗戦前後に四人が獄死した。判決は敗戦後の一九四五年八月から九月に下り、約三〇人が有罪とされた。戦後、無実を訴える元被告や家族・支援者が再審請求を繰り返し、二〇〇八年、再審開始が決定された。

マッカーサーは幣原内閣に五大改革を指示した。アメリカ占領軍の最初の指示が、女性の解放、労働組合結成の奨励、学校教育の民主化、弾圧機構と圧制的な司法制度の撤廃、経済機構の民主化の五つだったことは注意しておいてよい。いずれも非軍事化と民主化を進めるにあたって重要な課題と認識されていたものだった。幣原内閣は政治犯を釈放し、特別高等警察・治安維持法などを廃止した。軍隊の解体も進められ、戦犯容疑者が逮捕された。

5

◉横浜事件の端緒とされた写真
特高警察は、細川嘉六（後列中央）らのこの慰安旅行写真を共産党再建の証拠として捏造し、編集者ら六〇名に治安維持法を適用した。

### 初期占領改革

アメリカは、非軍事化と民主化のためには、日本の経済や社会のなかの大きな格差や権威主義の根絶が必要だと考えていた。初期の占領改革にはいずれもその方針が貫かれている。

一九四五年（昭和二〇）一一月、ＧＨＱは財閥の解体を指令する。隔絶した経済的地位をもつ財閥は労働者の低い地位の対極にあり、市場における競争を抑制する存在であった。三井《みつい》・三菱《みつびし》・住友《すみとも》・安田《やすだ》など財閥の資産は凍結され、解体を命じられた。一九四七年には、過度経済力集中排除法によって企業の分割が進められ、さらに独占禁止法が制定された。

財閥と並び、農村における地主制も小作人の地位を低め、農村に権威主義を温存させる存在だった。ＧＨＱは農地改革を指令し、一九四六年に日本政府によって第一次農地改革案が出された。しかし、政府案では地主制の解体を徹底できないとして、ＧＨＱ主導の第二次農地改革案が策定される。その結果、在村地主の保有面積は一町歩（約六〇〇〇平方メートル）に制限され、それを超える小作地と不在地主の全小作地は政府が買い上げ、農地委員会を通じて小作人に優先的に売り渡された。戦時経済のもとで弱体化していた地主制は、この農地改革で最終的に解体した。

労働組合法の立案は日本政府の主導で進められ、労働者の団結権・団

6

◉**農地改革の掲示を見る人びと**
農地改革はのちの占領政策の転換のなかでも変更されず、地主制は解体されて、自作農中心の戦後農村がつくりだされた。

体交渉権・争議権を保障した労働組合法が一九四五年末に成立する。翌年には争議の仲裁や調停を定めた労働関係調整法、一九四七年には八時間労働制、男女同一労働同一賃金制、女性・年少者の労働制限を定めた労働基準法が制定された。初期の占領政策のもとで、労働改革では民主化が徹底された。また、総選挙を前にして女性に参政権が認められ、ＧＨＱの主導により、戦時中の各界の指導者が公職から追放された。

## 占領と天皇

占領と天皇といえば二つのことが頭に浮かぶ。ひとつは、一九四六年（昭和二一）一月、天皇がいわゆる人間宣言を行なって天皇の神格を否定し、全国を巡幸したことである。もうひとつは、一九四五年九月二七日、昭和天皇が東京・赤坂のアメリカ大使館にマッカーサー元帥を訪ねた際に撮った写真である。写真のなかの天皇は、戦後の象徴として政治には関与しない受動的な天皇像と結びつけられて理解されることが多かった。これに対して豊下楢彦《とよしたならひこ》は一九四五年から五一年に至る一一回の天皇・マッカーサー会見の資料を粘り強く探し、丹念にかつ果断に読み込むことで、天皇の能動的な側面を明らかにした。

豊下は、第一回マッカーサー会見について、天皇は〝ぶっつけ本番〟で会見に臨んだのではなく、吉田茂《よしだしげる》外務大臣の「拝謁」などで準備を重ねたと指摘する。天皇は、マッカーサーと対話するというよりも、自分としては避けたかった戦争に対する遺憾の意の表明、新日本建設への決意とポツダム宣言の誠実な履行の約束、アメリカ軍の「無血占領」への感謝、イギリス王室との長い友好関係の感謝など、伝えるべき点を間違いなく述べたとしている。

第四回めの会見は、一九四七年五月六日に開かれた。この日は、四月二五日の総選挙で社会党が第一党になり、五月三日には日本国憲法施行、会見当日には吉田茂内閣で辞表がとりまとめられ、その後社会党内閣が誕生するだろうという重大な時期にあたっていた。会見の焦点は安全保障である。日本国憲法の第九条の条文の採用に精力を注いだマッカーサーは、第九条こそ「最大の安全保障」で「日本の生きる唯一の道」だと説くのに対して、天皇は、アメリカが支援のイニシアチブをとるように期待すると述べて、事実上、第九条にかわるアメリカの安全保障を求めた。豊下は、わずか一年九か月前までアジア・太平洋地域を戦争に巻き込んだ国の象徴が、第九条の意義を考慮せずに、ひたすら占領軍のアメリカに安全保障を求める発想方法に驚くしかないと述べる。

こののち天皇は、片山哲《かたやまてつ》社会党内閣の外務大臣芦田均《あしだひとし》に対して一九四七年七月と九月の二回、安全保障に関する「内奏」を求めている。そして二回めの翌日九月二〇日には、「アメリカが沖縄その他の琉球諸島の軍事占領を継続するよう日本の天皇が希望している」とする、いわゆる天皇の「沖縄メッセージ」が、マッカーサーの政治顧問シーボルトによってまとめられた。

「国体護持」のためアメリカに安全保障を求め、沖縄の基地を容認する天皇の働きかけを、豊下は「天皇外交」と呼び、占領下の緊密な日米関係の構築に果たした役割を重視する。天皇はこののちも、サンフランシスコ講和と日米安全保障条約締結まで、積極的な「天皇外交」を続けた。

## 東京裁判とBC級戦犯

一九四六年（昭和二一）五月、極東での戦争犯罪人を裁くための極東国際軍事裁判（東京裁判）が東京で始まった。A級戦争犯罪の被告として東条英機《とうじょうひでき》ら二八人が起訴され、四八年一一月に七人に死刑など、全員に有罪の判決が下る。裁判では、通例の戦争犯罪のほか、戦争の計画や実行そのものの責任が問われた。

東京裁判にはいくつもの特徴が含まれている。アメリカの初期占領政策の一環として非軍事化と民主化のために行なわれた東京裁判。これらの裁判を通して、戦争中の日本軍による侵略行為・残虐行為の実態がはじめて人びとの前に明らかになった。他方で、天皇の戦争責任問題が最終的に不問に付されたり、中国で人体実験を行なった七三一部隊の関係者がアメリカへの資料提供と引き換えに訴追をまぬがれたりしたのも、占領政策を円滑に進め、自国に有利な状況をつくりだそうとするアメリカの思惑《おもわく》のゆえだった。

戦後の天皇はみずからを戦争犯罪者にしないために、能動的に占領軍と渡り合った。山田朗《やまだあきら》の研究によれば、その過程は同時に、戦後の天皇に近い立場のアメリカ・イギリス協調路線の

7

◉東京裁判の判決を見る人びと
東京裁判の帰趨は人びとの大きな関心事であり、その後の日本人の戦争観、戦争責任意識にも影響を与えた。

「穏健派」を復活させる道につながった。体制内にあって昭和天皇の退位によって天皇制を維持しようとした人びとは、東久邇宮《ひがしくにのみや》の失脚や、近衛文麿《このえふみまろ》の自殺によって大きく後退し、戦前の陸軍の主流派なども政治的命脈を絶たれた。日米合作の東京裁判を通じて、日本の国家指導層の交替が導かれた。

東京裁判とは別にBC級戦争犯罪裁判が実施され、一兵卒や軍属、民間人などが戦犯として裁かれた。アメリカ・イギリスなど八か国の法廷で五七〇〇人が連合国捕虜の虐待や占領地の民間人殺害、女性への犯罪などに問われ、九八四人が死刑になった。BC級戦犯のなかには、朝鮮人一四八人、台湾人一七三人がいた。第四章で述べたように、捕虜収容所で監視員の役割を与えられた朝鮮人や台湾人の軍属は、捕虜虐待などの責任を問われたのである。この裁判では、残虐行為を命令した上官ではなく実行した部下のみの責任が問われるなど、多くの問題点が含まれていた。東京裁判およびBC級裁判には、植民地政策の問題や責任を問わない連合国側の考え方が反映していた。このことが日本の植民地支配の責任を問う視点を遠ざける一因になった。

◉焼け跡のバラック
空襲被災地には、トタン板などを集めたバラック住宅が建ち、闇市に人が群がった。「喪失と解放の戦後」の出発である。

8

# 民主化の機運

## 上野駅の餓死者

一九四五年（昭和二〇）一〇月一日の朝、ラジオ番組で「上野《うえの》公園で餓死者が累々《るいるい》と横たわっている」という復員兵の投書が紹介された。たまたまそれを聞いた松谷天光光《まつたにてんこうこう》（のちの園田《そのだ》天光光）は、すぐに父親と生まれ故郷の東京・上野に向かった。上野駅は浮浪者や孤児で足の踏み場もなく、地下道には新聞紙をかぶせた餓死者の死体が並んでいた。戦時中の空襲で死に直面し、戦後はなぜ自分だけが助かったのかという思いで悶々《もんもん》としていた天光光は、ここで生き延びた者が廃墟《はいきょ》を再生させなくてはならないと思うようになる。帰路の新宿西口で父親に「いま見てきたことをここでしゃべったらどうか」と促された天光光は、街頭で、「あの戦災を生き延びてきた私たちが、餓死しては相すまないとは思いませんか。みんなで餓死しないように生き延びましょう」と自分の思いを声に出した。天光光のまわりはやがて黒山の人だかりになった。

占領下の国民生活は困難をきわめ、東京・大阪・横浜をはじめとした都市では、空襲で家を失い、防空壕《ごう》やバラックで雨露をしのぐ人びとが少なくなかった。工場施設の破壊や閉鎖、兵士の復員、海外からの引き揚げ者などで、失業者があふれていた。一九四五年秋の失業者数は一四〇〇万人といわれている。戦時期の経済統制は戦後に解除されたわけではなく、戦後も継続されていたが、食料は遅配・欠配続きで、衣料や日用品も不足した。物資が極端に不足するもとで日本銀行券の発行高の増加は著しい。インフレーションが急激にすすむ。幣原《しではら》内閣は一九四六年二月に金融緊急措置令を発し、預金封鎖や新円発行などで対応するが、効果は上がらなかった。

インフレが激しかったので、戦後の都市での生活は戦時期以上に苦しくなる。本書が対象とする時期の農家と都市勤労者世帯の実質所得を確認すると、農家の所得は昭和恐慌期の最低水準から日中戦争期には増加傾向に転じ、以後、敗戦後にかけて若干落ち込むものの、一九四〇年代末には日中戦争期の水準を回復し、一九五〇年代なかばまで顕著に増大した。これに対して、都市勤労者世帯の所得がもっとも高かったのは昭和恐慌期であり、以後低落して、一九四九年には戦前水準（一九三四〜三六年の平均）の六割にまで落ち込み、回復は一九五二年頃まで待たねばならなかった。両者の実質所得を比べると、戦時期までは都市勤労者世帯がどうにか上まわったが、敗戦後から一九五〇年代なかばまでは農家所得が都市勤労者世帯の所得を上まわっていた。戦後の都市の食糧難や農村への買い出しのエピソードを裏付けるデータである。

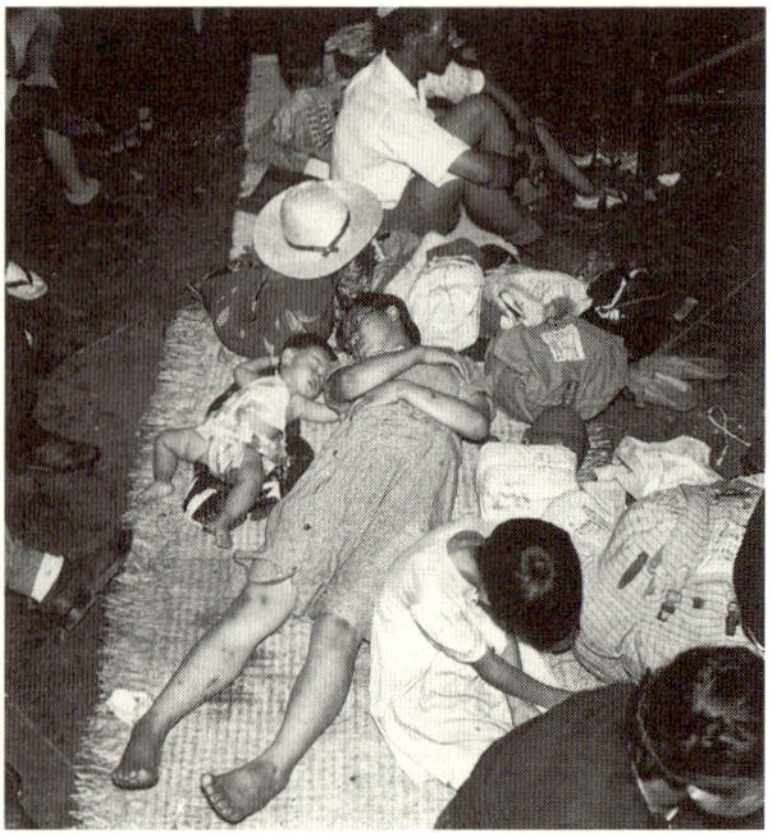
9

◉上野駅で眠る引き揚げ者たち
敗戦後の東京・上野駅や新宿駅には、引き揚げ者や戦災孤児であふれた。

松谷天光光は、翌日、ふたたび新宿西口に向かうと、もう人が集まっており、紙と鉛筆がまわって名簿ができていた。数日後には「旗を立てなさい」と木綿の布を担いできてくれた人がいた。賛同者とともに「飢餓防衛同盟」という旗をつくり、幣原首相に米の緊急配給と旧軍兵舎を住宅として開放することを陳情した。天光光はその後も毎日街頭で演説し、賛同者と協力して焼け残ったトラックやガソリンを探し出し、農村部の人たちに交渉して農産物を新宿に運び、賛同者で分けた。天光光はこれを「生協運動の走り」と呼んだ。この年の一二月には東京・杉並《すぎなみ》の高円寺《こうえんじ》六東町会で旧役員の総退陣と役員公選が行なわれ、新たに購買消費組合が設立された。消費組合は食料品の調達や戦災者への寝具配布、不用品のバザーなどに取り組んだ。政府に頼むのではなく、みずからの力と協力で生存を守る道を切り開こうとする人びとの動きが出てきたのである。

**生存のための食料を**

〈肌寒く夜なべに励み今宵《こよひ》聞くラジオは強く民主主義説《と》く〉（朝日奈《あさひな》勘四郎《かんしろう》『水甕《みずがめ》』一九四六年〈昭和二一〉三月）。一九四六年の冬か早春の情景をうたったものであろう。戦後のラジオからは民主主義を説く声が流れるようになった。

作家の宮本百合子《みやもとゆりこ》は、ラジオがメーデーの歌の指導まで始めたことに感激した文章を残している。戦前のメーデーが、警官や特高警察の厳しい監視下にあり女性の参加が少なく、見物の群衆が山のようにいたのに対して、戦後初のメーデーは歌や笑い声であふれ、警官がいないことに百合子は感激する。往来の見物者が少ないのはメーデーに参加しているからで、翌日の新聞は、今年のメーデーには女性や子どもが多かったと報じた。メーデーのスローガンには、男女同一労働同一賃金、産前・産後の有給休暇、民主人民戦線即時結成と並んで「働けるだけ食わせろ」があった。皇居前から首相官邸にさしかかった行進は、代表を官邸に送り込んだ。幣原《しではら》首相と面会した代表は、生存の危機に対して具体策を講じず、政権の奪い合いをしている現状を詰問した。一一年ぶりに復活したメーデーには約五〇万人が集まった。

一九四六年は食糧事情がきわめて逼迫《ひっぱく》した年だった。一月には東京・板橋《いたばし》の造兵廠跡で人びとが大量の隠匿《いんとく》物費を摘発分配する事件が起きる。これを機に、配給機構や隠匿物資の摘発と食糧の自主管理をめざす運動が各都市へ広がった。ちょうど同じころ、会社ではインフレと食糧難のなかで労働運動が活発になり、一月から五月にかけて東芝や東宝など一八〇社以上で、労働者が経営を事実上管理する生産管理が行なわれた。ラジオから流れた民主主義は、まず生存をみずから守る動きのなかで試みられた。

四月七日、幣原内閣打倒人民大会が東京・日比谷《ひびや》で開かれ、デモ隊が首相官邸を包囲する。四月一〇日の戦後初の総選挙では自由党が第一党になり、女性議員三九人が誕生した。餓死防衛同盟から立候補した松谷天光光《まつたにてんこうこう》は、当選して女性議員のひとりになった。進歩党の幣原は基盤を失って二二日に内閣が総辞職し、五月二二日に吉田茂《よしだしげる》内閣が誕生するまでの一か月は政治的空白となった。

メーデーの前後、東京では江戸川・大森・板橋・品川・中野・杉並・世田谷などで「米よこせ大会」が開かれる。五月一二日の世田谷の米よこせ大会では、流れ出た主婦らが宮城に入り、決議文を渡した。五月一九日には飯米獲得人民大会（食糧メーデー）が宮城前で開かれ二五万人を集める。食糧メーデーでは、食糧の「人民管理」とともに、主婦が壇上に立ち、差し迫った乳幼児への牛乳配給や児童の給食、妊産婦への栄養増配などを訴えた。労働者だけでなく、主婦や市民が生存を守るために声をあげた。

また、天皇制批判のプラカード「朕《ちん》はタラフク喰《く》っているぞナンジ人民飢えて死ね」が掲げられて不敬罪に問われる一方で、デモ隊の一部は宮城に入って天皇への「上奏文」を渡す。食糧事情改善のため、政府に対する適切な指導を天皇に願う上奏文である。上奏文からは、戦前来の天皇に対する意識の継続を読みとることができるが、むしろここでは人びとが直接、官邸や宮城で交渉し、工場の生産を管理したことに注目したい。生存を守るために人びとが立ち上がった敗戦後の真空地帯であり、「喪失と解放の戦後」を象徴する出来事だった。

この間、農村では、地主の土地取り上げや農産物の強制供出に反対する運動が広がり、一九四六年に日本農民組合（日農）が再建された。吉田内閣成立以降、官公庁労働者を中心にして

10

◉食糧メーデー
「赤ン坊にミルクヲ与ヘヨ」のプラカードが見える。食料とともに赤ん坊のミルクは差し迫った願いだった。

吉田内閣の退陣や賃上げ、公務員の待遇改善などが強く要求された。八月には、労働組合の連合組織である産別会議（全日本産業別労働組合会議）と総同盟（日本労働組合総同盟）が結成。一九四七年の元旦には吉田首相がラジオ放送で労働者を「不逞《ふてい》の輩《やから》」と呼ぶ。これ以降、労働者の態度が強硬になり、ゼネラルストライキ（ゼネスト）の計画へと発展する。一九四七年二月一日を期して決行を予定したゼネストは、前日のＧＨＱの命令で中止され、ゼネストを指導した伊井弥四郎《いいやしろう》はラジオを通じてゼネスト中止指令を発する。ゼネスト中止を機に、労働運動は内部対立を強めた。松谷天光光や宮本百合子を動かし、労働運動の節目となったラジオ。ラジオは戦後も人びとを結びつける重要な媒体だった。

**日本国憲法と教育基本法**

ＧＨＱは大日本帝国憲法（明治憲法）の改正を幣原《しではら》内閣に指示した。幣原内閣は、明治憲法をわずかに修正した案を作成したが、ＧＨＱは認めず、独自の憲法草案を提示した。ＧＨＱ草案をもとに日本政府は「憲法改正草案要綱」を作成し、帝国議会で一部の修正を経て可決された。日本国憲法は一九四六年一一月三日に公布され、翌年五月三日に施行された。この間、高野岩三郎《たかのいわさぶろう》を中心にした憲法研究会やアナーキスト、共産党、社会党、自由党、進歩党なども憲法草案を作成した。

日本国憲法は、主権が国民にあることを明記し、国民の自由権や平等権、社会権などの基本的人権を広範に認めた。社会権には労働権や生存権があり、社会保障を受ける権利も明記された。天皇は日本国の象徴とされ、明治憲法の定める統治権の総攬者《そうらんしゃ》としての憲法上の地位を失う一方で、戦争と武力行使の放棄を定める第九条が導入された。

ＧＨＱ草案には「外国人は法の平等な保護を受ける」という条文があった。だが日本政府は、ＧＨＱと協議してこれを削除し、議会上程後、政府はこれにかわって第一〇条「日本国民たる要件は、法律でこれを定める」を入れた。ここでいう法律は国籍法のことであり、国民とは日本国籍所有者になる。日本政府は、日本国憲法の基本的人権を日本国民に限定しようとしたのである。

日本国憲法の規定に基づいて多くの法律がつくられ、明治憲法下の法律は大きく改正された。地方自治の確立や、都道府県知事・地方公共団体の首長の住民直接選挙をはじめて規定した地方自治法、戸主権と長子相続制を廃止して旧民法の家族制度を解体し、財産の均分相続制を定めた戦後民法などである。

一九四七年三月には教育基本法が制定される。教育基本法は、アメリカ流の教育観・日本軍国主義批判をもったアメリカ占領軍（教育使節団）と戦前教育を反省した日本側の合作であり、憲法・平和との関係を記した前文にみられるように、日本国憲法と強く連動していた。教育への国家的介入を抑制して教育行政は条件整備に限定し、教育現場の自主性を

11

◉日本国憲法公布記念祝賀都民大会
一九四六年一一月三日、日本国憲法が公布され、記念の都民大会が天皇・皇后列席のもと、皇居前に一〇万人を集めて開かれた。

尊重する、そして戦前のように勅令ではなく法律に基づくところに特徴が示されている。教育基本法はまた、「個人」「国民」「人類」のそれぞれを重視する三つの視点の複合でできていた。以後、教育基本法は教育の憲法として位置づけられた。学校教育法で義務教育が六年から九年に延長され、六・三・三・四制になった。

日本国憲法と教育基本法は、敗戦後の日本に与えられた歴史の贈り物だった。日本の敗戦とアメリカの占領だけでなく、数千万人に及ぶ犠牲者を出した二回めの大規模な世界大戦の終結という世界史的状況のタイミングで与えられた歴史の贈り物だった。それぞれの前文には、「いづれの国家も、自国のことのみに専念して他国を無視してはならない」（日本国憲法）、「世界の平和と人類の福祉に貢献しようとする決意」（教育基本法）というように国際主義の立場が明記されている。

日本国憲法《にほんこくけんぽう》　前文《ぜんぶん》

日本国民《にほんこくみん》は、正当《せいとう》に選挙《せんきょ》された国会《こっかい》における代表者《だいひょうしゃ》を通《つう》じて行《こう》動《どう》し、われらとわれらの子孫《しそん》のために、諸国民《しょこくみん》との協和《きょうわ》による成果《せいか》と、わが国全土《くにぜんど》にわたつて自由《じゆう》のもたらす恵沢《けいたく》を確保《かくほ》し、政府《せいふ》の行《こう》為《い》によつて再《ふたた》び戦争《せんそう》の惨禍《さんか》が起《おこ》ることのないやうにすることを決意《けつい》し、ここに主権《しゅけん》が国民《こくみん》に存《そん》することを宣言《せんげん》し、この憲法《けんぽう》を確定《かくてい》する。そもそも国政《こくせい》は、国民《こくみん》の厳粛《げんしゅく》な信託《しんたく》によるものであつて、その権威《けんい》は国民《こくみん》に由来《ゆらい》し、その権力《けんりょく》は国民《こくみん》の代表者《だいひょうしゃ》がこれを行使《こうし》し、その福利《ふくり》は国民《こくみん》がこれを享受《きょうじゅ》する。これは人類《じんるい》普遍《ふへん》の原理《げんり》であり、この憲法《けんぽう》は、かかる原理《げんり》に基《もと》くものである。われらは、これに反《はん》する一切《いっさい》の憲法《けんぽう》、法令《ほうれい》及《およ》び詔勅《しょうちょく》を排除《はいじょ》する。

日本国民《にほんこくみん》は、恒久《こうきゅう》の平和《へいわ》を念願《ねんがん》し、人間相互《にんげんそうご》の関係《かんけい》を支配《しはい》する崇高《すうこう》な理想《りそう》を深《ふか》く自覚《じかく》するのであつて、平和《へいわ》を愛《あい》する諸国民《しょこくみん》の公正《こうせい》と信義《しんぎ》に信頼《しんらい》して、われらの安全《あんぜん》と生存《せいぞん》を保持《ほじ》しようと決意《けつい》した。われらは、平和《へいわ》を維持《いじ》し、専制《せんせい》と隷従《れいじゅう》、圧迫《あっぱく》と偏狭《へんきょう》を地上《ちじょう》から永遠《えいえん》に除去《じょきょ》しようと努《つと》めてゐる国際社会《こくさいしゃかい》において、名誉《めいよ》ある地位《ちい》を占《し》めたいと思《おも》ふ。われらは、全世界《ぜんせかい》の国民《こくみん》が、ひとしく恐怖《きょうふ》と欠乏《けつぼう》から免《まぬ》かれ、平和《へいわ》のうちに生存《せいぞん》する権利《けんり》を有《ゆう》することを確認《かくにん》する。

われらは、いづれの国家《こっか》も、自国《じこく》のことのみに専念《せんねん》して他国《たこく》を無《む》視《し》してはならないのであつて、政治道徳《せいじどうとく》の法則《ほうそく》は、普遍的《ふへんてき》なものであり、この法則《ほうそく》に従《したが》ふことは、自国《じこく》の主権《しゅけん》を維持《いじ》し、他国《たこく》と対等関《たいとうかん》係《けい》に立《た》たうとする各国《かっこく》の責務《せきむ》であると信《しん》ずる。

日本国民《にほんこくみん》は、国家《こっか》の名誉《めいよ》にかけ、全力《ぜんりょく》をあげてこの崇高《すうこう》な理想《りそう》と目的《もくてき》を達成《たっせい》することを誓《ちか》ふ。

ここには幾多の苦難を経た歴史の英知の結晶がある。非戦論の伝統をふまえ、第一次世界大戦後の戦争違法化の流れと多大な犠牲者のうえに憲法第九条に結実した、国際的な平和主義。遠くはるか、フランス革命のさなかに出版されたカントの『永遠平和のために』をはじめとした古今東西の平和主義がここに合流している。日露《にちろ》戦争後の非戦論を考察した山室信一《やまむろしんいち》が、その後、憲法第九条の水脈をたどったように、日本国憲法の頂《いただき》から日本の歴史の地平を振り返れば、石橋湛山《いしばしたんざん》の小日本主義や桐生悠々《きりゅうゆうゆう》の『他山《たざん》の石』などの水脈が見えてくる。あるいはまた、GHQの民生局に勤めていたベアテ・シロタ・ゴードンの尽力で挿入された憲法第二四条。家庭生活における「個人の尊厳」と「両性の平等」を明記した第二四条の背後には、滞日一〇年に及ぶベアテの戦前経験、ベアテが見聞した日本の女性の低い地位、第二次世界大戦中のシロタ一族の歴史があった。藤原智子《ふじわらともこ》監督の映画『シロタ家の二〇世紀』には、第二次世界大戦中のヨーロッパで受けたユダヤ人シロタ一族の迫害の歴史がくっきりと描かれていた。第二四条もまた国際主義の産物であり、第九条の平和主義とも深く結びついていることがよくわかる。

「われらは、平和を維持し、専制と隷従、圧迫と偏狭を地上から永遠に除去しようと努めてゐる国際社会において、名誉ある地位を占めたいと思ふ」（憲法前文）という宣言は、以上の英知と水脈、結び目のなかで発せられたものだった。もし歴史の贈り物を生かす道があるならば、二つの法によるデッサンのキャンバスの枠を日本国民に限定するのか、国際主義の滔々《とうとう》たる流れをキャンバスに受け止めるのか、つまり歴史の贈り物をどのように生かすのかは、つとに贈られた人びとにかかっていた。

# 教育の戦後史

**「山びこ学校」の誕生**

占領と民主化の機運のもとで、教育の現場ではどのような変化が生じたのか。いくつかの場面をたどってみたい。

私たちが中学校にはいるころは、先生というものは殆《ほとん》ど信用しないようになっていました。私たちは昭和十七年の四月、小学校の一年生にはいったのです。戦争が終ったのは昭和二十年の八月です。私たちは小学校の四年生でした。先生というものはぶんなぐるからおそろしいものだと思っていたのが、急にやさしくなったので、変に思いました。そのころから急に、「勝手だべ。勝手だべ。」という言葉がはやり出しました。お父さんの煙草入れなどいじくりプカプカ煙草などをふかしたりしました。お父さんなどに見付けられてしかられると、「勝手だべ。」といって逃げて行く子になってしまったのでした。

一九五一年（昭和二六）三月、山形県の山元《やまもと》中学校卒業式で佐藤《さとう》藤三郎《とうさぶろう》は答辞を読んだ。戦後教育の出発にあたって教師たちは急に優しくなったり、教育方法を変えたりした。佐藤よりももう少し大きく、少国民にならんとしていた子どもたちにとって、戦後の教師の変転ぶりは大きなショックだった。本書の戦時期に紹介した山中恒《やまなかひさし》は、戦時中の教育についてどの教師も詫《わ》びなかった状況に激しい大人不信を抱いた。この大人不信が山中の戦後の出発点になった。また「よい子」から「しっかりとした少国民」への道をたどった吉原幸子《よしはらさちこ》は、一九四七年、七年間続けた日記をやめた。吉原はのちに、「終戦を境とする〝大人たちの急激な変化〟」に遭遇するなかで、「学校用」や「家庭用」の「演技」を放棄し、「よい子」や「しっかりした少国民」の象徴であった日記もやめたと回想している。

佐藤藤三郎の答辞に戻ろう。敗戦とともに急変した教師に翻弄された佐藤は、一九四八年の中学校入学時に新任教師の無着成恭《むちゃくせいきょう》に出会う。佐藤は中学三年間を振り返り、「ほんものの勉強をさせてもらった」と述べた。佐藤のいう「ほんものの勉強」とは何か。それは「生活について討議し、考え」ることであり、無着はその手がかりを綴方《つづりかた》に求めた。山元中学校の生徒四三名による綴方文集『山びこ学校』は、一九五一年の出版後、たちまちベストセラーになった。

貧しい家計を助け、学用品代を稼ぐために、学校を休んで炭焼きや蕨《わらび》取り、稲背負いなどで忙しく働く生徒たち。無着は生徒たちの生活の実情を綴方や詩に表現させ、村の現状と将来を文章にまとめさせていく。厳しい現実のなかでも互いに気づかい、生活を阻むものを見つめる生徒たち。敗戦後の人びとがこの本に共感したのは、生徒たち自身が調べて綴る行為のなかに、戦争の時代にはなかった希望をかすかに見いだしたからだった。無着と生徒の関係には、戦前・戦時の教育や教科の勉強一本槍《いっぽんやり》の教育とは異なる教育の可能性が含まれていた。『山びこ学校』は、戦争の時代における動員や事大主義とは異なる地平を切り開いたのである。

　教育学者の佐藤隆《さとうたかし》が指摘するように、生徒たちの間には「貧困の同一性」があり、それが綴方に取り組む共通の基盤になった。佐藤藤三郎ののちの著作や佐野《さの》眞一《しんいち》が『遠い「山びこ」』で指摘したように、生徒たちのその後の人生は『山びこ学校』の思い描くようにはならなかった。ウィーンの世界教員会議に出席した無着は、ソ連経由で帰国したことが問題となり、村を去った。『山びこ学校』は、敗戦後、高度経済成長以前という時代と地域（山村）の接点のなかで実践された試みだった。だが『山びこ学校』が当時もいまも読み継がれているのはなぜだろう。それは、自分を取り巻く世界（村の生活）と自分のかかわりを文字にして考え、教師と生徒、生徒同士が意見を出し合って考えるところに教育の始原を見いだすからであろう。『山びこ学校』は、戦争の時代にかわる戦後の新しい教育実践を手探りで試みたものだったのである。

12

●山びこ学校の授業風景
山びこ学校の生活綴方に触発された社会学者の鶴見和子《つるみかずこ》は、その後、牧瀬菊枝《まきせきくえ》らと、『引き裂かれて母の戦争体験』などをまとめた。

## 新制中学校の出発

戦後教育の出発を象徴する出来事は、中学校教育が義務化されたことであった。一九四七年（昭和二二）四月一日、東京都北多摩《きたたま》郡田無《たなし》町（西東京市）に田無中学校が誕生した。田無中学校は、教育目標に「人格の完成をめざし、民主的社会の形成者としての資質を養う」「自主的精神に富む生徒」や「公平な判断力をもつ生徒」を養成するなどを掲げていた。教育基本法の精神に基づく新しい息吹が感じられる文面だ。

一九五〇年七月、田無中学校で弁論大会が開催された。生徒会主催による弁論大会は、「自分の意見を人前で堂々と発表する力をつける」ために実施されたものであり、当日の会場は満員の生徒たちで大にぎわいであった。会場は演壇を中心に、中央に聴衆、右に弁士、左に役員が座し、演台にはコップと水が置かれた。各クラスの代表は、思い思いの題を選び、熱弁には生徒や保護者の聴衆からさかんに拍手が贈られた。「学校を良くするには」「私達の学校」「学問と本」「生徒としての心がまえ」などの題で生徒が訴えたものは、個人の「責任感」や「自主性」「実行力」であり、「科学的」な見方の必要性だった。最後に演壇に立った三年生は、「われわれは民主主義を良く理解し、私達で出来る限りの物を、取り入れる」と結んだ。戦後の新しい時代精神を語り、それを実行する倫理的責任感を強調するところに、当時の中学生の雰囲気がよく現われていた。

戦後の教育と向き合う様子は、男女共学をめぐる討論会にもよく現われていた。一九五四年にまとめられた田無中学校の卒業文集には、「男女共学は現状から見て必要かどうか」と題する討論会の記録が掲載されている。「一そう男女共学を正しく進めていきましょう」という目的のもとに、この討論会では前もって用意された必要・不必要の二つの立場から意見が表明され、議論が交わされた。ちなみに、必要の立場では、封建時代・明治時代には人権尊重の観念が欠けていた、男女共学でお互いに男らしさ・女らしさが発揮できる、などの意見があり、不必要の立場では、男は将来職場に出て女は家庭に入るので男女別々に教育したほうがよい、男女共学では男らしさ・女らしさが失われる、などの意見があった。戦後の教育の精神を手探りで身につけようとしていたといっていいだろう。

一九五〇年前後の田無中学校は、戦後の混乱や貧困、占領の影響のなかにあった。生徒の作文には戦争が深く影を落とし、長期欠席者とアルバイトの生徒がそれぞれ一割程度存在した。新聞や牛乳・炭の配達などで得たアルバイトの報酬は、自分の衣服や修学旅行費にあてられた。

一九五三年秋の調査によれば、田無中学校の三年生がよく読んでいた本は、『蟹工船《かにこうせん》』『一ふさのぶどう』『坊つちゃん』『斜陽』といった日本の文学作品やスタインベックの『怒りの葡萄《ぶどう》』などであった。図書室でよく貸し出されたのは、これらのほかに『十五少年漂流記』や『ロビンソン・クルーソー』などの冒険小説、漫画の『ブロンディ』などである。図書室で「何時《いつ》もぼろぼろになっているのが『ブロンディ』の漫画」であり、書架に収めるときには下級生を中心に引っぱりだこになったといわれた。

## 『ブロンディ』の描くアメリカ

田無《たなし》中学校の図書室で引っぱりだこになった『ブロンディ』はアメリカの新聞漫画で、一九四六年（昭和二一）から五六年まで『週刊朝日』に、一九四九年から五一年までは『朝日新聞』に連載されて人気を博した。

夫婦に子ども二人の核家族生活には、電気冷蔵庫や電気掃除機などの電化製品が頻繁に登場する。岩本茂樹《いわもとしげき》の研究によれば、『ブロンディ』には妻が夫を上手に操り、夫も皿洗いなど家事に協力する場面が多い。戦前に映画を通じて流入したアメリカ文化は、占領とともに漫画や雑誌、英会話、ジャズなど領域を広げて日本に浸透した。その代表作のひとつである『ブロンディ』は、アメリカの家庭生活と科学技術の進歩を伝えた。日本の人びとは、『ブロンディ』のなかにアメリカ的な家庭生活の理想を見いだした。家制度の家族ではなく、家電のある核家族の生活によって実現される民主的で平等な生活！『ブロンディ』は日本の人びとの家庭生活のはるかな理想になったのである。

安田常雄《やすだつねお》は、『ブロンディ』を題材にして、占領下アメリカニゼーションの両義性を検討している。当時から指摘されていたように、『ブロンディ』には政治や宗教、物議を醸すものは出てこない。同時代でいえば、朝鮮戦争や一九五〇年代初頭のアメリカにおける反共産主義の嵐（マッカーシズム）などは、もちろん登場しない。それに加えて安田が指摘するように、核家族の周辺の両親との関係や老後など、家族をめぐる諸問題も描かれない。これらを排除したところに理想の電化家庭が描かれたのである。

一九四六年二月から五一年三月まで、毎週月曜から金曜までの夜六時になると、ラジオから平川《ひらかわ》唯一《ただいち》の「カムカム英語」が流れた。「カムカム英語」の聴取者は一〇〇万人以上、ラジオを聞く六人にひとりが聞いている人気ぶりだった。占領史研究の第一人者である竹前栄治《たけまええいじ》は、「カムカム英語」を通じてデモクラシーに触れたことをたびたび語っている。竹前によれば、戦後の新聞の役割を称賛する英会話があり、その背景に、竹前は戦前日本の言論統制に対する暗喩《あんゆ》を読みとっている。

竹前栄治の例示のように、占領期のアメリカ文化は、進歩的なアメリカと軍国主義だった日本、遅れた日本の対照性を浮き彫りにするものだった。文化のなかでアメリカと日本はつねに合わせ鏡の位置にあり、近代化の象徴であるアメリカは、日本の封建性を根絶する鏡の役割を果たした。

**朝鮮学校の叢生と在日朝鮮人への処遇**

日本の敗戦以降、朝鮮半島出身の人びとは、帰国への願いをつのらせるとともに、朝鮮語を学ぶ場をつくろうとした。一九四五年（昭和二〇）八月から九月には、早くも日本全国の六、七〇〇か所に朝鮮語の講習所が設置される。皇民化教育によって学ぶ機会のなかった朝鮮語の講習所。奪われた言語の回復は、みずからの存在の回復でもあった。朝鮮語講習所はまた、戦後の本土でもっとも早く現われた人びとの自主的な動きのひとつだった。

朝鮮学校は、一九四六年一〇月に全国で初等学院五二五校、中等学校七校、青年・婦女学院一二校を数えた。これに対して占領下の日本では、ＧＨＱや日本政府の思惑《おもわく》、朝鮮半島の情勢が重なるなかで、在日朝鮮人の処遇と朝鮮学校に対してダブルスタンダードがとられ、朝鮮語を学ぶ機会はしだいに規制されていく。

在日朝鮮人に関する研究によれば、本書が対象とする時期における在日朝鮮人の処遇と朝鮮学校の推移は大きく二期に区分できる。第一期は一九四五年から四九年までの、国語講習所・朝鮮学校の建設に対して規制が加えられた時期である。この時期、GHQ・日本政府は在日朝鮮人の法的処遇と朝鮮学校に対して異なった対応をした。法的処遇については二つの画期がある。最初は一九四五年一二月の参政権の停止である。戦前の場合、内地にいた朝鮮人・台湾人の男子には、帝国臣民として国政・地方の選挙権・被選挙権が付与されていた。ハングル文字による投票も可能だった。それに対して一九四五年一二月の衆議院議員選挙法改正では、女性参政権が認められる一方で、戸籍条項が設けられ、在日朝鮮人・在日台湾人の参政権が停止させられた。植民地時代の朝鮮や台湾には日本戸籍とは異なる別の戸籍があり、日本戸籍をもたない在日の朝鮮人・台湾人は参政権を失うことになったのである。

13

◉朝鮮初等学校の生徒たち
東京都大田区の蒲田朝鮮初等学校の生徒たち。敗戦後、朝鮮学校が全国で陸続と設置され、講和会議後は多くが自主学校になった。

つぎの画期は一九四七年五月の日本国憲法発布の前日であり、このとき最後の勅令として外国人登録令が出され、朝鮮人・台湾人は「当分の間」「外国人とみなす」とされて外国人登録が義務づけられた。

法的処遇の一方で、朝鮮学校への対応は曲折を経た。一九四六年一一月、ＧＨＱは、在日朝鮮人に対して日本の法律法令の遵守を発表するが、翌年四月、文部省は、朝鮮人学齢児童に日本の小学校への就学義務はあるものの強制の必要はなく、朝鮮学校を学校として認可することに問題はないと述べた。

一〇月、ＧＨＱは朝鮮学校に対して朝鮮語を教えることだけを認め、それ以外は日本の法令に従うべきだと表明する。これを受けて文部省は、一九四八年一月の通達「朝鮮人設立学校の取り扱いについて」で、在日朝鮮人は「日本国籍」を有しているので朝鮮人学齢児童は公私立の小中学校に就学義務があり、朝鮮学校が存続するならば各種学校としてではなく、私立学校にかえて教育基本法・学校教育法に従わなくてはならないとした。学校教育法には、「国語」と文部大臣の検定を経た「教科書」の使用が明記されている。この通達は、「国語」と「教科書」を使わない朝鮮学校は小学校として認められないので、日本国籍をもつ朝鮮人の学齢児童は日本の小学校に通わなくてはならないと表明したのである。

14

◉阪神教育闘争事件
一九四八年四月、兵庫県知事の朝鮮学校閉鎖命令に対して、朝鮮人たちは兵庫県庁で抗議した。ＧＨＱは非常事態宣言を発した。

法的には在日朝鮮人を「外国人」として扱い、学校教育では「日本国籍」を前面に立てて朝鮮人学齢児童に日本の小中学校への通学を求めたのは、在日朝鮮人に対するダブルスタンダードにほかならない。この通達によって全国各地で朝鮮学校の閉鎖・改組が進められる。対する朝鮮人の反対運動は熾烈《しれつ》をきわめ、阪神地区の朝鮮学校閉鎖をめぐっては、占領下で唯一の「非常事態宣言」がGHQによって出された（阪神教育闘争事件）。以上の結果、その年の五月には朝鮮人教育対策委員会と文部大臣の間で覚書《おぼえがき》が交わされ、朝鮮学校での朝鮮語教育は課外で認められたが、私立学校の認可には至らなかった。

### 一九五〇年代の朝鮮学校

冷戦が激化するもとで、一九四八年には南朝鮮に大韓民国が、北朝鮮には朝鮮民主主義人民共和国がつくられ、南北分断が明瞭になった。日本本土では、一九四五年に結成された在日朝鮮人連盟（朝連）が一九四九年九月に団体等規制令によって解散させられると、朝連のもとにあった朝鮮学校への弾圧も強化された。

在日朝鮮人の処遇と朝鮮学校の推移に関する第二期は、一九四九年（昭和二四）から五五年までであり、この時期には朝鮮学校が三つの形態で存続した。ひとつは自主学校として存続させた例であり、二つめは東京都立朝鮮人学校（〜一九五五年）、大阪市立西今里《にしいまざと》中学校（〜一九六一年）などのように公立学校として存続が認められた例である。公立学校では教育基本法・学校教育法に準拠し、日本人教師と朝鮮人教師によって日本の教科書と日本語による教育が行なわれ、朝鮮語も教えられた。三つめは地方自治体の判断によって日本の公立小学校のなかに民族学級が設置された例である。

この間、サンフランシスコ平和条約発効後の一九五二年四月、在日朝鮮人は日本国籍を失って外国人となり、国籍は「朝鮮」とされた。このときの手続きについては、田中宏《たなかひろし》の厳しい批判がある。日本国憲法では、国籍の得失について法律主義を定めており（憲法第一〇条「日本国民たる要件は、法律でこれを定める」）、また国籍法では、「自己の意思」によらない日本国籍の喪失条項はなかった。これに対して、朝鮮人の日本国籍喪失は、法律主義によらず、さらに「自己の意思」を確認することもなく、法務府民事局長による一片の通達（一九五二年四月一九日）ですまされた。田中は手続きの難を厳しく批判しているのである。田中の紹介する西ドイツでは、一九五六年、西ドイツ国内在住のオーストリア人の西ドイツ国籍について、オーストリア独立の前日にすべて消去すると定めるとともに、「自己の意思」により西ドイツ国籍を回復できるとした。国籍選択権を保障した西ドイツと、法律によらずに通達で一方的に国籍を剝奪《はくだつ》した日本との彼我《ひが》の差は明瞭だった。

平和条約後の一九五三年になると、在日朝鮮人は一般外国人と同じなので、就学年齢に達しても朝鮮人の子どもには日本の小学校への就学督促を行なわないという文部省通達が出された（従来の経緯から、就学希望者には日本の法令遵守を条件に許可）。一九五五年までには、残されていた都立朝鮮人学校の廃校が決まった。在日朝鮮人は外国人となり、就学を督促されず、朝鮮学校は自主学校としての道を余儀なくされたのである。以上の紆余曲折の背景には冷戦の進行があり、朝鮮半島における冷戦が在日朝鮮人の処遇と学校教育に深い影を落としていた。

ここまで在日朝鮮人の教育をたどってきて、私は作家の高史明《コサミョン》が紹介したある在日朝鮮人老母（オモニ）の声を思い出した。オモニの子どもたち四人は、同じ家で育ちながら、それぞれ、日本の公立学校と民族学校、公立学校、民族学校、公立学校と、教育課程の異なる学校に通った。高は、四人の結果がひとつの家のなかでせめぎ合うとき、どのような矛盾を巻き起こすかは容易に想像できるとして、オモニが深い嘆息とともにもらした言葉を紹介している。「うちは、もう、昔のうちとはちごうてしもうたちゃ。心が悪うなってしもうた」。戦前から戦後の在日朝鮮人に対する教育の変遷は、オモニの家族に裂け目をつくりだしたのである。

先述のように、教育基本法には、「個人」「国民」「人類」の三つの視点からより広い普遍的な個性の育成を見いだす可能性が含まれていた。

この点にかかわって、一九四六年三月、来日したアメリカ教育使節団に対する安倍《あべ》能成《よししげ》文部大臣の挨拶は注目に値した。「アメリカがアメリカ的見地を以《もっ》て簡単に日本に臨むことのなからんことを願います。かかる態度で日本が朝鮮や支那に臨んだことが、日本の失敗であったことは諸君の御承知のことであります」。アメリカの占領への牽制を意図してのことだったが、戦前の日本のアジア支配を反省する発言が政策担当者から出されていたのである。

だが、安倍のような意見はごく少数だった。一九四八年四月二七日、森戸《もりと》辰男《たつお》文部大臣は衆議院本会議で教育基本法と在日朝鮮人の教育の関係について答弁している。〈学校教育法、教育基本法は、ご承知のように、新しい憲法に従って平和主義と民主主義とを基調としたものでありまして、在来の国粋《こくすい》主義や軍国主義を基本としたものではありませんので、国語の点を別といたしますれば、隣邦の民族がそのもとで学んでも多くの不当な点は存せず、むしろある点では、不完全な教育よりは望ましい〉（傍点筆者）。教育基本法・学校教育法は「平和と民主主義」を基調にしているので、「国語」を別にすれば在日朝鮮人の教育に「多くの不当な点」は存在しない、森戸はこう述べた。しかし、「国語」こそが焦点だったのであり、その点からすれば「多くの不当な点」があったといわざるをえないだろう。

大阪の猪飼野《いかいの》の近くで在日朝鮮人の子どもが多く通う中川《なかがわ》小学校には、一九五〇年に民族学級が設置され、金満淵《キムマンニョン》が教師として赴任した。一九六一年、金は民族学級の困難の理由のひとつとして、日本人教師の態度をあげている。日本人教師は、〈日本人にとって日本の社会は、この上もない安息所であり、憩いの場でもある〉が、〈複雑厄介な朝鮮人のことになると煩わしく思っていないか。しかし、良心的な平和を愛する国民を育成するという教師の使命にのっとれば、否応《いやおう》でも人間として、の一部の不幸は、やはり教師として共鳴を呼ぶのではなかろうか〉（傍点筆者）。

金は日本人教師への絶望と希望の両方の思いを書きとめている。この当時は、日本人と在日朝鮮人の間の距離が開き、両者が接点をもつことが少なかった。

## 「経済復興」というシンボル

### 経済復興会議と農業復興会議

新憲法の施行にあわせ、一九四七年四月に初の参議院議員選挙が行なわれ、次いで衆議院の総選挙が実施された。衆参の両院で日本社会党が第一党となり、片山哲《かたやまてつ》を首相とする社会党・民主党・国民協同党の連立内閣が成立する。片山内閣は、吉田茂《よしだしげる》内閣以来の傾斜生産方式を受け継ぎ、生産の拡大を図ろうとした。戦後統制が続くもとで、経済安定本部を中心にして、アメリカの援助物資である重油を炭鉱と鉄鋼に重点的に配分し、石炭と鉄鋼を優先的に回復させて産業全体の復興を図る、これが傾斜生産方式のもくろみだった。

片山内閣の経済政策を強力に推進する存在として一九四七年二月に経済復興会議がつくられた。中北浩爾《なかきたこうじ》、吉田健二《よしだけんじ》の研究によれば、経済復興会議は社会党系労働組合と経済同友会の主導により、当時の主要な労働組合と経済団体を網羅的に糾合した。労働組合には、総同盟や共産党系の産別会議などが参加し、経済団体には日本産業協議会、関東経営者協会などの姿があった。

経済復興への取り組みは、全国レベルだけでなく、業種・地方・企業の各レベルでもみられた。全国石炭復興会議や全国鉄鋼復興会議、関西産業復興会議や愛知県地方経済復興会会議、全東芝経済復興会議がそれぞれの代表例である。

経済復興会議に続き、農業分野でも一九四七年六月に農業復興会議が結成された。大川裕嗣《おおかわひろし》によれば、農業復興会議には、農業会のほかに日本農民組合、全国農民組合、全国農村青年連盟などが加わり、全耕作農民の代表というかたちを整えた。二つの復興会議は、産業復興と農業生産への意欲を駆り立て、たとえば一九四七年二月には戦前水準の三五パーセントにまで落ち込んでいた鉱工業生産が、四八年末には六四パーセントにまで回復した。のちのドッジ・ラインが可能になった背景のひとつに、経済復興運動による鉱工業生産の回復があった。

諸団体を糾合《きゅうごう》した復興会議方式は、「戦後復興」という最大の目標の前に各団体の個別の課題を抑制する傾向をもたらした。この点が明瞭だったのが農業復興会議だった。第三次農地改革への展望をもっていた日本農民組合は、一九四八年に入って農業復興が軌道に乗りはじめ、食糧事情がかなり改善されると、第三次農地改革への展望を失い、かわって農業協同組合（農協）を中心とした農政活動に大衆運動の席を譲ることになる。

経済復興運動と農業復興運動は、「経済復興」「戦後復興」を大きなシンボルとした。一九五〇年代なかばに「経済成長」という言葉が登場し、一九六〇年頃に広く使われるようになるまで、戦後復興は新日本再建の大きなシンボルとして広く使われた言葉だった。

戦後になると「国土狭隘《きょうあい》」ということもさかんにいわれた。植民地喪失と過剰人口圧力のもとで、日本は国土狭隘であるということがことさらに強調され、これらのマイナス条件を克服するためには、国民が一丸となり経済復興に取り組まなければならないとされた。

しかし、片山《かたやま》内閣はインフレを抑制できず、物価・賃金政策で労働組合や社会党左派との対立を深め、一年たらずで総辞職した。一九四八年三月、民主党の芦田均《あしだひとし》が同じ三党連立の内閣を組織して中道政治を進めたが、汚職事件に関係して退陣した。同年一〇月、民主自由党単独の第二次吉田《よしだ》茂《しげる》内閣が成立した。翌年一月の総選挙で民主自由党が絶対多数の議席を獲得すると第三次吉田内閣が成立し、以後、長期にわたる保守政権の基盤をつくった。

**占領政策の転換**

経済復興はまた占領政策の転換ともかかわっていた。

中国と朝鮮半島北部で社会主義をめざす勢力が強まる状況下で、アメリカは対日政策の中心を、非軍事化・民主化から資本主義の経済復興と反共産主義に転換した。占領政策の転換に伴い、対日賠償政策が日本にとって寛大になった。過度経済力集中排除法は指定会社が減って財閥解体が骨抜きにされ、独占禁止法も見直された。旧財閥系企業の再結集の道が開かれたのである。また、公務員の団結権とストライキ権が禁止となり、共産党員とそれに同調する人を、職場、とくに公職から追放するレッドパージが強行されて、労働組合法も改定されてしまう。

15

◉来日したドッジ
一九四九年に来日したドッジは、経済緊縮のドッジ・ラインを発表した。写真中央は池田勇人《いけだはやと》大蔵大臣、左は増田甲子七《ますだかねしち》官房長官。

初期の占領政策により、民主化を徹底した労働政策が転換され、労働組合の経営参加が大幅に制限された。

一九四八年一二月、アメリカは、日本経済の自立と安定のために、GHQを通じて吉田内閣に経済安定九原則の実行を指令した。翌年二月、GHQの財政顧問のドッジが来日する。ドッジ・ラインに基づいて激しいインフレを収束させる超均衡予算案がつくられ、インフレの原因となっていた復興金融公庫の債権発行中止と、当時の日本の経済的実力にとって厳しい一ドル三六〇円の単一為替レートの設定を実行した。五月にはシャウプら税制使節団が来日し、税制改革を勧告する。これらの政策の結果、インフレはおさまったものの、日本経済は一九四九年後半からデフレによる深刻な不況にみまわれ、失業者があふれた。

不況と合理化による人員整理が強行されたため、反対運動が激しくなった。一九四九年夏には、下山《しもやま》事件、三鷹《みたか》事件、松川《まつかわ》事件といった、国鉄にまつわる怪事件が相次ぎ、労働組合員や日本共産党員が逮捕された。松川事件では、最高裁で起訴された二〇人全員がのちに無罪になったように、占領政策の転換のもとでの謀略事件の気配が強かった。

# アメリカの視線

## 占領と写真

明治時代に日本に来た外国人は、多くの滞在記を著わした。それに対してアメリカ軍を中心にしたGHQは写真を撮った。占領期における外から見た日本、それが占領軍の撮った写真だ。

沖縄戦では沖縄全土が焦土と化した。沖縄戦に関する日本側の写真は沖縄にほとんど残っていない。アメリカ軍の写した沖縄戦の記録フィルムを買い取る一フィート運動が一九八三年から始められた。アメリカ軍のフィルムは、沖縄戦の実相を知るうえで貴重な貢献を果たした。

しかし私はアメリカ軍の写真にいつもとまどいを覚える。沖縄の人びとが逃げ隠れたガマの外から写された写真。火炎放射器を発する側から写された写真。それがアメリカ軍の写真だ。視線はいつも一方向しかない。アメリカ軍から見た沖縄戦という一方向である。

ガマのなかはどうだったのか。そのことを知るには聞き取りを重ねるしかない。一九七〇年代以降、地道に積み重ねられた聞き取りのなかか

16

◉沖縄戦の火炎放射器
アメリカ軍は、日本軍の塹壕《ざんごう》や沖縄のガマを掃討するために火炎放射器をさかんに使った。

ら浮かび上がってきたガマのなかの様子と記憶。極限における日本軍と沖縄の人びとの関係。沖縄戦のアメリカ軍の写真とガマのなかの聞き取りが向かい合うなかで、ようやくガマについて考える入り口にたどり着いた。

それに対してアメリカ軍が写し、日本で出版されている本土の写真からは三つの印象が残る。ひとつはジープや鉄条網で囲われた基地などにみえる権力と権威である。二つに、占領軍に写された日本人を見ていると、接触する前の恐怖心が薄れ、カメラを構える兵士に関心を示す子どもの笑顔や、落ち着いたたたずまいの大人に出会うことが少なくない。写真には撮る側と撮られる側の関係が反映する。占領期の本土の写真には、占領軍を受容した風景が多いといっていいだろう。これらの写真のなかに当時の日本人の風情を見つけて懐かしむ声があるのは、以上の特徴ゆえだろう。

ただし三つめとして、これらの写真には、写されていない場面や写されても封印された場面があるのではないか。それはたとえば原爆や空襲の凄惨《せいさん》な被害であり、阪神教育闘争など、占領軍が直接人びとを弾圧した場面である。よく目を凝らせば、アメリカ軍の写真にもこうした場面を写したものがある。ジョー・オダネルの写真はそうした例である。

**トランクの中の日本**

一九四五年（昭和二〇）九月二日、ジョー・オダネルは、アメリカ海兵隊のカメラマンとして佐世保《させぼ》に上陸した。本章の扉の写真をみてほしい。奇跡的に残った一二階建てのビルの屋上にのぼったオダネルは、見渡すかぎりの荒涼たる被災地と、焼夷弾《しょういだん》の破壊力のすさまじさにしばらく言葉を失うが、屋上からカメラを構えたポーズには、米日の力関係がストレートに反映されている。かつての戦時統制下の巨大な看板が残る街中を行進する占領軍や、帰郷する日本兵を見守る占領軍の写真にも、敗戦と占領による力関係の変化が如実に示されている。

オダネルは、福岡・広島・長崎などをまわり、戦争のなまなましい傷跡に接する。軍規で人間を写すことを禁じられていたオダネルだったが、写真は長崎で変化する。オダネルは私用のカメラをいつも持ち歩き、軍に隠れて原爆で被害を受けた人びとに接近し、被爆者や火傷《やけど》を負った少年、爆心地に立つ子どもたちなどをカメラに収めた。

日本人を憎んで戦争に参加し、原爆は戦争終結に必要な新兵器だと納得していたオダネルだったが、苦しんでいる子どもたちを見て、あの戦争はほんとうに正しかったのか、同じ人間が人間をこのような目にあわせていいはずはないと思うと、敵として見た日本人のイメージがぐらぐらと崩れた。一九四六年に帰国後、オダネルは「戦中戦後の日本の悪夢が焼き付けられ」たネガの強烈さにたじろぎ、すべてを忘れるためにトランクに

17

◉巨大な戦時標語と占領軍
「規律厳守　敬礼励行」の巨大な戦時標語の残る佐世保市を行く占領軍。オダネルの写したこの写真は、日米間の力関係を示す。

収めて蓋《ふた》を固く閉じた。

戦後にホワイトハウス付きカメラマンとして二〇年間働いたオダネルは、体調を崩して入退院を繰り返した。かなり時がたってから、広島や長崎で浴びた放射能が原因だと診断される。ここから記憶の底に沈めたはずの写真が思い出され、オダネルを苦しめることになった。

一九八九年（平成元）、反核運動をしている修道院を偶然訪れたとき、キリストを思わせる男性像に被爆者の写真が焼き付けてあるのを見た。オダネルは大きなショックを受け、老人や女性や子どもなど、罪のない多くの人びとを犠牲にしたヒロシマやナガサキでの非人道的な行為に、深い悲しみと激しい怒りを覚えた。オダネルは四〇年以上封印してきたトランクをついに開ける決心をして、アメリカで原爆写真展を開いた。だが、アメリカ人の多くは原爆投下を正しいと信じており、妻もオダネルの行動を理解できずに離れていった。

それでもオダネルは写真展をやめなかった。それは、オダネルが敗戦後の被爆地で見てしまったことから目をそむけられなかったからであり、そこに残された写真がまたオダネルを突き動かしたからであった。オダネルは長い時間をかけた末に、見てしまったことに正面から向き合おうとした。見てしまったことは偶然だが、オダネルはそれを他人事にせずに、自分のこととして責任をとろうとした。

オダネルは述べる。「アメリカを私は愛している。でも、過ちは認めなければならない。歴史は繰り返すというけど、決して繰り返してはならない歴史もある。私が小さな石を投げ、それは波紋を呼ぶ。そしてその活動を継ぐ人がいればさらに波紋は大きくなり、やがては『アメリカ』という陸地にまで着くだろう」。

『トランクの中の日本――米従軍カメラマンの非公式記録』に収められたオダネルの写真は、第三章で紹介した村瀬《むらせ》守保《もりやす》の写真と共通するところが多い。二人ともに、兵士として私用のカメラで撮った写真を持ち帰り、歳月が過ぎてから開封して公開した。二人の写真は共通の問題を提起する。それは見てしまったことにどう向き合うかということだ。もしオダネルの写真と意志に何かを感じるならば、その気持ちは中国の老婆と子どもを撮った村瀬の写真についても重ねられていいだろう。村瀬の写真を見直してほしい。アメリカ兵の撮った日本人の写真という構図は、そのまま日本兵の撮った中国人の写真に重なる。写真は見た人に理解力と想像力を問いかけている。

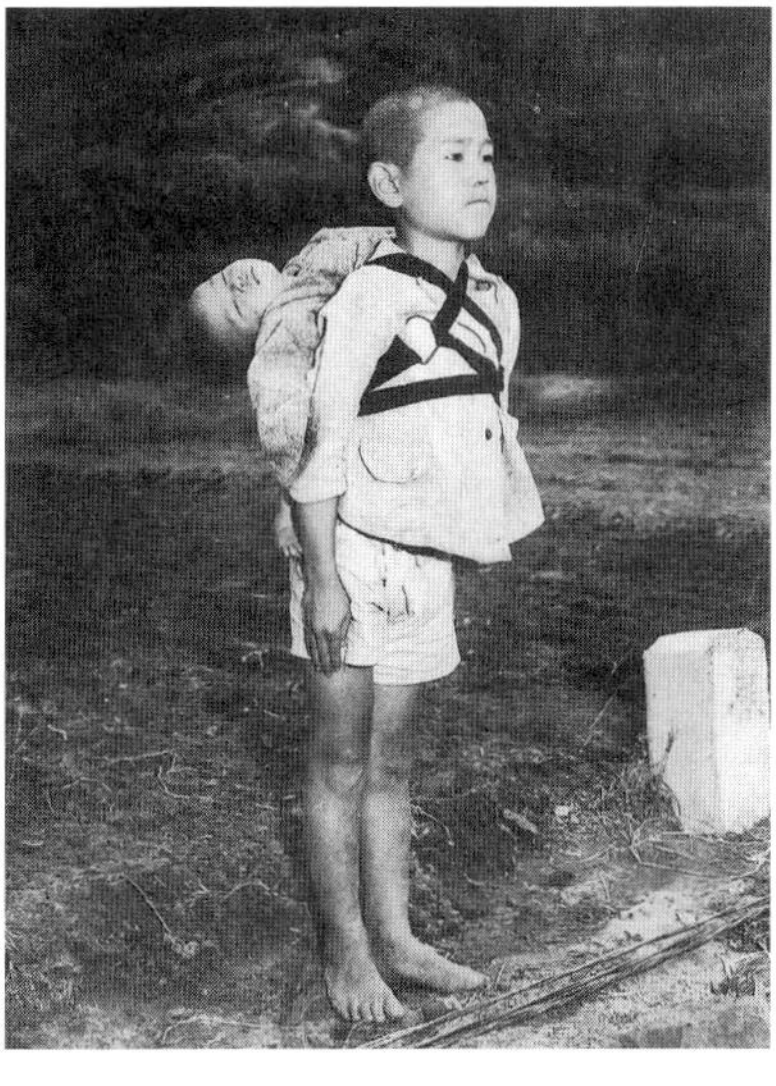

18

◉死んだ弟をおぶって焼き場に来た少年
オダネルは死んだ弟をおぶり、姿勢を正して焼き場に来た長崎の少年に衝撃を受ける。被爆者の人とともに、オダネルがのちに原爆について再考する契機になった一枚。

# 朝鮮戦争と日本の講和、そして安保

## 東アジアにおけるアメリカの分割支配

中華人民共和国の成立、米ソ冷戦の本格化、日本の占領政策の転換に伴い、アメリカは東アジアにおける軍事強化と経済復興の二つの課題に迫られた。アイゼンハワー大統領時代における韓国・アメリカ・日本の国際関係を研究した李鐘元《リジョンウォン》によれば、一九五〇年代のアメリカは、日本の経済復興を優先し、韓国には軍事を分担させたため、韓国の経済成長は遅れることになった。一九五〇年代なかば以降の東アジアで進行したアメリカの支配体制は、ソ連・中国の社会主義国に対する軍事的防波堤の役割を韓国・台湾・フィリピンと沖縄に担わせ、日本本土は経済復興に専念させる分割支配体制だった。戦前・戦中の大日本帝国による東アジア支配にかわり、戦後の東アジアでは、社会主義に対抗すべく、アメリカが軍事と経済の分割支配を進めた。

一九五〇年（昭和二五）六月二五日、朝鮮民主主義人民共和国（北朝鮮）の軍隊が朝鮮半島の北緯三八度線を越えて大韓民国（韓国）に侵攻し、朝鮮戦争が始まった。この年、アメリカは韓国と相互防衛援助協定を結び、中国とソ連も中ソ友好同盟相互援助条約を締結していた。東アジアにおける緊張が高まっていた。

韓国軍は劣勢で六月二八日には首都ソウルを明け渡し、一度は釜山《プサン》周辺以外は北朝鮮軍に支配される。ところが九月二五日にアメリカ軍を主力とする国連軍が仁川《インチョン》に上陸して韓国を支援すると、韓国側が押し返して平壌《ピョンヤン》を陥落させる。その後、北朝鮮を中国の義勇軍が援助し、北緯三八度線近辺で一進一退の激戦が続いた。一九五三年七月に北緯三八度線を国境線とする休戦協定が結ばれるまで、朝鮮戦争は朝鮮および日本に多大な影響を与えた。

大日本帝国に支配された最後のほぼ一〇年間は大動員の時代だった。終戦後、大日本帝国の残滓《ざんし》と、冷戦の影響のなかで、民族派、共産派、アメリカ軍の間の激しい対立を生む。この対立は同じ民族を巻き込んだ朝鮮戦争でいっそう激しくなった。

一例をあげると、程月順の長兄の程煽市は、戦時中に大日本帝国の動員に協力して陸軍志願兵になり、ニューギニア戦線に送られた。戦死公報が届かないまま、母は南方から届いた「一生懸命働いています。秋田実《あきたみのる》」という軍事郵便を大事にして息子の帰りをひたすら待っていた。秋田実は長兄の創氏改名による日本名だった。

朝鮮戦争が始まり、北朝鮮軍が侵攻してくるとすぐに軍政を敷き、役人・警官・大地主・資産家を真

19

◉仁川上陸作戦後のソウル
国連軍の仁川上陸後、韓国側は劣勢を盛り返し、押し返して平壌を陥落させた。ソウルの街は戦争で瓦礫の街と化した。

っ先に逮捕した。程月順の家にやってきた北朝鮮軍は、志願兵の長兄を「朝鮮民族に対する裏切者」だと指弾し、次兄を連行した。数日後、次兄は頭を殴打《おうだ》されて言動に障害を抱えた状態で家に戻った。

両軍の戦闘の最前線がブルドーザーのように朝鮮半島を南北に往復するとほぼ全土が焦土と化す。戦死者は南北朝鮮で約四〇〇万人、それに中国軍とアメリカ軍の戦死者が加わった。一般市民の犠牲者は一〇〇万から二〇〇万人、戦後の南北離散家族は一〇〇〇万人ともいわれている。程月順のように政治的対立に巻き込まれた家族も少なくなかった。朝鮮戦争の結果、民族分断と南北両政権の独裁化が決定的になった。

ＧＨＱは、朝鮮戦争に先んじて日本共産党の全中央委員の公職追放を指示し、官公庁やマスコミ機関をはじめ、多くの職場で共産主義者などを追放するレッドパージを強行した。朝鮮戦争が始まると、日本政府は物資の補給・輸送だけでなく、機雷の掃海活動として日本特別掃海隊の派遣に協力した。自主的な協力として国連軍負傷兵への日赤の医療活動に加えて義勇軍への志願もあった。サンフランシスコ平和条約および日米安全保障条約は、冷戦の激化する朝鮮戦争下で結ばれた。朝鮮戦争への日本政府の協力が、その後の日米安保をもたらした。レッドパージや警察予備隊の創設は、占領改革を逆行させるものとして受け止められ、「逆コース」と呼ばれるようになった。

## 朝鮮戦争下の佐世保市

朝鮮戦争や朝鮮特需が地域社会に与えた影響の大きさを私がはじめて実感したのは、二〇〇四年に佐世保《させぼ》市を訪ねたときだった。

海軍の軍都だった佐世保は、敗戦後、平和産業都市への転換をめざし、海軍の残した広大な土地・施設・建物の譲渡を受けるために、旧軍港市の横須賀《よこすか》、呉《くれ》、舞鶴《まいづる》とともに、「旧軍港市転換法」の制定を図った。一九五〇年（昭和二五）六月四日、佐世保では住民投票による過半数の同意を必要とするこの法案を、圧倒的な賛成で成立させた。

旧軍港市転換法公布の矢先に起きた朝鮮戦争は、佐世保の命運を一変させる。九州各地に駐留していたアメリカ軍は即刻行動を起こし、佐世保はアメリカ軍（国連軍）の集結・出撃・兵《へい》站《たん》の基地になった。〈激しく往来するジープ、爆音は空を覆い、街角に立てられた戦況速報板には市民の眼が食い入〉った（『時事新聞』一九五〇年七月一一日）。

ドッジ不況で倒産寸前だった佐世保重工業は、軍需品の特需

20

◉国連軍兵士に花を売る少女たち
花売りやピーナッツ売り、靴磨きなど、国連軍兵士のまわりには、物を売る少年少女が群がった（佐世保市）。

で完全に立ち直った。各国の兵士が行き交う佐世保は一躍「国際都市」の様相を呈し、キャバレーやビアホール、リンタクなどでにぎわい、兵士相手の「パンパン（街娼）」がさかんに取りざたされた。佐世保港の大部分はアメリカ軍に接収されて基地となり、旧軍港市転換法は棚上げにされた。これを転機に、アメリカ軍と自衛隊が駐留する現在の佐世保の原形がつくられた。

戦争に協力する日本政府、特需で潤う企業をつくりだす一方で、敗戦からわずか五年めに起きた朝鮮戦争は、戦争に反対する意識も強めた。たとえば一九五三年二月の『朝日新聞』世論調査では、朝鮮戦争は「早く終ったほうがよい」（八五パーセント）、原爆の使用に「反対」（七三パーセント）、在日アメリカ軍に「早く帰ってもらいたい」（四二パーセント）というように、戦争とアメリカ軍を忌避する意識が明瞭に示されている。日本特別掃海隊への参加を拒否した海上保安隊の職員もいた。

あるいは一九五二年、日本国内の朝鮮戦争協力に反対するデモが大阪府吹田《すいた》市で日本人の学生や労働者、多くの在日朝鮮人を集めて行なわれ、厳しい規制のなか騒乱罪に問われた（吹田事件）。また東京都杉並区では、朝鮮戦争を通じて原爆の再使用と再軍備への不安を感じた女性たちが、一九五三年に読書会「杉の子会」をつくった。あの戦争と戦争中の自分に対する反省をふまえ、なぜ戦争が起こるのかを自分の頭で考えるための読書会である。この読書会は、のちに杉並で原水爆禁止運動が発祥する際の担い手になった。

## スガモからの訴え

朝鮮戦争開始から二か月後、ＧＨＱの指令で自衛隊の前身になった警察予備隊が発足、多数の旧日本軍将校が参加した。

この動きに対してスガモ・プリズンに収容されていたＢＣ級戦犯の人びとから批判の声があがった。日本軍将校に命令されて戦犯になった自分たち。何百万もの若者を死地に追いやりながら、今度は平然とアメリカ軍の補助部隊に参加し、再軍備に狂奔する旧日本軍将校が許せなかったのである。

批判の声をあげたひとりに飯田進《いいだすすむ》がいた。日中戦争が始まったころ、アジア民族の解放を夢見る「興亜《こうあ》青年」だった飯田は、一九四二年（昭和一七）、志願して海軍の情報要員になり、ニューギニアに派遣された。飯田は高橋千三《たかはしせんぞう》が戦病死したニューギニア戦線を体験したひとりである。飯田は九死に一生を得たが、ニューギニアで現地の人を殺害した罪に問われ、ＢＣ級戦犯として重労働二〇年の刑を受けた。ジャワの刑務所から日本に送還されてスガモ・プリズンに収容され、警察予備隊の報に接したのである。

飯田は獄中で仲間と平和グループをつくり、戦後の日本の方向に疑問をもつとともに、戦時中の自分たちの行動と正面から向き合い、見直し

21

●戦犯の釈放
日華平和条約の発効（一九五二年八月）にあわせ、中国で裁判を受けた戦犯八八名が釈放された。戦犯釈放の署名運動が広がり、四〇〇〇名の署名を集めた。

た。それは、飯田らにとって厳しく苦しい時間だったが、この時間を経ることで飯田は過去の自分の行為を反省して否定し、戦争は正義でないと思えるようになった。再軍備の動きに対して、飯田らは秘密裏に外部の新聞や雑誌に反対の投書をして反響を集めた。BC級戦犯の手記や記録が出版され、BC級戦犯を題材にした映画『壁あつき部屋』（小林正樹《こばやしまさき》監督）やテレビドラマ『私は貝になりたい』（フランキー堺《さかい》主演）が公開された。BC級戦犯に対する釈放運動が全国に広がり、サンフランシスコ平和条約後の一九五六年、飯田は仮釈放された。

二〇〇八年八月二四日、飯田はBC級戦犯についてのテレビに出演してつぎのように語った。「戦後日本の、戦争責任との向き合い方は曖昧《あいまい》だった」。

**サンフランシスコ講和と日米安保**

朝鮮戦争下の一九五一年（昭和二六）九月、サンフランシスコ講和会議が開かれ、首相吉田茂《よしだしげる》ら日本全権団は、四八か国との間で平和条約に調印した（サンフランシスコ平和条約）。平和条約には、日本政府が東京裁判と日本内外の連合国戦争犯罪法廷の判決を受諾し、これらの法廷が科した刑を執行するように明記されていた。これにより、一九五二年四月一日、日本は主権を回復する。そして、四月二八日には二つの条約が発効し、ひとつの条約が調印された。発効されたのはサンフランシスコ平和条約と日米安全保障条約（安保条約）であり、調印されたのは日華《にっか》平和条約だった。

平和条約の締結にあたっては、アメリカとの講和を優先する片面講和と、中国・ソ連を含む参戦国全体との全面講和を求める運動とが対立したが、吉田首相が選んだのは、アメリカとの講和を優先し、アメリカの援助のもとで経済復興を急ぐ路線だった。米ソの冷戦下で、日本はアメリカの極東戦略に組み込まれた。

平和条約では、沖縄と小《お》笠原《がさわら》のアメリカ支配が無期限で認められていた。四月一日は、沖縄にとって「屈辱の日」になった。四月二八日には在日朝鮮人が外国人になった。沖縄と在日朝鮮人を国家の枠組みの外に置くかたちで戦後の日本はスタートした。

安保条約はアメリカ軍の駐留と基地提供を定め、日米行政協定に基づいてアメリカ軍の特権を広範に認め、駐留費用を日本政府が分担することになった。警察予備隊は保安隊から一九五四年には自衛隊の発足につながり、再軍備が進んだ。

四月二八日には台湾との間で日華平和条約も結ばれた。これにより、日本と中華民国（台湾）との間の戦争状態を終了し、日本と台湾はアメリカの東アジア戦略のなかに緊密に組み込まれた。

22

◉奄美群島復帰
敗戦後、奄美群島は沖縄とともにアメリカの軍政下に置かれ、奄美群島が日本に復帰するのは、一九五三年のことだった。

## 戦後処理と戦後補償

日本の降伏後、連合国は、平和経済を維持するため以外の産業施設を撤去して、賠償にあてることを決めた。しかしアメリカは、占領政策の転換に伴い、賠償を軽減して日本の経済復興を早期に実現する方針に転じた。連合国は平和条約で原則として賠償を放棄し、個別に希望した場合にのみ日本が賠償することになった。

一九五四年（昭和二九）以降、日本政府はビルマ・フィリピンなどの政府と賠償協定を結び、タイ・韓国などに対しては無償の経済協力（準賠償）などを行なった。日本の賠償や経済協力は相手国政府に対するものであり、戦争で被害を受けた個々の人びとに行なわれたものではなかった。

占領下では軍国主義の助長として、元軍人や遺族に対する政府の援護が禁じられた。日本の独立後、援護はすぐに再開され、一九五二年には戦傷病者戦没者遺族等援護法が制定され、翌年には軍人恩給が復活した。援護の対象者は、元軍人・軍属・準軍属とその遺族に限られ、軍人には階級に基づいて年金が支給された。空襲による民間被害者は援護の対象にならなかった。西ドイツの援護は日本と大きく異なり、軍人への援護には階級差がなく、空襲被害者も援護の対象になった。

平和条約後、在日の朝鮮人や台湾人は日本国籍を剝奪《はくだつ》されて外国人にされたので、元軍人や軍属であっても援護の対象外だとされた。だが、ＢＣ級戦犯の朝鮮人らの場合には、刑が科されたときは日本人だったという理由で、平和条約後も刑の執行は続けられた。学校教育におけるダブルスタンダードに加え、援護とＢＣ級戦犯においても二重の基準が使い分けられたのである。

## 占領とはなんだったのか

### 二重の転換過程

アメリカを中心にした占領には、二重の転換過程が含まれていた。ひとつは総力戦からアメリカを中心にした占領への転換である。戦時動員と占領改革の二重の衝撃を経て、日本社会は大きな変容を遂げた。戦時と戦後の連続と断絶が検討されねばならない。

もうひとつは、大日本帝国の崩壊から東アジアの冷戦とアメリカ支配への転換である。日本本土の占領は、朝鮮・沖縄・台湾へのアメリカの影響と連動し、占領政策の転換後には、日本本土が経済復興を、韓国・沖縄・台湾が軍事を分担する体制に移行した。こうした過程で台湾の二・二八事件、韓国済州島《チェジュド》四・三事件が起き、一九五〇年（昭和二五）には朝鮮戦争が勃発《ぼっぱつ》して朝鮮の分断国家が決定的になる。台湾と韓国は、その後、一九八〇年代まで軍事政権が長く続いた。他方で、中国では社会主義革命が進行し、ソ連は日本の敗戦直前に参戦して、北東アジアに影響力を及ぼした。

二重の転換過程は相互に連関し、東アジアの冷戦が、日本本土における占領政策の転換を導く要因のひとつになった。だが、総じていえば、後者の転換過程への関心は同時代にあっては小さく、占領といえば、もっぱら前者の転換過程が議論の焦点になった。占領政策のもとで賠償が軽減されたことが、日本の植民地支配や戦後の東アジアに対する関心を弱める要因にもなった。

### 親米と反米

アメリカの占領に対して、日本では二つの反応があった。親米と反米である。親米には政治・社会・風俗などのレベルがある。政治では、なぜアメリカの占領を受け入れたのかという問いがある。天皇制護持との妥協があり、昭和天皇みずからが天皇制護持のための後ろ盾として占領を受け入れた。戦前・戦時の軍国主義と比べれば、人びとは占領下の社会に解放感や平等感を覚えた面があった。日本国憲法や占領改革が好感をもって受け入れられた。喪失の戦後よりも解放の戦後である。戦前来のアメリカ文化の受容もあった。『ブロンディ』や『リーダーズ・ダイジェスト』など、占領とともに持ち込まれた風俗が人気を博した。

反米は、日本本土と沖縄におけるアメリカ軍の基地拡張や試射場設置などと、在日朝鮮人の間に厳しく現われた。アメリカの東アジア支配にかかわる規制が人びとの生活を脅かしたからである。一九五二年（昭和二七）、朝鮮戦争のためのアメリカ軍の試射場として石川県河北《かほく》郡内灘《うちなだ》村（同内灘町）が指定されると、村議会や漁民、外部の労働組合から大きな反対運動が巻き起こった。一九五五年には、東京都北多摩《きたたま》郡砂川《すながわ》町（立川《たちかわ》市）にあるアメリカ軍立川基地拡張の方針に対して、農地を接収さ

23

●**内灘砂丘に座り込む人びと**
旧陸軍の演習場だった内灘砂丘は、戦後、村民への活用が期待されていた。内灘闘争は国内ではじめての米軍基地反対闘争だった。

れる農民を中心にして基地拡張への反対運動が起きた。反対運動の背後には、その地域に住む人びとの土地に結びついた生存の長い蓄積があり、憲法の生存権があった。

内灘闘争は、一九五七年にアメリカ軍が撤収するまで粘り強く続いた。砂川では、一九五七年に立川基地拡張に反対するデモ隊が基地内に入ったとして起訴された（砂川事件）。争点は日本国憲法と日米安全保障条約の関係であり、一九五九年に東京地裁は、安保条約を違憲として基地内に入った人びとを無罪にする伊達《だて》判決と呼ばれる画期的な判決を出した。しかし、その後、最高裁は違憲の判断を避けて原審に差し戻し、最終的に有罪が確定した。

在日朝鮮人については、本章の阪神教育闘争や次章の深川《ふかがわ》事件があった。基地問題がいちばん深刻だったのは沖縄だが、沖縄については本全集第十六巻『豊かさへの渇望』に詳しい。

### 社会改革としての占領改革

占領改革をひとことでいえば、社会の平準化を推し進めた社会改革であり、これにより経済的には階層間の所得再分配が実現され、政治的、社会的には国民の権利の範囲が拡大された。財閥解体・農地改革、労働改革には、所得再分配機能があり、女性・労働者・農民の権利が広く認められた。所得と法制度による生活保障は、戦後における国内市場拡大の歴史的前提になった。

戦前・戦時期の日本は、大恐慌と総力戦を契機として、社会の平準化を進める政策を実行してきた。恐慌期の高橋財政、総力戦下の統制会・農地政策・保健衛生政策などに、平準化の方向性を確認できる。新体制のもとでの自由主義排撃や革新官僚による戦時社会政策には、平準化による総力戦体制構築が含意されていた。戦時動員と占領改革の二重の衝撃を通じて、経済的、社会的な平準化が進行したことを確認しておきたい。

しかし、戦時動員と占領改革には、大きな断層も含まれていたことに注意しなくてはならない。端的にいえば、戦争目的の戦時動員に対して、とくに初期の占領改革は非軍事化と民主化を目的とした。戦争への向き合い方が一八〇度異なっている。ここから二つの相違が明瞭になる。ひとつは、戦時期には財閥資本家や地主などの経済的、政治的な地位が低下したとはいえ、なおとどまっており、それが最終的に地位を低下させたのは占領改革を通じてであった。社会階層の変革において、戦時動員と占領改革の深度には差があったのである。二つには、戦時期にはたしかに労働者や農民の社会的地位が上昇した面があったが、これはあくまでも戦争目的のためであり、人的資源の動員もその目的の限りであった。この点が端的に現われたのが戦時福利政策であり、障害者や病者はこの政策から除外されたことである。社会保障や権利の体系において、戦時動員と占領改革では基本的に相違があったのである。

戦時期から占領期にかけて、戦時動員と占領改革の二重の衝撃を通じて社会の平準化が進行した。その連続面と断絶面の両方をよく確認する必要がある。

第七章

# 戦後社会をつくる

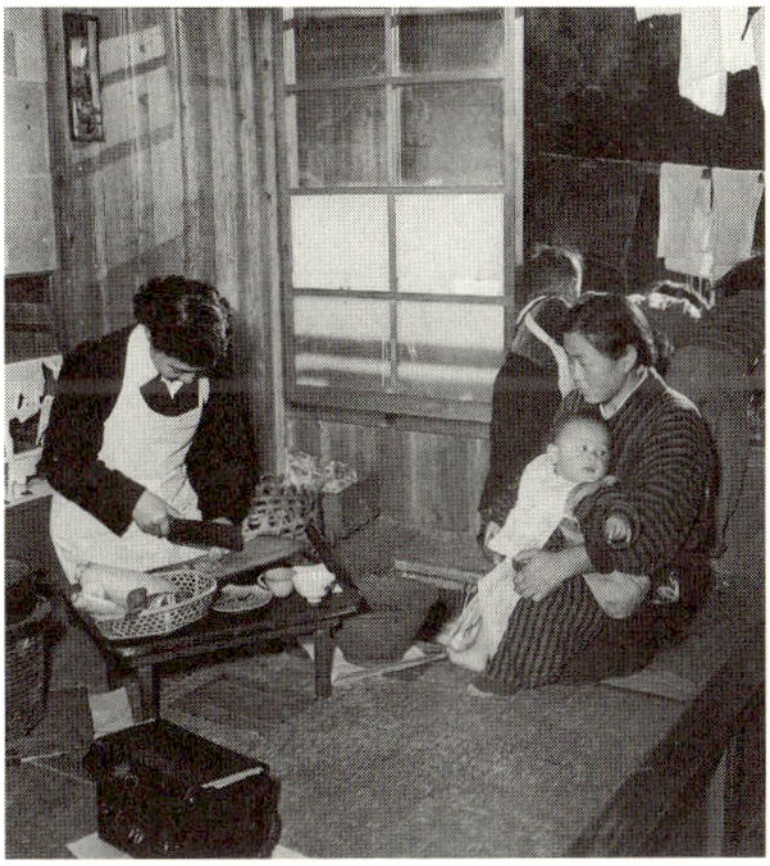

1

# 政治の構想

**一九五五年と一九五〇年代**

一九五五年（昭和三〇）は、左右両派社会党の統一と保守合同によって、その後の長期にわたる政治構造ができた年である。いわゆる「五五年体制」の成立である。この年、共産党も極左冒険主義を自己批判して再出発した。一九五五年はまた高度経済成長の幕開きにもなった。

本書では日本近現代史の大きな時期区分として一九五五年を重視した。世界大恐慌・満州事変から総力戦、占領を経た一九五五年までの二五年間は、一九二〇年代までの日本近代を変容させる大きな画期になった。この四半世紀は、つぎの一九五五年以降にさらに大きく変容する。一九五五年は日本近現代の重要な時期区分である。

ただし、時期区分についていては、つぎの二つをあわせて考える必要がある。ひとつは、政治の画期には一九五五年に続いて六〇年の安保改定があった。もうひとつに、現在からみれば高度経済成長は一九五五年に始まっているが、同時代の人びとが高度経済成長を実感するのは一九六〇年頃からだった。一九五〇年代は、戦前・戦時の名残と戦後・占領の新しい社会意識の両方が交差した時代だった。

●母子のために配置された保健婦
保健婦は、保健衛生や家族計画の指導を通じて、乳幼児死亡率低下や少子化を導き、戦後の家族のあり方に多大な影響を与えた。
前ページ図版

戦後から一〇年たった一九五五年頃はどのような時期で、一九五〇年代はどのような時代だったのか。本書の視点である人びとの生存と生活に焦点を絞り、この時代の特徴を政治・労働・社会の局面から読み解く。それはまた、一九三〇年代の恐慌から総力戦、占領とたどってきた本書の最終局面を検証することでもある。戦前・戦時の経験は、戦後にどのように受け継がれたのか（受け継がれなかったのか）、考えてみたい。

### 吉田内閣と鳩山内閣の戦後構想

荻野《おぎの》美穂《みほ》が紹介するように、サンフランシスコ講和会議に出発する吉《よし》田《だ》茂《しげる》首相は、演説のなかで輸出振興、移民推進、産児制限普及の三つが日本の急務だと述べた。この三つは、経済復興・国際収支改善と過剰人口問題対策に換言できる。平和条約と日米安全保障条約（安保）によって日本を軽軍備にし、経済復興を重視して朝鮮特需から脱却し、あわせて過剰人口問題を解決する、これが吉田の示した戦後の構想だった。片《かた》山《やま》哲《てつ》内閣以来の政府は、戦後復興・経済復興をシンボルにして戦後日本の再建を図ろうとしてきた。これに対して吉田内閣は、戦後復興に日米安保、過剰人口問題対策を組み合わせた戦後構想を示した。

経済復興・国際収支改善の政策は四つあった。重点産業の重化学工業

2

◉五五年体制の成立
自由民主党の結成大会。一九五五年には社会党も結成され、戦後の政治史の重要な画期になった。

化・合理化を進める産業政策、北上《きたかみ》（岩手県）や奥只見《おくただみ》（福島県）などの特定地域や佐久間《さくま》ダム（長野県）などの国土開発、貯蓄運動、日米安保による国内市場保護である。植民地を喪失したもとで、これらはいずれも国内産業の復興を重視した政策だった。

一九五二年、政府は産業資金を調達するために貯蓄増強中央委員会を設置して貯蓄運動を始めた。戦前来、貯蓄運動は政府のすすめるところであり、この時期も「独立記念」（一九五二年〜）、「自立促進」（一九五三年〜）などの貯蓄奨励運動が全国的に行なわれた。当時の日本は産業資金が不足していた。貯蓄は銀行の貸付金の原資になり、郵便貯金は大蔵省の財政投融資になる。貯蓄によって産業資金を蓄積して戦後復興に貢献しよう。政府は国民にこう呼びかけた。

日米安保の成立に際してアメリカは通商・産業面で譲歩し、日本は一九六〇年の日米安保改定まで国内市場の保護・育成に尽力することができた。かつて経済学者の宮崎義一《みやざきよしかず》は、国内市場の形成と日米安全保障条約の関連を重視し、一九五一年の安保成立によって形成された保護的な国内市場によって高度経済成長は可能になったと述べた。一九五一年の日本興業銀行再発足、日本開発銀行新設、日本輸出銀行新設（のちの日本輸出入銀行）に続き、翌年にはＩＭＦ（国際通貨基金）一四条国になったことで、為替制限だけでなく、保護関税、外資制限が可能になった。このもとで貿易・資本の自由化は先送りされ、一九五〇年代後半の高度経済成長の軌道が設定された。すなわち、当時の日本経済にとって必要な技術は輸入して技術革新に結びつけ、関税障壁によって輸入品の進出を阻止し、資本輸入を防ぐという保護的な国内市場が形成されたのである。

以上のような経済復興政策に加え、過剰人口問題への対策としては、一九五四年に募集を開始したドミニカ移民政策と、家族計画の推進による多産防止があった。

一九五五年に組閣した第二次鳩山一郎《はとやまいちろう》内閣は、憲法改正と再軍備を掲げ、経済自立五か年計画によって完全雇用の実現をとなえた。戦前への復古に加え、経済成長については、経済計画を通じて完全雇用による生活保障を実現し、過剰人口問題を解決する、これが鳩山の戦後構想だった。憲法改正・再軍備は、一九六〇年の日米安保改定まで大きな政治的争点になった。「経済成長」という言葉は、鳩山内閣のころから使われはじめた言葉だった。

3

◉ドミニカ移民を乗せた船
過剰人口問題を抱えた政府は、一九五〇年代後半、ドミニカ移民を強く推進したが、宣伝とは裏腹で入植地の土地は劣悪だった。

### 多様な政治の選択

一九五〇年代には、「地域開発・工業化と中央依存」が進行したことを強調する見解がある。国土狭隘《きょうあい》が強調された時代にあって、地域開発に期待を寄せた地域も少なくなかったが、全国総合開発計画が樹立された一九六一年（昭和三六）以降と一九五〇年代とでは、中央依存のあり方が異なっていた。この点で加茂《かも》利男《としお》は一九五〇年代について、国政では改憲をめぐって保守党と社会党が対立していたが、地域では開発をめぐって保守党・革新ともに賛成の共通認識が成立していたとして、それを「成長同盟」と呼んだ。ただし、「経済成長」が「改憲」と切り離されて政治の中心課題に位置づけられたのは一九六〇年代のことだとする。加茂は、一九五〇年代を「錯綜《さくそう》・屈折に満ちた一種の過渡期」と位置づけ、「プレ高度成長時代」とみる見解を批判する。

以上の議論が県や都市を念頭におくのに対して、一九五〇年代前半に農協を通じた政権党の支配が強化されたことに注目する見解がある。この議論の前提には、一九五一年の積雪寒冷単作地帯振興臨時措置法以来の補助金農政の展開と、一九五六年の新農山漁村建設事業の開始があり、そこでは農業経済学者の安達生恒《あだちいくつね》によって「戦後型陳情農政の開始」と名付けられた事態が各地で展開した。ただし、戦後の農村については一九六〇年代まで保守党支配は容易に貫徹しなかったとする見解があり、評価は簡単でない。私も参加した共同研究によれば、一九五〇年代の山形県庄内地方では、鶴岡市を「農村都市」と位置づけて周辺農村と結び、農業機械の販売や消費を通じた地域的発展が構想されていた。経営規模の比較的大きな農家を基盤にした農民運動もまだ盛んであった。一九五〇年代は、戦後の方向性をめぐって多様な可能性が残されていた時代だった。

### 家庭の女性役割を強調する政策

占領から一九五〇年代にかけて、省庁（行政）の政策をみると、ある特徴に気づく。それは家庭や女性に対する政策が、いくつかの省庁で共通にとられたことだ。具体的には、農林省の農業改良普及事業、厚生省の保健衛生事業・家族計画、文部省の社会教育・家庭教育などである。

たとえば占領の影響下にあった一九四七年（昭和二二）に開始された農業改良普及事業は、農家の男性が農業改良を、女性が生活改良をそれぞれ担当して農家の家庭を育成しようとするものであり、アメリカ流の性別役割分担を前提にした政策だった。この事業で農林省は全国に農業改良普及所を設置し、農業改良普及員と生活改良普及員を配置して指導にあたらせた。厚生省の保健衛生事業は、主として乳幼児死亡率の低下と母体の健康維持を図るものであり、全国に保健所と保健婦が配置された。文部省の社会教育における婦人学級とＰＴＡ活動のなかの家庭教育は、いずれも家庭と教育の連携を進めるものであり、社会教育では公民館が設けられ、社会教育主事が置かれた。

以上の政策には、戦前からの系譜と戦後の契機の両方があった。本書で指摘してきたように、生活改善は戦前来となえられたものであり、保健衛生事業には戦前の産業組合医療や戦時中の厚生省創設の歴史があり、社会教育の前提には戦前の通俗教育があった。これらを前提にしつつも、農林・厚生・文部の三省の事業は、戦後、とくに占領の影響のもとで大きく取り組まれた。農林省が省庁をあげて生活改良に取り組むのは占領期がはじめてであり、公民館や社会教育主事を含めた社会教育の体制が整備されたのもこの時期のことだった。占領期は家庭と女性への政策的介入という点で画期をなしていた。生活と家庭における女性の役割を明瞭にして生活を再建する方向が示されたのであり、ここにはアメリカ流の男女平等と性別役割分担が貫かれていた。

本書では、政治家が「生活」を政治の課題に掲げ、「生活改善」がとなえられ、生存システムの転換が図られたのは、いずれも一九三〇年代から戦時期だったことに注目してきた。その前提には、男子普通選挙の成立があり（大衆政治）、総力戦による総動員があった。それに続く占領期には、生活と家庭における女性の役割を明瞭にした政策が取り組まれた。一九三〇年代から五〇年代は生存システムの転換が図られた時代であった。

三省の取り組みに関連して、日本家族計画協会や新生活運動協会、新生活運動の会などの団体がつくられ、政府・省庁とも連携した運動が取り組まれた。後述の戦後の革新運動は、日米安保や憲法改正などを掲げる保守に対して、平和と民主主義を課題に据えた。保守の側は右のような大きな政治課題に加えて、家族計画や生活改良の運動を行政とともに取り組み、国民の組織化をめざした。

生活改善は日本だけでみられたことではなかった。朝鮮では農民の経済的実力を高めるために一九二九年から生活改新運動が始められ、中国の蔣介石《しょうかいせき》の国民党では、党の基盤を強固にするために一九三四年から新生活運動が開始されていた。恐慌や総力戦、内戦、占領は、生活まで含めた対策を必要とする。それが日本・朝鮮・中国で生活に関する取り組みが同時期に出現した理由だといってもいいだろう。

# 働く世界と社会運動

## 従業員としての平等

戦時期に総動員が行なわれ、勤労新体制が敷かれて戦時労働改革が計画された工場では、戦後にどのような生活保障が構想されたのか。

敗戦によって工場から戦時中の徴用工や学徒勤労動員、女子挺身隊《ていしんたい》、強制連行の朝鮮人・中国人、捕虜などが去っていくと、工場にはかつて働いていた人や復員兵が働きにきた。工場の労働者の構成が大きく変わるなか、激しいインフレーションと食糧不足で工場労働者の生活は苦しく、占領下で生産をサボタージュする資本家にかわって、労働者が結成した労働組合による生産管理が生産復興をめざして行なわれた。一九四五年（昭和二〇）一〇月の第一次読売争議を皮切りに広がった生産管理闘争に対して、政府は一九四六年六月にGHQの支持のもと、生産管理の禁止と労働関係調整法の制定を急いだ。以後、生産管理闘争は減少し、労働組合はストライキに戦術を転換した。

会社側は、レッドパージや解雇、労働協約の改定などを通じて、蚕《さん》

4

◉レッドパージに抗議するデモ隊
マッカーサーの指令により共産党員とシンパが退職させられた。教育現場も対象となり、多くの教員が職場を去った。

食《しょく》された経営権の回復を図った。これに対して労働者側は、企業ごとにつくった労働組合を基点にして、解雇反対と身分制の打破による年功的な賃金の獲得をめざした。職員と工員という身分的な呼称を撤廃して「社員」あるいは「従業員」に呼称を統一し、年功的な賃金の月給制や企業内福利厚生施設の利用において、職員と工員の差別を撤廃すること、これが労働者の願望だった。労働者は、三〇歳代から四〇歳代にかけて上昇する年功賃金によって、家族を含めた生活保障を図ろうとした。一九四六年の電機産業を出発点として、以後、年功的な賃金制度が各種産業に導入される。労働者は、「男女同一労働同一賃金」ではなく、会社内の身分制度の撤廃による平等を選んだのである。熊沢誠《くまざわまこと》はこれを「従業員としての平等」と呼んだ。

戦前の労働運動でみずからの人格の承認を求めた労働者は、戦時期の国家による人格承認を経て、戦後に職員と工員間の身分制撤廃に至る。職員と同様な年功的生活給による生活保障、これが労働運動―戦時動員―占領改革を経て戦後の労働者が望んだ地平だった。

一九五〇年代の労働組合は、労働条件の改善や解雇反対を掲げて長期ストライキも行なった。長期雇用（終身雇用）はこの過程で定着した。

## 女性は家庭に復帰せよ

女性たちは、何度、家庭の外に呼び出されては、また家庭に帰れといわれたのだろうか。国防婦人会しかり、隣組もしかりだった。そしてまた戦後も同様の呼びかけがあった。

戦時中には兵力として動員された男性にかわり、女性たちが新たに職場で働いた。その代表例が日本国有鉄道（国鉄）である。敗戦直後の国鉄には一〇万人の女性労働者がいた。

敗戦後、大量の復員兵の帰還が予想されると、政府は、戦時中についた女性の職を男性に明け渡す方針を立て、国鉄の女性労働者に「女性は家庭へ復帰せよ」として解雇通告を出す。女性はふたたび家に帰れといわれたのである。運輸省は一九四六年七月に女性労働者の人員整理通告を発表し、一〇万人の女性労働者の半数が失業の危機にみまわれた。大阪国鉄労組婦人部長の丸沢美千子は、解雇通告を受けて、貸与された制服を返さないと抵抗し、泣く泣く首を切られた女性労働者を目撃している。他方で、占領政策の後押しを受けて労働組合婦人部をつくり、解雇に抵抗した女性もいた。一九四七年（昭和二二）六月、国鉄労組に婦人部がつくられ、女性労働者の九パーセントが参加した。

戦後の女性たちには参政権が与えられ、労働基準法では産前産後休暇

5

◉女性警察官の導入
男女の社会的地位の差をなくそうとするGHQの指示は警察官にも及び、日本では一九四六年に最初の女性警察官が導入された。

や生理休暇請求権などの女性保護規定が明記された。そこが戦前・戦時と異なるところであり、「女性は家庭に復帰せよ」と呼びかけられても家庭に戻らない女性が出てきたのである。生活が極度に苦しい敗戦後の失職は、女性にとっても死活問題だった。労働組合への参加など、戦前・戦時にはみられなかった女性の行動が現われた。

ただし、戦後の女性たちには、戦前・戦時の女性たちと同様に、家庭と生活を担うことが求められた。家制度の有無という点で戦前・戦時と戦後では相違があったが、家庭を担うことを求められた点は同じであった。戦後の女性たちは参政権を与えられ、男女平等を憲法に明記される一方で、家庭のなかでの役割を強く求められたのである。

家庭役割の強調は雇用関係にも反映する。当時は仕事における性別職務分離と結婚退職制は当然のこととされた。一九五〇年時点の労働省婦人少年局によれば、結婚退職制は違法ではなかった。職場では、いっさいの掃除やお茶くみ、煙草《たばこ》、パンなどの買い物、ハンカチや靴下の洗濯、弁当箱洗いまでがしつけの美名のもとに女性に押し付けられた。一九五三年、寄宿舎住まいだった近江絹《おうみけん》糸《し》の女工たちが、外出や結婚、通信の自由という、もっとも初歩的な人権の実現を求めて長期にわたる人権ストをうたねばならなかったのは、以上のような職場の環境ゆえだった。女性たちが職場で直面したのは「封建的」な人間関係と男女の賃金格差だった。労働基準法に明記された女性保護規定は、女性たちの雇用を守る大事な砦《とりで》だったのである。

## 戦後社会運動と「うたごえ」

一九五〇年代は戦後革新運動の時代だった。保守に対して革新と称された社会運動は、平和条約と日米安保への相反する評価から生まれた。軍事化に対する平和、対米従属に対する自立、政治反動に対する民主主義擁護、独占資本の利益に対する生活向上と社会進歩が革新運動の理念だった。とくに労働運動まで含めて平和への希求が強い点は、アジア太平洋戦争の反省のうえに成り立った、戦後日本の社会運動の大きな特徴だった。

戦後の社会運動には独特の文化があった。書くことと歌うことである。書くことは社会運動団体の機関誌や同人誌によく現われている。機関誌には必ずといっていいほど文化欄があり、短歌や俳句、詩、エッセイなどの投稿が掲載された。労働者や農民の同人誌も盛んで、ノンフィクション作家の佐木《さき》隆三《りゆうぞう》は、一九五〇年代なかばに八幡《やはた》製鉄に勤めながら同人誌で小説を書きつづけた経験をもつ。

機関誌の投稿欄や同人誌が戦前以来の日本の社会運動の特徴だったのに対して、運動の一環として歌うことに取り込んだのは戦後である。一九四八年（昭和二三）、声楽家の関鑑子《せきあきこ》によ

6

◉王子争議のうたごえ運動
一九五八年の王子《おうじ》製紙での争議をはじめ、一九五〇年代の労働争議ではうたごえ運動が熱心に取り組まれて争議を支えた。

って「うたごえ運動」が提起された。戦後の王子《おうじ》争議を丹念に追っている岸伸子《きしのぶこ》によれば、一九五八年の王子争議ではうたごえ運動が長引く争議を支えた。とくに青年婦人部のうたごえ班は、新しい労働歌や民謡を歌い、ストライキ中の労働者やその家族たちを励ました。

うたごえにはいくつかの特徴があった。声に出して唱和するうたごえ運動は、娯楽の少ない時代にあって経費のほとんどかからないものであり、生活の苦しい戦後にふさわしい文化運動だった。

うたごえは戦前に二つの系譜をもつ。ひとつはメーデー歌である。一九二二年の第三回メーデーで発表されたメーデー歌は、旧制第一高等学校の寮歌『アムール川の流血や』を原曲とした。『アムール川の流血や』の旋律はよく知られていたため、戦前では『インターナショナル』の歌以上に歌われ、戦後のメーデーでも聞こえることがあった。旧制一校のこの寮歌は、陸軍幼年学校の軍歌『歩兵の本領』にも使われた。メーデー歌のような労働歌と軍歌は、寮歌を源流にもつことで一部重なり合うところがあった。

戦後のうたごえ運動のもうひとつの系譜は、戦時中の国民音楽や厚生音楽で、学校以外の場で声を出して唱和する機会がつくられた。高岡裕之《たかおかひろゆき》は戦時中の両音楽について検証する。一九四〇年以降の国民音楽は、従来の流行歌にかわる新しい国民の歌の創造を通じて、音楽の新体制をめざした。厚生音楽とは、日中戦争以降の厚生運動（レクリエーション運動）の一環として産業報国会の職場で取り組まれたものだ。厚生音楽運動のピークの一九四三年頃には、全国の職場に吹奏楽団やハーモニカ吹奏楽団、ハーモニカ楽団、合唱団がそれぞれ約一〇〇〇あった。ブラスバンド（吹奏楽団）と合唱が重視され、とくに合唱は「国民音楽の創生の地盤」であった。厚生音楽は、小学校の唱歌教育とは違った合唱に、人びとが慣れ親しむきっかけになった。

高岡は、国民音楽や厚生音楽を、洋楽と邦楽、高級音楽と大衆音楽といった、音楽文化における二重構造の解消をめざしたものと位置づける。敗戦によって文化状況は一変したが、音楽文化の二重構造は依然として残った。そこに戦後版の国民音楽運動が登場する所以《ゆえん》があったとして、一九五〇年代から六〇年代に大きく発展した労音（労働者音楽協会）をその典型例に位置づける。高岡の指摘は、うたごえ運動についても当てはまるだろう。文化の格差の解消をめざす動きは、戦時と戦後の二つの段階を経て現われたのである。

歌うことへの文化的欲求を反映したうたごえ運動は、戦後の社会運動とともに発展し、支え合った。そこに含まれた戦前・戦時の系譜。戦時中の国民音楽・厚生音楽と戦後のうたごえはどう関連していたのか。各時期に歌った歌の内容を含め、職場における合唱・音楽の歴史の丁寧な検証が待たれる。

「白い道をゆく旅」

一九三一年（昭和一六）に生まれた岡百合子《おかゆりこ》は、一九九三年に自伝『白い道をゆく旅』を著わし、「私の戦後史」を振り返っている。一九五〇年、お茶の水女子大学に進学した岡は、マルクス主義や日本共産党に信頼を寄せるようになる。なぜ信頼を寄せたのか、そのなかで克服すべきことがあったとすれば、それはなんだったのかを、岡は反芻《はんすう》するように振り返る。戦時中と戦後の思想の関連、戦後の社会主義思想を取り巻く熱気と影響力の大きさについて考えさせられる本だ。

戦後に復学した女学校や大学では、レッドパージや朝鮮戦争に反対する運動が広がり、マルクスなどのテキストを読む社研（社会科学研究会）が活動していた。戦争にもレッドパージにも反対だった岡は、学生大会で発言し、反戦学生同盟にも参加した。反戦学生同盟は、のちに日本共産党国際派の影響下にあることがわかる。岡は、富の不平等がなくなり、戦争も抑止されるという、当時の社会主義に関する明快な将来ビジョンに大きくひかれていく。

戦後のおよそ一〇年間、マルクス主義と日本共産党が学生や知識人の間で大きな影響力をもった。戦前に日本に導入されたマルクス主義は、社会を説明する論理として戦後も影響力をもっており、日本共産党のなかには、戦時中に非転向を貫いた宮《みや》本顕治《もとけんじ》ら幹部もいて共産党の優位性を示した。

岡はマルクス主義に接近した自分を三つの焦点から振り返る。時代状況と「優等生」の自分、朝

7

◉文化祭で戦争反対をアピールする
一九五一年の神奈川県立湘南《しょうなん》高校《こうこう》の三〇周年記念行事では、呼び物の仮装行列のなかに戦争反対を訴える生徒が目立った。

鮮である。平和条約発効三日後の一九五二年五月一日の〝血のメーデー事件〟への参加、同じ年の破壊活動防止法反対のストライキ闘争など、岡は切迫した時代状況を必死で受け止めようとした。その当時を振り返る岡がずっと気にしているのは「優等生」の自分である。小学生の岡はいつも先生の意を体し、いわれるより先に実践するような優等生だった。戦後になり、小学校の担任教師が軍国主義教育について「後悔している。すまなかった」と謝ったとき、岡は先生と「いわば共犯」の自分だけが置いていかれたように思えて、むなしく重い疲れを感じた。

戦後の学生運動に熱心に取り組むなかで、岡は、「〝滅私奉公〟的心情」がよみがえり、「上部からの指令を忠実にこなすことに一生懸命」になった自分を思い起こす。あるとき、かつて岡に社会主義や唯物史観を教えたAさんから宮本百合子《ゆりこ》の葬儀への参列を誘われた。Aさんは、岡が反戦学生同盟に入ることに賛成ではなかった。〝インディペンデント〟という言葉を好み、「もっと自分を大事にせよ」と言ったAさんは、宮本百合子のような自立した女性になれといいたかったのか、と岡は振り返る。

「優等生」としての自分は、卒業後に就職した中学校教師時代にも影を落とした。就職から六年め、授業に自信をもてるようになった岡が準備したのは、「階級史観」による「明快な歴史」の授業だった。当時の授業参観レポートが残っている。歴史の法則と明るい未来を語る岡の言葉には熱がこもり、生徒の目は輝いた。しかし、それは「私の存在の、根本に根ざした自信」だったのだろうか、と岡は振り返る。

岡が一九五五年に結婚した相手は在日の朝鮮人だった。インターナショナルをめざす日本在住のその人は、日本の共産党に入って活動することが、ひいては祖国朝鮮の解放につながるのだと教えられ、朝鮮人であることを片時も忘れないまま党に入った。国籍よりも思想が大事という雰囲気のなかで、二人は結婚した。

しかし、党の会議で彼は、朝鮮人は日本の党にいられないことが決まったと聞き、「ところでお前は党を辞めるか、日本に帰化するか、どっちにするのだ」といわれた。彼はインターナショナルをとなえる党と、朝鮮人である自分の存在の矛盾に悩んだ。そして岡は彼の悩みに応じることができなかった。朝鮮についてほとんど教えられることがなく、知らない自分に岡はそのときはじめて気づく。印象的な場面がある。結婚後、下関の彼の実家に二人で出かけたとき、岡は初対面である彼の父への配慮から和服を着ていった。朝鮮人が着物に対して複雑な思いを抱いていることを、岡はずっとのちに知る。

岡の自伝は、一九五〇年代における社会運動の熱気と困難の両方を教えてくれる。熱気とは、新しい戦後社会をつくることへの意欲と関心・責任感であり、困難とは、戦時中に身についた同調的な態度や倫理観を変えることの難しさと朝鮮認識だった。朝鮮に対する認識の乏しさは、社会主義をとなえる政党でもあまり変わらなかった。

## 国境を越えた弁護士・布施辰治

一九四九年（昭和二四）一一月一二日、東京の明治大学記念館講堂で、弁護士の布施辰治《ふせたつじ》の古稀《こき》を祝う「人権擁護宣言大会」が開かれた。折からの強い雨にもかかわらず、当日は三〇〇〇名もの参加者が集まった。

大会とその後の懇親会には幅広い人びとが祝辞に立っている。社会党の浅沼稲次郎《あさぬまいねじろう》や共産党の宮《みや》本顕治《もとけんじ》、日本アナーキスト連盟の岩佐作太郎《いわささくたろう》、政治学者の大山郁夫《おおやまいくお》、作家の藤森成吉《ふじもりせいきち》と中野重治《なかのしげはる》である。最高裁判所の長官と判事から祝電が届いた。かつて法廷で布施が論戦を交えた人びとである。当時は社会運動内部に対立があり、大山は人民戦線に背を向ける浅沼を暗に批判したが、農民運動家で詩人の渋谷定輔《しぶやていすけ》は、岩佐や大山、浅沼、宮本らが一堂に会したことを、「日本の民主戦線の重要な会合」だと述べた。布施について長年調べてきた森正《もりただし》は、渋谷の発言を、大会に寄せた〈辰治の思い、すなわち統一戦線結成への熱い思いを的確に捉《とら》えた発言〉として、高く位置づけている。

大会は二か月前に団体等規制令で在日朝鮮人連盟が解散させられ、三《み》鷹《たか》事件・松川《まつかわ》事件の公判が迫っているときに開かれた。冷戦と占領政策の転換の影響が強まる時期に、多様な立場の政治家や社会運動家が集ま

8

●台湾で歓迎された布施辰治
台湾の文化協会本部歓迎の記念写真（一九二七年）。前列右から四人めが布施辰治。

ったことも大きな意味をもっていた。それに加えて、大会参加者のうちの七〇〇から八〇〇名は朝鮮人だった。布施は、労働者や小作農民、借家人、被差別部落民、社会主義者、アナーキスト、冤《えん》罪《ざい》者などの弁護に加えて、関東大震災下の虐殺事件の調査・抗議など、朝鮮人や台湾人の人権擁護に取り組んだ。事件の弁護だけでなく、日本に来た朝鮮人に対する官憲の干渉や差別に抗議し、日常生活のケアにあたった。一九二〇年代の布施は、総督府《そうとくふ》の厳しい監視のもとでも朝鮮と台湾に渡り、小作争議や共産党事件などを弁護した。一九二七年に、台湾の基隆《キールン》でたくさんの台湾人に囲まれた写真が残されている。

戦時期の布施は、治安維持法違反などで捕らわれていたが、戦後になると、食糧管理や工場管理、公安条例や平和運動、松川《まつかわ》事件やメーデー事件などの弁護と支援を旺盛に再開した。神戸朝鮮人学校事件や深川《ふかがわ》事件、吹田《すいた》事件など、在日朝鮮人に関する事件の弁護には必ずといっていいほど布施の姿があった。一九四六年九月二日、日本と朝鮮の諸団体の共催で、「関東大震災中国朝鮮人犠牲者追悼大会」が宮城前広場で開かれた。二〇〇〇名の参加者が集まり、布施や鹿地亘《かじわたる》、中野重治、加《か》

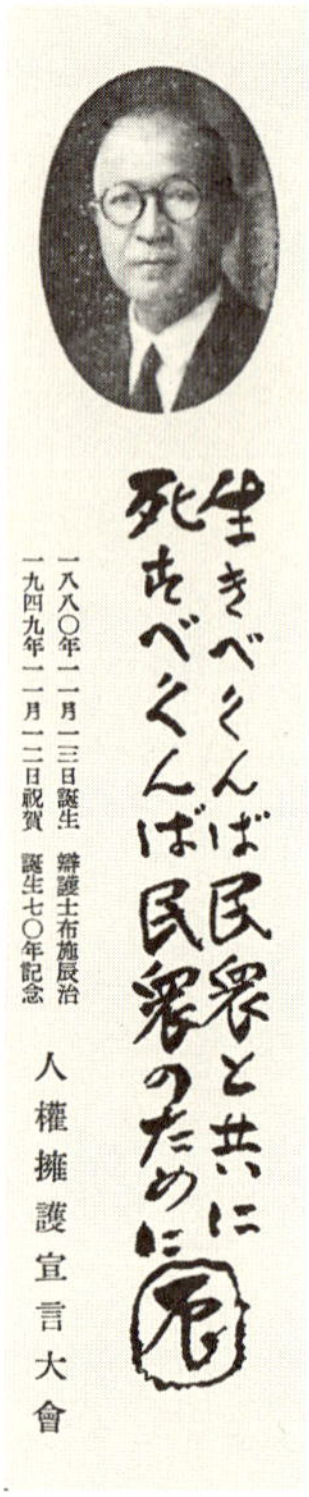
生きべくんば民衆と共に
死すべくんば民衆のために
一八八〇年一一月一三日誕生　辯護士布施辰治
一九四九年一一月一二日祝賀　誕生七〇年記念
人權擁護宣言大會

9.

◉布施辰治がめざしたこと
布施辰治のモットー。布施はほかに、「正しくして弱き者のために余を強からしめよ」「今日汚れたりといえども、明日清かるべしというなかれ」などの言葉を大切にした。

藤勘十《とうかんじゅう》らが追悼演説を行ない、「軍閥と翼賛政治の再起反対」「民主戦線の統一」「日本、中国、朝鮮の勤労大衆の連携」などを決議した。

朝鮮人は、「われらの弁護士布施辰治《ポシジンチ》」と布施を慕った。人権擁護宣言大会では、朝鮮解放救援会の高チョウイフと在日朝鮮人の尹鳳求が祝辞を述べた。

この当時、運動や連帯を阻むものとして、思想信条の垣根と民族の壁、国家の枠があった。そのなかでも国家の枠は容易に乗り越えることのできないものだった。大日本帝国から冷戦へと時代の枠組みが大きく変転したもとで、布施は国家の枠を超えて社会的弱者や被差別者、政治的少数者を支援した稀有《けう》な人だった。

〈生きべくんば民衆と共に、死すべくんば民衆のために〉、これは大会のしおりに寄せた布施の言葉である。大会で布施は、人権は不断の努力によって守らねばならないと定めた日本国憲法第一二条をあげて、憲法の人権を侵すものがあれば必ず人権を擁護すると宣言した。弱者や被差別者、少数者に対する徹底した連帯と統一戦線への絶対の信頼、それに人権擁護に対する強い意志、この三つが国境や思想信条の壁を乗り越えた布施の活動を可能にし、国籍や民族の違いを超えた人びとから格別の信頼を寄せられることになったのである。

## 保革の対立と二重の転換過程

一九五〇年代は保革対立の時代だった。保守を担ったのは自由民主党であり、戦後革新は社会党と共産党、そして社会運動が担った。戦後革新の社会運動は、平和への希求が大きいことを特徴とし、再軍備や日米安保（日米安全保障条約）に対する反対で大きな力を発揮した。

吉田茂《よしだしげる》首相は、アメリカの過大な軍備拡張要求と改進《かいしん》党や鳩山一郎《はとやまいちろう》路線による改憲から軍備拡張への道に抵抗しつつ、再軍備については慎重に進めようとしたが、破壊活動防止法、警察法改正、教育二法と続く治安と規制の強化は、保革の対立を強めた。日米安保により基地と沖縄に矛盾が集約された。

保革の対立、戦後革新運動は、一九五〇年代の政治史を理解する鍵《かぎ》であり、戦後史研究でもそのように説明されてきた。ただし、戦後を二重の転換過程として理解する本書からすれば、戦後を規定した大きな枠組みは冷戦・安保だったことに注意する必要がある。冷戦は一九五〇年代の政治的対抗とその理解に深い影を落としている。一九五〇年代について冷戦・安保の枠組みを設定してみると、その矛盾は基地・沖縄とともに在日朝鮮人に厳しく現われたことが視野に入る。さらに韓国・台湾における独裁的政治が日本と無関係のことではなく、基地・沖縄・在日朝鮮人を含めた、東アジアの冷戦構造の産物だったことが視野に含まれるだろう。

保革の対立は、再軍備が強化された一九五〇年代の現実の反映であるとともに、冷戦による米ソ対立、資本主義対社会主義の対立の産物でもあった。米ソの対立は保革の対立を先鋭にするとともに、保革の対立におさまらない事象への関心を乏しくした。たとえば、このあと詳しく検証する岩手県和賀《わが》町では、恐怖や戦争を通じて困難をきたした生存の仕組みをつくり直すために、一九五〇年代に乳幼児死亡率や生活を改善し、戦争経験をたどって語り合う活動など、特徴的な取り組みが行なわれたが、それらの取り組みはこのような保革対立の時代にあって、注目を集めることは少なかった。この点にかかわって、保守の側や行政では、安保や再軍備といったハードな政治的枠組みだけでなく、家族計画や新生活など、生活の次元におけるソフトな統合手段が用いられたが、戦後史研究で保守や行政によるソフトな統合手段への関心が出てくるのは近年のことだった。冷戦は同時代の政治的対抗の枠組みを規定しただけでなく、一九五〇年代のとらえ方にも大きな影響を与えたのである。

以上のように考えれば、一九五〇年代はまさに二重の転換過程としてとらえなくてはならないことが理解できるだろう。総力戦から戦後日本への転換と、大東亜共栄圏から東アジアの冷戦への転換である。本章ではこののち、二つの地域について検証する。保健衛生や生活改良を通じて生存の仕組みをつくり直そうとした事例と、在日朝鮮人が集住した地域の事例である。二つの地域をとりあげるのは、冷戦の影響力を含めて二重の転換過程を検証し、一九五〇年代のとらえ方を再考するためである。

# 生存の仕組みを変える試み

### 血縁と地縁を離れて

一九五〇年代は新しい生存の仕組みが模索された時代だった。政府の構想や行政の介入、生活給による生活保障や地方工業化による生活の安定化構想など、さまざまな試みが現われた。ここでは本書の締めくくりとして、地域における生存のための試みの可能性と歴史的意味を検証する。二つの事例を示す。本書でたびたび登場した岩手県和賀《わが》町と東京・枝川《えだがわ》の例である。まずは和賀町を検証する。

一九五五年（昭和三〇）四月、和賀町で二つの出来事が起きた。ひとつは、高橋セキが息子千三《せんぞう》の墓を建てたこと。もうひとつは後藤《ごとう》農研会婦人部が創設されたことだ。いずれも小さな出来事だが、生存のありようを考えるうえでとても大事なことのように思える。

息子千三の戦死を知ったあと、高橋セキはテマドリ（日雇い）をしながら蓄えたお金で千三の墓を人通りの多い道端につくった。一九六〇年代初頭、セキはその思いを町役場の小原徳志《おばらとくし》に語っている。自分が死ね

10

●後藤農研会婦人部
中列左に妹・千代子の子を抱く高橋フサ。右隣は生活改良普及員。後列左から二人めに妹・千代子。

ば千三は忘れられてしまう。人通りの多いところならば、千三を思い出し、念仏を唱えてくれる人もあるかもしれない。戦死者の墓だと思えば、戦争を思い出してくれるだろう。

高橋家の墓ではなく、千三のための墓。墓石の表に「南無阿弥陀仏」と彫り、墓石の横に「故陸軍兵長　高橋千三　昭和十九年十一月四日　ニューギニアで戦死」とだけある墓が和賀町の路傍に建てられた。

同じとき、和賀町では生活改良グループの後藤農研会婦人部がつくられた。婦人部の創設を呼びかけたのは、第三章の学徒勤労動員に登場した高橋フサである。戦後に県立黒沢尻《くろさわじり》高等女学校を卒業後、家の農業を手伝うフサに対して、祖父峯次郎《みねじろう》は一九四九年、婿《むこ》の相手を勝手に決めてきた。フサの父忠光《ただみつ》も婿だった。父の苦労を目のあたりにしてきたフサにとって、婿を迎えることは気が進まなかった。祖父の決定から逃れられないと思ったフサは、式の直前に髪を短く切り、髷《まげ》を結えなくして抵抗の意を示す。婿にされた良八《りょうはち》にとっても不本意な結婚であった。

この地方では婿を迎えた女性を家娘《いえむすめ》という。家娘のフサにも家の制約があった。しかしそれ以上に、嫁にはまったくといっていいほど自由がなかった。フサは隣家に嫁いだ妹・千代子と相談して、同世代の女性が交流できる生活改良グループをつくる呼びかけ文を近隣の家に配った。

お互が蔭口《かげぐち》でなしに心からみんなと共に苦しみを語り合い、親身になって助け合い、励まし合って…心から話し合える若い私達が集り合い、研究し合って行ける会、生活改善クラブを作り度《た》いと思いますので御同意の方はお集りお願い致します。

なんの変哲もない文章のようだが、これだけの文章に「―合い」という言葉が六回も登場することに注意したい。「陰口」を繰り返す日々ではなく、〈助け合い〉〈励まし合って〉〈話し合える若い私達〉のグループをつくろう、これがフサの呼びかけだった。農林省は、生活改良事業をすすめており、後藤農研会婦人部もその一環だったのだが、フサの呼びかけには、生活改良の具体的な課題以前に、女性たちの新しいつながりをつくりたいという願いがあふれていた。後藤農研会婦人部には一三人の若い女性が参加し、以後、二〇年以上にわたって活動を続けた。

一九五五年四月に和賀村で起きた小さな出来事を比較的詳しく紹介したのは、二つの出来事が血縁と地縁を離れ、女性たちが取り組んだことだったからである。戦争を支える根っこのひとつには、女性の動員と協力があり、息子や夫を戦場に送り出した女性たちは、軍国の母や妻としてふるまい、家を守ることが求められた。家のあり方と銃後は密接不可分だったのだ。

女性は戦後も家を守ることが求められた。第二章で紹介した、戦時期の岡山県における「誉の家」の標札と同様のものが戦後にもあったのである。一九四二年に和賀町に嫁にきた小原ミチの夫は、ニューギニアで戦病死する。高橋千三と同じ戦病死である。終戦後まもなく、役場の吏員がミチの家に来て、「戦死者の家」という標札を付けた。吏員は、〈世間の人達がこの名誉な家にお礼の気持を忘れないようにするために付けるのだ〉と言い、〈遺族の人達は、国のために立派に命を捧げた家族の名誉を、傷つけねエように、その名誉さ恥じねエ暮しをするように〉と言い残して去った。標札は人びとを拘束《こうそく》する。ミチの実家の親は、ミチが若くして独り者になってしまったので、〈何回離縁させて引取るべと思ったこともあったか知れねエ。そうだども戦争遺族という名もあるし〉、と語っている。戦後が一〇年以上過ぎても、戦争遺族は家に縛られていたのである。

ミチの例をふまえれば、戦死した千三のために、個人の墓をつくったセキの行為は、家と女性のかかわりを切り離し、戦死者を国家から取り戻す第一歩だったのではないか。千三に召集令状がきたとき、セキは村長に、「千三をオレの子どもだ、と思っていたが、間違いだったス。兵隊にやりたくねえど思っても、天皇陛下の命令だればしかだねエス。生まれたときがら、オレの子どもでなかったのス」と語ったという。千三の墓を建てることで、セキは千三を国家と天皇の子どもから、自分と地域の子どもに取り戻そうとしたといっていい。千三の墓を建てたセキの行為に、私は強い意志の芯を感じる。セキの小さな行為は大きな歴史的意味をもっていたのである。

同じことが後藤農研会婦人部についてもいえる。他地域と同様に和賀町の婦人会には、戦後になっても家を代表する姑《しゅうとめ》がもっぱら出席していた。フサの結婚を祖父が決めたように、男性の家長は戦後になってもまだ大きな権限をもっていた。フサ

11

◉復員して抱きあう夫婦
引き揚げや復員による再会の喜びの一方で、死亡通知による別離の悲しみもあった。戦争は、さまざまな家族の分断をもたらした。

の行為は、峯次郎から自立する第一歩であり、後藤農研会婦人部によって、地縁や血縁と異なる自発的な女性グループが和賀町ではじめて誕生したのである。

地縁や血縁は、人びとの生活を守る絆《きずな》にもなるが、人びとを縛るしがらみにもなる。奇《く》しくも同じ一九五五年四月に刻まれた二つの小さな出来事は、女性たち自身がしがらみを脱してつながりをつくり直そうとする大事な一歩だったのである。

**回覧ノートがまわってくる**

後藤農研会婦人部は、誕生ほどなくみずからを「バッケの会」と呼んだ。「バッケ」とは「ふきのとう」のこと。粘り強く続けたこのグループにふさわしい名前だ。

バッケの会は、会合の内容を家庭で話し、姑慰安会を開いて家族や地域で理解を得ることにつとめた。調査や視察、講習、他グループとの交流など、精力的な活動を通じて、バッケの会は家庭や地域で認められたグループになった。

だが会員の菊池妙子は、会の活動から必ずしも充実感を得ることができなかったと率直に語っている。一九六二年（昭和三七）一月の全国青年会議の発表のなかで、菊池は、〈農家の嫁としてただ単に生活し、一戸の労働力として毎日暮して〉いたころと比べて、バッケの会はたしかに楽しかったが、活動は調査や蚊・蝿《はえ》の防除など、〈物質面の改善に集中〉し、〈もっと根本的な精神的なつながりのある身近なことから解決しなければならない〉と思ったと述べた。この状況に対して、バッケの会が一九五七年から新たに取り組んだのが回覧ノートだった。

　戦後の農村では、社会教育や民間の指導のもとで生活を記録する運動が活発に行なわれた。一九二〇、三〇年代の地域社会で、青年団機関誌や文芸雑誌に書くことを実践した人びとの多くは若い男性であった。戦後の生活記録の実践者には、それに女性が加わる。戦後に女性が書く主体として登場した背景には、憲法による男女平等によって家のあり方や嫁―姑の関係が見直されたこと、生活改良によって生活を担う女性の役割が積極的に評価されたことがあったように思われる。

　バッケの会の回覧ノートには大事な特徴が二つあった。ひとつは秘密の保持である。回覧ノートの内容は外部に話さない約束だったので、姑たちを気にせずに書くことができた。もうひとつは書くことの方向づけから自由でいられたことだ。書くことには二つの側面がある。主体性や自由の獲得と、社会の規範や行政が望む方向への誘導である。たとえば生活改良の発表会で優秀賞などに選ばれた報告書を読むと、女性たちが抱えた困難に取り組み、共同で打開して生活を改善したといった文章に出合うことが多い。そこでは行政の望む生活の方向に誘導されて、モデル的なストーリーが書かれる場合があった。こうした報告書と比べると、バッケの会の回覧ノートには日々の思いや悩みが綴《つづ》られており、整

12

◉バッケの会
後藤公民館で姑慰安会を開いているところ。姑たちにたいそう喜ばれた。

序されたストーリーは見当たらない。秘密が守られて主体性と自由を獲得できたこと、これがバッケの会の回覧ノートの大きな特徴だ。

『荷車の歌』や『民話を生む人びと』など、農村女性に関する文章を書き残した山代巴《やましろともえ》は、夫の死後、戦後の広島で農業を通じて生計を立てようとしたとき、農村で女性が〈ほんとのことを言える空気〉をつくるためには、まず自分が〈秘密の守れるふところ〉にならなくてはならないと思った。山代はそのなかで、〈私に秘密を訴えてきた幾人かの、共通に持っている、一途《いちず》の焔《ほのお》のようなもの〉を受け止め、農村女性の切実な思いを綴った作品をいくつも誕生させた。バッケの会の回覧ノートは、山代のいう「秘密の守れるふところ」であり、菊池のいう「もっと根本的な精神的なつながり」をつくるうえで大きな役割を果たしたのである。

**それぞれの原点**

一九六〇年（昭和三五）度の和賀《わが》町で、重要な取り組みが三つ始まった。「母と保健婦のつどい」「和賀町生活記録研究集会」「農村婦人の戦争体験を語る集い」である。

一九五八年に開かれた和賀町の婦人研究問題集会で、「忙しすぎる農村婦人の母体の健康問題」が話題にのぼった。和賀町婦人団体協議会は、翌年から「農婦の健康を守る運動」を始め、一九六〇年の「母と保健婦のつどい」開催につなげた。つどいに続き、第一回和賀町生活記録研究集会が開かれ、翌年三月、「農村婦人の戦争体験を語る集い」に八〇人の遺族が集まった。

三つの取り組みを支えた人びとには、戦争と戦後の時代が色濃く影を落としている。戦争で失った夫や息子、父について語った遺族たち。繰り返し取り上げられた乳幼児の死亡と母親の健康。生活記録研究集会に助言者として来町した小原麗子《おばられいこ》は、一九四五年七月に姉を失う。嫁ぎ先の夫が「戦死したそうだ」といううわさが流れた夜、姉は入院中の病院を抜け出して鉄道自殺をした。遺書の末尾には、〈国の非常時に死んでゆくのは申し訳ない。戦地で戦っている兄《あに》さんには申し訳ない〉とあった。兄さんとは夫のこと。遺された自分の病気を苦にしての自殺だった。

小原麗子は、中学校卒業後、結婚を勧める母や家に抗《あらが》い、一九五六年、二一歳のときから北上市にひとりで住んで農協で働き、生活記録の詩やエッセイを書いた。麗子は、国と夫に詫《わ》びて死んだ姉の死の意味を戦後ずっと考えつづけた。

ここには何人もの死者が横たわっている。戦死者を悼み、死者を思い起こすなかで、自分たちで生命《いのち》を守る取り組みが始まった。和賀町婦人団体協議会は、婦人運動会、健康手帳配布などをはじめ、女性と乳幼児の健康を守るために、家族計画や農繁期の睡眠時間などについて話し合った。すでに紹介したように、戦時期以来、乳幼児死亡問題と国民健康保険普及に取り組んできた岩手県では、一九五五年に国民健康保険制度の全県普及を全国ではじめて達成し、五七年からは岩手県国民健康保険団体連合会が乳幼児死亡率半減運動を始めた。

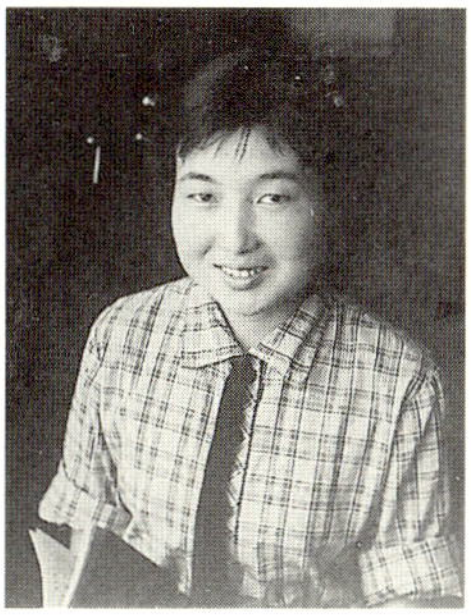
13

◉小原麗子
小原麗子の詩には、姑や嫁、家など、女性の視点が必ずある。生活に根ざした女性詩人の先駆けだ。

### 小原徳志の場合

和賀町の取り組み全体を推進したのは町の社会教育主事の小原徳志《おばらとくし》だった。応召先の神奈川県で終戦を迎えた小原は、帰郷後、生きていく道を思い悩むなかで、近隣の教職員運動や労働運動、県内の大牟羅良《おおむらりよう》らに接する。新しい青年団運動を起こした小原は、岩崎《いわさき》村の役場から合併後の和賀町役場に入り、教育委員会で新しい試みをする。

第一回の「農村婦人の戦争体験を語る集い」の冒頭で、小原は峠三吉《とうげさんきち》の『原爆詩集』を朗読する。〈ちちをかえせ　ははをかえせ〉で始まる詩だ。詩の朗読は、「形式化した町の集会のあいさつをぶち破り、活字になっている詩を肉声化」したと、小原は述べている。

小原の提案で編集された『せおと』第一集・第二集（和賀町教育委員会、一九五九〔昭和三四〕、六〇年）に、各世代の生活文が収録されている。そのなかに、高橋フサの詩「妹を思う」がある。隣家に嫁ぎ、妊娠中に体調不良のまま田植えの準備に出た妹の千代子は、大量出血で命を落とす。一九五八年のことである。〈耐え忍んだ十年〉、〈漏らしていた精神的苦悩を／心から聞いてやれなかった〉。妹の死を無にしないためには、〈農村婦人〉を阻む〈農村社会の底を流れる／根強いもの〉を変えなくてはならない。〈同じ悩みを持つ同志〉が力を合わせて変えよう。これがフサの詩であった。

14

●小原徳志
和賀町教育委員会での独創的な活動をふまえ、小原はのちに、『石ころに語る母たち』（一九六四年）をまとめる。

『せおと』には、折居《おりい》ミツ「酪農」、小原昭《おばらてる》「子供の日に」など、満州開拓後に後藤野《ごとうの》で戦後開拓に従事した人の作品がある。この時期に和賀町で戦争経験を語ったのは銃後にいた女性たちだった。第二章で紹介したように、生活記録を出発点にして、折居ミツと小原昭が満州開拓体験を書きはじめるのは一九六〇年代のことであり、それぞれの本が出版されたのは一九八〇年代のことだった。

小原徳志がめざしたのは、読む（朗読・読書）、語る（戦争経験）、書く（生活記録）、見る（視聴覚教育）、演じる（演劇）ことを通して、人間の五感を解き放つことであり、何かを与えられるのではなく、町の人びとがみずから地域の主体になることであった。戦後の新しい時代を生きるために必要だと小原が思ったことだった。

**戦時期までの関係をつくり直す**

和賀町の生存の取り組みは、関係をつくり直すものであった。その象徴であるバッケの会は、地縁や行政主導の人間関係を変えるきっかけとなった。

関係をつくり直す試みには、新しい統合理念を呼び込む面があったことに注意したい。

占領下の政策を通じて強調されたのは母の役割だった。それは、むしろバッケの会や婦人会から積極的に提起された。子育てを祖父母に任せて農作業や家事をするのではなく、子育ても母親が担うことを理想とする風潮が強まった。農村女性の労働過重問題と出生コントロールへの差し迫った願いのなかで家族計画が受容され、少子化が進んだ。少子化も母と子どもを強く結びつけた。子育ては母親がするものという新しい統合理念を呼び込むかたちで、生存の取り組みがなされていることに注意したい。

生存を維持する取り組みには戦争経験が含まれていた。東京の「生活をつづる会」に所属し、「農村婦人の戦争体験を語る集い」に招かれた牧瀬《まきせ》菊枝《きくえ》は、戦死者について語る「おふくろさま」に対して共感と批判を述べている。共感とは、たとえば、息子や夫の出征中に、川の石ころを集めて無事を祈ったという話に対してであり、批判は、「息子をとられた」といういい方にみられる被害者意識についてである。牧瀬の批判は重要であり、牧瀬はここから転じて人びとの戦争責任について考えるようになったが、ただし、「戦争体験を語る集い」には、牧瀬の批判にとどまらない面があった。それは、戦争経験を地域で語ることから開ける地平についてである。占領後の遺家族は遺族年金を支給されるとともに、靖国神社に強く結びつけられ、さらに「戦死者の家」の標札を付けられることもあった。地域で戦争経験を語るということには、戦死者を国家から地域に取り戻す側面があったのではないか。経験を語ることによって広がる地平があるのだと思う。

小原徳志や高橋フサのように、戦争経験を反芻《はんすう》しながら生存の仕組みを変えようとした人びとがいたことに注目したい。高橋フサは、仙台での学徒勤労動員で同級生が力を合わせた日々は得がたいものだといまでも語る。学徒勤労動員で抱えた負荷を、フサは通俗道徳の実践と家族と同級生の支えで乗り切った。この総力戦経験が主体的条件のひとつになり、フサは戦後の活動を始める。総力戦による動員は参加意識を高め、戦後の活動の前提になる面があったのである。

家族の支えは、ただし、そのまま戦後につながったのではない。戦後の家族制度改革や女性の家庭役割の強調を通じて、フサは祖父の強いふるまいや農家における嫁と婿の低い立場を変える必要性を痛感する。戦時中までの家族関係ではなく、嫁や婿が認められた家族関係を願う思いがバッケの会の推進力になった。女性たちの協力によって家族関係を変換する方向へフサは一歩踏み出した。戦後の生存の取り組みは、総力戦の経験の継承と変換の両面を通じて実践されたことを確認しておきたい。

総力戦の経験の継承と変換は、高橋フサのなかで併存していたのではない。総力戦は参加意識を促し、国防婦人会やフサの勤労動員、村山三千子《むらやまみちこ》の従軍看護婦、吉原幸子《よしはらさちこ》の少国民などのように、総動員への積極的参加を導いた。ただし、国防婦人会や産業組合医療のように、政府や行政が許容範囲を超えると判断すると、家へ帰れという呼びかけや弾圧の対象になった。総力戦は統制に従って同調する参加を求めたのである。

動員による参加は人びとの態度に深くしみこみ、戦後になっても容易に払拭《ふっしょく》されなかった。戦後の岡百合子《おかゆりこ》がたえず気にしたのは、戦時中に身につけた同調的な態度であり、戦後の吉原幸子が小さいときからつけていた日記をやめ、戦後の山中恒《やまなかひさし》が自殺を考えたのも、戦時中の同調的態度への拒否感覚と深くかかわっていた。総力戦経験を主体的条件のひとつとして戦後の活動を始めた高橋フサは、強いふるまいに従う同調的な参加ではなく、自主性に基づく参加へと、参加意識を大きく変換させる。総力戦経験の継承は戦後に意味を変えたのである。

### 生命を尊重する町

政府は、一九五八年（昭和三三）に新しい国民健康保険法を制定した（新国保法）。新国保法のポイントは三つあった。市町村の国保組合設置義務化（国保組合の未設置地域解消）と国保の全国一律五割給付、被保険者の資格の明確化である。このうち、未設置地域の解消は国保を推進する立場からの政策であったが、五割給付は高い給付率の実現をめざしてきた町村にとってむしろ足かせになった。

岩手県内には、国保の給付水準を五割から七割、一〇割へ高めようとしていた町村があり、和賀《わが》郡沢内《さわうち》村もそのひとつだった。沢内村では、一九六〇年に六五歳以上の国保の給付水準を思い切って一〇割にする政策を実施した。保健予防を充実させて一〇割給付を実現すれば、国保への信頼が高まって保険料支払いが安定し、病気にかかる率も減って国保の経営も安定するという判断であった。全国ではじめてのことだ。一〇割給付は新国保法に反したが、沢内村の深沢晟雄《ふかざわまさお》村長は憲法第二五条を根拠にして政策実施に踏み切った。第二五条は、第一項に「すべての国民は、健康で文化的最低限度の生活を営む権利を有する」とあるように、国民の生存権を定めたものだ。沢内村は新国保法違反を問われることなく、一九六二年には乳幼児死亡率ゼロも達成して、しだいに注目を集める。生存の仕組みをつくり直そうとする地域の試みを、日本

◉家族計画　受胎調節実地指導員が地域や職場をまわり、家族計画（受胎調節）を熱心に指導した。

国憲法が支えたのである。

和賀町の試みを、小原徳志《おばらとくし》は「『人命尊重』の思想」と呼んだ。和賀町は「人命尊重」の町、つまり生命を尊重する町をつくろうとしたといっていいだろう。和賀町や沢内村だけでなく、戦前来の産業組合医療運動の蓄積をもつ岩手県や青森県、秋田県の各地の農村や、農村医療を打ち立てた若月俊一《わかつきとしかず》による長野県佐久《さく》病院の試みなど、敗戦後から一九五〇年代における農村地域では、医師や保健婦の協力のもと、国民健康保険制度を活用して新しい生存の仕組みをつくる試みがみられた。それは、地域で新しい福祉社会をつくる試みにほかならなかった。

### 時代と経験をとらえ返す

生存の仕組みは、大恐慌・総力戦から占領に至る時代に大きく変わった。それまでの家と村を軸にした生存の仕組みは大恐慌のもとで立ち行かなくなり、恐慌期には時局匡救《きょうきゅう》事業が行なわれた。戦時期には、厚生省を軸にした国民健康保険制度や産業組合医療、軍事扶助、生活改善などを通じて生存を成り立たせる新たな試みが行なわれる。占領期には、各省が保健衛生や生活改良、家族計画など、家庭における女性の役割を強調して生存の仕組みに位置づけた。

この間に生存の仕組みの転換を図ろうとしたのは国家と占領軍だったが、たとえば総力戦下のイギリスで、社会保険による最低生活保障(ナショナル・ミニマム)を中心としたベヴァリッジ報告が発表され、社会保障が本格的にスタートしたのと比べると、日本の社会保障制度はきわめて限定的だった。先述の国民健康保険の新法についてふれたように、日本国憲法のもとで戦後の社会保障が作動するのは、一九五〇年代末ごろだった。戦時・戦後の日本の場合、生存の仕組みの転換についてはつぎの三つを特徴とした。ひとつは、戦時中の農地政策などの社会改革と戦後の占領改革といった経済政策が所得再分配機能をもったことであり、経済政策を通じた平準化が生活保障の役割も担ったことである。二つめは、保健婦や生活改良普及員、社会教育主事といった生活・家庭関連の政策を実施する政策担当者が地域末端に配置されたことである。三つめは、戦前の労働運動、戦時中の労働政策（国家のための労働）や最低賃金構想を前提にしつつ、戦後の職場で電産型賃金体系が広がったことである。

以上のように、日本では、地域と職場で生存を転換するための種がまかれたといっていい。政策担当者という種を活用して地域で生存の仕組みを転換するか、戦前・戦時の歴史的前提という種を活用して職場にどのような労働条件を確立するか、地域と職場の取り組みが重要な意味をもったのである。そして前者からは、和賀町のような保健衛生の生活改良

16

◉戦後初の総選挙
一九四六年四月、日本社会党候補・加藤シヅエの選挙活動風景。バラックの後方に国会議事堂が見える。総選挙では日本自由党が第一党になり、女性議員が三九人誕生した。

の取り組みが現われ、後者からは生活給による生活保障が登場することになった。

さて、以上のような位置づけを与えれば、詳しく検証した和賀町の例の意味が明瞭になる。和賀町の例は、国家が政策担当者を配置するなかで、それを受け止めて生存の仕組みをつくり直そうとするものだった。恐慌・総力戦をくぐり抜けて戦後に至り、与えられた歴史的条件のもとで始まった和賀町の取り組みは、まぎれもなく自分たちで生命を守ろうとした試みにほかならなかった。生存の仕組みが転換しようとする時代にあって、人びとはなんらかの手立てでみずからの生存を組み立て直そうとした。恐慌・戦争・占領という大きな時代のうねりに規定された人びとは、意識的にであれ、無意識的にであれ、規定された時代をとらえ返そうとする。総力戦による動員に促され、戦争経験を反芻《はんすう》し、占領と憲法の基本的人権を受け止めながら、生存の仕組みをつくり直す試みが行なわれたのである。

戦前・戦時の経験の戦後への継承のされ方には、参加意識や権威主義、同調意識など、複雑な要因がからまっている。新しい試みにはさまざまな統合理念が付随している場合が少なくない。高橋フサや和賀町について試みたような丁寧な検証が必要である。

一九五〇年代に戦争経験をとらえ返そうとした和賀町の人びと。ただし、当時はまだ高橋峯次郎《たかはしみねじろう》宛《あて》の軍事郵便は石油缶のなかに眠ったままであり、高橋千三《せんぞう》のニューギニア体験が振り返られることもなかった。小原昭《おばらてる》や折居《おりい》ミツの満州移民経験もそれぞれの胸に秘められていた。戦争経験は戦後に反芻するように繰り返し振り返られる。

# 東京・枝川の生存の歴史

**枝川朝鮮学校と生協**

一九五〇年代の地域における生存の試みとして、もうひとつ、東京・枝川《えだがわ》の在日朝鮮人の例を検証する。

黄永祚《ファンヨンジョ》が住む枝川では、一九四五年（昭和二〇）一〇月になると在日本朝鮮人連盟の支部がつくられ、帰国者への援助や生活防衛のための運動を始めた。彼らがまず取り組んだのは、朝鮮語を学ぶための施設をつくることだった。失われた言語を学ぶ機会の回復が何よりも大事だったのである。

翌四六年一月、戦時中に皇民化教育が行なわれていた隣保館《りんぽかん》を無償で借り受け、国語講習所が開かれた。当時、枝川に住んでいた朴在魯《パクチエロ》によれば、このときの生徒は五〇人。朝鮮語を学ぶ機会のなかった枝川の子どもたち全員に朝鮮語が教えられた。四六年後半になると、日曜日ごとに枝川の男性たち総出で草刈りや整地を行ない、運動場をつくった。国語講習所は、一九四八年五月に「東京朝連第二小学校」と改称される。翌年九月、団体等規制令で北朝鮮系の在日本朝鮮人連盟が解散させられると、東京朝連第二小学校にも規制が及び、同校は東京都に強制移管されて都立第二朝鮮人小学校となる。しかし、一九五一年のサンフランシスコ講和会議後、在日朝鮮人は日本国籍を喪失して外国人になったとされた。文部省は、朝鮮人の子どもの就学義務がなくなったとして、都立朝鮮人学校は一九五五年三月をもって廃校になる。枝川朝鮮学校は、これ以降、学校の経費を保護者がすべて負担する自主学校として運営されてきた。

一九五〇年における枝川の朝鮮人世帯の職業に関する調査がある。調査世帯一一六のうち、屑《くず》払いなどの自由労働者（三〇人）と金物の屑払い（一四人）が多く、次いで教員九人、工場労働者三人、国鉄勤務者二人などの被雇用者が二一人いた。枝川のなかでやや裕福といわれたのは、金物の屑仲買人と薬屋の二人だけであり、その対極には、失業者九人、老齢疾病者一〇人、無業者四人がいた。

厳しい生活条件を改善するために、枝川の朝鮮人は、一九四七年の暮れに江東《こうとう》朝鮮人生活協同組合（江東生協）を設立する。江東生協は、「江東区に在住する朝鮮人にして独立の生計を営む者」を組合員とし、組合員の出資によって生活の共同防衛をめざした。江東生協は枝川で唯一の生活品購買店であった。朝鮮人世帯の六八パーセントが組合員になっており、枝川にしっかり根を下ろしていた。町内の人びとは、朝鮮人の組合員に限らず江東生協を利用した。生協を長い間切り盛りした林《リム》末《マ》任《リム》は、日曜日の生協には町の男たちが集まり、「ちょっとした社交場」になってにぎやかだったという。

17

◉枝川の生協
江東生協は、朝鮮人の組合員をはじめ、日本人、金持ち、貧しい人など、あらゆる人が利用した。

「開くものがなければ門は閉ざされている」

戦後日本の社会保障では、まず最低限度の生活保障のために生活保護法が整備され、次いで一九五〇年代の終わりに、国民健康保険や国民年金のような住民を対象にした制度ができた。和賀《わが》町や沢内《さわうち》村で生存を維持する新しい仕組みとなる国民健康保険は、在日朝鮮人とどのようにかかわったのか。

国民健康保険法は一九三八年（昭和一三）に制定され（旧法）、五八年に新たに制定されている（新法）。戦前の在日朝鮮人は参政権を与えられた帝国臣民であり、加入者はきわめて限られていたはずだが、旧法の適用を当然受けることができた。在日朝鮮人が「当分の間」「外国人」とされた一九四七年五月から新法制定までの国保について、この分野の先駆的な研究者である吉岡増雄《よしおかますお》は、「閉ざすものがなければ門は開かれていた」という卓抜な表現をしている。日本国憲法では国民の生存権が付与された。だが旧法には、国保の適用を国民に限定する条文はなく、法を適用しない場合にのみ条例を定めるとあった。兵庫県尼崎《あまがさき》市など、旧法の適用内容が明らかな自治体では、日本国憲法および平和条約制定後も外国人に国保の門戸が開かれていた。

新法は国保と在日朝鮮人のかかわりを大きく変えた。「開くものがなければ門は閉ざされている」、これが新法に対する吉岡の表現だ。新法では、原則上、日本国民に適用を限定し、外国人に適用する場合には条例を定めるとある。要するに新法は、市町村が門戸を開かなければ、在日外国人には国保を適用をしないことにしたのである。新法制定当時、在日朝鮮人が多く住む大阪府・東京都・

愛知県・京都府・神奈川県のなかで、外国人に国保を適用する条例を定めた市町村は一割にすぎなかった。在日朝鮮人がもっとも集住する大阪府内や、東京都の二三区には条例がなかった。つまり新法制定当時、枝川のある江東区の朝鮮人には国保が適用されなかったのである。

「開くものがなければ門は閉ざされている」という状態は、国民年金法でも基本的に同じだった。国民皆年金をめざして一九五九年に公布された国民年金法も、加入資格の要件に日本国籍が含まれており、在日朝鮮人の加入は認められなかった。国民健康保険法や国民年金法が制定されたあとの一九七〇年代までは、日本の社会保障から在日外国人がもっとも厳しく排除された時代だった。

平和条約後の生活保護法にも国籍条項があり、外国人は原則としてその適用を認められなかったが、在日朝鮮人には「当分の間」、恩恵的に適用が認められた。生活水準が低い在日朝鮮人は、社会保障の体系からほぼはずされていたが、社会保障の最後のセ

●カメラ〝枝川町〟に入る

町の至る所に、「枝川町弾圧反対」「朝鮮休戦万歳」などのスローガンが掲示されている。記事のタイトルや、〈戦後、容易にヴェールを脱がなかったこの地区を、今回、本誌カメラマンがはじめてその全貌を捉えた〉とする説明文は、日露戦争後の下層社会の探訪文によく似ており、枝川の異質性をことさらに強調した文章に、当時の枝川に対する社会認識がよく現われている。(『アサヒグラフ』〔一九五三年八月一九日号〕より)

ーフティネットである生活保護から追い出すことまではできなかったのである。生活保護を受給すると、わずかであれ医療扶助を受けることができた。一九五〇年代なかば、枝川の朝鮮人世帯の約九割は生活保護を受けていた。当時、枝川町で内科を開業していた日本人医師へのインタビューが残されており、医療扶助の現場で日本人医師が朝鮮人を支えていた様子がわかる。

## 深川事件と布施辰治

一九四九年（昭和二四）四月、枝川《えだがわ》で事件が起きた。起訴状によれば、警察が枝川町の都営住宅にいた成世煥を逮捕しようとしたところ、成は逃走を図る。警察官と成がもみあっているうちに誤ってピストルが発射され、成の胸部にあたって負傷する。これに憤激した群衆は、警察官への公務執行妨害罪・傷害罪に問われた。日本人ひとりを含む一〇名が起訴された。これが深川《ふかがわ》事件である。

深川事件の弁護を担当したのは布施《ふせ》辰治《たつじ》だった。第一回公判の席上、検事は起訴状の訂正を申し出た。事件の経過があやふやだったのである。布施は、この事件には朝鮮人迫害の真相が隠されているとして、公判で事実関係の一つひとつを糾《ただ》し、起訴状の問題点を明らかにする。そして、布施は、事件が検事の主張とまったく異なることを論証し、一〇名は罪にあたらないと主張した。

布施の法廷闘争のなかで、在日朝鮮人たちがお互いの人権を守るためには、検事の主張を糾《ただ》す必要があることがはっきりとし、傍聴につめかけた朝鮮人を沸き立たせた。数回の公判を重ねるなかで、全被告が不起訴処分を受けるのと同程度の判決に落ち着いた。

かつて歴史研究者の杉原達《すぎはらとおる》が大阪・今里《いまざと》からの世界史で描いたように、枝川の朝鮮人はいくつもの関係のなかに置かれていた。占領の二重の転換過程のもとで東アジアの国際関係につながれた在日朝鮮人。米ソ冷戦に規定された朝鮮の南北分断の影響を受け、在日朝鮮人はつねに厳しい規制と監視にさらされた。深川事件の検事の起訴状がそれを証明する。次いで日本国民の権利の外に置かれた一九五〇年代から七〇年代は、在日朝鮮人が日本の社会保障からもっとも厳しく排除された時代だった。厳しい国際関係と権利の体系からの排除は、マスコミや社会の視線に連動し、在日朝鮮人は怖《こわ》いものだとする構えをつくりだした。在日朝鮮人と日本人の間に分断の構図がつくりだされたのである。枝川の朝鮮人は、教育（朝鮮人学校）と生活（江東生協）の相互扶助を中心にして、生活保護とわずかの医療扶助を加えて生存を成り立たせようとした。枝川の人びとの周囲で内科医や布施辰治が支援した。

占領の二重の転換過程、国際関係、権利の体系からの除外を通じてつくりだされた、在日朝鮮人は怖く、厄介《やっかい》なものだとする在日朝鮮人観。３４９ページの『アサヒグラフ』の記事や、第六章で紹介した戦後直後の『朝日新聞』の社説、大阪市の中川《なかがわ》小学校における民族学級教師の述懐がそのことをよく示す。在日朝鮮人は怖いとする風潮は、在日朝鮮人と日本人の間の分断の構図を強め、さらに朝鮮の植民地支配を視界の彼方《あちら》に遠ざけたのである。

# 戦後における戦争認識

**戦後に形成された戦争観**

サンフランシスコ講和会議後、敗戦による対米コンプレックスからの脱却をめざすように「戦記もの」出版がブームになった。吉田裕《よしだひろし》の研究によれば、「戦記もの」には作戦指導・戦争指導という限定された視角から戦争史を叙述した旧幕僚将校の著作が多かった。

これに対して戦争を振り返る手記は、敗戦後から『朝日新聞』の「声」欄などに掲載され、戦後一〇年を過ぎると、『世界』や『日本読書新聞』などにまとまって掲載されるようになった。生活記録運動として、『引き裂かれて 母の戦争体験』（一九五九年）もまとめられた。一九五〇年代は経験を書く行為が広がった時代だった。そこには戦争経験一般ではなく、総力戦による強烈な経験を問おうとする機運があった。巻き込まれると同時にみずからも担った総力戦経験。朝鮮戦争や第五福竜丸事件のもとで戦争の意味が問い直され、さらに生活記録などを通じて書くことが提起されたとき、強烈な総力戦経験を記述する機運が高まったのである。

戦争経験の特集のなかから、当時、ベストセラーになった遠山茂樹《とおやましげき》・藤原彰《ふじわらあきら》・今井清一《いまいせいいち》『昭和史』（岩波新書、一九五五年〈昭和三〇〉）への二一歳の学生・竹内好一《たけうちこういち》の感想を紹介する（『図書新聞』〈一九五五年一二月一〇日〉）。竹内は、『昭和史』から〈我々を本当に不幸にした〉戦争の原因を学ぶとともに、『昭和史』の「行間」から、空襲や〈横ビンタ教育〉〈イモのくきの食事〉など、忘れていた〈傷口のような生活〉を思い出す。ただし、『昭和史』には個々の戦争経験が描かれていたわけではなかった。竹内は、〈民衆の万感こめた苦難の歴史には、少し骨組みばかりのようにこの本は思えます〉と書いた。

『昭和史』は、先の「戦記もの」を批判する目的ももって書かれた。独占資本と地主制に支えられた天皇制という政治構造が戦争を支えており、天皇制対共産党という対抗図式のもとで、共産党や自由主義を弾圧して戦争を進めた過程を解明した。天皇制対共産党という図式は、戦争を理解する大きな鍵であるとともに、『昭和史』の最大の問題点でもあった。この図式を強調するほどに、共産党や階級闘争に参加しなかった人びとの主体性が奪われ、戦争の受動者＝被害者として位置づけられることになった。人びとを戦争の被害者に位置づけ、戦争の「苦難」に関心を寄せる点で、『昭和史』と竹内好一には共通する面があったといっていいだろう。

一九五〇年代の戦争観を浮き彫りにする「戦記もの」と戦争経験記録、『昭和史』などの歴史研究書。三者のなかでは、天皇制の戦争責任を問う『昭和史』に対して、他の二者は大義のない戦争の責任を軍閥や東条英機《とうじょうひでき》ら一部の指導者に求める傾向が強い。また、一方で庶民は戦場や銃後で多大な被害、苦難を味わったこと、植民地やアジア太平洋の人びとへの視点が欠如している点で、三者は共通していた。

## 第五福竜丸の開いた地平

一九五四年（昭和二九）三月一日の未明、南太平洋のマーシャル諸島にマグロ漁に来ていた静岡県焼津《やいづ》市の第五福竜丸《ふくりゅうまる》は、突然、アメリカ軍の水爆実験に巻き込まれた。第五福竜丸をはじめマグロ漁船の持ち帰ったマグロからは放射能が検出され、「原爆マグロ」と呼ばれた。五月頃には日本列島の太平洋側で放射能の含まれた雨が降る。広島への原爆投下から九年めにあたる一九五四年八月六日、被曝《ひばく》で入院していた第五福竜丸の久保山愛吉《くぼやまあいきち》無線長は、国立東京第一病院と焼津魚市場を結んだラジオ放送で家族に語りかけた。

占領下では、ヒロシマ、ナガサキはタブーだった。広島では、「原爆の悲惨さを公言したら沖縄送りだ」と警告するＧＨＱと、「原爆をいうのはアカだ」とする県民に挟撃され、被爆者は沈黙の殻に閉じこめられた。そのなかで、占領中から被爆者の声を集めた山代巴《やましろともえ》らの『原爆に生きて』（一九五三年）について、牧原憲夫《まきはらのりお》が丁寧にその意味を追っている。

原爆マグロや放射能の雨、第五福竜丸の乗組員の病状と苦しみは、原水爆への恐怖を現実のものとし、

18

◉第五福竜丸展示館（東京都江東区）
船底がそびえ立つ展示館に入ると、原水爆の過去・現在・未来、日本・世界へと思いがめぐる。作家のアーサー・ビナードが、「ここが家だ」と呼んだ気持ちがよくわかる場所だ。

ヒロシマ、ナガサキの被害を呼び起こした。水爆実験はアメリカの基地への不安を高めた。サンフランシスコ講和会議以降、占領下に禁止されていた原爆に関する報道が解禁され、原爆の写真集や映画（新藤兼人《しんどうかねと》監督『原爆の子』、関川秀雄《せきかわひでお》監督『ひろしま』）、絵画（丸木位里《まるきいり》・俊《とし》『原爆の図』）などが公開された。のちに岩手県和賀町の小原徳志《おばらとくし》が朗読した峠三吉《とうげさんきち》の『原爆詩集』もこの時期につくられた。一九五四年一一月に公開された映画『ゴジラ』（本多猪四郎《ほんだいしろう》監督）は、第五福竜丸事件に想を得て制作された。画家ベン・シャーンは事件が人類全体に及ぼす影響を強く意識し、一九六〇年に来日して焼津港などを訪れて『ラッキー・ドラゴン』シリーズを描いた。岡本太郎《おかもとたろう》の『燃える人』『死の灰』や、のちの大作『明日の神話』も、第五福竜丸事件に題材を得たものだ。『明日の神話』は、二〇〇八年、東京・渋谷駅コンコースに設置された。

第五福竜丸事件は、いまここで起きていることが彼方《あちら》の出来事ではなく、此方《こちら》の問題だということに気づかせた。原爆はヒロシマ、ナガサキのことだけではない。第五福竜丸事件は、ほんの一〇年前まで続いていたあの戦争はなんだったのか、なぜ戦争は起きたのかを考える契機になり、また冷戦下の日本を見せつけることにもなった。アメリカの水爆実験による死の灰は、マーシャル諸島の人びとにも降り注いだ。日本での原水爆禁止運動の視野にマーシャル諸島の人びとの被害が入ってくるのは、一九八〇年代以降のことだった。

戦後社会の足もとを照らす

ヒロシマ、ナガサキの被害や苦難が語られるようになったのは、第五福竜丸事件のころからであり、空襲の惨劇《さんげき》や戦場での実相など、被害を徹底して見つめる視点が登場するのには、もっと時間が必要だった。被害や苦難の記述のなかに、戦争協力や加害の視点が含まれるのはごくまれであり、戦争責任は一部の戦争指導者に限られて、植民地支配が問題にされることはほとんどなかった。

被害は同時に加害でもあった。被害と加害の連鎖は、戦陣訓のなかの戦争や大日本帝国の序列のなかに多くみられた。だがBC級戦犯になった飯田進《いいだすすむ》などを除き、戦後の人びとがそのことに気づくのには相当の時間を要した。学童集団疎開に参加した吉原幸子《よしはらさちこ》は、日々の少国民の訓練のなかで、知らず知らずのうちに、訓練についていけない児童を指弾する側にまわっていた。少国民としての強力な統制が子どもたちの間につくりだした指弾のまなざし。ここには被害と加害の連鎖があった。吉原がこの連鎖に気づいたのは一九八〇年代のことだった。

被害と加害の連鎖からは、抑圧と犠牲の委譲もつくりだされた。満州から引き揚げる小原昭《おばらてる》と折居《おりい》ミツは、葫蘆島《ころとう》を前にして性の危険に遭遇し、「元商売」をしていた女性たちへ犠牲が委譲された。委譲の背後には、性をめぐる一般女性と「商売」の女性の二重基準があったのではないか。極限状態の行動については、まだ十分に議論されていない。

戦争観は、こののち冷戦構造の変化と戦後社会とのかかわりを通じて、繰り返し問い直される。被害と加害の連鎖や抑圧の委譲は、権威や強いふるまいへの同調、しがらみへの従属、性の二重基準などからつくりだされる。連鎖や委譲は戦時期だけにみられたことではない。戦時の連鎖や委譲は戦後に持ち越されたのか否《いな》か、戦後の暮らしや冷戦構造とのかかわりが検証される必要がある。

枝川《えだがわ》と和賀町の二つの地域についてつぶさにみようとしたことは、戦時中の連鎖などと戦後とのかかわりだったと言い換えてもいい。

枝川の生存の歴史をたどるとき、国際関係や権利の体系、人びとのつながりのなかで、朝鮮人に対する認識をつくりだしたのは何だったのか、在日朝鮮人と日本人の分断を強めたのは何だったのか、布施《ふせ》辰治《たつじ》や内科医と在日朝鮮人のつながりを可能にしたものは何だったのか、それらを見きわめる必要がある。岡百合子《おかゆりこ》は、戦後の新しい社会をつくり、戦時期の同調感覚から脱却し、朝鮮とのかかわりをもつことがみずからの課題だったと振り返る。岡百合子が抱えた課題は、枝川の歴史と正面から向き合っている。岡にあっても同時代にこの三つの課題を受け止めることは容易でなかったが、三つの課題こそ、一九五〇年代における二重の転換過程を生きることにほかならなかった。

和賀町の一九五五年に起きた高橋セキと高橋フサの二つの小さな出来事は、大きな歴史的意味をもつ。日々の暮らしのなかで、しがらみを断ち、強いふるまいに同調しないつながりをつくることこそ、被害と加害の連鎖や、被害の委譲を断ち切る第一歩だったのではないか。戦後の社会でのこのような行為こそが、戦時中の連鎖や委譲について考える大事な前提になったのであり、戦時の諸問題は、戦後の暮らしの足もとで検証されなくてはならない。戦時の問題は彼方《あちら》にあるのではなく、此方《こちら》の問題だったのである。

**コラム4**

# 千三忌

岩手県北上市和賀《わが》町で、身内でも親戚でもない人が戦死者を供養する営みがある。高橋千三《たかはしせんぞう》の墓の近くにたまたま移り住んだ小原麗子《おばられいこ》の開く千三忌である。千三忌は二〇〇八年（平成二〇）で二四回目、毎年、二、三〇名もの人が集まる。二〇〇六年には私も参加した。

ニューギニアで戦病死した千三の魂を地域におさめ、千三ひとりの墓を建てた母セキの遺志を受け継ぐために、人びとの思いを寄せて千三忌が重ねられている。生命を尊重する地域をつくる和賀町の試みを受け継ぐ千三忌。二〇〇六年には、銃後やニューギニアの戦地、イラク戦争など戦争経験が語り継がれた。戦時中に自殺した麗子の姉、乳幼児死亡を問題にした婦人会、バッケの会の高橋フサ、満州経験を本にした折居《おりい》ミツと小《お》原昭《ばらてる》、そこに書かれた朝鮮人の「従軍慰安婦」。これらの人たちの思いや行為を受け継ぎ、支えるところに千三忌はある。

◉高橋セキの祈り
戦死した息子のことを長く後世に伝えるために、人通りの多い街道沿いに墓を建てた。それぞれの終戦がある。

戦争と戦後を生きる

# おわりに

## 沈黙を破る声

聞き取りをしているときに語り手が沈黙することがある。私はできるだけ呼吸をあわせ、語り手が話しはじめるのを待っている。沈黙にはさまざまな思いがあるだろう。話の内容の整理や逡巡《しゅんじゅん》、決断のあとに、沈黙を破る言葉が出てくる。

小原昭《おばらてる》に話を聞いたときもそうだった。「はじめに」で紹介したように、しばしの沈黙のあとに、満州移民と引き揚げの話が始まった。沈黙は、つらい話を私が受け止めてくれるかどうかのためらいだったのではないか。

昭の話を聞いたあとに沈黙の重さが残った。沈黙の重さは、昭が満蒙《まんもう》開拓の記録を書きはじめてからずっと抱えてきたことのように思う。子どもらに満州の話をせがまれた昭は、生活記録に導かれて一九六〇年代から満州経験を書きはじめた。だが、当時はまだ昭の住む岩手県和賀《わが》町で銃後の経験がようやく語られはじめたときだ。戦時中の国策の満州移民は、戦後になると顧みられず、白眼視されることもあった。苦難の経験を書く以上に、苦難を理解されないほうがつらい。沈黙を強《し》いられる状況のなかで、昭は重い沈黙を破るだけの強い思いで体験記を書いたのだと思う。

人に話を聞くことは相互行為である。語り手から話を聞いたあとは、聞き手が試される。その話や沈黙の重さに見合うだけの聞き方ができたのか、話を書くのであれば、話を受け止めるだけの叙述ができるのか、それが問われる。語り手と聞き手の相互関係のなかではじめて成り立つ聞き取りという行為。聞き取りにどうこたえたらいいのか、この時代の人びとの声や経験を「日本の歴史」

の通史に書き込むということはどういうことなのか、私はそのことをずっと考えてきた。

**二〇世紀なかばの四半世紀**

小原昭をはじめ、本書に登場した人びとには、総力戦を挟む二五年間が大きな影を落としている。本書では、「生存」を核にして、人びとの経験や声のなかにこの四半世紀の歴史を読み解こうとしてきた。本書から読みとることのできた四半世紀の特徴は何か、人びとの経験や声に映し出された歴史性、時代の特徴は何か。

男子普通選挙法、大恐慌、戦争が重なるなかで、国家の生存圏を主張し、満州の確保や大東亜共栄圏の確立を主張する政治家が現われ、国家は戦争によって国民生活の確保を呼びかけた。生活は政治課題になり、政治と台所が結びつけられた。こうした呼びかけに対して、小原昭の父久五郎《きゅうごろう》は五族協和に共鳴し、高橋フサは学徒勤労動員を、吉原幸子《よしはらさちこ》、山中恒《やまなかひさし》、後藤宇之松《ごとううのまつ》は少国民を、村山《むらやま》三千子《みちこ》は従軍看護婦を、女性たちは国防婦人会や隣組で銃後を、台湾の林文荘は南方での日本の農業指導をそれぞれ担った。総力戦は人びとを大きく巻き込むとともに、戦争をみずから担う人たちを登場させる。とくに下層の人びとや女性、子どもの参加体験が膨大につくりだされたこと、これが恐慌と総力戦の生存の特徴だ。

総力戦を挟む二五年間は生存が厳しく問われた時代だった。恐慌と凶作により、家や村を軸に生存を成り立たせていた仕組みが危機に瀕した。総力戦と総動員、引き揚げに内外の膨大な人びとが巻き込まれた。高橋千三《せんぞう》の戦病死（餓死）、黄永祚《ファンヨンジョ》の弟の募集、陳真《ちんしん》と吉原幸子の学童集団疎開、高橋フサの学徒勤労動員、黄永祚と後藤貞子《さだこ》の受けた空襲、小原昭や折居《おりい》ミツら満州の人びとの戦後の放置、村山三千子の留用、香月泰男《かづきやすお》の抑留、大江山《おおえやま》に連行された中国人や捕虜のレスター・I・テニーの帰国後の烙印《らくいん》、陳真の二・二八事件、ベトナムに渡った台湾人林文荘の戦後について、本書では見届けてきた。生活（生存）の保障をとなえる政治家と国家は総力戦を推進し、生活の安定を求める人びとは戦争に大きく巻き込まれながら国家と戦争を支えた。生存を保障すべき国家によって軽視された内外の膨大な人びとの生存。そこに横たわる日本の総力戦。

戦後の都市では戦時中以上に生存の危機が深まる。松谷天光光《まつたにてんこうこう》や東京・杉並の女性たちのように、みずから生存を守ろうとする人びとが登場し、一九四六年の食糧メーデーにつながる。占領と戦後の改革を通じて、憲法や新しい制度が整備され、東京裁判で戦時中の蛮行も明らかにされた。だが、本書が扱った一九五〇年代までに、戦時中の厳しい生存の状況が明るみに出たのかといえば、決してそうではなかった。ヒロシマ・ナガサキの原爆や戦病死、連行、引き揚げは封印され、むしろ忌避されさえした。戦後も名誉の戦死者の標札が家に貼《は》られ、独立後の遺族年金復活は戦死者へのねたみの対象になった。他方で、戦争といえばアメリカとの戦争であり、中国や朝鮮などを蔑視《べっし》する風潮は戦後も根強く残った。戦争を挟む二五年間が生存の厳しい時代だったという場合、それは人びとが置かれた状況だけでなく、状況に対する無理解や蔑視感が厳しさに拍車をかけた。小原昭と同様に重い沈黙を抱えた人が多数存在していたのである。戦争における生存の意味が問い直されるようになったのは、朝鮮戦争や第五福竜丸事件のころからだった。

二五年間における国家と占領軍の政策を生存という視点で整理すると、以下の三つになる。ひとつは、戦時中の農地政策や戦後の占領改革といった経済政策が生活保障の役割を担ったことであり、二つめに、保健衛生と生活改良の政策が推進され、保健婦や生活改良普及員、社会教育主事といった政策担当者が地域に置かれたこと、三つめは労働をめぐる領域で、戦前の労働運動を前提にした戦時中の労働政策（国家のための労働）と賃金構想が、戦後の労働改革を経て職場の生活給に結びついたことである。イギリスなどの社会保障構想と異なり、経済政策を軸にした日本の生活保障は、地域と職場に生活を保障するための種をまいたといえる。

本書では地域にまかれた生活保障の種を検証した。岩手県和賀町では、国家や占領軍が設定した保健衛生の制度や地域の政策担当者を活用し、試行錯誤と多くの苦難のうえに、みずからの生存を守る試みであった。乳幼児や農村女性など自分たちの生存と戦争経験者の生存を結びつけ、戦争経験を彼方《あちら》の出来事としてではなく、此方《こちら》の問題として位置づける取り組みが始まったのである。

**相互交渉の過程としての通史**

四半世紀の間に国家と占領軍は生活の再建を主導しようとした。敗戦によって喪失と解放の戦後を迎えたものの、戦争や占領、戦後復興を通じて、国家や占領軍はいままで以上に人びとの生活（生存）に深く介入しようとした。ただし、生活を再建しようとしたのは国家だけではない。巻き込まれた人びとは、なんらかのかたちでそれを受け止めてとらえ返そうとする。あるいは人びとが国家に生活保障や生存の仕組みの転換を促し、国家がそれに応じる、その相互交渉のなかで時代はつくられてきた。相互交渉の歴史である。

相互交渉の歴史とは、人びとの経験を既存の「日本の歴史」に当てはめることではない。あるいは、人びとの経験を積み重ねるだけでも通史にはならない。本書では、国家や占領軍の対応と、そのもとでの人びとの選択や経験との相互関係の過程を見据え、それを軸にして相互交渉の歴史を構想した。本書で見据えたのは相互交渉のなかの「生存」の過程である。生存をめぐる相互交渉の過程としての歴史、総力戦を挟む二五年間を生存の視点で貫く通史の構想、これが本書でめざしたことであった。

生存をめぐる相互交渉の歴史からみえてきたことは、総力戦を挟む二五年間が、生存の仕組みの巨大な転換期だったということである。生存の仕組みの転換は苦難に満ちていた。戦前・戦時には生存を重視する思想が十分に育っていなかったからである。国家は、本来、人びとの生存の維持を通じて正当性を示そうとするが、国民生活の確立を強調した日本の国家がこの時期に実行したことは、内外の人びとの生存を厳しい状況に追い込むことだった。人びとの側でもみずからの生存の仕組みを立て直すことは一筋縄でなかった。巻き込まれてみずからも担った総力戦経験、膨大な人びとの死、戦時中の同調的な参加、人びととの行動を縛るしがらみ、占領とともに新たに強調された家庭と母の役割、戦後の人びとは、こうしたなかでみずからの生存を守らなければならなかった。

人びとの経験や声をふまえた本書からは、従来の通史に対して、一九五〇年代の地域における福祉社会形成の取り組みの重要性を提起できる。戦時・戦後にまかれた生活保障の種を受け、時代の特質（制約）にも規定されながら、相互交渉の紆余曲折と多くの苦悩を伴いつつ、ようやくにして地域ではぐくまれた生存を尊重する思想。そのプロセスに含まれた歴史性に注意深く目を凝らすことが大事であり、それが歴史研究の醍醐味《だいごみ》なのだと思う。

人びとの経験や声のなかに、大東亜共栄圏の膨張・崩壊から戦後の冷戦に至る二重の転換過程が刻まれていることに注意を払いたい。黄永祚や陳真の戦後のあゆみも含めて戦後史を理解するためには、日本本土を日本列島に限定せず、大東亜共栄圏構想から東アジアの冷戦のなかに位置づける必要がある。一九五〇年代の地域社会の試みを、岩手県和賀町と、朝鮮人の集住する東京・枝川《えだがわ》で検証したのもこの問題意識に基づく。冷戦による矛盾と規制は、米軍基地と沖縄に加えて在日朝鮮人に集約（限定）され、見えにくくなった。

### 足もとを照らす思想

人びとの経験をたどる際に、本書では経験の記録に加えて、人びとの声に注目した。ラジオから流れる声や歌を詠む声、聞き取りの声である。本書の対象時期に普及したラジオから聞こえる声について、折々にふれてきた。短歌や川柳、詩からは当時の人びとの声が聞こえてくる。過去についての聞き取りから聞こえてくるのは、いまを生きる人が過去の経験について語る声である。聞き取りは、歴史研究者の杉原達《すぎはらとおる》が紹介したドイツのW・ベンヤミンの言葉、すなわち、歴史は「いまを積み込んだ過去」という言葉に通じる。いまを積み込んだ過去を尋ねる聞き取りである。

聞き取りのなかで小原昭の話は、幾度となく満州移民と引き揚げの苦難に戻った。野田正彰《のだまさあき》のいうように、昭は若いころの被害を歴史として語っているのではなく、いま、過去の被害にふたたび苦しんでいるのではないか。聞き取りからは、語り手と聞き手の関係とともに、語り手のいまが照らし出される。

それに加えて聞き取りからは、国家の政策と人びとの関係、および人びとのつながりの歴史的特質が映し出される。国策に共鳴した満州移民が敗戦直前に男手を兵士にとられ、敗戦後には国家から放置された歴史、そのもとで女性たちに性の危険が及ぼうとしたとき、「元商売」の女性に性の危険が委譲された。国家から放置された極限状態で、被害を受けた人が被害を委譲する事態が生じたのである。国家と人びとの関係と人びとのつながりは複雑にからまりあう。経験の声を聞くということは、複雑にからまる問題を聞き取ることでなくてはならないだろう。と同時に、こうした複雑にからまる問題は、人びとの声や経験をふまえた相互交渉の歴史のなかではじめて浮かび上がる。相互交渉の歴史としての通史にとって重要な聞き取りという方法。

昭たちが直面した問題は、国家の側にだけあるのではない。国家の問題とともに、「元商売」の人に被害を委譲してしまう人びとのつながりの歴史的なあり方が問題を複雑にしていた。この問題を考えるうえで私は、一九五〇年代の和賀町でみられた二人の小さな出来事がとても大事なことのように思う。あえて息子ひとりの墓をつくった高橋セキ。農村女性の現状を改良するために、祖父の強いふるまいを乗り越えて農村女性だけのグループをつくった高橋フサ。しがらみを断ち、強いふるまいに同調しないつながりをつくることこそ、被害と加害の連鎖、被害の委譲を断ち切る第一歩だったのではないか。日々の暮らしのなかでのこのような行為こそが、戦時中の連鎖や被害の委譲を考えるための大事な前提になるのではないか。戦時中の問題は彼方《あちら》にあるのではなく、此方《こちら》の問題なのであり、戦時中の問題は戦後の暮らしの足もとで検証される必要がある。

セキやフサの行為は、「足もとを照らす思想」に裏付けられている。強いふるまいや大上段に構えた国家の論理に吸収されるのではなく、一九五〇年代には、足もとを照らす思想を身につけた人びとが出現した。これは総力戦を挟む二五年間の歴史のなかで、紆余曲折と多くの苦難を経て到達した、日本の戦後の大事な断面である。

生存は、戦争という非常事態下にのみ該当する歴史のテーマではない。どの時代でも生存を核にした歴史が構想されるべきである。と同時に、本書が対象にする時代以外にも生存が切実な時代がある。この原稿を書きつづっていた二〇〇八年から〇九年にかけても、生存が厳しく問われている。総力戦を挟む二五年間に生存はどのように厳しく問われたのか、そして人びとはどのようにして生存を成り立たせようとしたのか。いまという時代の歴史的位置を照らし出したいと思いながら、戦争を挟む二五年間の歴史を書いてきた。生存が厳しく問われる現在だからこそ、いまを生きる人たちに本書を読んでほしいと思う。

**第七章**

- 安達生恒『むらの戦後史』有斐閣、1989
- 『石巻文化センター所蔵布施辰治植民地関係資料集2　朝鮮・台湾編』2006
- 『石巻文化センター所蔵「弁護士布施辰治誕生七十年記念人権擁護宣言大会」関連資料集』2001
- 大門正克編『昭和史論争を問う』日本経済評論社、2006
- 岡百合子『白い道をゆく旅』人文書院、1993
- 『岡本太郎・誇らかなメッセージ「明日の神話」完成への道展』川崎市岡本太郎美術館、2005
- 荻野美穂『「家族計画」への道』岩波書店、2008
- 小沢有作編『近代民衆の記録10　在日朝鮮人』新人物往来社、1978
- 小原徳志編『石ころに語る母たち』未來社、1964
- 加茂利男「現代日本型政治システムの成立」『シリーズ日本近現代史』4、岩波書店、1994
- 川崎昭一郎『第五福竜丸』岩波ブックレット、2004
- 菊池敬一・大牟羅良編『あの人は帰ってこなかった』岩波新書、1964
- 菊池敬一『七〇〇〇通の軍事郵便』柏樹社、1983
- 菊地武雄『自分たちで生命を守った村』岩波新書、1968
- 岸伸子「王子製紙争議五十周年王子争議をうたごえ運動とともに」『女性史研究ほっかいどう』3、2008
- 熊沢誠『新編 日本の労働者像』ちくま学芸文庫、1993
- 高史明ほか『布施辰治と朝鮮』高麗博物館、2008
- 杉原達『越境する民』新幹社、1998
- 簾内敬司『千三忌』岩波書店、2005
- 第五福竜丸平和協会編『写真でたどる第五福竜丸』2004
- 高岡裕之「十五年戦争期の『国民音楽』」『総力戦と音楽文化』青弓社、2008
- 田間泰子『「近代家族」とボディ・ポリティクス』世界思想社、2006
- 遠山茂樹・今井清一・藤原彰『昭和史』岩波新書、1955
- 戸ノ下達也『音楽を動員せよ』青弓社、2008
- 西田美昭『近代日本農民運動史研究』東京大学出版会、1997
- 樋渡展洋『戦後日本の市場と政治』東京大学出版会、1991
- 布施柑治『布施辰治外伝』未來社、1974
- 松本武祝『朝鮮農村の〈植民地近代〉経験』社会評論社、2005
- 南川比呂史／詩、柴田和子・柴田貞雄／絵『絵本 石ころに語る母たち』麗ら舎読書会、2004
- 宮崎義一『日本経済の構造と行動』上、筑摩書房、1985
- 森武麿・大門正克編『地域における戦時と戦後』日本経済評論社、1996
- 山代巴『荷車の歌』筑摩書房、1956
- 山代巴・牧瀬菊枝編『丹野セツ』勁草書房、1969
- 山代巴[解説・牧原憲夫]『原爆に生きて』径書房、1991
- 山室信一『日露戦争の世紀』岩波新書、2005
- 吉岡増雄『在日外国人と社会保障』社会評論社、1995
- 吉田裕『日本人の戦争観』岩波書店、1995

**おわりに**

- 市村弘正『小さなものの諸形態』筑摩書房、1994
- 小田実『「難死」の思想』岩波現代文庫、2008
- 『鹿野政直思想史論集7　歴史意識と歴史学』岩波書店、2008
- 杉原達『中国人強制連行』岩波新書、2002
- 保苅実『ラディカル・オーラル・ヒストリー』御茶の水書房、2004
- 安丸良夫『〈方法〉としての思想史』校倉書房、1996

**全編にわたるもの**

- 雨宮昭一『占領と改革』岩波新書、2008
- 内海愛子『朝鮮人BC級戦犯の記録』勁草書房、1982
- 江口圭一『二つの大戦』小学館、1989
- 大門正克『民衆の教育経験』青木書店、2000
- 大門正克「オーラル・ヒストリーの実践と同時代史研究への挑戦」『大原社会問題研究所雑誌』589、2007
- 大門正克「序説『生存』の歴史学」『歴史学研究』846、2008
- 大門正克『歴史への問い／現在への問い』校倉書房、2008
- 小原昭『ホロンバイルは遠かった』青磁社、1984
- 加藤陽子『満州事変から日中戦争へ』岩波新書、2007
- 江東・在日朝鮮人の歴史を記録する会編『増補新版 東京のコリアン・タウン－枝川物語』樹花舎、2004
- アンドルー・ゴードン編（中村政則監訳）『歴史としての戦後日本』上・下、みすず書房、2001
- 『昭和万葉集』全20巻・別巻、講談社、1979－80
- 『新聞と戦争』朝日新聞出版、2008
- ジョン・ダワー（三浦陽一ほか訳）『敗北を抱きしめて』上・下、岩波書店、2001
- 陳蕙貞『漂浪の小羊』1946（台湾、2005 復刊）
- 中村政則『労働者と農民』小学館、1976
- 野田正彰『陳真』岩波書店、2004
- 松尾尊兊『国際国家への出発』集英社、1993
- 水野直樹編『生活の中の植民地主義』人文書院、2004
- 目取真俊『沖縄「戦後」ゼロ年』NHK出版生活人新書、2005
- 森武麿『アジア・太平洋戦争』集英社、1993
- 吉田裕『アジア・太平洋戦争』岩波新書、2007

• 林博史『沖縄戦と民衆』大月書店、2001
• 樋口雄一『日本の朝鮮・韓国人』同成社、2002
• 藤原彰『餓死した英霊たち』青木書店、2001
• 防衛庁防衛研修所戦史室『南太平洋陸軍作戦』5、朝雲新聞社、1975
•『歩兵第224聯隊聯隊史』雪聯隊史刊行会、1973
• 前田哲男『新訂版 戦略爆撃の思想』凱風社、2006
• 増川修治『雪第三十六師団工兵第三十六連隊第三中隊戦誌』、1991
• 水野直樹『創氏改名』岩波新書、2008
• 山田昭次・古庄正・樋口雄一『朝鮮人戦時労働動員』岩波書店、2005
•『雪第三十六師団戦誌』関東地区雪部隊慰霊会編さん委員会、1988
• 吉見義明「南京事件前後における軍慰安所の設置と運営」『現代歴史学と南京事件』柏書房、2006
• 吉村昭『東京の戦争』ちくま文庫、2005
• レスター・I・テニー（伊吹由歌子ほか訳）『バターン 遠い道のりのさきに』梨の木舎、2003
• 和賀町教育委員会『せおと』1・2、1959－60


### 第五章


• 井手孫六『中国残留邦人』岩波新書、2008
• 岡部牧夫「アジア太平洋戦争」『戦後日本 占領と戦後改革』1、岩波書店、1995
• ジョー・オダネル／写真『トランクの中の日本』小学館、1995
• 加藤陽子『戦争の論理』勁草書房、2005
• 神戸空襲を記録する会編『神戸大空襲』神戸新聞総合出版センター、2005
•『済民日報』四・三取材班（金重明ほか訳）『済州島四・三事件』2、新幹社、1995
•『佐世保引揚援護局局史』上・下、1949－51
• テッサ・モーリス - スズキ「占領軍への有害な行動」『継続する植民地主義』青弓社、2005
• 徐勝編『東アジアの冷戦と国家テロリズム』御茶の水書房、2004
• 豊下楢彦『昭和天皇・マッカーサー会見』岩波現代文庫、2008
• 成田龍一「『引揚げ』と『抑留』」『岩波講座アジア・太平洋戦争』4、岩波書店、2006
• 西成田豊『中国人強制連行』東京大学出版会、2002
• 野田正彰「東京大空襲63年を経て消えぬ心の傷跡」『朝日新聞』2008年12月19日
• 文京洙『済州島四・三事件』平凡社、2008
• 吉沢南『私たちの中のアジアの戦争』朝日選書、1986
• 若林正丈『台湾』ちくま新書、2001
• 和久田薫『大江山鉱山』ウインかもがわ、2006


### 第六章


• 飯田進『地獄の日本兵』新潮新書、2008
• 岩本茂樹『戦後アメリカニゼーションの原風景』ハーベスト社、2002
• 内海愛子『戦後補償から考える日本とアジア』山川出版社、2002
• 内海愛子『スガモプリズン』吉川弘文館、2004
• 大門正克「『教育という営み』の戦後史」『人民の歴史学』174、2007
• 大川裕嗣「戦後改革期の日本農民組合」『土地制度史学』121、1988
• 大沼久夫編『朝鮮戦争と日本』新幹社、2006
• 岡井隆ほか編『近藤芳美集1 歌集1』岩波書店、2000
• 小沢有作『在日朝鮮人教育論 歴史篇』亜紀書房、1973
• 金徳龍『朝鮮学校の戦後史』社会評論社、2002
• 高史明「書評 小沢有作『在日朝鮮人教育論・歴史篇』」『朝日ジャーナル』1974年2月22日号
• 古関彰一『新憲法の誕生』中央公論社、1989（中公文庫、1995）
• 小林知子「未済の帝国解体」『岩波講座アジア・太平洋戦争』4、岩波書店、2006
• 小林英夫『帝国日本と総力戦体制』有志舎、2004
•『佐世保市史 通史編』下巻、2003
• 佐藤隆「教育政策の『転換』と学校」『講座学校』2、柏書房、1996
• 佐野眞一『遠い「山びこ」』新潮文庫、2005
• 杉山龍丸「ふたつの悲しみ」『声なき声のたより』43、1967
• 竹前栄治『占領戦後史』岩波現代文庫、2002
•『田無市史3　通史編』1995
• 豊下楢彦『昭和天皇・マッカーサー会見』岩波現代文庫、2008
• 中北浩爾『経済復興と戦後政治』東京大学出版会、1998
• 中北浩爾・吉田健二編『片山・芦田内閣期経済復興運動資料』全10巻、日本経済評論社、2000－2001
• 林博史『BC級戦犯裁判』岩波新書、2005
• 原朗「戦後五〇年と日本経済」『年報・日本現代史』創刊号、現代史料出版、1995
•『宮本百合子全集』第15巻、新日本出版社、1980
•『民族学級開設五〇周年記念誌』大阪市立中川小学校、2000
• 無着成恭編『山びこ学校』青銅社、1951（岩波文庫、1995）
• 安田常雄「〈占領〉の精神史」『日本史講座』10、東京大学出版会、2005
• 山田朗編『歴史認識問題の原点・東京裁判』学習の友社、2008
•『山梨県史 通史編6 近現代2』、2006
• 山室信一『憲法9条の思想水脈』朝日選書、2007
• 吉見俊哉『親米と反米』岩波新書、2007
• 李鍾元『東アジア冷戦と韓米日関係』東京大学出版会、1996
• 脇田憲一『朝鮮戦争と吹田・枚方事件』明石書店、2004

•『満州基督教開拓村と賀川豊彦』賀川豊彦記念松沢資料館、2006
•山代巴『トラジの歌』径書房、1982
•ルイーズ・ヤング（加藤陽子ほか訳）『総動員帝国』岩波書店、2001
•米沢和一郎「『幻のフィルム』を追って」『秋田魁新報』1994年1月24－25日
•米谷匡史編『尾崎秀実時評集』平凡社、2004
•米谷匡史『アジア／日本』岩波書店、2006


**第三章**


•赤澤史朗「戦中・戦後文化論」『岩波講座日本通史』19、岩波書店、1995
•市川房枝『市川房枝自伝 戦前編』新宿書房、1974
•伊藤隆『近衛新体制』中公新書、1983
•大門正克・柳沢遊「戦時労働力の給源と動員」『土地制度史学』151、1996
•大門正克「子どもたちの戦争、子どもたちの戦後」『岩波講座アジア・太平洋戦争』6、岩波書店、2006
•岡山女性史研究会『岡山の女性と暮らし―「戦前・戦中」の歩み』山陽新聞社、2000
•笠原十九司『「百人斬り競争」と南京事件』大月書店、2008
•北河賢三「戦時下の世相・風俗と文化」『十五年戦争史』2、青木書店、1988
•葛塚医療同盟を記録する会『長靴の診療』1983
•小柳次一／写真、石川保昌／文『従軍カメラマンの戦争』新潮社、1993
•斎藤美奈子『戦下のレシピ』岩波アクティブ新書、2002
•桜本富雄『戦争はラジオにのって』マルジュ社、1985
•佐々木啓「徴用制度下の労資関係問題」『大原社会問題研究所雑誌』568、2006
•佐々木啓「戦時期日本の青少年工『不良』化対策」『年報・日本現代史』13、現代史料出版、2008
•下西陽子「戦時下の農村保健運動」『年報・日本現代史』7、現代史料出版、2001
•高岡裕之「戦時動員と福祉国家」『岩波講座アジア・太平洋戦争』3、岩波書店、2006
•高崎隆治選著『川柳にみる戦時下の世相』梨の木舎、1991
•竹山昭子『ラジオの時代』世界思想社、2002
•田辺聖子『道頓堀の雨に別れて以来なり』中巻、中公文庫、2000
•暉峻義等『労働力の再編成』科学主義工業社、1940
•『東京大空襲・朝鮮人罹災の記録』Ⅱ、綜合企画ウィル 2007
•豊島区立郷土資料館『豊島の集団学童疎開資料集』(3)－(5)、1992－93
•内藤英恵「日中全面戦争とパーマネント排撃」『現代日本を考えるために』梓出版社、2007
•内務省警保局編『昭和十七年中ニ於ケル社会運動ノ状況』
•中尾裕次編『昭和天皇発言記録集成』芙蓉書房出版、2003
•中村義『川柳のなかの中国』岩波書店、2007
•西成田豊『近代日本労働史』有斐閣、2007
•林俊一『農村医学序説』（復刻版）医療図書出版社、1973
•深井一郎『反戦川柳作家 鶴彬』日本機関紙出版センター、1998
•逸見勝亮『学童集団疎開史』大月書店、1998
•三國一朗『戦中用語集』岩波新書、1985
•源川真希「近衛新体制期における自由主義批判の展開」『年報・日本現代史』12、現代史料出版、2007
•村瀬守保『新版 私の従軍中国戦線 村瀬守保写真集』日本機関紙出版センター、2005
•安丸良夫『日本の近代化と民衆思想』青木書店、1974
•山崎広明「日本の戦争経済」『歴史とアイデンティティ』思文閣、1993
•山中恒『ボクラ少国民』辺境社、1974
•山中恒『青春は疑う』朝日文庫、1991
•吉見俊哉『「声」の資本主義』講談社選書メチエ、1995


**第四章**


•荒井信一『空爆の歴史』岩波新書、2008
•今井清一『新版 大空襲5月29日』有隣新書、2002
•今泉裕美子「南洋群島」『具志川市史』4、2002
•今泉裕美子「南洋へ渡る移民たち」『近代社会を生きる』吉川弘文館、2003
•岩手・和我のペン編『農民兵士の声がきこえる』日本放送出版協会、1984
•内海愛子『日本軍の捕虜政策』青木書店、2005
•内海愛子ほか編『ある日本兵の二つの戦場』社会評論社、2005
•内海愛子「帝国の中の労務動員」『岩波講座 アジア・太平洋戦争』4、岩波書店、2006
•内海愛子ほか『遺骨の戦後』岩波ブックレット、2007
•海野福寿「朝鮮の労務動員」『岩波講座近代日本と植民地』5、岩波書店、1993
•大城将保『沖縄戦の真実と歪曲』高文研、2007
•鹿野政直『兵士であること』朝日新聞社、2005
•ブルース・カミングス（横田安司ほか訳）『現代朝鮮の歴史』明石書店、2003（原著1997）
•『国立歴史民俗博物館研究報告』第101集、2003
•呉淑眞・呉淑敏『拓南少年史』遠足文化事業股份公司、2004（台湾）
•児玉隆也、桑原甲子雄／写真『一銭五厘たちの横丁』晶文社、1975（岩波現代文庫、2000）
•清水靖子『森と魚と激戦地』北斗出版、1997
•謝花直美『証言 沖縄「集団自決」』岩波新書、2008
•「大東亜共栄圏」『週刊朝日百科 日本の歴史』119、1988
•高橋峯次郎『藤根郷土史』1967
•中島健蔵『昭和時代』岩波新書、1957
•中村政則『昭和の記憶を掘り起こす』小学館、2008
•林えいだい『朝鮮人皇軍兵士』柘植書房、1995
•林えいだい編『証言 台湾高砂義勇隊』草風館、1998

# 参考文献


## はじめに

- 蘭信三編『満蒙開拓を語りつぐ意義と可能性』2008
- 大門正克「聞こえてきた声、そして『聞きえなかった声』」『歴史評論』648、2004
- 中井久夫ほか『昨日のごとく』みすず書房、1996

## 第一章

- 阿部恒久『「裏日本」はいかにつくられたか』日本経済評論社、1997
- 荒川章二『軍隊と地域』青木書店、2001
- 有馬学『帝国の昭和』講談社、2002
- 石原莞爾「満蒙問題私見」1931年5月（『石原莞爾資料　国防論策篇』原書房、1967所収）
- 板谷英生『東北農村記』大同印書館、1942
- 大石勇「昭和恐慌と凶作の東北農村」『徳川林政史研究所研究紀要』32号、1998
- 大門正克「農業労働の変化と農村女性」『20世紀日本の農民と農村』東京大学出版会、2006
- 大栗行昭「救農土木事業の実態分析」『農業経済研究 別冊2003年度日本農業経済学会論文集』
- 大宅壮一「一九三〇年代の顔」『中央公論』1930年12月号
- 加瀬和俊『戦前日本の失業対策』日本経済評論社、1998
- 加藤千香子「戦間期における女子労働者と労働政策」『女の社会史』山川出版社、2001
- 加藤陽子「二・二六事件と広田・林内閣」『日本歴史大系』5、山川出版社、1989
- 河西英通『続・東北』中公新書、2007
- 北博昭『二・二六事件 全検証』朝日新聞社、2003
- 斎藤美奈子『モダンガール論』マガジンハウス、2000
- 佐治恵美子「浜口内閣期の婦人公民権問題」『日本史研究』292、1986
- 沢山美果子『性と生殖の近世』勁草書房、2005
- 沢山美果子『江戸の捨て子たち』吉川弘文館、2008
- 渋谷定輔『農民哀史』勁草書房、1970
- 『新聞資料 東北大凶作』無明舎出版、1991
- 須崎愼一『二・二六事件』吉川弘文館、2003
- 高橋実『東北一純農村の医学的分析』朝日新聞社、1941
- 中村隆英「『高橋財政』と公共投資政策」『戦間期の日本経済分析』山川出版社、1981
- 中村政則『昭和の恐慌』小学館、1982
- 畠山富而『野の花』メディサイエンス社、1982
- 林宥一『「無産階級」の時代』青木書店、2000
- 原朗「高橋財政と景気回復」『普及版日本歴史大系』17、山川出版社、1997
- 坂野潤治『昭和史の決定的瞬間』ちくま新書、2004
- 藤井忠俊『国防婦人会』岩波新書、1985
- 古川隆久「世相から見た二・二六事件」『二・二六事件とは何だったのか』藤原書店、2007
- 古厩忠夫『裏日本』岩波新書、1997
- 『北海道農民の視た凶作地』八雲新聞社、1935
- 堀和生「日本帝国の膨張と植民地工業化」『1930年代のアジア国際秩序』溪水社、2001
- 堀和生「日本帝国と植民地関係の歴史的意義」『日本資本主義と朝鮮・台湾』京都大学学術出版会、2004
- 丸岡秀子『日本農村婦人問題』ドメス出版、1980
- 源川真希『近現代日本の地域政治構造』日本経済評論社、2001
- 源川真希『東京市政』日本経済評論社、2007
- 宮下和裕『国民健康保険の創設と筑前（宗像・鞍手）の定礼』自治体研究社、2006
- 三和良一『戦間期日本の経済政策史的研究』東京大学出版会、2003
- 安田常雄『日本ファシズムと民衆運動』れんが書房新社、1979
- 山室信一『キメラ　増補版』中公新書、2004
- 米谷匡史「戦時期日本の社会思想」『思想』882、1997

## 第二章

- 雨宮栄一『暗い谷間の賀川豊彦』新教出版社、2006
- 飯島渉『マラリアと帝国』東京大学出版会、2005
- 大石嘉一郎・金澤史男編『近代日本 都市史研究』日本経済評論社、2003
- 岡本達明・松崎次夫編『聞書水俣民衆史』5、草風館、1990
- 折居ミツ『満州に幼な子を残して 折居ミツ詩集』青磁社、1980
- 賀川豊彦『日輪を孕む曠野』大日本雄弁会講談社、1940
- 梶村秀樹「定住外国人としての在日朝鮮人」『思想』734、1985
- 川崎女性史編さん委員会編『多摩の流れにときを紡ぐ』ぎょうせい、1990
- 貴志俊彦・川島真・孫安石『戦争・ラジオ・記憶』勉誠出版、2006
- 顧雅文『台湾におけるマラリアの流行及びその防疫対策の推移』（横浜国立大学国際社会科学研究科2005年度博士論文）
- 駒込武『植民地帝国日本の文化統合』岩波書店、1996
- 齊藤俊江「満州移民の送出と開拓地の生活」『満州移民』現代史料出版、2007
- 酒井哲哉『近代日本の国際秩序論』岩波書店、2007
- 陳野守正『凍土の碑』教育報道社、1981
- 田中宏『在日外国人 新版』岩波新書、1995
- 戸邉秀明「転向論の戦時と戦後」『岩波講座アジア・太平洋戦争』3、岩波書店、2006
- 橋谷弘『帝国日本と植民地都市』吉川弘文館、2004
- 『堀江邑一先生を偲ぶ』同書刊行委員会、1993

＊写真・図版掲載に際しましては、所蔵者ならびに撮影者の了解を求めましたが、古い史料のため、関係者を知ることができなかった場合がございます。ご理解ご容赦くださいますようお願いいたします。また、お心当たりがございましたら、編集部までご一報ください。


**スタッフ一覧**

| | |
|---|---|
| 口絵レイアウト | 姥谷英子 |
| 校正 | オフィス・タカエ |
| 図版・地図作成 | 蓬生雄司 |
| 写真撮影 | 西村千春 |
| 索引制作 | 小学館クリエイティブ |
| 編集長 | 清水芳郎 |
| 編集 | 一坪泰博 |
| | 阿部いづみ |
| | 宇南山知人 |
| | 水上人江 |
| | 田澤泉 |
| 編集協力 | 青柳亮 |
| | 小西むつ子 |
| | 林まりこ |
| | 内田和浩 |
| | 顧雅文 |
| 月報編集協力 | ㈲ビー・シー |
| | 関屋淳子 |
| | 藤井恵子 |
| 制作 | 大木由紀夫 |
| | 山崎法一 |
| 資材 | 横山肇 |
| 宣伝 | 中沢裕行 |
| | 後藤昌弘 |
| 販売 | 永井真士 |
| | 奥村浩一 |
| 協力 | 株式会社モリサワ |

# 所蔵先一覧

所蔵先と写真提供者、撮影者が異なる場合は、（　）内にその旨を明記した。

### カバー・表紙

提供：日動出版

### 口絵

1撮影：飯山達雄／2〜5撮影：影山光洋／6〜8撮影：桑原甲子雄／9・12香月泰男美術館／10・11山口県立美術館／13引揚げ港・博多を考える集い（西図協出版『進駐軍が写したフクオカ戦後写真集』より）

### はじめに

1撮影：桑原甲子雄／2小原昭／3農業協同組合新聞社／4共同通信社

### 第一章

1朝日新聞社／2遠野市立博物館／3・10・13・18・19毎日新聞社／4三越資料室／5・8 NHK／6・11朝日新聞大阪本社［富士倉庫資料］／7提供：日本近代史研究会／9・16国立国会図書館／12山梨日日新聞社／14温文卿（提供：国史館台湾文献館）／15『国際写真情報』12巻7号より／17防衛研究所図書館

### 第二章

1・11毎日新聞社／2後藤貞子／3・17朝日新聞社／4・16朝日新聞大阪本社［富士倉庫資料］／5国立国会図書館（『日本窒素肥料事業大観』より）／6〜8草風館『聞書水俣民衆史5』より／9小原昭／10折居ミツ／12日本基督教団渋川教会／13祐生出会いの館（板祐生コレクション）／14・15提供：在日韓人歴史資料館／18中央公論新社／19提供：群馬県立土屋文明記念文学館

### 第三章

1個人蔵／2NEC／3市川房枝記念会／4朝日新聞社／5・6・8・10・13・17毎日新聞社／7撮影：影山光洋／9高橋フサ／11・12村山三千子／14光明寺（提供：豊島区立郷土資料館）／15谷川俊太郎／16祐生出会いの館（板祐生コレクション）／18朝日新聞大阪本社［富士倉庫資料］／19〜22撮影：村瀬守保（提供：日本機関紙出版センター）

### 第四章

1・11・12朝日新聞大阪本社［富士倉庫資料］／2北上市立博物館／3撮影：石川光陽／4〜7高橋フサ／8・9撮影：村瀬守保（提供：日本機関紙出版センター）／10高橋セキ／13朝日新聞社／14・19・22毎日新聞社／15・16提供：在日韓人歴史資料館／17大牟田市石炭産業科学館／18レスター・I・テニー（伊吹由歌子ほか訳）『バターン遠い道のりのさきに』より／20共同通信社／21国立国会図書館

### 第五章

1撮影：飯山達雄／2・17毎日新聞社／3共同通信社／4済州4・3事件真相究明および犠牲者名誉回復委員会『済州4・3事件真相調査報告書』より／5・6周婉窈『図説台湾の歴史』平凡社より／7高英傑／8・14・16朝日新聞大阪本社［富士倉庫資料］／9ウインかもがわ『大江山鉱山 中国人拉致・強制労働の真実』より／10 YAKIN大江山／11陳真『漂浪の小羊』南天書局（日本代理東方書店）より／12引揚げ港・博多を考える集い（西図協出版『進駐軍が写したフクオカ戦後写真集』より）／13朝日新聞社／15村山三千子／（コラム）ナヌムの家・日本軍「慰安婦」歴史館

### 第六章

1・17・18撮影：J. オダネル／2・7・8朝日新聞社／3・6・11・12・15・16・21〜23毎日新聞社／4アメリカ国立公文書館／5個人蔵／9撮影：林忠彦／10撮影：影山光洋／13・14提供：在日韓人歴史資料館／19共同通信社／20岩波書店

### 第七章

1・7・15撮影：影山光洋／2〜5毎日新聞社／6王子製紙労働組合苫小牧支部主婦連絡協議会旧蔵／8・9石巻市教育委員会／10・12高橋フサ／11アメリカ国立公文書館／13・14小原麗子／16共同通信社／17撮影：道岸勝一（提供：在日韓人歴史資料館）／18第五福竜丸平和協会／（コラム）『朝日新聞』（1965年8月14日）

| 西暦 | 年号<br>干支 | 内閣 | 日本 | 世界 |
|---|---|---|---|---|
| 1950 | 25 庚寅 | 第3次吉田茂内閣 | 1 マッカーサー、日本国憲法は自衛権を否定せずと声明。日本社会党、左右両派に分裂。2 GHQ、沖縄に恒久的基地建設の開始を発表。3 自由党結成（総裁吉田茂）。5 文化財保護法公布。6 マッカーサー、日本共産党中央委員の公職追放を指令。7 金閣寺全焼。警察予備隊創設。日本労働組合総評議会（総評）結成。9 公務員のレッドパージ方針を決定。10 公職追放解除開始。この年、特需景気起こる。 | 中ソ友好同盟相互援助条約調印。朝鮮戦争勃発（～ 1953 年）。国連軍、仁川に上陸。中国軍、朝鮮戦争に参戦。 |
| 1951 | 26 辛卯 | 第3次吉田茂内閣 | 1 歌舞伎座、復興開場式挙行。NHK 第 1 回紅白歌合戦放送。4 マッカーサー、連合国軍最高司令官を解任される（後任リッジウェイ陸軍中将）。5 児童憲章制定宣言。6 国際労働機関（ILO）に加盟。ユネスコ、日本の加盟を正式承認。7 持株会社整理委員会解散令公布。日本航空株式会社設立。9 民間放送初の正式放送（ラジオ）開始。サンフランシスコ講和会議で、対日平和条約・日米安全保障条約に調印。黒澤明監督『羅生門』、ヴェネツィア映画祭でグランプリ受賞。 | 世界平和評議会第 1 回総会、ベルリンで開催。イラン、石油を国有化。朝鮮休戦会談開催。太平洋相互安全保障条約調印。アメリカ、相互安全保障法（MSA）を制定。 |
| 1952 | 27 壬辰 | 第3次吉田茂内閣<br>第4次吉田茂内閣 | 2 日米行政協定調印。4 NHK「君の名は」放送開始。5 血のメーデー事件。白井義男、ボクシング世界フライ級で日本人初の世界チャンピオンとなる。対日平和条約・日米安全保障条約発効。中国国民政府（台湾）と日華平和条約調印。6 中央教育審議会設置。7 破壊活動防止法成立。保安庁設置。警察予備隊を保安隊と改称。8 日本電信電話公社発足。『アサヒグラフ』、原爆被害写真を初公開。国際通貨基金（IMF）・国際復興開発銀行（世界銀行）に加盟。12 国立近代美術館開館。 | 韓国、李承晩ラインを設定。韓国で巨済島事件。エジプト革命起こる。アジア太平洋平和会議、北京で開催。アメリカ、水爆実験を実施。 |
| 1953 | 28 癸巳 | 第4次吉田茂内閣<br>第5次吉田茂内閣 | 2 NHK 東京テレビ局、本放送開始。3 中国からの日本人引き揚げ再開。4 日米友好通商航海条約調印。6 石川県内灘試射場のアメリカ軍無期限使用を決定（反対闘争激化）。8 軍人恩給復活。日本テレビ、本放送開始。9 国際理論物理学会議京都で開催。10 ワシントンで、防衛問題についての池田・ロバートソン会談。12 水俣市で水俣病患者第 1 号発病。奄美群島、本土復帰。この年、韓国、「李承晩ライン」での日本漁船捕獲を展開。 | スターリン没。エジプト共和国成立。イギリス登山隊、エベレスト初登頂。朝鮮休戦協定調印。ソ連、最初の水爆実験。カンボジア独立。 |
| 1954 | 29 甲午 | 第5次吉田茂内閣 | 1 平城宮跡を発掘。営団地下鉄丸ノ内線、池袋─御茶ノ水間開業。3 第五福竜丸、ビキニ環礁で被曝。日米 MSA（相互防衛援助）協定調印。5 原水爆禁止署名運動杉並協議会発足（運動は全国に発展）。7 防衛庁・自衛隊（陸上・海上・航空）発足。9 国鉄青函連絡船洞爺丸、台風で座礁・転覆。10 光文社「カッパ・ブックス」創刊。11 法隆寺金堂、昭和大修理完工。日本民主党結成（総裁鳩山一郎）。12 政府、憲法第 9 条についての統一解釈（自衛権の保有・自衛隊合憲）を発表。 | アメリカ、原子力潜水艦ノーチラス号進水。ジュネーヴ極東平和会議終了、インドシナ休戦・ベトナム南北分裂などを決定。東南アジア条約機構（SEATTO）創設。 |
| 1955 | 30 乙未 | 第1次鳩山一郎内閣<br>第2次鳩山一郎内閣<br>第3次鳩山一郎内閣 | 1 人間国宝 25 件 30 人告示。2 第 27 回衆議院選挙（革新勢力、改憲阻止に要する 3 分の 1 議席を確保）。5 立川基地拡張反対総決起大会開催、砂川闘争始まる。7 後楽園遊園地開場。8 第 1 回原水爆禁止世界大会広島大会開催。森永粉ミルク砒素含有。9 沖縄で米兵による幼女暴行殺害事件起こる（由美子ちゃん事件）。日本の関税および貿易に関する一般協定（GATT）加盟発効。原水爆禁止日本協議会（原水協）結成。10 日本社会党統一大会（委員長鈴木茂三郎）。11 保守合同により自由民主党結成。この年、輸出が増大し、神武景気を迎える。スモン病病患者発生。 | アジア・アフリカ会議、平和 10 原則を採択。ドイツ連邦共和国（西ドイツ）、主権回復。ワルシャワ条約調印。ジュネーヴ 4 国巨頭会談開催。中東条約機構成立。 |

| 西暦 | 年号<br>干支 | 内閣 | 日本 | 世界 |
| --- | --- | --- | --- | --- |
| 1944 | 19 甲申 | 東条英機内閣<br>小磯国昭内閣 | 1 日本軍、インパール作戦を開始。東京・名古屋に初の疎開命令。2 俳優座結成。決戦非常措置要綱決定し、東京・大阪の歌舞伎座など 19 劇場が休場。6 マリアナ沖海戦（日本軍、南太平洋の制海権を失う）。7 日本軍、インパール作戦を中止。情報局、中央公論社・改造社に廃業を指示。テニヤン・グアムの日本軍守備隊全滅。8 学徒勤労令・女子挺身勤労令公布。東京からの学童疎開始まる。10 17 歳以上を兵役に編入。レイテ沖海戦（連合艦隊、主力を失う）。海軍神風特別攻撃隊、アメリカ軍艦を初攻撃。 | 連合軍、ノルマンディーに上陸。米・英・ソ・中によるダンバートン・オークス会議開催。連合軍、パリ入城。汪兆銘没。ギリシャ内乱。ハンガリー臨時政府成立。 |
| 1945 | 20 乙酉 | 鈴木貫太郎内閣<br>東久邇宮稔彦内閣<br>幣原喜重郎内閣 | 2 近衛文麿、敗戦必至・早期終戦を上奏。アメリカ軍、硫黄島に上陸。B29 爆撃機、東京大空襲、次いで大阪・名古屋を空襲。4 アメリカ軍、沖縄に上陸、日本軍守備隊全滅。8 広島に原子爆弾投下。ソ連、日本に宣戦布告。長崎に原子爆弾投下。御前会議でポツダム宣言受諾を決定。戦争終結の詔書（玉音放送）。9 アメリカ戦艦ミズーリ号上で降伏文書に調印。GHQ、戦争犯罪人 39 人の逮捕を命じる。GHQ、「米国の初期の対日方針」を発表。10 GHQ、郵便検閲を指令。連合国軍最高司令官マッカーサー、人権確保の 5 大改革を指令。11 財閥解体。日本社会党・日本自由党・日本進歩党結成。12 婦人参政権実現。労働組合法公布。第 1 次農地改革。 | 米・英・ソ、ヤルタ会談開催。ソ連軍、ベルリンを占領。ドイツ、無条件降伏。米・英・ソ、ポツダム会談開催。中ソ友好同盟条約調印。ベトナム民主共和国成立（主席ホー・チ・ミン）。国際連合成立。ニュルンベルク国際軍事裁判開廷。 |
| 1946 | 21 丙戌 | 第1次吉田茂内閣 | 1 天皇の人間宣言（神格否定の詔書）。GHQ、公職追放を指令。2 金融緊急措置令公布。3 第 1 回日本美術展（日展）。4 新選挙法による第 22 回衆議院総選挙実施。5 第 17 回メーデー（11 年ぶり）。極東国際軍事裁判（東京裁判）開廷。8 経済安定本部令公布。持株会社整理委員会発足。9 労働関係調整法公布。10 第 2 次農地改革。11 日本国憲法公布。 | 第 1 回国連総会開催。チャーチル、「鉄のカーテン」演説。イタリア共和国成立。北朝鮮労働党結成。第 1 次インドシナ戦争開始。 |
| 1947 | 22 丁亥 | 片山哲内閣 | 1 マッカーサー、2・1 ゼネストの中止を指令。3 国民協同党結成。民主党結成。教育基本法・学校教育法公布。4 新学制による小学校・中学校発足（6・3 制・男女共学）。労働基準法・独占禁止法・地方自治法公布。5 日本国憲法施行。7 公正取引委員会発足。9 労働省設置。10 改正刑法公布（姦通罪・不敬罪を廃止）。11 農業協同組合法公布。12 児童福祉法・警察法・過度経済力集中排除法・改正民法公布。内務省廃止。 | 台湾の台北で 2・28 事件起こる。アメリカのトルーマン大統領「トルーマン・ドクトリン」を発表。アメリカ、マーシャル・プランを発表。コミンフォルム結成。 |
| 1948 | 23 戊子 | 芦田均内閣<br>第2次吉田茂内閣 | 1 アメリカのロイヤル陸軍長官、日本は共産主義に対する防壁と演説。帝銀事件。3 新警察制度発足。民主自由党結成（総裁吉田茂）。6 昭和電工疑獄事件。7 改正刑事訴訟法・警察官等職務執行法・改正民事訴訟法公布。11 極東軍事裁判判決（戦犯 25 被告に有罪。東条英機ら 7 人絞首刑）。改正国家公務員法公布。12 GHQ、経済安定 9 原則実施を指令。岸信介ら、A 級戦犯容疑者 19 人釈放。 | インドのガンジー暗殺される。ソ連、ベルリン封鎖。大韓民国成立。朝鮮民主主義人民共和国成立。国連、「世界人権宣言」を採択。 |
| 1949 | 24 己丑 | 第3次吉田茂内閣 | 1 法隆寺金堂で火災。3 ドッジ公使、ドッジ・ラインを発表。4 1 ドル＝360 円の単一為替レートを設定。5 シャウプ税制使節団が来日。新制国立大学 69 校を各都道府県に設置。6 工業標準化法公布（日本工業規格 JIS の制定）。日本国有鉄道・日本専売公社発足。映画倫理規定管理委員会（映倫）発会。7 下山事件。三鷹事件。8 松川事件。シャウプ、第 1 次税制改革勧告案を発表（シャウプ勧告）。11 湯川秀樹の中間子理論にノーベル物理学賞。 | ソ連・東欧 5 か国、経済相互援助会議を設立。西側 12 か国、北大西洋条約（NATO）に調印。ドイツ連邦共和国・中華人民共和国・ドイツ民主共和国成立。 |

| 西暦 | 年号<br>干支 | 内閣 | 日本 | 世界 |
|---|---|---|---|---|
| 1937 | 12 丁丑 | 林銑十郎内閣<br>第1次近衛文麿内閣 | 1 衆議院で浜田国松議員、軍部を批判し、寺内寿一陸相と「腹切り問答」。2 文化勲章令制定。4 ヘレン・ケラー来日。7 盧溝橋事件（日中戦争始まる）。日本軍、華北で総攻撃開始。8 第 2 次上海事件。10 国際連盟総会、日本の行動を非難。国民精神総動員中央連盟結成。第 1 回（新）文展開催。企画院設置。11 トラウトマン和平工作。矢内原事件。大本営令を公示。12 日本軍、南京を占領。南京事件。第 1 次人民戦線事件。 | ドイツ軍、スペインのゲルニカ市を爆撃。中国共産党、対日全面抗戦を宣言。第 2 次国共合作成立。日独伊 3 国防共協定調印。 |
| 1938 | 13 戊寅 | | 1 政府、対中和平交渉を打ち切り、「国民政府を対手にせず」と声明（第 1 次近衛声明）。2 第 2 次人民戦線事件（労農派の教授ら検挙）。大日本農民組合結成。4 国家総動員法成立。農地調整法・電力国家管理法公布。7 張鼓峰で日ソ国境紛争。8 火野葦平『麦と兵隊』刊行。10 日本軍、広東・武漢 3 鎮（漢口・武昌・漢陽）を占領。11 東亜新秩序建設を声明（第 2 次近衛声明）。12 中国国民党の汪兆銘、重慶を脱出。近衛 3 原則を声明（第 3 次近衛声明）。 | ドイツ、オーストリアを併合。アメリカ、海軍拡張法成立。独・英・仏・伊、ミュンヘン会談。ドイツ全土でユダヤ人・ユダヤ教会襲撃。 |
| 1939 | 14 己卯 | 平沼騏一郎内閣<br>阿部信行内閣 | 2 日本軍、海南島に上陸。4 映画法公布。米穀配給統制法公布。5 ノモンハン事件（日ソ両軍衝突）。6 日本軍、天津のイギリス・フランス租界を封鎖。7 国民徴用令公布。アメリカ、日米通商航海条約を破棄。9 初の「興亜奉公日」。10 価格等統制令・地代家賃統制令・賃金臨時措置令公布。12 朝鮮総督府、創氏改名を開始。 | ドイツとイタリア、軍事同盟調印。独ソ不可侵条約締結。ドイツ、ポーランドに侵攻（第二次世界大戦始まる）。 |
| 1940 | 15 庚辰 | 米内光政内閣<br>第2次近衛文麿内閣 | 1 日米通商条約失効。2 民政党の斎藤隆夫、戦争政策を批判。6 近衛文麿、新体制運動を推進。7 社会大衆党解党。奢侈品等製造販売制限規則公布（7・7禁令）。日本労働総同盟解散。8 大日本農民組合解散。民政党解党。9 日本軍、北部仏領インドシナ進駐。日独伊 3 国同盟調印。10 大政翼賛会発会式。11 砂糖・マッチ切符制実施。紀元 2600 年式典挙行。大日本産業報国会設立。日華基本条約・日満華共同宣言調印。12 日本出版文化協会設立。 | 汪兆銘、新中央政府を南京に樹立。イギリス、チャーチル内閣成立。イタリア、英仏に宣戦。ドイツ軍、パリに無血入城し、フランス、降伏。ソ連、バルト 3 国を併合。 |
| 1941 | 16 辛巳 | 第3次近衛文麿内閣<br>東条英機内閣 | 1 東条英機陸相、「戦陣訓」を示達。3 国民学校令公布。改正治安維持法公布（予防拘禁制を追加）。4 生活必需物資統制令公布。大都市で米穀配給通帳制・外食券制実施。日ソ中立条約締結。日米交渉開始。7「帝国国策要綱」決定。大本営、関東軍特種演習を決定。日本軍、南部仏領インドシナ進駐開始。8 アメリカ、対日石油輸出を全面禁止。9「帝国国策遂行要領」決定。10 ゾルゲ事件。11 アメリカ、ハル・ノートを提示。12 日本軍、マレー半島上陸。ハワイ真珠湾攻撃。アメリカ・イギリスに宣戦（アジア太平洋戦争始まる）。 | ドイツ、ソ連と開戦。アメリカ・イギリス、大西洋憲章発表。アメリカ・イギリス、日本に宣戦布告。中国国民政府、日本・ドイツ・イタリアに宣戦布告。 |
| 1942 | 17 壬午 | | 1 日本軍、マニラを占拠。2 衣料の点数切符制・味噌醤油切符制実施。大日本婦人会発会。食糧管理法公布。翼賛政治体制協議会結成。4 日本本土に初空襲。翼賛選挙。5 日本軍、ビルマのマンダレーを占領（南進一段落）。日本文学報国会結成。6 ミッドウェー海戦（日本敗戦への契機）。8 アメリカ軍、ガダルカナル島に上陸。12 大日本言論報国会設立。大本営、ガダルカナル島撤退を決定。この年、「欲しがりません勝つまでは」の標語流行。 | 連合国 26 か国、共同宣言調印。毛沢東の整風運動開始。アメリカ、マンハッタン計画開始（原爆製造）。イギリス空軍のドイツ空襲始まる。 |
| 1943 | 18 癸未 | | 1 内務省・情報局、アメリカ・イギリスの楽曲約 1000 種の演奏を禁止。3 朝鮮に徴兵制施行。谷崎潤一郎『細雪』連載禁止。5 アッツ島の日本軍守備隊全滅。6 学徒戦時動員体制確立要綱を決定（軍事訓練・勤労動員を徹底）。7 登呂遺跡発見。9 上野動物園で猛獣薬殺。10 学生・生徒の徴兵猶予停止。神宮外苑競技場で出陣学徒壮行大会挙行。11 大東亜会議開催（大東亜共同宣言発表）。12 文部省、学童の縁故疎開を促進。徴兵適齢を 1 年繰り下げ 19 歳とする。 | 英・米・ソ 3 国会談。カサブランカ会談開催。スターリングラードのドイツ軍降伏。連合軍、イタリアのシチリア島に上陸、休戦協定調印。カイロ宣言発表。ムッソリーニ、ファシスト共和政府樹立。 |

# 年表

| 西暦 | 年号<br>干支 | 内閣 | 日本 | 世界 |
|---|---|---|---|---|
| 1930 | 昭和 5 庚午 | 浜口雄幸内閣 | 1 金輸出解禁実施（金本位制に復帰）。4 日本・イギリス・アメリカ 3 国、ロンドン海軍軍縮条約に調印。統帥権干犯問題起こる。5 日華関税協定調印。9 ドル買いが問題化。陸軍中佐橋本欣五郎ら、桜会を結成。10 特急「燕」号、東京―神戸間を 8 時間 55 分で運転。霧社事件。11 浜口雄幸首相、東京駅で狙撃される。この年、昭和恐慌。「エロ・グロ・ナンセンス」が流行。 | ロンドン軍縮会議開催。フランス軍、ラインラントから撤兵。ドイツで総選挙、ナチスが第 2 党となる。第 1 回バルカン会議開催。 |
| 1931 | 6 辛未 | 第2次若槻礼次郎内閣 | 1 日本農民組合結成。3 桜会急進派将校ら、軍部クーデターを企図、未遂（3 月事件）。4 重要産業統制法公布。工業組合法公布。6 中村大尉事件。7 万宝山事件。8 日本初のトーキー『マダムと女房』封切。9 清水トンネル開通（当時日本最長）。関東軍、奉天郊外柳条湖で満鉄線路を爆破し、奉天を占領（満州事変始まる）。10 十月事件。11 日本プロレタリア文化連盟（コップ）結成。12 金輸出再禁止を決定（金本位制停止。管理通貨制に移行）。 | スペイン第 2 共和国成立。アメリカ大統領フーヴァー、モラトリアムを提案。イギリス、マクドナルド挙国一致内閣成立。中華ソビエト共和国臨時政府樹立（主席毛沢東）。 |
| 1932 | 7 壬申 | 犬養毅内閣<br>斎藤実内閣 | 1 第 1 次上海事件。2 ～ 3 血盟団事件。ラジオ受信契約、100 万を突破。国際連盟のリットン調査団来日。野呂栄太郎ら、『日本資本主義発達史講座』刊行。3 満州国、建国宣言。溥儀、執政となる。5 犬養毅首相射殺（5・15 事件）。日本国家社会党結成。7 社会大衆党結成（委員長安部磯雄）。第 10 回オリンピック（ロサンゼルス）で 7 個の金メダル獲得。9 日満議定書に調印、満州国を承認。平頂山事件。農山漁村経済更正運動開始。 | ジュネーヴ軍縮会議開催。イギリス帝国経済会議、オタワで開催（ブロック経済形成）。ナチス、第 1 党となる。サウジアラビア王国成立。仏ソ不可侵条約調印。 |
| 1933 | 8 癸酉 |  | 1 日本軍、山海関で中国軍と衝突。2 日本軍・満州国軍、熱河省に進攻。小林多喜二、検挙され築地署の取り調べで死亡。3 国際連盟脱退を通告。4 古川ロッパら笑いの王国を旗揚げ。滝川事件。5 塘沽停戦協定に調印（満州事変終結）。8 第 1 回関東地方防空大演習実施。この夏、東京で『東京音頭』、熱狂的に流行し、全国に波及。この年、日本の綿布輸出量、イギリスを抜いて世界第 1 位。低賃金によるソーシャル・ダンピングが国際的に非難される。 | ドイツ、ヒトラー内閣成立。アメリカ大統領ローズヴェルト、ニューディール政策を開始。ドイツ、国際連盟を脱退。 |
| 1934 | 9 甲戌 | 岡田啓介内閣 | 1 日本製鉄株式会社設立。3 満州国執政溥儀、皇帝となり帝政実施。4 帝人事件。9 東京市電ゼネスト。室戸台風、被害甚大。10 陸軍省、「国防の本義とその強化の提唱」を頒布（陸軍パンフレット）。11 満鉄、大連―新京間に特急「あじあ」号を運転。日本労働組合全国評議会（全評）結成。士官学校事件。この年、軍需景気拡大し、軍事産業を中心に好況となる。国内の大財閥、満州進出を開始。 | バルカン協商結成条約調印。アメリカ、キューバ干渉権を放棄。ドイツのヒトラー、総統になる。ソ連、国際連盟に加入。スターリンの大粛清始まる。 |
| 1935 | 10 乙亥 |  | 2 貴族院で美濃部達吉の天皇機関説が攻撃される。4 美濃部、不敬罪で起訴。5 第 16 回メーデー開催（戦前最後のメーデー）。6 梅津・何応欽協定。土肥原・秦徳純協定。8 第 1 次国体明徴声明。相沢事件。11 冀東防共自治委員会成立。日本ペンクラブ結成。12 第 2 次ロンドン軍縮会議開催。冀察政務委員会、北平に設置（華北分離工作）。 | ドイツ、ヴェルサイユ条約を破棄。英・仏・伊、ストレーザ会議開催。イギリス・ドイツ、海軍協定調印。中国共産党 8・1 宣言。 |
| 1936 | 11 丙子 | 広田弘毅内閣 | 1 ロンドン軍縮会議を脱退。全日本労働総同盟（全総）結成。2 皇道派青年将校ら反乱し、斎藤実内大臣・高橋是清蔵相らを殺害（2・26 事件）。3 内務省、メーデーを禁止。5 軍部大臣現役武官制復活。阿部定事件。8 第 11 回オリンピック（ベルリン）で前畑秀子、女性初の金メダル獲得。帝国外交方針・国策の基準を決定。9 帝国在郷軍人会令公布。11 帝国議会議事堂落成。日独防共協定に調印。12 ワシントン海軍軍縮条約失効。 | ドイツ、ラインラント進駐。イタリア、エチオピアを併合。スペイン内乱起こる。ローマ・ベルリン枢軸成立。西安事件。 |

**ま行**



**や行**



**ら行**



**わ行**

## な行



## は行

---

**た行**

## さ行

# 索引

**000** —詳しい説明のあるページを示す。
000*—写真・図版のあるページを示す。

## あ行



## か行

**全集　日本の歴史　第15巻　戦争と戦後を生きる**

2009年3月2日　初版第1刷発行

著者　大門正克
発行者　蔵　敏則
発行所　株式会社小学館
〒101-8001 東京都千代田区一ツ橋2-3-1
電話　編集　03(3230)5118
販売　03(5281)3555
印刷所　凸版印刷株式会社
製本所　株式会社若林製本工場

造本には十分注意しておりますが、印刷、製本など製造上の不備がございましたら、「制作局コールセンター」(フリーダイヤル0120-336-340)にご連絡ください。
(電話受付は土・日・祝休日を除く9:30～17:30までになります。)


Printed in Japan ISBN978-4-09-622115-0